高职高专"十三五"旅游专业实训教材

U0678963

旅游服务礼仪实训教程

Tourism service etiquette training course

于丽娟　主编

Tourism service etiquette training course

3 016 545 68 709 300

经济管理出版社
ECONOMY & MANAGEMENT PUBLISHING HOUSE

图书在版编目（CIP）数据

旅游服务礼仪实训教程/于丽娟主编. —北京：经济管理出版社，2015.12
ISBN 978-7-5096-4124-8

Ⅰ.①旅… Ⅱ.①于… Ⅲ.①旅游服务—礼仪—教材 Ⅳ.①F590.63

中国版本图书馆 CIP 数据核字（2015）第 306037 号

组稿编辑：王光艳
责任编辑：许　兵
责任印制：黄章平
责任校对：张　青

出版发行：经济管理出版社
　　　　　（北京市海淀区北蜂窝 8 号中雅大厦 A 座 11 层　100038）
网　　　址：www. E-mp. com. cn
电　　　话：（010）51915602
印　　　刷：三河市延风印装有限公司
经　　　销：新华书店
开　　　本：720mm×1000mm/16
印　　　张：28.5
字　　　数：514 千字
版　　　次：2016 年 5 月第 1 版　2016 年 5 月第 1 次印刷
书　　　号：ISBN 978-7-5096-4124-8
定　　　价：78.00 元

前言

"不学礼，无以立。"早在春秋战国时期，大思想家孔子就把礼仪看作是道德规范，十分重视。当今社会更把礼仪看作是个人修养、文化素质甚至是整个民族、整个国家的文明程度的体现。而礼仪课程也已经成为高职院校学生"外塑形象、内强素质"，自我提升的重要途径。本书正是高职院校旅游与酒店管理专业核心课程"旅游服务礼仪"多年教学成果的结晶体现。

有效的高等职业教育人才培养离不开教学模式的改革与完善，离不开教材的建设与创新。教材是教师表达教育理念、传播专业知识、指导实践活动的主要窗口，是学生了解和掌握专业知识及技能、提升综合职业能力最重要的平台。本教材是对"以服务为宗旨，以就业为导向，以能力培养为主线"的高职教育理念的具体化和实践化。

本教材打破传统教材中的"知识本位"即以理论为线索的章节模式，突出"能力本位"的特色，选取旅游企业真实的工作任务，经科学序化、合理整合成教学模块，每个模块都本着锻炼和提高旅游企业岗位要求的技能和综合职业能力的理念而设置。

教材基本框架分为模块—项目—任务三个层次，条理清晰、层次分明，体现了实训教程的特点。

每个教学模块由若干个项目构成，围绕项目来展开实训教学内容的编写。每个项目下由多个实训任务作为支撑，通过实训任务的学习与训练来达到教学要求，体现学以致用。

各个实训任务目标明确、方法恰当、内容完整，涵盖了案例导入、任务分析、知识讲解、综合能力训练等内容，并辅以生动的案例、简洁的图表、直观的图片，集知识性、趣味性、易操作性于一体，以方便教师讲授和学生学习。

本教材由从事高职旅游服务礼仪教学多年，而且长期为旅游企业员工提供礼仪培训的"双师型"教师——大连职业技术学院旅游与酒店管理学院副教授于丽娟独立完成全书的编写。

本教材既适用于高职院校旅游专业学生进行职业技能训练，也可以作为旅游企业的职业培训用书。

在本教材出版之际，衷心感谢本教材参考文献涉及的作者和编者，他们杰出的研究成果为本教材提供了极大的帮助，本教材从网络和其他参考资料中引用了诸多的图片和表格，由于篇幅有限，对上述人员的信息未能一一列出，在此表示由衷的歉意和衷心的感谢。本教材的出版得到了经济管理出版社的大力支持，在此一并致谢。

本教材尽管在编写方面作了很大努力，但由于本人水平有限，教材中一定还有疏漏和不足之处，恳请同行专家和读者提出宝贵意见，以便在以后的修订中不断完善。

编　者

2015 年 9 月

目录

模块一　旅游礼仪概述

【模块概述】

　　我国是一个文明古国，有着优良的文明礼貌传统，素有"礼仪之邦"的美称。几千年光辉灿烂的文化，培育了中华民族高尚的道德，也形成了一整套完整的礼仪。旅游礼仪是旅游业发展和社会进步的客观要求。对旅游服务人员而言，重视个人礼仪的训练与养成，学会以"礼"待人，为旅游者提供舒适愉快的旅游环境，树立旅游企业乃至国家、民族的文明形象，是对旅游从业者的基本要求。

【模块目标】

　　知识目标：了解人类礼仪的产生及发展过程，理解旅游礼仪的基本概念，了解旅游礼仪的特征和原则、旅游工作者礼仪修养的意义及培养途径。

　　能力目标：能够自觉运用旅游服务礼仪的基本要求，全面提高自身礼貌素质，以便更好地完成旅游接待工作，为行业的发展、国家的进步及和谐社会的建设作出贡献。

项 目

旅游礼仪概述

旅游业是我国的"窗口"行业,加强礼仪修养,讲究文明礼貌,最大限度地满足客人的需求,为客人提供高标准的优质服务,对每一名旅游从业人员而言都是十分重要的。礼仪也是现代社会的通行证,我们要顺利地步入社会、走向世界,求得个人发展,就必须有良好的礼仪修养,做一个有教养、有礼貌、受欢迎的现代人。

任务 旅游礼仪认知

【任务目标】

了解中华民族历史悠久的礼仪文化,理解旅游礼仪的基本含义和精神,掌握旅游工作者提升自身礼仪修养的途径和方法,成为一个高素质的旅游从业人员,更好地为游客提供高标准的服务。

【案例导入】

张良在博浪沙椎击秦始皇未成,逃亡在下邳。一天漫步在沂水桥上,遇一穿着十分寒酸的老人挡道,张良出于尊老而欣然让路。然而老人却故意将鞋掉落桥下，刻薄地叫张良下桥拾鞋。起始张良未免恼怒，但转念一想对方年长，应尊敬礼让，所以他下桥拾鞋，刷去灰尘，跪下给老人穿好。老人有些感动，即约张良五天后一早原地见面，张良跪退。

五天后，张良天不亮就去赴约，老人已在桥头。老人愤愤地把张良指责了一通，约张良过五天再来。五天后张良三更鸡鸣就去了，无奈还是在老人之后，又遭了一顿骂。第三次张良半夜就等在桥头，终于比老人早了一点，老人见后欣然道："孺子可教矣。"于是，赐给张良兵书《太公兵法》。张良遂成一代将士文人。追随汉高祖刘邦，立下汗马功劳。

问题：张良成为一代历史名人有诸多原因，从这个案例看，其中最重要的原因是什么？

【任务分析】

当今，旅游业已被确立为我国国民经济的支柱产业之一，在此形势下，旅游服务礼仪自然应当被旅游服务人员普遍应用，学礼、知礼、用礼已经成为旅游服务人员提供优质服务的必要保证。

【知识讲解】

一、古代礼仪的起源

礼是"禮"的简化字，"豊，行禮之器也"，也就是说，用盛玉的器具奉祀神和人谓之"豊"，这种仪式就是"禮"。在原始社会，人们对来自大自然的许多现象，如雷、电、风、雨等都无法理解，对未知世界及自然力量充满了恐惧和敬畏。人们只能靠"天"吃饭，把"天"或"神"看作是宇宙最高的主宰，对其顶礼膜拜，进行祭祀，祈求天地神明、保佑风调雨顺、降福免灾。他们希望借此祭祀礼仪可以逃避天灾人祸，五谷丰登。

随着时间的推移，人们将事神祈福活动中的一系列行为，从内容和形式逐渐扩展到了各种人际交往活动中，从最初的祭祀之礼扩展到社会各个领域的各种各样的礼仪。

礼的产生是为了维护自然的"人伦秩序"的需要。人类为了生存和发展，必须与大自然抗争，不得不以群居的形式相互依存，人类的群居性使得人与人之间既相互依赖又相互制约。在群体生活中，男女有别，老少有异，既是一种天然的人伦秩序，又是一种需要被所有成员共同认定、保证和维护的社会秩序。人类面临着的内部关系必须妥善处理，因此，人们逐步积累和自然约定出一系列"人伦秩序"，这就是最初的礼。

二、古代礼仪的发展

礼仪在其传承沿袭的过程中不断发生着变革。从历史发展的角度来看，其演变过程可以分五个阶段。

1. 礼仪的起源时期：夏朝以前（公元前 21 世纪前）

礼仪起源于原始社会，在原始社会中、晚期（约旧石器时代）出现了早期礼仪的萌芽。整个原始社会是礼仪的萌芽时期，礼仪较为简单和虔诚，还不具有阶级性。内容包括：制定了明确血缘关系的婚嫁礼仪；区别部族内部尊卑等级的礼制；为祭天敬神而确定的一些祭典仪式；制定一些在人们的相互交往中表示礼节和表示恭敬的动作。

2. 礼仪的形成时期：夏、商、西周三代（公元前 21 世纪~前 771 年）

人类进入奴隶社会，统治阶级为了巩固自己的统治地位把原始的宗教礼仪发展成符合奴隶社会政治需要的礼制，礼被打上了阶级的烙印。在这个阶段，中国第一次形成了比较完整的国家礼仪与制度，如"五礼"就是一整套涉及社会生活各方面的礼仪规范和行为标准。古代的礼制典籍亦多撰修于这一时期，如周代的《周礼》、《仪礼》、《礼记》就是我国最早的礼仪学专著。在汉以后 2000 多年的历史中，它们一直是国家制定礼仪制度的经典著作，被称为礼经。

3. 礼仪的变革时期：春秋战国时期（公元前 771~前 221 年）

这一时期，学术界形成了百家争鸣的局面，以孔子、孟子、荀子为代表的诸子百家对礼教给予了研究和发展，对礼仪的起源、本质和功能进行了系统阐述，第一次在理论上全面而深刻地论述了社会等级秩序划分及其意义。

孔子对礼仪非常重视，把"礼"看成是治国、安邦、平定天下的基础。他认为"不学礼，无以立"、"质胜文则野，文胜质则史。文质彬彬，然后君子"。他要求人们用礼的规范来约束自己的行为，要做到"非礼勿视，非礼勿听，非礼勿言，非礼勿动"。倡导"仁者爱人"，强调人与人之间要有同情心，要相互关心，彼此尊重。

孟子把礼解释为对尊长和宾客严肃而有礼貌，即"恭敬之心，礼也"，并把"礼"看作是人的善性的发端之一。

荀子把"礼"作为人生哲学思想的核心，把"礼"看作是做人的根本目的和最高理想，"礼者，人道之极也"。他认为"礼"既是目标、理想，又是行为过程。"人无礼则不生，事无礼则不成，国无礼则不宁。"

管仲把"礼"看作是人生的指导思想和维持国家的第一支柱，认为礼关系到国家的生死存亡。

4. 强化时期：秦汉到清末（公元前 221~公元 1911 年）

在我国长达 2000 多年的封建社会里，尽管在不同的朝代礼仪文化具有不同的社会政治、经济、文化特征，但却有一个共同点，就是一直为统治阶级所利用，礼仪是维护封建社会等级秩序的工具。这一时期礼仪的重要特点是尊君抑臣、尊夫抑妇、尊父抑子、尊神抑人。在漫长的历史演变过程中，它逐渐变成妨碍人类个性自由发展、阻挠人类平等交往、窒息思想自由的精神枷锁。

纵观封建社会的礼仪，内容大致有涉及国家政治的礼制和家庭伦理两类。这一时期的礼仪构成中华传统礼仪的主体。

5. 现代礼仪的发展

辛亥革命以后，受西方资产阶级"自由、平等、民主、博爱"等思想的影响，中国的传统礼仪规范、制度，受到强烈冲击。五四新文化运动对腐朽、落后的礼教进行了清算，符合时代要求的礼仪被继承、完善、流传，那些繁文缛节逐渐被抛弃，同时接受了一些国际上通用的礼仪形式。新的礼仪标准、价值观念得到推广和传播。

新中国成立后，逐渐确立以平等相处、友好往来、相互帮助、团结友爱为主要原则的具有中国特色的新型社会关系和人际关系。

改革开放以来，随着中国与世界的交往日趋频繁，西方一些先进的礼仪、礼节陆续传入我国，同我国的传统礼仪一道融入社会生活的各个方面，构成了社会主义礼仪的基本框架。许多礼仪从内容到形式都在不断变革，现代礼仪的发展进入了全新时期。人们学习礼仪知识的热情空前高涨。讲文明、懂礼貌蔚然成风。今后，随着社会的进步、科技的发展和国际交往的增多，礼仪必将得到新的完善和发展。

三、旅游礼仪的特征与原则

旅游礼仪是在旅游接待服务过程中，对旅游者表示尊重和友好的一系列行为规范，是礼仪在旅游接待服务过程中的具体运用。旅游礼仪以礼仪为基础和内容，有着共同的基本原则：尊重、友好、真诚。

1. 旅游礼仪的特征

礼仪体现的是人与人之间的一种互动关系，它必须符合特定历史条件下的道德规范和传统的文化习惯。同时，旅游服务礼仪伴随着旅游活动的发展，也在不断地吐故纳新，随着时代的发展而发展。一般来说，旅游服务礼仪有以下几个特征：

（1）广泛性。现代旅游包含行、吃、住、游、购、娱六大环节，是综合性强、跨度大的服务性行业，其接待与服务工作涵盖面广，贯穿整个旅游活动的全过程，任何一个工作环节出现差错，都会影响旅游业的整体形象。因此只有提高全行业的礼仪素养，每个环节都严格按照旅游礼仪的各种规范接待宾客，并注意各行业（部门）间的协调与衔接，才能适应旅游者的消费需求。

（2）实用性。旅游礼仪直接服务于旅游行业，是礼仪在旅游活动中的具体应用，具有很强的实用性和针对性。不同的旅游服务门类、不同的部门，甚至不同的岗位，都有自己针对性很强的礼仪规范，如酒店、旅行社各自有一整套礼仪规范；在交通服务方面，飞机、火车、轮船和汽车的接待服务礼仪也各有区别。

（3）共同性。旅游礼仪的共同性是指它的一些规范要求，是人们在旅游接待过程中应该共同遵守的原则。虽然旅游业涉及的"六大要素"有接待程序和接待规范上的差异，但都是在旅游接待活动中调节客人与业者相互之间最一般关系的行为规范，礼仪基本内涵是一致的。"宾客至上"，把"尊贵让给客人"应该是旅游行业各个部门共同的行为准则，是旅游行业全体成员应该共同遵守的人际和社交的准则。

（4）灵活性。旅游礼仪的规范是具体的，但不是死板的教条，它是灵活的、可变的。旅游工作者应该在不同的场合下，根据交往对象的不同特点，灵活地处理各种情况。同时旅游工作者要特别注意了解来自不同国家、地区、民族的旅游者在文化背景、风俗习惯上的差异，充分尊重他们的礼俗禁忌，更加体贴周到地接待好每一位客人。

2. 旅游礼仪的基本原则

一次成功的旅游接待服务，除了明文规定的要求外，还有一些约定俗成的规则需要遵守。旅游服务礼仪的基本原则是多方面的，其中最主要的原则有以下几方面。

（1）尊重原则。现代旅游业强调"宾客至上"，要求把宾客放在首位，一切为宾客着想，主动热情地去满足宾客的各种合理需求和愿望。而在宾客所有的需求和愿望中，求尊重的需求是最强烈和最敏感的，同时也是正常的、合理的和起码的要求，是宾客的基本权利。

（2）"一视同仁"原则。旅游接待服务工作中的"一视同仁"指所有的客人都应该受到尊重，在这一点上绝不能厚此薄彼。具体运用礼仪时，可以因人而异，根据不同的交往对象，采取不同的礼仪形式，但是在对客人表示恭敬和尊重态度上一定要一视同仁。

（3）热情原则。能否积极主动解决客人的各种要求、满足客人的各种心理需求，是衡量旅游服务质量的一个重要标准，因此旅游活动中的礼仪行为应该是积极主动的。

（4）合宜原则。旅游礼仪强调人际之间的交往与沟通一定要把握适度性，注意社交距离，控制感情尺度，应牢记过犹不及的道理。因此礼仪行为要特别注意在不同情况下，礼仪程度、礼仪方式的区别，坚持因时、因地、因人的合宜原则。

（5）宽容原则。礼仪的宽容原则，指不过分计较对方礼仪上的差错过失。在运用旅游服务礼仪时，既要严于律己，更要宽以待人，要多理解他人、体谅他人，切不可求全责备、斤斤计较，甚至咄咄逼人。面对宾客提出的过分的甚至是失礼的要求，我们工作人员应冷静而耐心地解释，绝不要穷追不放，把宾客逼至窘境，否则会使宾客产生逆反心理形成对抗，引起纠纷。当客人有过错时，我们要"得理也让人"，学会宽容对方，让宾客体面地下台阶，保全客人的面子。在客人对我们提出批评意见时，本着"有则改之，无则加勉"的态度，认真倾听。

（6）自律原则。礼仪的最高境界是自律，即在没有任何监督的情况下，仍能自觉地按照礼仪规范约束自己的行为。旅游工作者不仅要了解和掌握具体的礼仪规范，而且要在内心树立起一种道德信念和行为修养，从而获得内在的力量。在对宾客服务中从自我约束入手，时时检查自己的行为是否符合礼仪规范，在工作中严格按照礼仪规范接待和服务宾客，而且做到有没有上级主管在场一个样，客前客后一个样，把礼仪的规范变成自觉的行为、内在的素质。

四、旅游工作者礼仪修养的意义及培养途径

修养指一个人在道德、学识、技艺等方面通过刻苦学习、自我磨炼和不断熏陶，从而逐渐使自己具有某些素质和能力或者达到一定的境界。

礼仪修养指人们按照一定的礼仪规范要求自己，结合自己的实际情况，在礼仪品质、意识等方面进行的自我锻炼和自我修养。旅游工作者提高自身的礼仪修养，对塑造良好的企业形象，提高旅游服务质量具有十分重要的意义。

1. 旅游工作者礼仪修养的意义

来自五湖四海的旅游者，不可能有较长时间来了解某一地区或者国家的文明程度和精神风貌，他们往往通过与其接触的旅游工作者的行为来判断和评价。旅游工作者良好的礼仪修养会产生积极的宣传效果，能为其所在的企业、城市、国家树立良好的形象，并为其赢得荣誉。

在旅游活动中旅游者除了物质需求外，更重要的是精神上的满足。研究表明，在旅游企业硬件设施相同的情况下，影响旅游服务质量的主要因素是服务意识和服务态度。旅游工作者"宾客至上"的服务意识，热情友好、真诚和蔼的服务态度，优雅的举止，得体的言谈，会对旅游者的心理满意程度产生十分积极的效果，直接使客人在感官上、精神上产生尊重感和亲切感，给客人留下美好的印象。

旅游服务接待工作接触面广，不同国家、不同民族甚至不同个人的信仰与生活习惯都不相同，在旅游服务过程中，发生一些纠纷是不可避免的。要处理好纠纷，需要旅游工作人员有较高的礼仪修养水平。无论纠纷是物质性服务引起的还是精神性的服务引起的，也不管是我方的原因还是旅游者的问题，处理纠纷的第一原则是有理有节。不管发生什么情况，都要发扬"礼让"的精神以平息事态，不允许发生任何与旅游者争吵、打斗的不礼貌言行。因为旅游工作人员的不礼貌行为只会激化矛盾，使事态进一步恶化。

一个旅游企业往往由多个分工不同的部门组成，每个部门之间都存在着相互协作、相互支持的关系。要想建立良好的内部和外部环境，提高自身的知名度和美誉度，就需要企业人员之间、部门与部门之间能够相互支援、相互体谅，遇事能够从对方的角度着想，在沟通方面注意礼仪和分寸。这样不仅可以调节旅游企业员工之间、部门之间的关系，形成相互尊重、团结协作的风气，而且可以减少工作内耗，提高工作效率。

2. 旅游工作者提高礼仪修养的途径

礼仪修养反映出一个人的学识、修养、品格、风度，是一个人人格的外在体现。因而良好的礼仪修养不仅能够促进个体人生的发展，而且能够提升个体的人生价值。

旅游工作者提高礼仪修养的途径主要表现在以下几个方面：

（1）加强道德修养。道德品质也称品德或德行，它是社会道德现象在个人身上的具体体现，是指一定的社会道德原则和规范在个人思想行动中所表现出的比较稳定的特征和倾向。道德品质的修养和礼仪行为的养成有着密切的联系，二者相辅相成。礼仪行为从广义上说就是一种道德行为，处处渗透和体现着一种道德精神。一个人想要在礼仪方面达到较高的造诣，离开了道德品质方面的修养是不可能的；一个人要形成一种高尚的道德品质，就应该从日常礼仪规范这一基础的层次做起。

（2）提高文化素质。礼仪学是一门综合性的专门学科，它和公共关系学、传播学、美学、民俗学、社会学等许多学科都有密切关系，一个人只有具备广博的文化知识，才能深刻理解礼仪的原则和规范。只有具备较高的文化层次，才能更加自如地在不同场合具体运用礼仪。因此要提高自己的礼仪修养，必须有意识地广泛涉猎多种科学文化知识，使自己具备见多识广的综合知识素养，提高文学、艺术欣赏能力，提高审美能力。这样，就会有意无意地按照美的规律来认识生活和改造周围的环境，同时，在人际交往中，自己的言行也更具美感。

（3）自觉学习礼仪知识，接受礼貌教育。世界各国的礼仪风俗千差万别，我国的各个民族礼节习俗也各不相同。在涉外工作和旅游服务工作中，如对其他国家或某一具体活动的礼仪知识不了解，只凭经验办事，轻则闹笑话，重则影响工作效果，甚至造成误解。所以我们应该注意收集、学习和领会各种礼仪知识，提高礼仪修养的境界，以便在实践中运用，并使自己在礼仪方面博闻多识。

（4）积极参加礼仪实践。实践是动机和效果由此及彼的桥梁。在提高礼仪修养时，要以积极的态度，坚持理论联系实际，将自己学到的礼仪知识运用于社会实践的各个方面，在文明气氛较浓的环境里去接受熏陶，对增强自己的文明意识、培养礼貌的行为、涤荡不良习惯、提高礼仪修养水平，是大有好处的。尤其，要身体力行地在旅游职业岗位上，时时处处自觉从大处着眼、小处着手，以礼仪的规范来要求自己的言谈举止，在社交场所多听、多看、多学，不断提高自己的礼仪修养。

（5）养成良好的行为习惯。礼仪是人们交际活动中的一种行为模式，这种行为模式只有通过长期的自觉练习，形成习惯，才能在交际活动中更好地发挥作用。礼仪修养实际上就是人们自觉用正确的思想战胜不正确的思想，用良好的行为习惯纠正不良行为习惯的过程。检验一个人的礼仪修养如何，很重要的一条标准就是看他是否已把礼仪规范变成自身个性中的稳定成分，是否能在各种交际场合自然而然地遵循交际礼仪要求。

【阅读材料】

《论语》中的礼仪

【原文】执圭，鞠躬如也，如不胜。上如揖，下如授。勃如战色，足蹜蹜，如有循。享礼，有容色。私觌（di），愉愉如也。

【译文】（孔子出使别的诸侯国）拿着圭，恭敬谨慎，像是举不起来的样子。向上举时好像在作揖，放在下面时好像在给人递东西。脸色庄重得像战栗的样子，步子很小，好像沿着一条直线往前走。在赠送礼物的仪式上，显得和颜悦色。和国君举行私下会见的时候，更轻松愉快了。

【原文】君子不以绀緅（zou）饰，红紫不为亵（xie）服。当暑，诊絺（chi）绤（xi），必表而出之。缁衣，羔裘；素衣，麑裘；黄衣，狐裘。亵裘长，短右袂。必有寝衣，长一身有半。狐貉之厚以居。去丧，无所不佩。非帷裳，必杀之。羔裘玄冠不以吊。吉月，必服而朝。

【译文】君子不用深青透红或黑中透红的布镶边，不用红色或紫色的布做平常在家穿的衣服。夏天穿细的葛布单衣，但一定要套在内衣外面。黑色的羔羊皮袍，配黑色的罩衣；白色的鹿皮袍，配白色的罩衣；黄色的狐皮袍，配黄色的罩衣。平常在家穿的皮袍要做得长一些，右边的袖子短一些。睡觉一定要有睡衣，要有一身半长。用狐貉的厚毛皮做坐垫。丧服期满，脱下丧服后，便佩戴上各种各样的装饰品。如果不是礼服，一定要加以剪裁。不穿黑色的羔羊皮袍和戴着黑色的帽子去吊丧。每年初一，一定要穿着礼服去朝拜君主。

礼仪与服饰文化的变迁

时代的特色对文化冲击的烙印是巨大的，可以说，每个时代的文化都是时代变迁的缩影，而礼仪文化也是如此。例如，辛亥革命的爆发，猛烈地撞击了封建社会的上层建筑及其意识形态，也影响到了人们日常生活的方方面面，造就了一代新风尚。

据1912年3月5日时报记载："清朝灭，总统成，皇帝灭……新礼服兴，翎顶补服灭，剪发兴，辫子灭，爱国帽兴，瓜皮帽灭，放足鞋兴，菱鞋灭，鞠躬礼兴，跪拜礼灭，卡片兴，大名剌灭……"可见礼仪文化是一个时代的写照。"文革"时期，清一色的服饰文化正是当时人们思想行为统一到一个文化模式中的反映。而现在丰富多彩的服饰文化也正是现代人丰富的内心世界的反映，也是社会改革开放的缩影。

"礼仪"一词的来源

在欧洲,"礼仪"一词最早见于法语的"etiquette",原意是"法庭上的通行证"。古代法国法庭为了展示司法活动的威严性,维持法庭庄严肃穆的氛围,保证审判活动能够合法有序地进行,要求所有进入法庭的人员必须严格遵守法庭的相关规定。这些规定写在或印在一张长方形的"etiquette"(即通行证)上,发给进入法庭的每一个人,作为其进入法庭后必须遵守的规矩和行为准则。

综合能力训练

一、简答题

1. 简述礼仪的起源。

2. 简述旅游礼仪的含义、特征与原则。

3. 旅游工作者礼仪修养的意义是什么?

4. 旅游工作者养成良好礼仪修养有哪些途径?

二、案例分析

案例 1

小事蕴含的修养

一家旅游企业招聘总经理助理,经过多次筛选淘汰,最后剩下五位竞聘者。而决定胜出者的最后一轮考试,让五位竞聘者终生难忘。

考场是一座五层高的办公楼,五位竞聘者由工作人员带进考场。他们沿着阶梯逐级而上,进入办公室时,只见总经理和主考人员已经坐在那里等候了。五位竞聘者坐下后,总经理宣布,考试已经结束,优胜者已经出现,就是走在最后边的这位先生。五位竞聘者大惑不解,总经理接着解释道:"你们进入办公室的过程就是考试。请看录像:你们走向第二层楼的楼梯途中,地上有一枚壹角的硬币,前四位先生无动于衷,最后这位先生捡了起来。进办公室后,他就交给了我。在你们走到第三层楼的出入口时,有位员工捧着一大摞资料出来,不小心滑了一下,资料撒了一地,前四位先生视而不见,还是最后这位先生帮助捡起来。这两件事虽小,却反映了一个人的修养,别忘了,修养也是一种宝贵的财富,也是一种竞争优势。"

请思考:

为什么说这两件小事能够反映一个人的修养呢?

案例 2

"世界礼仪"课

美国辛辛那提大学应用技术学院的 22 名理工科大学生，在结束了为期 10 周的"世界礼仪"课程之后，最近参加了该科目的大考。

有趣的是，考试地点设在一家新开张的法国餐馆，考生无须回答正误判断题，也不必写论文，但须表演世界各国不同民族的用餐技巧，展示在不同国家或地区交谈或行动时须遵守的种种"特殊规矩"。

主讲此课的教师是该校媒体及文化研究系的系主任琳达女士。她指出，随着国际交往的日趋频繁，世界越来越像个"地球村"，因此引导新一代人如何与世界水乳般地融合就成了美国式素质教育的一个有机组成部分。而开设"世界礼仪"课的目的就是帮助这些理工科大学生重视商业礼节和国际礼仪，以便在毕业后能更容易地找到一份工作，更能赢得上司的赏识，从而能更快地获得晋升。琳达还披露，该课程要求学生研究世界各国不同民族不同的"职业行为"，并学会如何在不同国家举办各类活动。

请思考：

美国理工科大学生如此重视世界礼仪的学习，说明了什么问题？

案例 3

客人为什么又留下了

一个下雨的晚上，机场附近某一大酒店的前厅部很热闹，接待员正紧张有序地为一批误机团队客人办理入住登记手续，在大厅的休息处还坐着五六位散客等待办理手续。此时，又有一批误机的客人涌入大厅。大堂经理小刘密切注视着大厅内的情况。

"小姐，麻烦您了，我们打算住到市中心的酒店去，你能帮我们叫辆出租车吗？"两位客人从大堂休息处站起身来，走到小刘面前说。"先生，都这么晚了，天气又不好，到市中心去已不太方便了。"小刘想挽留住客人。

"从这儿打的士到市中心不会花很长时间吧，我们刚联系过，房间都订好了。"客人看来很坚决。

"既然这样，我们当然可以为您叫车了。"小刘彬彬有礼地回答道，她马上叫来行李员小秦，让他快去叫车，并对客人说："我们酒店位置比较偏，可能两位先生需要等一下，我们不妨先到大堂等一下好吗？"

"那好吧，谢谢。"客人被小刘的热情打动，然后和她一起来到大堂休息处等候。天已经很黑了，雨夹着雪仍然在不停地下，行李员小秦始终站在路边拦车，但十几分钟过去了，也没有拦到一辆空车。客人等得有些焦急，不时站起身来观望有没有车。小刘安慰他们说："今天天气不好，出租车不太容易叫到，不过我们会尽力而为的。"然后又对客人说："您再等一下，如果叫到车，我们会及时通知您的。"

又15分钟过去了，车还是没拦到。客人走出大堂门外，看到在风雪中站了30多分钟、脸已冻得通红的行李员小秦，非常抱歉地说："我们不去了，你们服务这么好，我们就住这儿吧，对不起。"还有一位客人亲自把小秦拉进了前厅。

思考讨论题：

本案例中，大堂经理小刘在礼仪修养方面有什么值得学习的？本案例对旅游从业人员有何启示？

模块二 职业形象塑造

【模块概述】

　　旅游工作者良好的职业形象是优质服务的基础，是礼貌、礼节的具体表现。众所周知，第一印象在旅游接待服务中起着至关重要的作用，而人们常说的"第一印象"的产生往往是来自旅游服务人员的仪容、仪表和仪态。

　　旅游服务人员装扮得体、举止大方、接人待物彬彬有礼，不仅体现了对宾客的尊重，也展现了旅游企业的良好形象。

　　《礼记·冠义》中说道："礼仪之始，在于正容体，齐颜色，顺辞令。"由此可见，旅游服务人员的职业形象设计应从仪容、仪表、仪态三个方面入手。

【模块目标】

　　知识目标：了解并掌握旅游服务人员仪容、仪表、仪态的礼仪规范和相关要求。

　　能力目标：能结合自身特点修饰、美化自己的仪容、仪表；把握规范的站姿、坐姿、走姿、服务手势等，练就仪态美；自觉做到言谈举止大方得体、规范优雅；能塑造良好的职业形象，为旅游接待服务工作打好基础。

项目一

仪容礼仪

仪容即人的容貌，是个人职业形象的重要组成部分。这里的容貌不仅指一个人的天生长相，也指一个人按照社会公认的审美标准进行修饰之后的容貌，是一个人对自我形象的再塑造。

美丽的容貌令人赏心悦目，不仅反映着一个人的朝气与活力，也反映着一个人的文明程度与思想修养。

一般来说一个人的容貌主要由发式、面容及人体所未被服饰遮掩的肌肤（如手、颈等）及卫生状况等内容组成。

任务 1　面部清洁与化妆

【任务目标】

通过本任务的学习，要求学生了解面部清洁、化妆技巧、个人卫生等礼仪规范，能够为自己打造大方得体的职业妆容。改善旅游职业人员的精神面貌，做好本职工作。

【案例导入】

张丽，某高校旅游专业高材生，毕业后到一家旅行社做计调。为适应工作需要，上班时，她毅然放弃了"清纯少女妆"，化起了整洁、漂亮、端庄的"白领丽人妆"：不脱色粉底液，修饰自然、稍带棱角的眉毛，偏浅色的眼影，紧贴上睫毛根部描画的灰棕色眼线，黑色自然型睫毛，再加上妆容清爽自然，尽显自信、成熟、干练的气质。

在公休日，她又给自己来了一个大变脸，化起了久违的"清纯少女妆"：粉蓝或粉绿等颜色的眼影，同一系列颜色的睫毛膏和眼线，粉红或橘红的腮红，自然色的唇彩或唇油，看上去娇嫩欲滴，鲜亮淡雅，整个身心都备感轻松。

心情好，自然工作效率就高。一年来，张丽以自己得体的外在形象、勤奋的工作态度和骄人的工作业绩，赢得了公司同仁的好评。

问题：你如何评价张丽的两种妆容？对"化妆不只是技术，还是一门艺术、一种生活"这句话你是如何理解的？

【任务分析】

在旅游接待工作中，旅游服务人员面部的清洁与修饰非常重要。整洁明朗、容光焕发的面部会给人留下良好的第一印象，为旅游接待服务工作打下良好的基础。

【知识讲解】

适度的化妆也是尊重客人的一种表现，那么什么样的妆容更适合旅游服务人员的形象要求呢？

一、女士化妆的基本原则

每一个人都希望通过化妆使自己变得美丽，但如果以为把各种色彩涂抹在脸部相应的位置就会变美，那就错了。化妆也要遵循一定的原则。

1. 修整自然原则

化妆的基本要求是"清水出芙蓉，天然去雕饰"，突出自然和谐；化妆的最高境界是"此时无妆胜有妆"。旅游工作者的妆容尤其应以自然、淡雅为宜。

面容化妆少而精，强调和突出自身自然美的方面，掩饰自身的缺陷和不足，从而扬长避短，达到最佳的化妆效果；过分浓妆艳抹不仅有碍于皮肤的健康，而且有碍观瞻。

2. 化妆得法原则

化妆不仅是自身美的需要，更是满足宾客审美习惯的需要，女性服务人员掌握大方、得体的化妆方法可以使其在工作中增添信心、保持良好的精神面貌。

化妆是一门技术，也有一定的技巧，例如，如果眉毛自然整齐、颜色较黑，化妆时可以不画眉毛，以突出眉毛的自然美，如果过分描画眉毛，反倒失去了自然可人的魅力。很多女士希望自己能够"肤白如雪"，会选用比自身肤色颜色浅很多的粉底霜，但实际效果恰恰相反，给人"假脸"的感觉。因此，化妆得法就显得尤为重要。

3. 整体协调原则

在化妆时，应努力使整体协调，以体现出自己慧眼独具、品位不俗：化妆应与妆面协调、与全身的装扮协调、与所处的场合协调、与当时的身份协调、与年龄协调。

（1）与妆面协调。主要指妆面色彩搭配、浓淡协调，整个妆容设计合理。

（2）与全身的装扮协调。面部妆容要与整体着装相协调，色彩要和谐统一，如穿淡粉色、淡蓝色服装，眼影、腮红、口红的颜色都要清新、淡雅，自然为宜；如穿了红色的服装，口红的颜色可以适当选用鲜艳的红色，以达到全身装扮协调的整体效果。

（3）与所处的场合协调。处于不同的场合，化妆也有不同。一般来说，职业女性的工作妆宜清新、淡雅、端庄大方；社交妆宜雅，不论是参加公关活动、商务洽谈，还是赴约聚会，走亲访友，化妆都应浓淡相宜，干练雅致；盛会妆宜浓，不论是舞会、宴会一般都安排在晚上，按照礼仪要求，可以浓妆艳抹，光彩照人，这也是对宾客的一种尊重。

（4）与当时的身份协调。与身份协调是指化妆时要考虑自己的职业特点和身份，运用不同的化妆手段和化妆方法，如职业人士，化妆后应体现出成熟稳重的特点，适合人们的共同审美需求。

（5）与自身年龄协调。不同年龄的女士应选用不同的化妆方法。年轻的女性应用淡雅的化妆方法，如果粉底过厚、眼影过深，口红过红，都会使少女失去活泼开朗的青春气息。中年女性由于皮肤失去了部分弹性、眼角出现了皱纹，妆容可以适当浓艳一些，这样会看起来年轻。老年女性，可以使用化妆品保养皮肤，但不可以涂粉，以免给人一种"掉渣"的感觉。

4.注重礼节原则

旅游服务人员尤其是女性服务人员在上岗前，应根据自己的岗位特点以及礼仪要求化妆，但切忌浓妆艳抹，淡妆即可。简单、得体的职业妆容是对宾客的一种尊重。

二、化妆的基本程序

旅游服务人员适当地化妆可以增添自信，缓解压力。那么，怎样的妆容更符合我们的岗位要求呢？

1.化妆前的准备

首先，要了解自己的脸型。中国人标准的脸形是椭圆脸或瓜子脸。这两种脸型，面部比例是"三庭五眼"。通过眉弓作一条水平线，通过鼻翼下缘作一条平行线。两条平行线就将面部分成三个等分：从发际线到眉间连线、眉间到鼻翼下缘、鼻翼下缘到下巴尖，上中下恰好各占 1/3，谓之"三庭"。而"五眼"是指眼角外侧到同侧发际边缘，刚好一个眼睛的长度，两个眼睛之间，也是一个眼睛的长度，另一侧到发际边是一个眼睛的长度，这就是"五眼"。了解了自己的脸形后，化妆时就要尽量往标准脸形上靠近，这样化妆时就不会盲目了（如图2-1-1 所示）。

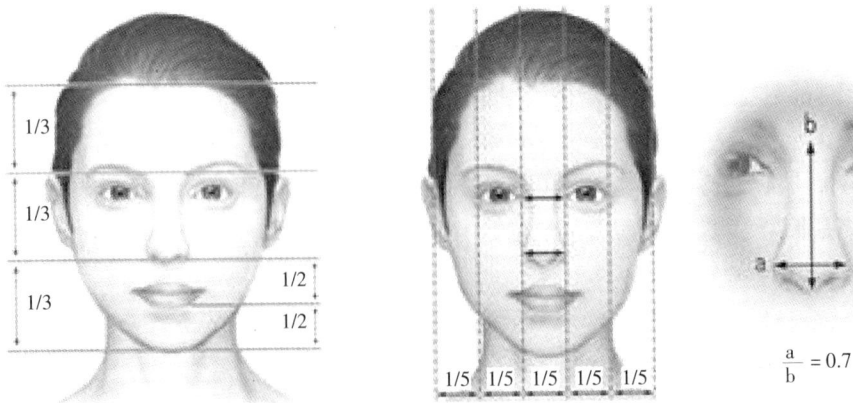

$$\frac{a}{b} = 0.7$$

图 2-1-1 "三庭五眼"结构示意图

其次，妆前要进行清洁护理。清洁护理主要包括以下几点内容：

一是洁肤。健康的肌肤需要科学的护理和保养，人的皮肤可分为中性、油性、干性三种类型，清洁皮肤要选用适合自己肤质的洗面奶。

二是护肤。皮肤护理在日常生活中至关重要，护肤时可选用适当的化妆水、日霜、乳液等涂在脸上，令肌肤柔润，并防止直接与化妆品接触，对皮肤造成损伤。

三是修眉。用眉钳、小剪刀之类的工具修整眉形，使之与脸形相协调。

2. 化妆的步骤

职业女性适度得体的美容化妆不但可以让人的容貌更加光彩照人，而且也体现了一个人对美的追求和对自身及他人的尊重。要使妆容自然、美丽，就要遵循一定的化妆步骤，掌握基本的化妆技巧。

（1）抹粉底。抹粉底是以调整面部颜色、遮盖瑕疵为目的的。粉底液的选择具有一定的技巧，有的女性不顾自己的肤色，一味地追求美白，认为"一白遮百丑"，其实这是十分错误的。粉底液的选择，色彩要比肤色稍深一点。方法是取适量粉底液，用手指或化妆海绵少而均匀地轻轻拍在脸部，注意不要忘了颈部，否则会给人一种"泾渭分明"的感觉。

（2）画眉毛。妆容是否漂亮、成功，很大程度上取决于眉形，故有"一眉定江山"之说。眉毛要强调自然美，描画时要顺着眉毛自然生长的方向一根一根地描画，不要怕麻烦，从眉头至眉尾一笔画到底。眉毛的标准位置，应该是眉毛从眉头起至2/3处为眉峰，描至眉锋处以自然弧度过渡至眉尾，眉尾处渐淡。画好后，可用眉刷顺眉毛生长的方向刷上几遍，使眉道自然圆滑。

（3）画眼影。要突出眼睛的立体感，眼影颜色的选择要因人、因时而异。一般规则是：深色眼影要刷在最贴近上睫毛处，中间色眼影涂在稍高处，浅色眼影刷在眉骨下。

（4）画眼线。化淡妆时，脸形和眼睛形状较好时可不画眼线；化浓妆时，用蓝色、灰色、黑色、棕色的眼线膏，将眼皮外眼角描得面积宽些。具体操作方法为：从内眼角向外眼角，沿着睫毛生长处画眼线，在外眼角处稍上扬，画上眼线时，抬高下颚，眼睛往下看，画下眼线时，拉低下颚，眼睛往上看，这样比较容易描画。

（5）刷睫毛。先将睫毛用睫毛夹子由内向外翻卷，然后用睫毛刷从睫毛根部至睫毛尖均匀地刷上睫毛液，这样可以使眼睛看起来大而有神。

（6）抹腮红。腮红又叫胭脂，它的使用因人而异，不可千篇一律。标准脸形即瓜子脸应涂在人微笑时的最高点，向四周淡开即可。长脸形的人宜横涂，宽脸形的人宜直涂，腮红颜色的选择应与眼影、口红的颜色协调一致。

（7）定妆。为了不发生脱妆现象，妆化好后，用粉扑沾上干粉均匀地涂在面部宜出油的部位，以吸收过多的油脂。妆定好后，用大粉刷扫去多余的浮粉。

（8）画口红。一般宜选用与肤色、妆面颜色协调一致的口红，口红涂好后，可用纸巾轻抿一下，以吸去多余的油分，使口红色彩更持久。

以上是化妆的八个基本步骤，如果时间仓促，可以采用更简便的方法：涂粉底、描眉毛、上唇彩即可。

3. 补妆

妆化好后，并非一劳永逸，要时刻注意是否出现妆容残缺的现象。特别是用餐后、出汗后、休息后都要及时检查，出现残妆要及时补妆。以残妆示人，既有损自己的职业形象，也是对客人的不尊重。切不可置之不理，使形象减分。

4. 化妆禁忌

一个人化妆与否，怎样化妆，纯粹是个人自由，一般情况下不要批评、评论别人的化妆，以免失礼。化妆要注意私密性，切不可当众操作，一般应选择在洗手间，或在无人的角落进行。特别是当班时化妆给人一种工作不专心、不认真的感觉。旅游服务人员化妆的目的是为了修饰，并非标新立异。妆面看起来要自然、雅致，涂过分鲜艳的唇膏、眼影，剔眉毛，或把眉毛画成一条线，都是不可取的。一般情况下不要在异性面前化妆，在异性面前化妆会给人一种搔首弄姿、自甘堕落的感觉。

三、男士的"化妆"

一般情况下，男士不必化妆，但在旅游服务行业工作的男士，为了展现旅游企业的良好形象，也要注意以下几个方面：

1. 洁面

男性皮肤油性比较大，分泌物较多，因此，为保持面部清爽干净，要格外注重清洁面部。每天应该早晚两次使用洁面皂或男士洁面乳清洗面部。

2. 涂面霜

为防止皮肤干燥起皮，可以选用具有滋润保养作用的男士护肤品。

3. 改变面色

男士如果面色灰暗、苍白，也可以选用男士粉底液进行修饰，但切记不可过分修饰，给人一种女性化的感觉。

4. 定时剃须

男性服务人员不宜蓄须（有宗教信仰与风俗习惯者除外）。一般情况下，男性服务人员应该每天都坚持剃须，切忌胡子拉碴示人。

四、良好的个人卫生

不论男女，养成良好的卫生习惯，对旅游服务人员都是十分重要的。这包括以下几点：

1. 口腔要清洁

保持口腔清洁对旅游服务人员是十分必要的，平时要注意做到：早晚刷牙，饭后刷牙或漱口；上班时不要吃大蒜、大葱、韭菜等有异味的食物。

2. 鼻腔要卫生

要定期清理鼻腔、修剪鼻毛，注意不要当众揩鼻涕、挖鼻孔，这样做既不文雅，又不卫生。

3. 注意手的卫生

手被称为"人的第二张名片"，对一个人的形象有很大的影响，试想一下，旅游服务人员的手指甲如果藏有污垢，或者涂上黑色、紫色、鲜红色的甲彩，是否会让人感到大煞风景呢？

4. 勤洗澡、勤换内衣

平时每周最好洗两三次澡，特别是夏天，气候炎热，人体大量出汗，应该每天洗一次澡，以便去除身上的尘土、油垢和汗味。

【阅读材料】

旅游工作者的皮肤护理知识

1. 保持乐观、开朗的心境

乐观、开朗的心境是最好的美容化妆品。

2. 掌握正确的洁面方法

正确的洁面方法：一方面要选用优质、合适的洁面用品彻底清洁面部；另一方面，注意洗脸水的温度应与室温相当，不宜过高，并且用温水和冷水交替洗脸，可达到收缩毛孔的作用。

3. 多喝白开水

每天多喝白开水，可保持皮肤的滋润。每天早餐前可以喝一杯蜂蜜水清洗肠胃。

4. 注意合理饮食

少吃煎炸、辛辣的食物，每天保证足够的新鲜蔬菜和水果，注意营养的均衡吸收。

5. 注意化妆用品的卫生

定期清洗化妆工具和清理化妆品，不借用他人的化妆品。

6. 保证有充足的睡眠

睡眠充足，会让人精力充沛、容光焕发。

7. 运动

坚持每天做适量运动，以舒缓工作和学习等方面带来的压力。

综合能力训练

一、任务实训

1. 实训步骤

（1）教师讲明训练要求及训练时的特别注意事项。

（2）由教师讲解、演示正确的护肤、化妆方法。

（3）学生以实训小组为单位，进行模拟操作。

（4）教师不断巡视、指导、检查、示范，纠正个别错误。

（5）最后根据每个同学的实训情况，针对若干化妆好的学员进行分析总结，同学互评、教师点评。

2. 实训方法

（1）了解护肤品的使用方法以及护肤的正确操作方法。

（2）了解化妆必备的一些工具，掌握化妆的基本步骤。

（3）掌握化职业淡妆的基本方法，掌握不同脸型和眉形的化妆技巧。

（4）操作程序：洗净面部及双手—整理眉形—拍滋润霜—打底霜—定妆—画眉—画眼影—画眼线—刷睫毛—涂腮红—画口红。

3. 实训准备

（1）化妆用具：洗脸盆、毛巾、海绵扑、眉夹、眉笔、眼线笔等。

（2）化妆用品：洗面奶、化妆水、滋润霜、底霜、美容粉、眼影、睫毛膏、腮红、唇膏、口红等。

（3）辅助用品：清洁纸巾、棉棒、镜子等。

4. 实训时间

实训时间40分钟，其中示范讲解10分钟，学生操作25分钟，考核测试5分钟。

5. 考核评价

（1）评分要求。按百分制记分，学生化妆时，指导教师观察学生的操作方法，按照考核要求给学生设计的妆容打分。

（2）实训考核表。实训考核表如表2-1-1所示。

表 2-1-1　职业妆化法考核表

考评人		被考评人	
考评地点			
考评内容		职业妆容设计	
考评标准	内容	分值（分）	评分（分）
	操作卫生	20	
	程序正确	20	
	手法娴熟	20	
	妆容得体	30	
	整体印象	10	
合计		100	

注：实训考核分为100分，60~69分为及格；70~79分为中；80~89分为良；90分以上为优秀。

二、思考练习

1. 判断题

（1）事实上，修饰与维护，对于仪容的优劣而言往往起着一定的作用。（　　）

（2）女士出席宴会、舞会的场合，妆可以化得浓一些。（　　）

（3）女士工作时间可以化妆。（　　）

（4）面容美化主要针对女性而言，男性无所谓。（　　）

（5）可以在全身各部位都喷上香水。（　　）

（6）端庄的淑女不涂指甲油。（　　）

2. 简答题

（1）化妆的步骤和要领是什么？

（2）女士化妆的原则是什么？

（3）女士化妆有哪些禁忌？

（4）作为男士如何保持仪容整洁？请每天早晨上班前对着镜子检查一下，在仪容方面还有哪些地方需要改进？要坚持一丝不苟。

（5）"妆成有却无"，对这句话你是怎样理解的？

3. 案例分析

案例 1

妆容与服务

一天，黄先生与两位好友小聚，来到某知名酒店。接待他们的是一位五官清秀的服务员，接待服务工作做得很好，可是她面无血色，显得无精打采。黄先生一看到她就觉得心情欠佳，仔细留意才发现，这位服务员没有化工作淡妆，在餐厅昏黄的灯光下显得病态十足。

上菜时，黄先生又突然看到传菜员涂的指甲油缺了一块，他的第一个反应就是"不知是不是掉我的菜里了"。但为了不惊扰其他客人用餐，黄先生没有将他的怀疑说出来。

用餐结束后，黄先生唤柜台内服务员结账，而服务员却一直对着反光玻璃墙面修饰自己的妆容，丝毫没注意到客人的需要。自此以后，黄先生再也没有去过这家酒店。

请思考:

你认为仪容修饰在个人形象塑造过程中有着怎样的地位和作用？

案例 2

"奇异"的化妆

阿美和阿娟是一所美容学校的学生，初学化妆时非常感兴趣，走在大街上，总爱观察别人的妆容，由此发现了一道道奇特的风景线：一位中年妇女没有做其他化妆，光涂了个嘴唇，而且是那种很红很艳的唇膏，只突出了一张嘴。另一位女士的妆容看起来真的很漂亮，只可惜脸上异彩纷呈，脖子粗糙马虎，在脸庞轮廓上有明显的分界线，像戴了面具一样。再看，还有的女士用粗的黑色眼线将眼睛轮廓包围起来，像个"大括号"，看上去那么生硬、不自然。一位很漂亮的女士，身穿蓝色调的时装，却涂着橘红色的唇膏……

思考讨论题:

(1) 请帮助阿美和阿娟分析一下，针对以上几种情形，化妆时应注意哪些问题？

(2) 化妆应坚持哪些原则？

任务2　头发护理与发型设计

【任务目标】

通过本任务的学习，明确脸形与发型的关系，掌握职业发型的基本要求及操作要领。能够根据自身特点及职业场合不同，有针对性地选择职业发型。

【案例导入】

一次，某旅行社接待一个新加坡旅游团，特意从公司里挑选了一位女导游，无论身材、长相、语言都无可挑剔，她梳着一头披肩发。在接待服务中，该旅游团向中方提出要求："你们必须换导游，否则我们无法游览！"这时，中方感到很纳闷，便问："是她导游词讲解得不好？还是她长得不漂亮？"对方说："她讲解得很好！长得也很漂亮！但她每次讲解时，头发油腻腻的，还有头皮屑，长发甩过来甩过去，使我们无法集中精神。"

问题：这名女导游违反了什么礼仪？她应该怎么做？

【任务分析】

旅游服务人员的头发不仅表现出个人的性别，更多的是反映了一个人的道德修养、审美水平、知识层次以及对工作、生活的态度，因此，旅游服务人员的头发不仅应恪守一般人的普遍要求，还要符合旅游服务人员的职业特点，不能随心所欲。

【知识讲解】

完美形象，从头开始。头发通常被称为一个人的第二面孔。它在旅游服务人员的整体形象设计中，占有举足轻重的地位。

一、头发的护理

头发的健康是头发美观的第一步。如何才能拥有健康的头发？

1. 勤洗发

过去有一种观念，认为保养头发要"少洗头，多抹油"，洗得太勤，头发会受伤，现在观念发生了改变。每周至少应清洗三次头发，洗发时应根据个人发质的特点，选择合适的洗发用品。水温宜控制在 36~38℃之间，水温过高会烫伤头皮，水温过低不易清洗，洗头时不宜用力抓挠头皮，而应轻轻地揉搓。

头发洗过之后，应自然风干，如用吹风机应避免温度过高，否则会对头发造成损伤。同时，还要注意洗发水、护发用品的气味应清新、淡雅。

2. 勤修剪

正常情况下男士、女士（短发）应半个月左右修剪一次，至少也要确保每个月修剪一次。

3. 勤梳理

梳理是每天必做之事，按常规，下述情况应注意自觉梳理头发：一是出门上班前；二是换装上岗前；三是摘下帽子时；四是下班回家时；五是其他必要的时间。

梳理头发时要切忌以手当梳，避免当众梳头，梳下的断发要及时清理，不可乱丢，梳毕勿忘掸去肩部的落屑，否则会令人产生厌恶之感。

二、发型修饰

发型不仅反映着个人的修养和品位，而且还是个人职业形象的核心组成部分。发型的选择总体要求是朴素自然、端庄大方、轻盈俊美、无雕琢之意。

1. 发型设计的原则

旅游服务人员发型设计总的原则是简洁、明快、线条流畅。具体包括以下几点：

（1）发型的选择应充分体现职业特点，不能过于前卫甚至是怪异。运动员和体育爱好者的发型：头发宜短，线条简单流畅，波纹平淡自然，发型持久，易于梳理；医务工作者、商业服务人员的发型：既要简洁，又要美观，一般以中长发和短发为宜，戴帽时头发不外露，脱帽后又能保持优美的发型；文艺工作者的发型：要求新颖多样，突出个性，富有艺术气息；接待服务人员的发型：大饭店、大公司的服务营业人员、导游、外贸接待人员，接触面广，发型应以整洁美观为主，既具有民族特点，又富有时代气息，给人以健康明朗、文明礼貌的良好印象；教师、机关人员的发型：要求线条简单、波纹平淡自然，发型优美大方、朴实端庄。

（2）选择发型要与性别相符合。与性别符合具体来说就是：男士发型不宜过长，以短发为主，不能长发飘飘，令人"安能辨我是雄雌"，一般要求前发不覆额，侧发不掩耳，后发不及领；女士发型也不宜太长，一般来说，前发不遮眉，后发不过肩。如果头发确实过长，可以用发网拢在一块，防止工作时头发乱蓬蓬的。

男士应尽可能避免留长发或者某些时髦新潮的奇特发型，最好也不要留光头，不把头发染成过分鲜艳扎眼的颜色。女士的发型虽然并不拘泥于短发和直发，但也应注意要相对保守一些，不能过分张扬和花哨。

（3）选择发型要与年龄相符合。与年龄相符具体为年长者要求简朴、端庄、成熟、稳重，因此，比较适宜大花型的短发或盘发，给人以温和可亲的感觉；而年轻人则要注重整洁健康、美丽大方、新颖别致，比较适宜盘发、扎辫子、短发、长发等。

（4）选择发型要与自己的身材相符合。发型与身材符合的具体要求，在下一标题中详细进行阐述。

2. 发型与身材

发型应以秀气、精致为主，避免粗犷、蓬松，否则会使头部与整个形体的比例失调，给人产生大头小身体的感觉。旅游服务人员一般不宜留长发，也不宜把头发处理得粗犷、蓬松。可利用盘发增加身体高度，而且要在如何使头发秀气、精致上下功夫。烫发时应将花式、块面做得小巧、精美一些。

（1）高瘦身材人的发型。高瘦身材体形的人容易给人细长、单薄、头部小的感觉。要弥补这些不足，发型要求生动饱满，避免将头发梳得紧贴头皮，或将头发搞得过分蓬松，结人造成头重脚轻的感觉。

（2）矮胖身材人的发型。矮胖者往往显得健康，要利用这一点造成一种有生气的健康美。整体发式向上，譬如选择运动式发型。此外应考虑弥补缺陷，可选用有层次的短发、前额翻翘式等发型，不宜留长波浪、长直发。

（3）高大身材人的发型。高大身材体形给人一种力量美，但对女性来说，缺少苗条、纤细的美感。为适当减弱这种高大感，应努力追求大方、健康、洒脱的美，减少大而粗的印象。

（4）短小身材人的发型。个子矮小的人给人一种小巧玲珑的感觉，应强调丰满与魅力，在发型选择上要与之相适应。

发型一般以留简单的直短发为好，或者是大波浪卷发；对直长发、长波浪、束发、盘发、中短发型也可酌情运用。注意切忌发型花样繁复、造作；头发不要太蓬松。

3. 发型与脸形协调

人的脸形一般可分为八种，其中鹅蛋脸（又称瓜子脸）属标准型，可以做任何发型。设计发型时，只有对发型设计及化妆的原则有深刻的认识，针对脸形处理发式，进行平衡和调和，才能弥补脸形的不足，创造美丽和满意的效果。正确处理发型的方法如下：

（1）圆脸。头发紧贴头皮、中分、蓬松且两侧修剪太圆、马尾等都会使脸更大更圆；侧分、头顶蓬松但两侧紧贴耳际、稍盖住脸庞、长过下巴等较合适。

（2）心形脸。头发不够蓬松两边太短、中分短发两边翘起会更突出尖下巴；侧分长过腮帮或下巴两边的头发蓬松饱满较合适。

（3）梨形脸。中分紧贴头皮或短发两边跷起都会使腮帮更宽；侧分发长过腮、头发吹得蓬松些或略盖住部分脸庞。

（4）长脸。长发中分、头发太短堆在头顶、一把抓马尾等使脸更长；头发长至耳根、前额稍剪些刘海，长发前额刘海、两边修剪少许短发盖住腮帮，头发宜在腮上侧分等可使脸显得稍圆。

（5）方脸。顶发太平侧发到腮帮、头发太平且中分、发太短等使脸显得更方；顶部蓬松、侧梳刘海、发长过腮，侧分且偏向漂亮的一边，头发尽量梳往一侧盖住部分脸庞，另一侧往后梳等方法可使脸显得柔和些。

（6）不规则形脸。可以选择适当的发型掩饰其缺点，采用柔和的盖住突出缺陷的发型，造成脸部两边平均的效果。

三、头发的美化

一般来说，中国人黄皮肤、黑眼睛、黑头发是值得我们骄傲的民族特征，它不仅是身体健康的表现，更是个人良好精神风貌的体现。

通常不提倡旅游服务人员为追求时髦而把头发染成彩色。旅游服务人员头发的颜色应以黑为美，以深为美（即使染发也只能比自身头发的颜色略浅即可）。

发饰的选用主要在其功能，它的主要作用是帮助女性"管束"自己的头发，而不是装饰品，因此，宜选择黑色、藏蓝色且无任何图案的发卡、发带、发箍，不应选择过分花哨的发饰。

特别提示

（1）工作场合不允许在头发上滥加饰物。

（2）忌在工作岗位上佩戴彩色或带有卡通、动物、花卉图案的发饰。

（3）有必要使用发卡、发绳、发带或发箍时，应使之朴实无华。

（4）若非与制服配套，在工作岗位上是不允许戴帽子的。

（5）一般情况下，不宜使用彩色发胶、发膏。

【阅读材料】

不同发质的头发护理如表 2-1-2 所示。

表 2-1-2 不同发质的护理

发质类型	表 现	成 因	护 理
油性	头发细长、发丝油腻、需要经常清洗，洗后第二天，发根出现油垢；头皮厚，容易头痒	荷尔蒙分泌紊乱；精神压力大；遗传；过度梳理；常吃高脂肪食物	缓解精神压力；勤于洗发；调节内分泌平衡；少吃高脂肪食物
干性	头发缺乏光泽、干燥、油脂少；易打结、难梳理、易生头皮屑；一般发根稠密、发梢稀薄、有分叉，头发僵硬，弹性较低	皮脂分泌不足；头发缺乏水分；经常漂染或高温吹干；天气干燥	多摄入高脂肪食物和水分，少漂染头发；少用高温吹干；勤于梳理
中性	头发不油腻、不干燥，柔软顺滑、有光泽，只有少量头皮屑	皮脂分泌正常，日常护理良好	无须特别护理，按常规进行护理即可
混合性	头皮油腻、干燥；靠近头皮一厘米的头发很油腻，越往发梢越干燥甚至分叉	体内激素水平不稳定；过度烫发或染发等	少烫发或染发，在护发专家的指导下进行护发

综合能力训练

一、任务实训

1. 实训步骤

（1）由教师讲明训练要求及训练时的特别注意事项。

（2）由教师讲解职业发型设计的基本方法，掌握不同脸型和发型的关系。

（3）学生以实训小组为单位，进行模拟操作。

（4）教师不断巡视、指导、检查、示范，纠正个别错误。

（5）最后根据每个同学的实训情况，同学互评、教师点评。

2. 实训方法

（1）学生分组进行讨论，分析自己的发质和脸形。

（2）在对自己的脸形和发质进行分析的基础上，让每个学生对自己的发型进行正确定位。要求学生制订出一个适合自己脸形的发型方案。

（3）对发型方案进行评估，制定出发型的具体形状，在学生之间进行互评，选出最好方案。

（4）结合旅游专业的特点，制订出本专业职业发型的具体方案。

（5）模拟操作，选择若干学生上台展示自己的发型，并说明其理由。

3. 实训准备

（1）美发用具：喷壶、电吹风、吹发梳、梳子、发夹等。

（2）美发用品：摩丝或定型啫喱、喷发剂等。

（3）辅助用品：橡皮筋。

4. 实训时间

实训时间40分钟，其中示范讲解10分钟，学生操作25分钟，考核测试5分钟。

5. 考核评价

（1）评分要求。按百分制记分，学生操作时，指导教师观察学生的操作方法，按照考核要求给学生设计的发型打分。

（2）实训考核表。实训考核表如表2-1-3所示。

表 2-1-3　职业发型设计考核表

考评人		被考评人	
考评地点			
考评内容		职业发型设计	
考评标准	内容	分值（分）	评分（分）
	操作娴熟	20	
	发型与脸形协调	20	
	发型美观	20	
	符合职业标准	20	
	整体印象	20	
合计		100	

注：实训考核分为100分，60~69分为及格；70~79分为中；80~89分为良；90分以上为优秀。

二、思考练习

1. 判断题

（1）身材娇小者适宜留短发或盘发。（　　　）

（2）长发过肩的女性必须全部将其剪短才能上岗。（   ）

（3）选择发型可不考虑个人气质、职业、身份等因素。（   ）

（4）在大众场合，不时用手整理头发，以确保仪容整齐。（   ）

（5）每天都要梳理头发。（   ）

（6）女士在工作岗位上处理超长头发应盘起来、束起来或编起来。（   ）

（7）男士的头发应该前发不覆额，侧发不掩耳。（   ）

2. 简答题

（1）发型选择的要点是什么？

（2）发型怎样做到与脸形相协调？

（3）请你谈一谈发型对旅游服务人员的形象有何影响？

3. 案例分析

案例 1

应聘与发型

大连海浪旅行社招聘导游员，应届毕业生张小丽前去应聘，她思考怎样才能在众多的应聘者中脱颖而出呢？她认为首先要在形象上超过其他应聘者。于是她化着浓妆，烫着爆炸头，而且将头发的颜色染成了金黄色。

请思考：

你认为小丽的发型有何不妥？如果让你来给小丽设计发型你会怎么做呢？

案例 2

气质魅力从头开始

华盛集团公司的卫董事长要接受电视台的采访。为了郑重起见卫董事长特意向公司特聘的个人形象顾问咨询、有无特别需要注意的事项。对方专程赶来仅向卫董事长提了一项建议：换一个较为儒雅而精神的发型，并且一定要剃去鬓角。其理由是：发型对一个人的上镜效果至关重要。

果然，更换了发型之后的卫董事长在电视上亮相时，形象焕然一新。他的发型使他显得精明强干，谈吐也显得深刻稳健。两者相辅相成，令电视机前的观众们纷纷为之倾倒。

请思考：

适宜的发型设计能为一个人带来哪些变化？

项目二

服饰礼仪

旅游服务人员的穿着打扮不仅能够显示出个人的精神风采，也体现了对服务对象的尊重。同时合适的着装也会使着装者有一种职业的自豪感、责任感，是敬业、乐业在服饰上的具体表现。

任务 1 旅游工作者的着装规范

【任务目标】

通过本任务的学习熟悉服装与整体形象的关系。掌握服装穿着的基本知识、要求和技能技巧，掌握"TPO"（时间、地点、场合）着装的原则。培养学生具有结合自身特点修饰、美化仪表的能力。

【案例导入】

某旅游咨询公司办公室人员小陈工作很认真，但平时不注意着装打扮。公司明天要与法国某公司谈判，总经理叮嘱做会议服务的小陈要好好准备。小陈除了在文件、资料等方面做了准备，还花了一番功夫进行了"打扮"。

正式会谈这天，只见坐在总经理一旁的小陈花枝招展，她穿着颜色鲜艳的黄色上衣、大花图案的裙子，红色的细高跟鞋……

问题：你认为小陈的打扮符合旅游工作者的着装规范吗？小陈应该怎样装扮自己才不会失礼呢？

【任务分析】

初入职场者的着装，最关键的就是做到适合，既适合自己的身材和工作性质，又和公司的整体着装风格相符。所以，要做一个有心人，经常留意身边大多数同事的着装，相信很快就会把握住最贴近自己的着装风格，从而帮助自己以最快的速度，融入所在的团队中，与人和谐相处。

【知识讲解】

服饰，即人的穿戴打扮，旅游服务人员的服饰美是个人仪表美的重要组成部分。注重个人服饰美是旅游服务人员的基本素质，是旅游服务人员自尊自爱的体现，更是尊重宾客的需要。它不仅反映出一个旅游企业的形象、管理水平和服务水平，而且反映了一个国家和民族的文明程度。

服饰，狭义的概念是指衣服上的装饰，广义地说，指衣服及其装饰。而其装饰又包括与衣服分开的装饰用品，如领带、胸针、眼镜和手表之类的饰物。

一、服饰选择要遵循的礼仪原则

服饰之美，不仅反映出人的审美情趣，同时也给人以美的感受，而且更重要的是它对人体有着"扬美"与"抑丑"的双重补偿功能。因此，选择服饰时如果遵循一定的原则，就会使其与人体构成和谐的美，起到相得益彰、锦上添花的作用。

1. 遵守 TPO 原则

TPO 原则是有关服饰礼仪的基本原则之一，其中 T、P、O 分别是英文时间（time）、地点（place）、场合（occasion）这三个单词的缩写。T 代表时间、季节、时代；P 代表地点；O 代表场合。TPO 原则是世界通行的着装打扮的基本原则。根据这一原则，着装时应注意以下几个问题：

（1）着装要与时间、季节相吻合。着装要与所处的场所、环境以及不同国家、区域、民族的不同习俗相吻合；同时还要根据交往的目的、对象来选择服饰，以便给人留下良好的印象。

冬天不要穿着裙子到处行走，谓之"美丽冻人"，夏天也不要穿着皮衣服，自认为时尚；白天工作时，女士应穿着正式套装，以体现专业性；晚上出席鸡尾酒会就须多加一些修饰，如换一双高跟鞋，戴上有光泽的佩饰，围一条漂亮的丝巾等。

（2）衣着要与场合协调。办公场合：与顾客会谈、参加正式会议等要衣着考究、庄重规范。社交场合：听音乐会或看芭蕾舞，则应按惯例着正装；出席正式宴会时，则应穿中国的传统旗袍或西方的长裙晚礼服，衣着要时尚、个性。休闲场合：朋友聚会、郊游等场合，着装应轻便舒适，试想一下，如果大家都穿便装，你却穿礼服就有欠轻松。同样的，如果以便装出席正式宴会，不但是对宴会主人的不尊重，也会令自己颇觉尴尬。

（3）衣着要与地点协调。在自己家里接待客人，可以穿着舒适但整洁的休闲服；如果是去公司或单位拜访，穿职业套装会显得专业；外出时要顾及当地的传统和风俗习惯，如去教堂或寺庙等场所，不能穿过露或过短的服装。

2. 扬长避短原则

选择服装要因人而异，不能随大溜，看到别人穿什么，自己就盲目跟随。选择服装应该做到扬己所长，充分展示自己的优点；避己所短，掩饰自己的不足，表现出自己独特的个人魅力和不俗品位。

3. 保持整洁原则

在任何情况下，服饰都应该是整齐干净的。整洁原则的要求：一是衣服不能有污渍；二是衣服不能有破损；三是衣服要整齐，不折不皱。试想一下，如果你的衣服皱皱巴巴，上面还粘着菜汁、油污，别人看到了会是什么感觉呢！

二、服饰色彩的搭配

服饰美是由质地美、色彩美、款式美三者结合而形成的完美统一体。优良质地的服装大都具有穿着舒适、挺括、高贵、大方等特点。服饰的款式指的是它的种类、式样与造型。一般按用途分为：运动装、休闲装、工装、职业装、礼服等几种。

色彩是人的眼睛对物体反射的不同波长的光所产生的印象。在选择服饰时，除了要关注服装的质地、款式之外，尤其要注重色彩的选择。

1. 色彩的特征

色彩的种类不计其数，要想选择好服装的色彩，首先要了解色彩的基本特征。

（1）色彩的冷暖。每种色彩都有区别于其他色彩的独特的感觉色味，通常把这种具有红、橙、黄、绿、青、蓝、紫等色味的色彩现象，叫作色相。色彩因色相不同，可产生温暖或寒冷的感觉：使人有温暖、热烈、兴奋之感的色彩，叫暖色，如红色、黄色；使人有寒冷、抑制、平静之感的色彩，则叫冷色，如蓝色、黑色。

（2）色彩的轻重。色彩的明亮程度，被称为明度。不同明度的色彩往往给人以轻重不同的感觉。明亮的颜色感觉轻，使人有上升感；灰暗的颜色感觉重，使人有下垂感。

（3）色彩的软硬。色彩显现出来的鲜艳程度，叫作纯度。色彩的软硬与其明度和纯度有密切的关系。色彩明度和纯度越高，就越鲜艳纯粹，并给人以柔软、润滑的感觉，如浅黄、浅绿等；色彩明度和纯度越低，就越为深暗，并给人以坚硬、朴实的感觉。

（4）色彩的缩扩。色彩的波长不同，给人收缩或扩张的感觉就不同。一般来讲，冷色、深色属收缩色；暖色、浅色则为扩张色。

2. 服饰色彩的搭配

没有不美的颜色，只有不美的搭配。不同的色彩搭配会显出不同的格调与品位。从服饰美学的角度讲，服装色彩的搭配大致有以下几种方法。

（1）同色搭配法。运用同色系搭配，主要是以简洁的配色来营造一种和谐的美感，即配色尽量采用同一色系之中各种明度不同的色彩，按照深浅层次的不同进行搭配，以造成和谐统一的效果。比如，你可以选择深蓝色的上衣，中蓝色的裙子，浅蓝色的衬衫。在同色系的搭配中，要注意同色系色彩的衔接与过渡，应力求自然、平稳，避免生硬，明度差异不宜过大或过小。

（2）相似色搭配法。色彩学上把色环上九十度以内的邻近色称为相似色，如绿与蓝、红与橙黄等。与同色搭配相比，相似色搭配丰富且有变化，但注意色彩上的数量不宜太复杂，应遵循服饰礼仪的"三色原则"，即正式场合的服饰配色，包括服装、饰品等一切服饰，其颜色不应超过三种以上，否则就显得杂乱无章，给人低俗之感。

（3）对比色搭配法。对比色搭配法即在配色时运用性质相反的色彩进行组合的方法，它可以使着装在色彩上反差强烈，产生明快、生动的效果，从而突出个性。如红与绿、黄与蓝、白与黑等都是最常见的对比色，如果将它们的颜色按1：1进行组合，会有强烈、醒目的色彩效果。当你穿上一件黑色的真丝旗袍，再配上一件洁白的珍珠项链，会更加光彩照人。

（4）无色系与有色系之间的搭配。无色系主要是指黑、白、灰三种颜色，它们可以和其他任何色彩搭配。黑、白两色通常被认为是颜色深到极致或颜色浅到极致的颜色，而灰色是黑色与白色的中间色，又被称为万能色。通常情况下，黑、白、灰可以和任何颜色搭配。

（5）无色系之间的搭配。黑、白、灰三种颜色通常被称为无色系。黑、白、灰三种颜色可以随意搭配，这种搭配可以使人显得干净利落、精明干练。

三、服装与人的身体条件

服装的选择与人的身体条件关系十分密切，主要体现在选择服装时要注意与人的肤色、体形等的相互关系。

1. 服色与肤色

由于人的肤色不同，所以同一颜色的服装，并不适合不同肤色的人。而且服饰的色彩作用于人的肤色，也能使肤色发生变化，如有的颜色可使脸色显得灰暗无光；有的色彩却能使皮肤显得细腻光滑。所以选购服装时，服装的颜色应适合自己的肤色。

肤色偏黑且粗糙者，一般不宜穿黑色和其他一些深色（如深蓝、深紫、深褐、大红等）的服装，也不宜选用色调过浅的服装，而适宜选用颜色稍浅、又不太鲜艳的色调；肤色黑红者，最好不要穿粉红、淡绿色的服装；肤色呈暗褐色的人，则不要选择咖啡色的衣服；肤色较黄者，应避免穿着蓝、绿、紫、粉等色的服装，也不宜选用米黄色、土黄色等色调的服饰；脸色苍白者，则应避免穿绿色和与自己脸色相近的白色衣服，否则将更显病态。

2. 服色与体形

一般来说，体形胖者不宜穿大花或俗艳方格、花纹的衣服，应穿着色彩强度较低、较深暗的服装，如黑色和藏青色会使人显得苗条；体形胖而矮者，最忌上下装色彩对比强烈，应尽量用单色、明暗对比不大的调和色；体形瘦者，可选明度和纯度高的鲜艳色调，应避免灰暗、单调的颜色。

身材高大者，不宜用大面积的鲜艳色彩，整套服装也不要只用一种颜色，要有适当的色彩点缀；身材矮小者，可以穿着鲜艳的、明度高的服装，整套服装的颜色变化不要太多、太复杂，用色要简洁、明快，可采用小花形图案。

3. 服装质地、造型与体形

服装质地和造型选择不当，会暴露甚至夸大自己体形的缺点。所以，体形较胖者，适合穿西装或西装套裙；服装的质地不能太厚或太薄，应选用厚薄适中、柔软而挺括的料子，服装的款式切忌繁复。身材高而瘦者，面料图案不宜选用竖条纹的，适宜穿着浅色横条纹服装；料子不宜过薄，稍硬一点的料子会使瘦人看上去精神些。

"V"形体形的女性，应避免把别人的注意力集中到身体上部，因此不宜选择前胸有胸饰、贴袋之类的衣服，领子也不宜过大，并忌穿款式繁复的服装。"A"形体形的人，应选用有胸饰或贴袋的上衣；下身穿线条柔和、质地厚薄适度、色彩偏深的长裙或裤子，从而营造体态匀称的视觉效果。"H"形体形的女性，宜选用色彩对比强烈的竖条纹的连衣裙，再加上一条深色的宽腰带，这样能消除没有腰身的感觉，给人以修长、洒脱、轻盈之感。

腿短者，应选用同一颜色的上下装，女子可选用高腰裙、裤，并装饰一条宽腰带，裙子长度盖过膝盖。身材矮小的人，可利用颜色创出高度，衣服、鞋袜为统一颜色，这样看上去可造成修长感。身材矮小的女士上衣可短些，裙子则要长些。

四、旅游服务人员服饰的要求

旅游服务人员服饰的基本要求是整洁挺括、利落大方、典雅美观。

1. 制服着装规范

旅游服务人员的着装必须端庄大方，给人以成熟稳重、可以信赖的感觉。不能奇装异服、花里胡哨。在穿着制服时要注意以下几点：

（1）制服的款式要简洁、高雅，线条自然流畅。制服必须合身，注意四长（袖到手腕、衣至虎口、裤到脚面、裙到膝盖）、四周（领围以能插入一指大小宽松度为宜，上衣的胸围、腰围及裤腰的臀围以能穿一件羊毛衣裤的松紧为宜）。

（2）注意着装风纪。在着装风纪方面尤其内衣不要外露；不挽袖卷裤；不漏扣、不掉扣；领带、领结与衬衫的吻合要紧凑且不系歪；有的岗位还要戴好手套和帽子。敞胸露怀、不系领扣、高卷袖筒、挽起裤腿、不打领带、衬衫下摆束起等，不仅有损制服的整体造型，还破坏了企业的形象。

（3）制服保持清洁。要经常定期或不定期地换洗，做到衣裤无油渍、无污垢、无异味。领口与袖口尤其要保持干净。

（4）对制服进行管理、保养。为了保证衣裤不起皱，穿前要烫平，穿后要挂好，做到上衣平整、裤线笔挺。穿制服时，不要乱倚、乱靠、乱坐。

（5）穿着制服，要求整整齐齐、外观完好。如制服有破损，就不宜继续在工作岗位穿着。在工作中发现破损，就应立即采取措施补救。特别是在窗口部门工作的人员更应注意制服的完好。

2. 工鞋、袜的穿着要求

皮鞋应随时擦干净，上光打亮。破损的鞋子应及时修理。若需要穿着布鞋，同样要经常保持清洁。

男旅游职业人员袜子的颜色应与鞋的颜色和谐，一般是与鞋子或裤子的颜色一致，不可穿浅色或花色袜子。女旅游职业人员应穿着与肤色相近的丝袜，要求袜口不可露在裤子或裙子外边。丝袜有跳丝破损要更换。

3. 工号牌佩戴要求

工号牌是旅游各具体部门的标志。它可体现对游客的尊重，使其易辨认区分各个部门，以便取得应有的服务，满足其信任感。旅游职业人员佩戴工号牌上岗是对自身职业的肯定和自豪，并增强责任感和义务感。

工号牌应端正地佩戴在左胸上方。旅游职业人员每天上岗前，自觉戴好。工号牌有损时要及时更换；岗位有变化时，也要及时更换。

【阅读材料】

"TPO" 原则的理念是怎样提出来的？

"TPO" 原则是指人们穿着打扮要兼顾时间、地点、场合，并使服装的选择、搭配与以上要求相适应。这一理念是怎样提出来的呢？

服装是一种无声的身体语言。从传播学的角度看，服装仅依靠其自身的美，如款式的新颖、色彩的冷暖、面料的变化，还不能完成交际的使命。因为人们在交际中，有时由于时间、地点和场合的变化需要随时更换不同的服装，以便使服装具有一种"现场感"，容易被周围的人所接受。

1963 年，日本"男用时装协会"正式提出"TPO"原则的理念，意思是说穿衣服要兼顾"时间"（time）、"地点"（place）和"场合"（occasion）。当时，日本"男用时装协会"提出"TOP"原则的初衷是为了借助运动会期间的国际交流来推进日本男装的时装化。但"TPO"原则一经提出便迅速传遍全世界。目前，"TPO"原则已经脱离了最初推进日本男装时装化的原意，进而拓展到包括女装等在内的一切服饰文化，成为服装交际原则之一。

中国古代的服饰礼仪

华夏自古是一个衣冠之国、礼仪之邦，我们的祖先很早就把"布帛可衣"列为民生之一。服饰在华夏文化中，除了"避寒暑、御风雨、蔽形体、遮羞耻、增美饰"等一系列通用的功能外，还有着"知礼仪、正名分"等特殊意义。衣冠之于华夏，从来都不是一件小事。

约在 5000 年前，中国在新石器时代的仰韶文化时期，就产生了原始的农业和纺织业，开始用麻布做衣服，后来又发明了丝纺，衣服更加完美。黄帝时期冠冕出现，服饰制度逐渐形成。夏商以后，冠服制度初步建立，西周时，趋于完备。周以后，由于政治、经济、思想文化都发生了急剧变化，特别是百家学说对服饰的完善施加了影响，使诸侯国之间的衣冠服饰及风俗习惯都开始有了明显的不同。后来冠服制度被纳入了"礼治"的范围，成为礼仪的表现形式，从此中国的冠服制度更加详备。自周至明，汉族的这一服饰制度跨越 3000 年的时空，但基本特征没有改变。

中国盛唐时期的服装在日本等国流传，日本曾派出大量遣唐使到中国学习文化艺术、律令制度，也包括衣冠制度。当时日本还模仿唐制颁布了"衣服令"。和服主要模仿汉服中的深衣，至今日本仍将和服称"吴服"，意思就是指从中国吴地传来的衣服。日本还有一种盛装礼服叫作"唐衣"。

和服由汉服发展而来，但经过漫长的历史演绎，已经发展成日本自己的民族特色，比如，女式和服背后的大腰带等就是其特色。韩服与日本和服有所不同，它所模仿的是汉服中的襦裙，但也有变化，即朝鲜服装的裙子束得特别高，而且下摆十分宽大、蓬松。

清朝以后，中国社会及政治动荡频繁，汉民族的服装也发生了巨变。清以后汉服基本消失。辛亥革命后，激进的革命党人根据日本学生服装制成了中山装，另一些保守的知识分子索性穿起清代遗留下来的马褂，中间派则选择改良，其中改良最成功的就是"旗袍"，即 1920 年后兴起的新式女装。旗袍是在满式女旗袍的基础上，吸取西式剪裁方法，袍身更为紧身合体，并加大了服装的外露程度，凸显女性的身体曲线美。在 1930~1940 年期间，旗袍进入全盛期，成为中国女性的标准服装。

综合能力训练

一、任务实训

1. 实训步骤

（1）学生以实训小组为单位进行模拟操作。

（2）教师讲明训练要求及训练时的特别注意事项。

（3）教师讲解，帮助学生掌握不同场合的穿着规范。

（4）教师不断巡视、指导、检查、示范，纠正个别错误。

（5）最后根据每个同学的实训情况，同学互评、教师点评，从而加深理论知识印象并能够真正将理论知识与实践结合起来。

2. 实训方法

（1）学生分角色，选择自己认为最合适的工作服装、社交服装、休闲服装进行展示。

（2）每十人为一个小组，每个小组设组长一名，每三人扮演同一角色，共分三种角色（工作、社交、休闲）。

（3）每小组表演时间五分钟左右。出场顺序由抽签决定，小组内的出场顺序、队形由小组内自己排定。

（4）最后评出"最佳职业形象设计"、"最佳社交形象设计"若干名。

（5）本实训应采用现场点评的方式，教师对学生的设计优劣要现场评定，以加深学生印象。

（6）本实训以考查学生对工作装的理解和应用为主。训练后学生要明确三种服饰的明显区别，使学生今后工作中能着装得体。

（7）评分可由老师、学生共同参与，即以教师为主，各小组选出一人组成评分小组，取平均分评出优劣。

3. 实训准备

准备好训练用具：各种不同类型的服装、各种色布。

4. 实训时间

实训时间60分钟，其中示范讲解20分钟，学生操作35分钟，考核测试5分钟。

5. 考核评价

（1）评分要求。按百分制记分，学生操作时，指导教师观察学生的操作方法，按照考核要求给学生设计的着装打分。

（2）实训考核表。实训考核表如表2-2-1所示。

表 2-2-1 职业着装考核表

考评人		被考评人	
考评地点			
考评内容		职业着装设计	
考评标准	内容	分值（分）	评分（分）
	着装规范	20	
	服饰搭配	20	
	颜色搭配	20	
	符合职业标准	20	
	整体印象	20	
合计		100	

注：实训考核分为100分，60~69分为及格；70~79分为中；80~89分为良；90分以上为优秀。

二、思考练习

1. 判断题

（1）服饰是一种文化，也是一个国家和民族礼仪的标志之一。（　　）

（2）"TPO"原则是指人们的穿着打扮要与国际接轨。（　　）

（3）女士工装鞋袜以肉色为好。（　　）

2. 简答题

（1）着装的原则是什么？

（2）男女工装鞋袜穿着应注意什么？

（3）服装在色彩搭配上有什么要求？

（4）旅游酒店从业人员服饰的重要性主要有哪些？

3. 案例分析

案例 1

约翰·摩劳斯的有趣试验

约翰·T.摩劳斯（美）曾做过一个试验：他在纽约市联合国总部安排了一位演员，让其使100名秘书从他那里要回文件。在前50名秘书面前，这位演员穿着黑色破损的鞋，缀着硕大的银鞋扣，穿着俗不可耐的青绿色西装，系着印花棉布领带。结果只有12人接受他的命令。而出现在后50名秘书面前的这位演员，身着价格昂贵的蓝西装、白衬衣，系丝质圆点花领带，哥多华翼形尖式皮鞋，发型时髦。其结果有42名秘书从他那里拿回了文件。

请思考：

为什么同一个人先后穿着不同，说话所起的作用就不同呢？这个案例告诉我们什么道理？

案例 2

个人形象成就职场成功

陈瑶是武汉某高职院校旅游管理专业的一名专科生。大三时，陈瑶参加了一家五星级酒店的面试，成功地从众多重点大学本科生，甚至研究生中脱颖而出，成为当年为数不多的得到该酒店入职通知（offer）的幸运儿之一。并且经过半年多的努力，陈瑶在这批新员工中率先升职为部门主管。

新学期之初，作为优秀毕业生，陈瑶应邀参加了母校的经验交流会，在学弟、学妹们羡慕的目光中，她道出了自己成为"普通人中的幸运者"的秘诀——注重形象，胜在细节。讲到面试当天的情景，陈瑶用平实的语言描述着："面试那天，我早早地起了床，梳洗后很快化了一个使自己显得很有精神的淡妆，然后梳了一个清新大方的发型，穿上借来的酒店管理者工作服，带上简历及相关材料就出门了。提前半个小时到达后，我观察了陆陆续续赶来的风尘仆仆的其他面试者，发现他们中有的头发凌乱，有的穿着随便，且大多数女性面试者都没有化妆。我想我有戏了！为什么呢？因为我觉得自己虽然长相普通，但注意了个人形象，尤其是看到自己的形象和酒店员工差别不大时，我更找到了自信，后面的环节就更顺利了……"

请思考：

（1）陈瑶成功地在面试中胜出，从她的准备中，你得到了哪些启示？

（2）面试是进入职场的关口，你认为进入职场后该如何完善自身的形象呢？

任务2　男士西装穿着要领及领带打法训练

【任务目标】

通过本任务的学习，掌握男士着装的基本礼仪规范。并且能用服饰装扮的基本原则和色彩搭配的基本原理，为自己进行正确的着装设计。

【案例导入】

　　小刘刚到某旅行社工作，领了第一份薪水后，为自己买到了一件价格不菲的西装，星期一早上，小刘高兴地穿着西装来到了办公室，满以为可以得到同事的赞赏，没想到大家看到他后都在窃窃地笑。原来，小刘西服袖子上的商标没有拆掉，西服左侧的口袋上还插了一支钢笔，脚上穿了一双白袜子，皮带上还别着钥匙……

　　看来，小刘需要好好学习一下男士着装礼仪了。

　　问题：小刘的着装有哪些错误？

【任务分析】

　　着装对一个人的整体形象以及企业形象的塑造十分重要，打造符合职业要求的仪表，满足旅游者审美的要求，赢得外界对旅游职业人员的良好评价是旅游服务工作者的基本要求。

【知识讲解】

　　西装又称"西服"、"洋装"。广义指西式服装，是相对于"中式服装"而言的欧系服装；狭义指西式上装或西式套装。西装造型优美、做工讲究，男装穿起来潇洒，女装穿起来优雅，并从欧洲影响到国际社会，成为世界认可的一种国际性服装。

一、男士西装着装原则

　　西方俗语说"西装七分在做，三分在穿"，说明西装既讲究剪裁、面料、款式、搭配，也讲究穿着、打扮。要想达到美观、潇洒的着装效果，必须遵循西装穿着原则。

1. 注重整洁

　　西装要干净、平整，裤子要熨出裤线。生活中常见到某些男士上身穿着崭新的西装，下面却穿着已经没有裤线的西裤和布满灰尘的皮鞋。西裤没有笔挺的裤线跟衣领肮脏的衬衫一样，即使是名牌也会让人形象失色。干干净净才算男子汉。不事修饰的胡须，一头乱发，露出层层叠叠的内衣领，过于长大的裤子或各种显脏的颜色，这一切均会给人留下不整洁的印象。

2. 注重质量

选择西装，最重要的不是价格和品牌，而是包括面料、裁剪、加工工艺等在内的许多质量细节。面料的选择应力求高档。在一般情况下，毛料应为西装首选的面料。正式场合的西装色彩必须显得庄重、正统，而不过于轻浮和随便。

3. 注重合体

穿西装合身才是最重要的，这样才能体现西装挺括的特色。西装要想穿出来的效果好，最好是量身定做。西装外套挺括的重点，在于肩膀的宽度是否适宜，宽度不足二头肌部位就不合身，袖子就无法自然地自肩膀落下。衣身最标准的长度应该是盖过臀部。袖口的长度应该正好到手腕处向上量二英寸的距离。西裤的腰身以能插进一只手掌为宜，裤长以前片裤脚刚刚碰到皮鞋面前端为宜。

4. 注重款式

西装的款式主要分为以下两大类：

（1）单件上装和套装。单件上装是一件和裤子不配套的西装上衣，只适用于非正式场合。穿着上可以随便些，不一定要搭配领带。

套装指上下装面料、色彩一致，有两件套和三件套之分。两件套西装包括上衣和西裤；三件套西装包括上衣、西裤和一件背心（马甲），内配单色衬衫。

套装如作为正式交际场合的礼服用，色调应比较深，最好用毛料制作。在半正式交际场合，如在办公室参加一般性的会见，可穿色调比较浅一些的西装。在非正式场合，如外出游玩、购物等，如穿西装，最好是穿单件的上装，配以其他色调和面料的裤子。

（2）单排扣和双排扣西装。单排扣西装有一粒扣、两粒扣和三粒扣的几种款式。比较适合工作场合和休闲场合。双排扣西装较常见的有两粒、四粒、六粒扣三种。给人以庄重、正式的感觉，多在正式场合穿着，适合于正式的仪式、会议等。

5. 色彩

在正式场合应选择净色偏深的整套西装。深灰、棕色、藏蓝色都是男士们的首选，而黑色适合在庄严、肃穆的场合。

由于中国人脸色偏黄，在选择颜色时应少选黄色、绿色、紫色系，宜选深蓝色、深灰暖性色、中性色等色系。脸色较暗的男士，可选择浅色系和中性色。

6. 配件

西装套装的整体美还需要一些相应的配件，具体有衬衫、领带、领带夹、皮鞋、袜子等。

二、男士西装着装规范

西装适合在各种场合穿着，上班公务、商务活动、社交宴请等，可作为正装也可充当礼服，这也是为什么它在国际上通用、流行的原因。但是要想穿出效果，必须注重西装的着装规范：

1. 整体效果

首先西装一定要合身，另外要熨烫平整、干净挺括。整体色彩控制在三种颜色以内，同时注意在正式场合，鞋、包、腰带应为同一颜色，并以黑色为佳。

2. 衣袖和裤脚

在穿西装前要拆除衣袖上的商标，以免被他人取笑。西装的袖口和裤脚不应卷挽，以免给人以粗俗之感。

3. 衬衫

穿着西装时，衬衫的搭配也很有学问，衬衣颜色的深浅，应与西装颜色成对比，不宜选择同类色，否则搭配分不出衬衣与西装的层次感。

正装的衬衫必须为纯色，以浅色为主，白色最常用。衬衫最讲究的是领口，领型多为方领，领头要硬挺、清洁。衬衫衣领要高出西装衣领，衬衫衣袖要长于西装袖口一厘米左右，以显示层次。

不论在何种场合，衬衫的下摆务必塞进裤内，袖扣必须扣上。内衣应单薄，以保持西装的线条美。如遇天冷时，可在衬衫外面再套一件西装背心或鸡心领羊毛衫，但不能显臃肿之态。衬衫还要保持整洁无皱褶，尤其是衣领和袖口。

4. 领带

领带是西装的灵魂，凡正式的场合，穿西装不系领带会显得苍白无力。领带的巧妙搭配对于西装的整体美起到了"画龙点睛"的作用，不论是从款式上还是色彩上，都打破了深色厚重西装的沉闷和单调，使整体看起来庄重而不失生气。

领带结的大小随衬衣领的宽窄而变，衬衣领角越大，领带结越大；衬衣领角越尖，领带结越小。

领带的宽度随西装领的宽度而变，西装领越宽，领带越宽。领带的长度以到皮带扣处为佳，切忌垂到裤腰以下。长度一般为130~150厘米，所需长度依据自身身高决定。

领带的颜色应与衬衫和西装搭配协调，一般应选择衬衣和西装的中间过渡色。图案以单色无图案的领带为主，有时也可选择条纹、圆点、细格等规则形状为主的图案。

领带夹一般在第四、第五粒扣之间。如衬衫外面穿背心或羊毛衫，则须将领带置于背心或羊毛衫内。非正式场合可以不打领带，但应把衬衫领扣解开，以示休闲洒脱。

领带的系法主要有五种：

（1）平结。平结为最多男士选用的领结打法之一，几乎适用于各种材质的领带。要诀：领结下方所形成的凹洞需让两边均匀且对称（如图2-2-1所示）。

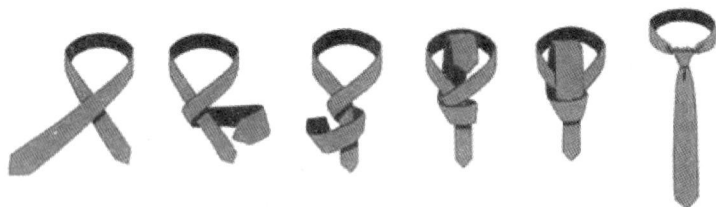

图 2-2-1　平结领结

（2）交叉结。交叉结是单色素雅质料且较薄领带适合选用的领结，对于喜欢展现流行感的男士不妨多加使用"交叉结"（如图2-2-2所示）。

图 2-2-2　交叉结领结

（3）双环结。一条质地细致的领带再搭配上双环结颇能营造时尚感，适合年轻的上班族选用。该领结完成的特色就是第一圈会稍露出于第二圈之外，可别刻意给盖住了（如图2-2-3所示）。

图 2-2-3　双环结领结

（4）温莎结。温莎结适合于宽领型的衬衫，该领结应多往横向发展，避免材质过厚的领带，领结也勿打得过大（如图2-2-4所示）。

图 2-2-4　温莎结领结

（5）双交叉结。双交叉结的领结很容易让人有高雅且隆重的感觉，适合在正式活动场合选用。该领结应多运用在素色且丝质领带上，若搭配大翻领的衬衫不但适合且有尊贵感（如图2-2-5所示）。

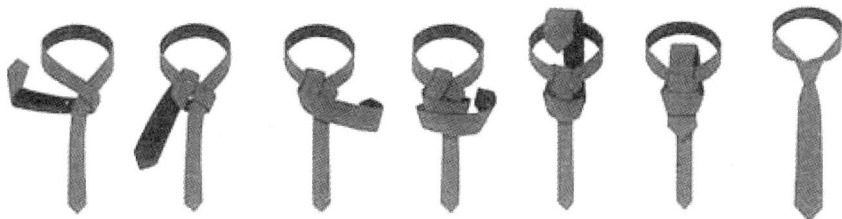

图 2-2-5　双交叉结领结

5. 纽扣

西装有单排扣和双排扣之分，穿单排三粒扣西服，一般扣中间一粒或上两粒；单排两粒扣，只扣第一粒，或全部不扣。如系双排扣西装，应将扣一一扣上。

6. 西裤

西裤作为西装整体的一个主要部分，应与上装相协调。西裤长度以触到脚背为宜。西裤穿着时，裤扣要扣好，拉链要拉到位。

7. 口袋

无论是两件套或三件套西服，其上衣和西裤口袋应少装或不装东西。钱包、打火机等用品可装在西装左、右内侧衣袋里，以保持西服的美观。

8. 鞋袜

按照西装的着装要求，穿西装应配深色系带皮鞋，并保持鞋面清洁锃亮。旅游鞋或长筒鞋等不宜在正式场合穿用。

穿皮鞋还要配上合适的袜子，使它在西装与皮鞋之间起到一种过渡作用。与皮鞋配套的袜子应为深色的纯棉、线、丝或羊毛制品，忌穿白色袜子。而且袜筒要足够高，弹力要好，以免坐下后露出一截腿，极为不雅。

9. 帕饰

西装的胸袋又称手帕兜，用来插装饰性手帕，也可空着。手帕须根据不同的场合折叠成各种形状，插于西装胸袋。

三、男士西装穿着禁忌

西装在穿着时忌留有商标，购买回来的西装一定要记得拆除左衣袖上的商标等其他标志；忌西装不合身，主要包括衬衫领子太大，领脖间存在空隙；忌西装上衣袖子过长；忌西裤短，走路时露出袜子，标准的西裤长度为裤管盖住皮鞋。忌领带打法错误，领带打好后不能太长，也不能太短，一般在腰带下，以穿上西装不露出为宜；忌卷挽，不能不经主人同意当众脱下西装上衣，也不能把衣袖、裤边卷起，否则就显得失礼；忌西装的上衣、裤子口袋鼓鼓囊囊；忌西装搭配不协调、总体色彩超过三种。

【阅读材料】

领带的起源

领带最先出现于17世纪，当时南斯拉夫克罗地亚的一支骑兵部队来到巴黎街头，那些士兵都身穿制服，颈部系着一条细布条，法国军官看见后，赞叹不已，争相效仿，后来连贵族也系起围巾来。有一天，一位朝臣上朝时颈部围着一条白色绸巾，并在前面打了个结，路易十四对此十分赞赏，他宣布以领结为高贵的标志，下令凡尔赛的上流人士都应这样打扮。领带的前身——领巾就这样诞生了。

综合能力训练

一、任务实训

1. 实训步骤

（1）学生以实训小组为单位进行模拟操作。

（2）教师讲明训练要求及训练时的特别注意事项。

（3）教师讲解示范，帮助学生掌握不同场合的穿着规范。

（4）教师不断巡视、指导、检查、示范，纠正个别错误。

（5）最后根据每个同学的实训情况，同学互评、教师点评。

2. 实训方法

（1）学生以实训小组为单位坐好，将学生 4~6 名分为一组，进行模拟操作。教师讲解，帮助学生掌握男士不同场合职业装的穿着。

（2）学生操作练习打领带、男士西装穿着及配件搭配。

1）领带打法训练。任务要求：①两人一组，每组准备一条领带，在教师的指导示范下，以对方为模特，分别练习。②男生在教师的指导下，自己练习，由女生检查效果。

2）男士西装及配件搭配训练。任务要求：①在教师指导下，学生选择西装、衬衣、领带、皮鞋、手表、皮带、皮包等进行搭配训练。②道具由学生自备（衬衫、西装、数码摄像机或数码照相机等）。③每五个男生一组，分别上台展示西装、衬衫、裤子、鞋袜的搭配。④学生自我评价，授课教师总结点评学生存在的个性和共性问题。最后评选出若干名"最佳服饰先生"。

3. 实训准备

准备好训练用具：各种不同的服装、领带、饰品等。

4. 实训时间

实训时间 60 分钟，其中示范讲解 20 分钟，学生操作 35 分钟，考核测试 5 分钟。

5. 考核评价

（1）评分要求。按百分制记分，学生操作时，指导教师观察学生的操作方法，按照考核要求给学生设计的着装打分。

（2）实训考核表。实训考核表如表 2-2-2 所示。

表 2-2-2 男士职业着装考核表

考评人		被考评人	
考评地点			
考评内容		男士职业着装设计	
考评标准	内容	分值（分）	评分（分）
	领带打法娴熟	20	
	颜色搭配合理	20	
	西装配件搭配合理	20	
	符合职业标准	20	
	整体印象	20	
合计		100	

注：实训考核分为 100 分，60~69 分为及格；70~79 分为中；80~89 分为良；90 分以上为优秀。

二、思考练习

1. 判断题

（1）穿西服系领带后，领带夹最适宜的位置在第一至第三粒扣之间。（　　）

（2）服饰是一种文化，也是一个国家和民族礼仪的标志之一。（　　）

（3）女士佩戴饰品数量上越多越好。（　　）

2. 简答题

（1）着装的原则是什么？

（2）穿着西服有什么要求？

（3）男士穿西服时，应如何与领带搭配？

（4）鞋袜穿着应注意什么？

3. 案例分析

案例 1

不同的穿戴为何效果不一样？

有一次，非洲某国的部长在一家大旅馆里举行午宴，宴请我国某建筑公司在当地的工作人员。主人方面穿着整齐的西装，而我方人员的衣着却十分随便，很不得体，极为失礼。

北京某外贸公司一位业务员，为了开拓中东某国的出口业务，潜心学习阿拉伯国家的民俗礼仪。在去该国推销产品时，尊重阿拉伯国家的习俗，穿上素服，戴上头巾不露顶发，赢得了客户的信任和尊重，签订了上百万元的出口合同。

请思考：

上述两个事例告诉我们什么道理？

案例 2

失礼，失合作

郑伟是一家大型国有企业的总经理。有一次，他获悉有一家著名的德国企业的董事长正在本市进行访问，并有寻求合作伙伴的意向。他于是想尽办法，请有关部门为双方牵线搭桥。

让郑总经理欣喜若狂的是，对方也有兴趣同他的企业进行合作，而且希望尽快与他见面。到了双方会面的那一天，郑总经理对自己的形象刻意地进行了一番修饰，他根据自己对时尚的理解，上穿夹克衫，下穿牛仔裤，头戴棒球帽，足蹬旅游鞋。无疑，他希望自己能给对方留下精明强干、时尚新潮的印象。

然而事与愿违，让郑总经理自我感觉良好的这一身时髦的"行头"，却偏偏坏了他的大事。

请思考：

郑总经理的错误在哪里？他的德国同行对此有何评价？

资料来源：金正昆. 涉外礼仪教程（第一版）[M]. 北京：中国人民大学出版社，1999.

案例 3

穿错西服的总统

1983 年 6 月，美国前总统里根出访欧洲各国时，由于他在庄重严肃的正式外交场合没有穿黑色礼服，而穿了一套花格西装，引起了西方舆论界一片哗然。有的新闻媒体批评里根生性极不严肃、缺乏责任感，与其演艺生涯有关；有的新闻媒体评论里根自恃大国首脑、狂妄傲慢，没有给予欧洲伙伴应有的尊重和重视。

的确，格子西装属于休闲西装，不是正装，在打猎、度假时穿没问题，但是作为正式的国事访问，就不合适了，显然是对对方的不尊重。里根总统的失误，固然有其本人的原因，但主要是他的公关顾问未能及时提醒总统。

请思考：

通过这个案例你受到了什么启示？

案例 4

舞会的穿着

小高是一位英俊潇洒的小伙子，喜欢参加单位的团体活动。有一次，单位举行舞会，他穿着自己新买的一身耐克运动服来到会场。当晚的舞会来的同事很多，只见人们都在翩翩起舞，小高也很有兴致，便走过去邀请一位在休息的女士跳舞，那位女士看了他一眼，礼貌地拒绝了他。接着小高又邀请了两位女士跳舞，结果均被拒绝。

这时，一位朋友来到小高身边，拍拍他说："你怎么穿着运动服就来了，你没看见今天大家都是盛装出席。穿着太休闲邀请女士跳舞，这是不礼貌的。"

请思考：

通过这个案例你受到了什么启示？

任务3 女士职业装穿着要领

【任务目标】

通过本任务的学习，掌握女士着装的基本礼仪规范。如果你是一位女性旅游服务人员，那么你的穿着方式就应注意：尽量避免奇装异服或衣冠不整、标新立异，这样才会收到良好的效果。

【案例导入】

一外商考察团来某企业考察投资事宜，企业领导高度重视，亲自挑选了庆典公司的几位漂亮女模特来做接待工作，并特别指示她们身着紧身上衣，黑色的皮裙，领导说这样才显得对外商的重视。

但考察团上午见了面，还没有座谈，外商就找借口匆匆走了，工作人员被搞得一头雾水。后来通过翻译才知道，他们说通过接待人员的着装，认为这是个工作以及管理制度极不严谨的企业，完全没有合作的必要。

原来，该企业接待人员在着装上犯了大忌。根据着装礼仪的要求，工作场合女性穿着紧、薄的服装是工作极度不严谨的表现；另外，国际公认的是，黑色的皮裙只有妓女才穿……

问题：这个案例给了我们什么启示，为什么说着装也是一种无声的语言？

【任务分析】

现代女性对服饰的需求已不满足于简单追求外表的美丽，在激烈竞争的职场中，服饰必须要向外界展现她们独立自信、知性魅力的一面，使服装无形中为协调人际关系、提高工作效率、增加职位升迁的机会起到良好的作用。

【知识讲解】

塑造符合职业要求的仪表，对职业女性来说尤为重要。因此，职业女性必须注重服饰礼仪，使它与自己所扮演的社会角色和所从事的社会活动相称，与周围的整体形象协调。目前职业女装款式多样，被公认为最适当的职业服装是裙式套装。

一、裙式套装的选择

裙式套装简称套裙，是指质料和颜色相同的女士西装上衣和裙子。套裙在面料质地、款式、色彩上没有太多的限制。套裙能够突出女性体形的曲线美，体现其庄重、典雅、端庄的气质，深受职业女性的青睐。

1. 面料选择

面料选择主要注重质地上乘、纯天然。上衣、裙子和背心等必须是同种面料。要用不起皱、不起毛、不起球的匀称平整、柔软丰厚、悬垂挺括、手感较好的面料。少使用饰物、花边点缀，图案上一般采用较多的有方格、条纹、圆点，不能用花卉、人物、抽象图案等作为主体图案，这样显得不稳重、不端庄。如果质地较透明，应采用衬里。

2. 色彩选择

应当以冷色调为主，如炭黑、藏青、中灰、褐色、驼色等，以体现出着装者的典雅、端庄与稳重。上衣和裙子要采用同一质地、同一色彩的素色面料。还须使之与正在风行一时的各种流行色保持一定距离，以示自己的传统与持重。在正式、严肃的场合，套裙不宜选择艳丽或有光亮感的衣料，以素色无光泽为好。

一套套裙的全部色彩最多不要超过两种，不然就会显得杂乱无章。

3. 尺寸选择

套裙在整体造型上的变化，主要表现在它的长短与宽窄两个方面。套裙的上衣不宜过长，下裙不宜过短。通常套裙之中的上衣最短可以齐腰，而裙子最长则可以达到小腿的中部。裙子下摆恰好抵达着装者小腿肚子上的最丰满处，乃是最为标准、最为理想的裙长。以宽窄肥瘦而论，套裙之中的上衣分为紧身式与松身式两种。一般认为，紧身式上衣显得较为传统，松身式上衣则更加时髦一些。上衣的袖长以恰恰盖住着装者的手腕为好。上衣或裙子均不可过于肥大或包身。

二、裙式套装的穿着要求

职业女性对服装的要求就是大方、得体、端庄，花色和款式都不要太过夸张，穿脱方便并且舒适、不易起皱。职业女性可依据场合、年龄、职业、体形等综合条件选择适合自己、体现自身气质的服饰，以达到良好的效果。

女士在穿套裙时，应注意以下几点：

1. 上衣

上衣应齐腰或略长一些，领口要翻好，避免其开得过大。在任何情况下，内衣不能外露。在正式场合穿套裙时，上衣的衣扣必须全部系上，不要将其部分或全部解开，更不要当着别人的面随便将上衣脱下。有袋的盖子要拉出来盖住衣袋。不要将上衣披在身上，或者搭在身上。

2. 裙子

裙子要穿得端端正正，上下对齐。应将衬衫下摆掖入衬裙裙腰与套裙裙腰之间，切不可将其掖入衬裙裙腰之内。

3. 丝袜

穿套裙要配丝袜，丝袜的颜色要与腿的肤色、粗细相适宜，最好是近肤色。式样上不能选择网状或带花纹的，显得不庄重。一般要穿长筒丝袜或连裤袜，忌讳裙子下摆和袜口之间露出一截皮肤，袜子应该被盖在裙子下摆里面。

4. 衬衣

衬衣是多彩的，只要与套装匹配就好。纯白色、米白色和淡蓝色与大多数套装相匹配。丝绸、纯棉都是最好的衬衫面料，但都要注意熨烫平整。

5. 鞋

黑色船鞋最为妥当，穿着舒适，美观大方。建议鞋跟高度为3~4厘米。正式场合不宜穿凉鞋、后跟用带系住的女鞋或露脚趾的鞋。鞋的颜色应当和西服一致或再深一些。衣服从下摆开始到鞋的颜色应保持一致，可以使大多数人显得高一些。如果鞋是另一种颜色，人们的目光就会被吸引到脚上。推荐中性颜色的鞋，如黑色、藏青色、暗红色、灰色或灰褐色，不要穿红色、粉红色、玫瑰红色和黄色的鞋。

6. 手提包和手提箱

手提包和手提箱最好是用皮革制成的，手提包上不要带有设计者标签。女性的手提箱可以用硬衬，也可以用软衬。最实用的颜色是黑色、棕色和暗红色。包的颜色应与鞋相配，而手提箱则不必。

三、女士套裙着装的忌讳

女士套裙穿着注意：忌透、忌紧、忌短、忌露、忌脏、忌花、忌艳、忌破、忌皱。

【阅读材料】

女子穿旗袍须注意什么?

旗袍是中国的传统服装,是中华民族最具魅力的精华所在。旗袍是集温柔、典雅、高贵、端庄于一身的服饰,不了解穿着旗袍的礼仪和不具备一定的气质风度,就不如不穿旗袍。

首先,穿旗袍者要有良好的站、坐、走势,行为端庄,动作优雅,腰身挺拔。其次,旗袍应与场合相符,一般是室内的宴会、晚会、祝贺聚会等。穿着旗袍应下配肉色连裤袜、中跟或高跟皮鞋,手拿无带式小坤包,化淡妆,必要时还应搭配首饰。旗袍外应有大衣、风衣、斗篷之类的外套相匹配,不应直接单穿在马路上招摇。最后,不宜穿旗袍上班、上下公交车或骑自行车。若是赴晚会穿着旗袍,最好是让男士到门口叫一辆车直接上车。旗袍是服饰中的贵族,对气质、风韵有很苛刻的要求,酒店员工在穿着时一定要慎重。

女士着装七忌

一忌残破。旅游服务人员的制服残破会令客人大倒胃口。残破的制服应该及时更换。

二忌杂乱。所有员工不论级别,都应穿制服上班,以起到整齐美观的效果。另外,要按规则穿制服,比如西装配皮鞋、女孩子穿露趾凉鞋不能穿袜子等。

三忌鲜艳。制服应该颜色统一,并且不能太过鲜艳,一般要遵守三色原则,即颜色不能超过三种。

四忌暴露。制服在款式上要有利于工作,时尚、新颖,但不能过于暴露,不能是露脐装、露背装、低胸装、露肩装,要"四不露",即不露胸、不露肩、不露腰、不露背。

五忌透视。内衣、外衣的色彩要协调,以看不出内衣颜色、款式为宜。

六忌短小。制服最忌讳的是外小里大,磨薄、起球,甚至商标外翻,都会严重影响外观。

七忌紧身。紧身衣不利于敏捷地行动,工作时,要展示的是爱岗敬业的精神、训练有素的态度,而不是优美的线条。

综合能力训练

一、任务实训

1. 实训步骤

（1）学生以实训小组为单位进行模拟操作。

（2）教师讲明训练要求及训练时的特别注意事项。

（3）教师讲解，帮助学生掌握女士不同场合的穿着规范。

（4）教师不断巡视、指导、检查、示范，纠正个别错误。

（5）最后根据每个同学的实训情况，同学互评、教师点评。

2. 实训方法

（1）学生以实训小组为单位坐好，将学生 4~6 名分为一组，进行模拟操作。

（2）教师讲明训练要求及训练时的特别注意事项。

（3）教师讲解，帮助学生掌握女士不同场合职业装的穿着。

（4）学生操作练习。任务要求：①在教师指导下，学生选择西装套裙、衬衣、皮鞋、长筒袜、首饰、皮包等进行搭配训练。②道具由学生自备。③每五个女生一组，分别上台展示西装套裙、衬衣、皮鞋、长筒袜的搭配。④学生自我评价，授课教师总结点评学生存在的个性和共性问题。最后评选出若干名"最佳服饰女士"。

3. 实训准备

准备好训练用具：各种不同的套装、衬衫、鞋袜等。

4. 实训时间

实训时间 60 分钟，其中示范讲解 20 分钟，学生操作 35 分钟，考核测试 5 分钟。

5. 考核评价

（1）评分要求。按百分制记分，学生操作时，指导教师观察学生的操作方法，按照考核要求给学生设计的职业着装打分。

（2）实训考核表。实训考核表如表 2-2-3 所示。

表 2-2-3　女士职业着装考核表

考评人		被考评人	
考评地点			
考评内容		女士职业着装设计	
考评标准	内容	分值（分）	评分（分）
	操作娴熟	20	
	着装规范	20	
	服饰搭配	20	
	颜色搭配	20	
	整体印象	20	
合计		100	

注：实训考核分为100分，60~69分为及格；70~79分为中；80~89分为良；90分以上为优秀。

二、思考练习

1. 判断题

（1）女士在职业场合着装颜色上没有特殊要求。（　　）

（2）在职业场合女士可以戴首饰。（　　）

（3）"穿衣戴帽，各有所好"，自古就有这种说法。（　　）

（4）年轻人追求个性，服装是体现个性的一面。（　　）

（5）服装潮流有休闲的趋势，职业装也应有所变化。（　　）

（6）"工作服"上班穿上，下班挂上，按要求穿就行。（　　）

（7）袜子穿在脚上，上班的时间没人会注意到，拿起一双袜子就穿，袜子有小洞没关系。（　　）

2. 简答题

（1）女士裙式套装穿着要求有哪些？

（2）女士职业装穿着有哪些禁忌？

（3）将旗袍作为中餐厅的"国服"，请分析利与弊。

3. 案例分析

案例

面试因何失败

小黄去一家外企进行最后一轮客户前台接待岗位的面试。为确保万无一失，这次她做了精心的打扮：一身前卫的衣服、时尚的手环、造型独特的戒指、亮闪闪的项链、新潮的耳坠，身上每一处都是焦点，简直是无与伦比、鹤立鸡群。况且她的对手只是一个相貌平平的女孩，学历也并不比她高，所以小黄觉得胜券在握。但结果却出乎意料，她没有被这家外企所认可。主考官抱歉地说："你确实很漂亮，你的服装饰物无不令我赏心悦目，可我觉得你并不适合干客户前台接待这份工作，实在很抱歉。"

思考讨论题：

（1）小黄面试失败的原因究竟是什么？

（2）结合本任务内容谈谈面试时应该怎样着装和佩戴饰物。

任务4　饰物佩戴

【任务目标】

通过本任务的学习，掌握女士饰物佩戴的基本知识、要求和技能技巧，使学生认识到除了着装之外，饰物佩戴对一个人职业形象的塑造同样重要。

【案例导入】

某旅游公司销售部的菲菲漂亮、聪明又能干，一次，经理带她去参加旅游行业展销会，菲菲对此非常重视，盛装打扮，佩戴着价值不菲的珍珠项链、翡翠手镯、红色的玛瑙耳环，没想到经理对她的打扮提出了质疑，菲菲感到很委屈，认为经理一点也不近人情。

问题：菲菲的这种打扮方式对吗？你能帮她提一下改进的意见吗？

【任务分析】

旅游服务人员穿着一身精心设计的职业装，还应注意佩戴饰品所应该遵循的礼仪规范，这是构成整体和谐的点睛之笔，能达到相互烘托、相映生辉的效果。但若佩戴不当，则是画蛇添足，破坏了整体的和谐。

【知识讲解】

旅游服务人员在选择和佩戴饰品时，要注意符合服务工作的性质。饰品应大方得体，不要过分炫耀、夸张华贵和刻意堆砌，应少而简洁。

饰品的佩戴应讲究整体的效果，和服饰相协调，起到点缀、美化服饰的作用。适当地佩戴饰品能让人更加光彩照人，是仪表美的重要组成部分。

一、饰品的分类

饰品指能够起到装饰作用的物件，是服饰的一个辅助物品，它又区别于服饰而相对独立存在，是实用性与艺术性的结合体。

服装的饰品很多，根据其作用不同大致可以划分为两大类：一类是服装配物，如帽子、领带、眼镜、包、腰带、鞋子等，这一类的配件主要起到实用的作用；另一类是首饰佩件，如耳环、项链、戒指、手镯等，这一类的配件主要起到装饰的作用。

饰品与服装搭配得当，可使人锦上添花；搭配不当，则成了画蛇添足。饰品的特点是体积小，效果明显，其功能是点缀、美化整体形象。因此，选用饰品的主要原则是有利于表现整体形象。如果集美丽、昂贵的饰物于一身，珠光宝气，刻意堆砌，皮包、腰带、帽子满身披挂，这并不是美，让人见物不见人，掩盖了独具特色的自然美，破坏了整体形象的和谐。

二、饰品佩戴的基本原则

随着社会经济的发展和文化的演变，饰品除了具有装饰的主要作用外，还有传递信息的作用。饰品的品种、档次、质地及佩戴是否得当在某些情况下反映出个人的身份、地位、职业特征等。

1. 符合身份

选择饰品佩戴时，应考虑饰品与身份的互相协调搭配。旅游从业人员的工作性质是为旅游宾客提供服务，一切要以接待对象为中心。我们要把美和高贵留给宾客，满足其求尊重的心理，而不单是凸显服务人员的外在魅力，甚至在宾客面前炫耀，使其宾客产生不平衡心理。我们应摆正自己的位置，在佩戴饰品时，一定要符合自己的身份，一般不选择张扬个性、另类夸张和高贵华丽的珠宝类饰品。

2. 以少为佳

旅游从业人员在其工作岗位上佩戴饰品时，要高雅大方。佩戴的首饰在数量上的搭配原则是越少越好，如果没有合适的首饰可以什么都不戴；如果一定要同时佩戴几件首饰，全身的首饰一定不要超过三种。佩戴某一种具体品种的首饰，则不应超过两件。可佩戴个别精致的小首饰，如普通戒指、点状耳环、细项链等。饰品多且杂不但不能增添美感，反而给人以爱慕虚荣之感。

3. 同质同色

饰品种类繁多，佩戴方法多样，佩戴上讲究搭配和谐。佩戴两种或两种以上首饰要注意同色同质。同色即同一种色系，如项链是金色的，戒指也应是金色。注意一定不可以将几种颜色鲜艳的首饰搭配在一起，这样很容易将自己装扮成一棵"圣诞树"；同质即同一种质地，如项链是银制品，戒指就不宜是金制的。如果是佩戴有镶嵌物的首饰，也应是将镶嵌的宝石与其他镶嵌物上的宝石一致，而贵金属材质的托架也应尽量做到颜色质地相同。这样能够让整体看起来更加和谐统一。

4. 搭配规则

选择饰品佩戴时，应根据与服装相统一的原则。应该根据服装的风格、材质、颜色、样式，选择饰品的风格和材质也应尽量协调一致，使饰品与服装相互辉映。

5. 注意场合

参加晚会或外出做客时，可佩戴大型胸针、带宝石坠的项链、带坠的耳环等，在灯光下会显得更加美丽；平日里可戴小型的胸针、串珠、耳环等；从事劳动、体育活动及出席会议，应尽量不佩戴饰品。

三、饰品佩戴的基本规范

饰品佩戴的目的在于点缀服装的精华，同时又能掩饰身体的局部缺陷。饰品的佩戴有一套规矩，它是一种沉默的语言，既向他人暗示了某种含义，又显示了佩戴者的嗜好与修养。

1. 首饰的佩戴规范

首饰主要指戒指、项链、耳环、手镯、手链、胸花与胸针等。

（1）戒指。戒指不仅是一种重要的饰品，还是特定信息的传递物。虽然它也有钻石、金银等不同质地，浑圆、方状及雕花、刻字等不同造型，但其佩戴的方法是一致的，表达的含义也是特定的。

戒指一般只戴在左手，而且最好仅戴一枚，至多戴两枚，戴两枚戒指时，可戴在左手两个相连的手指上，也可戴在两只手对应的手指上。有的人手上戴了好几个戒指，炫耀财富，这是不可取的。

戒指的佩戴可以说是表达一种沉默的语言，往往暗示佩戴者的婚姻和择偶状况。戒指戴在中指上，表示已有了意中人，正处在恋爱之中；戴在无名指上，表示已订婚或结婚；戴在小手指上，则暗示自己是一位独身者；如果把戒指戴在食指上，表示无偶或求婚。

（2）项链。项链是女性最常用的饰品之一，是平安、富贵的象征，要根据身材和个性特点，选择适当的款式、质地和色彩。但假如对项链的色彩、质地、造型的各种功用没有一个正确的认识，效果就可能适得其反。

一般来讲，金项链以"足赤"而给人一种娇贵富丽的感觉；珍珠项链则以白玉透亮而给人以清雅脱俗之感；雕成花球形的不透明象牙或骨质项链同样也会产生高雅的美感。它们可以与各色服装相配，给人以华美的总体印象。项链的质地是首要斟酌的，以质地而论，首推钻石，以下依次是高雅的珍珠、富贵的金银、神秘的珐琅、古朴的景泰蓝、妩媚的玛瑙、柔美的象牙、沉静的骨质、活泼的贝壳、纯真的菩提珠等。

有了合适的质地，还要考虑项链的造型。细小的金项链只有与无领的连衣裙相配才会显得清秀，而挂在厚实的高领衣装外，则会给人清贫寒酸的印象；一串长项链下垂到胸部，会使人显得身材修长，有助改变矮胖圆脸的体形，似乎增加了身高，加长了脸形；而脖子细长的人，以贴颈的短项链，尤以大珠项链最为适宜。

此外，衣装的质料、颜色、样式及场合也不时影响着各种质地、造型的项链的佩戴。虽没有严格统一的规范，也需要随时随地留意观察，寻求规律。

（3）手镯、手链。手镯是女性的装饰物，因纤细精巧而很受现代女性的青睐。佩戴手镯和手链是很有讲究的。在普通情况下，手链应仅戴一条，而且戴在左手上。一只手上戴多条手链、双手同时戴手链或手镯都是不得体的。

如果戴手镯、手链和耳环等首饰，一般可以省去戴项链，或只戴短项链为宜，以免三者在视觉上重复。戴手镯时不应同时戴手表。

（4）耳环。耳环虽小，却是戴在一个明显而重要的位置上，它的色彩造型对于人的面部形象、气质风采的影响较之其他饰品可能要大，可谓是画龙点睛的一笔。

耳环的色彩选择与项链相仿，应首先考虑与衣装色彩相协调。一般讲，纯白色的耳环和金银耳环可配任何衣服，而鲜艳色彩的耳环则需与衣装相一致或接近；穿淡绿的衣裙，佩上浅黄、浅绿的耳环会显得清凉和谐，而佩上一粒红玛瑙耳环，肯定是不伦不类。

耳环的质地也多种多样，常见的有金银、钻石、珍珠三大类。佩戴熠熠闪亮的钻石耳环或洁白晶莹的大珍珠耳环，必须配以深色高级天鹅绒旗袍或高档礼服，否则会相形见绌；而人们一般习惯佩戴的金银耳环对服装则没有更多的限制。

耳环的造型变化丰富多彩，选戴的余地也就相对大些。不过，面积较大的扣式耳环显然不适宜方形脸的女性佩戴，因为它会增加脸庞下部的宽度，而下额较尖的脸形则正好能弥补其缺陷。一般来说，脸形较宽的女性应佩戴体积较小、长形状且贴耳的耳环，这样可以加长和收缩脸形。戴眼镜的女士不宜戴耳环，圆脸形的女士戴项链时加上一个挂件，有使脸显得修长的效果。

（5）胸针与胸花。胸针可以别在胸前，也可别在领口、襟头等位置。胸针式样要注意与脸形协调，长脸形要佩戴圆形的胸针；方脸形要佩戴圆形、心形的胸针；圆脸形要佩戴长形、不规则形状的胸针。

胸花的佩戴也有一定的要求，应根据服装的色彩、面料、款式来选用胸花。浅色衣裙选用对比色的胸花，可以形成活泼的美感，本色衣裙选用本色胸花可以产生和谐的美感。

2. 服装配物的使用

鞋、帽、围巾、腰带、提包、手套等物品，本来是为其实用性而使用的，随着人们对衣着审美品位的提高，这些物品的装饰作用亦越来越受到重视。

（1）围巾、帽子与服装风格一致。围巾和帽子对服装的整体美影响很大，可以使整体形象更加和谐。在冬季，人们穿着服装色彩较暗，也可以用颜色鲜艳的围巾和帽子点缀，使整个人的形象生动、活跃起来。同样，假如服装颜色很艳丽，可以用颜色素雅的帽子、围巾来求得一种色彩的平衡。帽子对脸形的影响最为直接，圆脸的人适合戴宽边的、较高的帽子；脸窄的人适合戴窄边帽；方形脸的人可选择圆尖形的帽子，忌戴方形帽子。

（2）腰带的选择要与衣服、身材相协调。要想使自己看上去修长，应选用和衣裙同色的腰带；如果个子虽高，但腰围窄，就应系与衣裙织物不同，颜色不同的宽腰带。男子要想使自己在社交活动场合穿着显得优雅、体面，可以在合体的打扮上再配上一条好腰带。

（3）手提包的选择也要酌情而定。身材高大的女性宜背大提包；身材苗条或矮小的人可背中小提包；身材丰满的女性忌背圆形包；粗腰女性宜背低于腰线的包。手提包的颜色要与服装的颜色协调，夏季宜提小巧玲珑且色调明快的小包，冬天宜提大包，颜色可深重一些。皮包或革制包宜在白天使用；草编的手提包在穿运动衫或棉布便装时，可背挎在肩，显得潇洒自如。

（4）手套的选择。根据所穿衣服的颜色、类型选择手套。手套的选择要与个人年龄、气质相协调。同时，与人握手谈话时，必须首先摘掉手套。在吃东西、饮茶或吸烟时，应先脱下手套，不能把戒指、手镯、手表等物戴在手套外边。穿短袖或无袖上衣参加舞会或晚会时，一定不要戴短手套，交际场合女士可戴纱手套。手套应保持整洁，不能破损、有污渍。

【阅读材料】

戒指的戴法和意义

戴戒指是有讲究的。按西方的传统习惯来说，左手显示的是上帝赐给你的运气，因此，戒指通常戴在左手上。

国际上比较流行的戴法是：食指——想结婚，表示未婚；中指——已经在恋爱中；无名指——表示已经订婚或结婚；小指——表示独身。

至于右手，在传统上也有一个手指戴戒指时是有意义的，那就是无名指。据说戴在这里，表示具有修女的心性。

还有一种戒指，当你戴它的时候，无论你戴在哪里都不具备任何意义，这种戒指就是一般的花戒。这种戒指是起一种装饰的作用，可以戴在任何你想戴的手指上。

戒指戴在拇指上是个性的体现，感觉很自我、率性。戒指戴在食指上，感觉是比较有个人主张。最正式的戴法莫过于戴在中指上，如果不想有太正式的感觉，可以在左或右指再加一个简单的指环。无名指上的戒指通常是结婚戒指，无名指长得比较纤细，因此不管什么戒指，戴起来都是标准的秀气。

最新鲜的戴法，莫过于把戒指戴在小指头上了。一枚小小的、简单的尾戒，让女性的手莫名其妙的可爱起来，一般现在只想单身的人可以戴在小指头上，有"请不要浪费时间追求我"的意思。

戴设计性比较强的戒指时，如果想更有个人风格，可以考虑搭配另一个材质相同、线条较简单的指环在另一指上。如果戒指的材质属性可以和手表搭配，那是最好不过的了。例如，戴一枚可爱的花戒指，就可以配一只皮质金框的表。如果没有太多可以变换的表或戒指时，不妨考虑把戴戒指的手和戴手表的手错开，不要让不协调的两件配饰在同一只手上出现。

在同一只手上戴两枚戒指时，色泽要一致，而且一枚戒指复杂时，另一枚一定要简单。此外，最好选择相邻的两只手指，如中指和食指、中指和无名指或无名指和小指，千万不要中间隔着一座"山"。

女士丝巾搭配

丝巾是女士的重要装饰品。面临琳琅满目的丝巾花样，该怎么进行挑选和与服装进行搭配呢？

只需把握以下几个简略要害，就能简单"驾驭"丝巾的色彩了。

1. 单色服装

单色服装，搭配花样丝巾会比较"出彩"。窍门是："花样丝巾的数种色彩中，有一种色彩与服装色彩共同或极为类似。"若是注意这一点，通常丝巾与服装之间"风平浪静"，不会有突兀之感受。

提示：采办花样丝巾时，要找到自己常穿服装的"色彩元素"。

2. 花样服装

花样服装，搭配单色丝巾，会比较耐看。窍门是："花样服装的数种色彩中，有一种色彩与丝巾色彩共同或极为类似。"道理同上。

提示：以单色丝巾搭配花样衣裳时，能够在花样衣裳的各元素色中寻觅创意。

3. 单色丝巾

单色丝巾配单色服装，只需不违背色彩搭配原理即可。花样服装搭配花样丝巾，要分外当心了。

提示：花样丝巾配花样衣裳时，两种花样的形状及色彩都要尽量协调共同，不然稍不留神就会令人产生"目不暇接"的感受。

4. 个人喜好

以上讲的是丝巾的通常配色窍门，在实际操作中还能够依据个人的喜爱自由发挥。

5. 适合肌肤

挑选丝巾时，丝巾的色彩要合适个人的肌肤色彩。

综合能力训练

一、任务实训

1. 实训步骤

（1）学生以实训小组为单位进行模拟操作。

（2）教师讲明训练要求及训练时的特别注意事项。

（3）教师讲解，帮助学生掌握女士不同场合的饰物佩戴规范。

（4）教师不断巡视、指导、检查、示范，纠正个别错误。

（5）最后根据每个同学的实训情况，同学互评、教师点评。

2. 实训方法

（1）在教师指导下，学生根据不同场合的着装如西装套裙、衬衣、休闲装等选择适当的首饰、皮包等进行搭配训练。

（2）道具由学生自备。

（3）每五个女生一组，分别上台展示饰物的搭配。

（4）学生自我评价，授课教师总结点评学生存在的个性和共性问题。最后评选出若干名"最佳饰物搭配"奖。

3. 实训准备

准备好训练用具：各种不同的女士饰物。

4. 实训时间

实训时间60分钟，其中示范讲解20分钟，学生操作35分钟，考核测试5分钟。

5. 考核评价

（1）评分要求。按百分制记分，学生操作时，指导教师观察学生的操作方法，按照考核要求给学生的饰物佩戴礼仪打分。

（2）实训考核表。实训考核表如表2-2-4所示。

表 2-2-4　饰物佩戴礼仪考核表

考评人		被考评人	
考评地点			
考评内容		饰物佩戴礼仪	
考评标准	内容	分值（分）	评分（分）
	操作娴熟	20	
	颜色搭配合理	20	
	款式具有职业特点	20	
	符合礼仪规范	20	
	整体印象	20	
合计		100	

注：实训考核分为100分，60~69分为及格；70~79分为中；80~89分为良；90分以上为优秀。

二、思考练习

1. 判断题

（1）旅游服务人员因为有宗教信仰而佩戴饰物必须藏于衣服内。（　　）

（2）旅游服务人员工作岗位上佩戴饰品应少而简洁、大方得体，不得过分夸

张和华贵。（　　　）

　　（3）穿运动装、工作服时不宜佩戴饰品。（　　　）

　　（4）交际场合女士可戴纱手套。（　　　）

　　（5）胸花一般佩戴在左胸部。（　　　）

　　（6）戒指戴在食指上表示自己还没有异性朋友。（　　　）

　　2. 简答题

　　（1）女士佩戴饰品的基本原则是什么？

　　（2）女士穿职业装应该怎样搭配饰品？

　　3. 案例分析

案例

戴错的首饰

　　一家公司根据收到的求职材料约见小刘作为预选对象。面试时，小刘涂着鲜艳的口红，戴着金色的大耳环，白色的珍珠项链，绿色的翡翠手镯，首饰华丽而夸张，给人一种轻佻的感觉。第一轮小刘面试就落选了。事后一位人事总监对她说："我认为你不可能仅仅由于佩戴了昂贵的首饰而取得了一个职位，但是我可以肯定你戴错了首饰就会使你失去一个职位。"

　　请思考：

　　小刘在佩戴首饰方面存在哪些误区？

仪态礼仪

　　仪态是指人在行为中的姿态和风度，良好的仪态既是体态美的展示，又是其内在修养和心理状态的自然流露。仪态包括举止动作、神态表情和相对静止的体态，它直接展示一个人的气质和风度。

任务1　体姿规范——站姿、坐姿、走姿、蹲姿

【任务目标】

　　通过本任务的学习，使学生掌握良好仪态的规范要求、基本技能，养成讲究体态语言的良好习惯，使学生具有得体的行为举止，表达对宾客的欢迎、尊重，体现职业素养。

【案例导入】

　　某知名旅行社要面向社会招导游员，前来报名的人络绎不绝。小林是旅游专业的学生，她在校期间表现优良，成绩也不错，但是却没被聘用。

　　小林平时不苟言笑，胆子很小，因为近视，她看东西要靠得很近，而且也不敢与人平视，走路时喜欢低着头，只看自己眼前。学校就业办公室的老师找到小

林，建议她修正一下自己的体态，这样，她的就业就会顺利些。

问题：小林的体姿给人的感觉是什么？

【任务分析】

旅游工作者在工作中的站立、行走、手势和表情等，都应当体现职业素养，做到得体和优雅。旅游职业人员的仪态主要包含站立的姿势、就座的姿势、走路的步态、面部的表情、得体的手势和对游客的态度及优美的动作。

旅游服务人员的良好仪态是服务工作的要求，是礼貌服务的重要内容，是向旅客表示敬重和友好的礼节礼貌。

【知识讲解】

我们讲究仪态，首先要了解它的要求和规范，然后自觉地加以训练，以达到仪态美的目的，更好地为游客提供礼貌服务。而我们在训练良好仪态时不能只追求外在的美，而忽略了心灵美这个基础。只有真、善、美的心灵与优美的仪态相结合，才能相辅相成，相得益彰，形成一个完美的自我。

一、站姿——站如松

旅游服务人员在站立服务时要求：站立端正、自然、稳重、亲切、精神饱满。

1. 站姿的基本要领

站姿的基本要领如下：

头正：两眼平视前方，嘴微闭，收颌梗颈，表情自然，稍带微笑。

肩平：两肩平正，微微放松，稍向后下沉。

臂垂：两肩平整，两臂自然下垂，中指对准裤缝。

躯挺：胸部挺起、腹部往里收，腰部正直，臀部向内、向上收紧。

腿并：两腿立直、贴紧，肌肉略有收缩感，脚跟靠拢，女性双膝和两脚跟靠紧，脚尖分开似"V"字形，男性可两脚分开，与肩同宽。

这种规范的礼仪站姿，同部队战士的立正是有区别的，礼仪的站姿较立正多了些自然、亲近和柔美。

2. 服务岗位中的几种站姿

旅游从业人员在工作中，为客人提供服务时的站姿一定要合乎规范，严格按照要求去做。以下几种旅游工作者在工作中的站姿规范，分别适合于不同的部门、不同的场合。

（1）前腹式。男性在立正站姿的基础上，左脚向左横迈一小步，两脚分开与肩同宽，约20厘米。两脚尖与脚跟距离相等。两手在腹前交叉，左手握成拳头状，右手握左手于手腕部位。身体立直，身体重心放在两脚上。女性在立正站姿的基础上，两脚脚尖略展开，左脚在前，将左脚跟靠于右脚内侧前端，成左丁字步。两手在腹前交叉，身体重心置于两脚上，也可以置于一脚上，通过两脚重心的转移减轻疲劳。

（2）后背式。双目平视，下颌微收，挺胸立腰，两手在身后交叉。男性两脚跟并拢，脚尖展开60°~70°，而女性则脚成丁字步。

（3）单臂式。两脚尖展开90°，左脚向前，将脚跟靠于右脚内侧中间位置，成左丁字步。左手单臂后背，右手下垂。身体重心置于两脚上。

两脚尖展开90°，右脚向前，将脚跟靠于左脚内侧中间位置，成右丁字步。右手单臂后背，左手下垂。身体重心置于两脚上。

两脚尖展开90°，右脚向后，将脚内侧贴于左脚跟处，左手手臂下垂，右臂肘关节屈，右前臂抬至横膈膜处，右手心向里，手指自然弯曲。

两脚尖展开90°，左脚向后，将脚内侧贴于右脚跟处，右手手臂下垂，左臂肘关节屈，左前臂抬至横膈膜处，左手心向里，手指自然弯曲。

3. 站立禁忌

在工作岗位上，旅游服务人员要尽量做到"挺（身体挺拔）、直（脊柱笔直）、高（重心提高）"。

忌身体在站立时频繁地变动体位，或是手位、脚位不当；在他人面前禁止双腿叉开过大，女士尤其应当谨记。忌讳探脖、塌腰、耸肩、弯腰驼背、摇头晃脑、东倒西歪；全身不够端正。忌讳倚靠在桌、椅或门、墙上，更不可靠在旅客座椅背上；随意懒散。忌讳双手放在衣兜里，腿脚不自主地抖动，把脚踏在凳上或在地面上蹭来蹭去，乱踢地面上的东西。脚尖乱点乱画，双脚踢来踢去，蹦蹦跳跳，用脚蹭痒痒，脱下鞋子或半脱不脱，脚后跟踩在鞋帮上，脚一半在鞋里一半在鞋外。

这些站立姿态给人的感觉或是无精打采，萎靡不振，缺乏健康与朝气；或是漫不经心，对客人全无恭敬之意；或是姿态不雅，让人感到缺乏教养，必须坚决杜绝。

二、坐姿

坐姿是一种静态造型，是在日常工作和生活中经常运用的仪态。对男士而言，更有"坐如钟"一说。端庄优美的坐姿，会给人以稳重、大方、自信的美感。

旅游服务人员端坐姿态的基本要求：坐得端正稳重、自然亲切、文雅自如。

1. 坐姿的基本要领

上半身挺直，两肩放松，下巴向内微收，脖子挺直，挺胸收腹，并使背部和臀部成一直角，双手自然放在双膝上，两腿自然弯曲，小腿与地面基本垂直，两脚平落地面。两膝间的距离，男子以不超过肩宽为宜，女子则不开为好。

2. 男女端坐姿势

（1）男士常见坐姿主要有：正坐式、交叠式。

1）正坐式。上身挺直，头部端正，立腰，双膝分开、双脚基本与肩同宽，小腿垂直地面呈 90°，双手放在两膝上（此种坐姿体现了非常尊重与恭敬之意）或椅子的扶手上。

2）交叠式。上身挺直、头部端正、立腰，右腿搭在左腿上，左小腿垂直地面 90°。

（2）女士常见坐姿主要有：正坐式、侧坐式、交叠式。

1）正坐式。上身挺直，立腰，两膝、两脚并拢，脚尖朝正前方，小腿略向内收，双手交叉相握于腹前。

2）侧坐式。上身挺直，立腰，两膝并拢，双腿斜放，以与地面构成 45°夹角为最佳，侧坐时，双手或叠放或以相握的姿势放于身体侧面的那条大腿上。

3）交叠式。上身挺直，立腰，左小腿垂直地面 90°，右腿搭在左腿上，右脚脚尖稍用力朝下，此时右脚脚尖朝向他人是不雅观的。如果女士坐的凳面稍矮，左腿可向右倾斜，左脚相应左移，凳面越矮，左腿倾斜的幅度越大，可以避免穿裙装走光。

需强调的是，不论男性还是女性在乘坐小汽车的时候还应注意坐车的姿势。要想在上汽车时显得稳健、端庄、大方，做起来并不难。上车前应首先背对车门，款款坐下，待坐稳后，头和身体进入车内，最后再将并拢的双腿一并收入车内。然后方才转身，面对行车的正前方向（女性还要注意调整坐姿，整理衣裙，坐好之后，两脚亦应靠拢）。

下车的姿势也不能忽略，一般应待车门打开后，转身面对车门，同时将双腿慢慢移出车外，等双脚同时落地踏稳，再缓缓将身体移出车外。

3. 坐姿的注意事项

有些人站立时很注意姿态，就座后因劳累或过于放松，就忽略了仪态规范，显得形象不雅。坐姿要注意如下几点：

（1）入座时。走到座位前，转身后右脚向后撤半步，从容不迫地慢慢坐下，然后把右脚与左脚并齐。

女性入座要娴雅，坐下前应用手把裙子向前拢一下。起立时右脚先向后收半步站起，向前走一步离开座位。在社交场合，入座要轻柔和缓，离座时要端庄稳重，不可猛起猛坐，制造紧张气氛。

（2）坐在椅子上，至少应坐满椅子的 2/3。如果是沙发，座位较低，又比较柔软，应注意身体不要下滑而陷在沙发里，这样看起来很不雅观。与人面对面会谈时，前 10 分钟左右不可松懈，开始就放松地靠在椅背上不礼貌。正面与人对坐会产生压迫感，应当稍微偏斜，这样双方都会感觉轻松自然。

（3）坐在椅子上，勿将双手夹在两腿之间，这样显得胆怯害羞、缺乏自信，也显得不雅。

（4）坐时，双腿叉开过大，或双腿过分伸张，或腿呈"4"字形，或把腿架在椅子、茶几、沙发扶手上，都不雅观，同时，忌用脚打拍子。

三、蹲姿

蹲的姿势与坐的姿势截然不同。一般人在日常生活里，采用蹲姿较少而坐姿较多。然而在服务工作岗位上，蹲姿也属于常用姿态，必须熟练掌握。

1. 正确的蹲姿

蹲姿是在比较特殊的情况下采用的一种暂时性体态，即由站立的姿势转变为两腿弯曲使身体下降的姿势。通常，人们在捡起掉在地上的东西或取放低处的物品时，会采用蹲姿。

（1）高低式蹲姿。这是旅游从业人员采用最多的姿势。基本特征是双膝一高一低。下蹲时一般是左脚在前，右脚稍后。左脚应完全着地，小腿基本上垂直于地面；右脚则应脚掌着地，脚跟提起。右膝须低于左膝，右膝内侧可靠于左小腿的内侧，形成左膝高、右膝低的姿态。女性应靠紧两腿，男性则可以适度分开。这种蹲姿的特征就是双膝一高一低，服务人员选用这种蹲姿既方便又优雅。

（2）交叉式蹲姿。通常适用于女性，尤其是身着裙装的女性。它的优点是造型优美典雅，基本特征是蹲下后双腿交叉在一起。

下蹲时，右脚在前、左脚在后，右小腿垂直于地面，全脚着地。右腿在上，左腿在下，两者交叉重叠。左膝由后下方伸向右侧，左脚脚跟抬起，并且脚掌着地。两腿前后靠近，合力支撑身体。上身略向前倾，臀部朝下。

2. 蹲姿的注意事项

蹲姿是在特殊情况下的姿势，所以不可随意乱用。下蹲的时候，切勿速度过快，并注意与他人保持一定的距离，避免彼此迎头相撞。在他人身边下蹲时，最好是与之侧身相向。正面面对他人或是背部对着他人下蹲，通常都是不礼貌的。在大庭广众之前下蹲时，身着裙装的女性一定要避免个人的隐私暴露在外。另外，不可蹲在椅子上，也不可蹲着休息。

四、走姿

走姿是一种动态美，是以人的站姿为基础，实际上属于站姿的延续动作。每个人都是一个流动的造型体，优雅、稳健、敏捷的走姿，会给人以美的感受，产生感染力，反映出积极向上的精神状态。

男士的走姿整体效果要求：步态稳健，体现稳重、坚定、自信的阳刚之美。女士的走姿整体效果要求：步态自如、协调、轻盈，体现端庄、自信、优雅的阴柔之美。

1. 走姿的基本要领

正确的走姿基本要领是：步履自然、轻盈、稳健，抬头挺胸，双肩放松，提臀收腹，重心稍向前倾，两臂自然摆动，目光平视，面带微笑。

（1）方向明确。在行进的过程中，应保持明确的方向，尽可能走在一条直线上。做到此点，具体的方法是，行走时应以脚尖正对前方，所走的路线形成一条虚拟的直线。

（2）步位标准。步位，即脚落在地面的位置。男性工作人员两脚跟可保持适当间隔，基本前进在一条直线上，脚尖稍微外展；女性两脚跟要前后踏在同一条直线上，脚尖略外展，也就是所称的"一字步"，也称"柳叶步"。

（3）步度适中。所谓步度也叫步幅，是指在行走时两脚之间的距离。生活中步度的大小因人而异，但通常应与本人一只脚的长度相近，男性每步大约40厘米，女性每步大约30厘米。同时，服装和鞋子也会影响一个人的步度。如身穿旗袍，脚穿高跟鞋，步度必定比平时穿长裤和平底鞋要小些。

（4）姿态优美。走路时膝盖和脚腕都要富于弹性，两臂自然轻松地前后摆动，男性应具有阳刚之美，展现其矫健、稳重、挺拔的特点；女性应显得温婉动人，体现其轻盈、妩媚、秀美的特质。

（5）速度均匀。在一定的场合，一般应当保持相对稳定的速度。在正常情况下，服务人员每分钟走 60~100 步。

（6）重心放准确。行进时，尤其在起步时，身体要向前微倾，身体的重量要落在前脚掌上。在行进过程中，应注意使身体的重心随着脚步的移动不断地向前过渡，切记不要让其停留在自己的后脚上。

（7）身体协调。走路时身体各部位应保持动作的和谐。走动时要以脚跟先着地，膝盖在脚部落地时一定要伸直，腰部要成为重心移动的轴线，双臂在身体两侧一前一后地自然摆动。

2. 不良走姿及忌讳

旅游服务人员走路时，一定要显得稳重大方，保持自己的风度，控制好自己的情绪，应避免不雅观的步态，避免体位失常，如重心不稳，左摇右晃，更要避免上蹿下跳，甚至是连蹦带跳的失态状况。

旅游服务人员掌握了良好的走姿，还要注意行进中的禁忌：

（1）行进中，要有意避开人多的地方行走，切忌在人群中乱冲乱撞，甚至碰撞到客人的身体，这是极其失礼的行为。

（2）服务人员行走时脚步要轻。第一，行进时落脚不要过分用力；第二，上班不要穿带有金属鞋跟或钉有金属鞋掌的鞋子；第三，上班时所穿的鞋子一定要合脚，否则走动时会发出"吧嗒、吧嗒"的噪声。

（3）如有急事要办，可以在行进中适当加快步伐。除非遇上紧急情况，最好不要在工作的时候跑动，尤其是不要当着客人的面突如其来地狂奔而去。那样通常会令其他人感到莫名其妙，产生猜测，甚至还有可能造成过度紧张的气氛。

3. 旅游服务不同场合中的走姿规范

在具体的实践工作中，服务人员的走姿在不同情况下，有着不同的要求和规范，需要特别给予关注。

（1）与客人迎面相遇时。在行进过程中，当客人从对面走来，员工应放慢步伐，在离客人大约 2 米处，目视客人，面带微笑，轻轻点头致意，并且伴随"您好"等礼貌问候语言。在与客人擦肩而过时，员工的头和上身应同时转动并向客人问候，不能斜视他人。在路面较窄的地方，或是在楼道上与客人相遇，应面向客人让客人先行，而不是将后背转向客人。

（2）陪同引导客人时。在服务工作中，陪同指的是陪伴客人一同行进；引导指的是在行进中引领客人，为客人带路。服务工作者在进行陪同引导时，要注意与客人同行时，应遵循"以右为尊"的原则，服务人员应处在左侧。若双方单行行进时，则服务人员应居于客人左前方一米左右的位置。当客人不熟悉行进方向时，不应让其走在外侧。

在陪同引导客人的时候，服务人员的行进速度须尽量配合客人的步幅，如果太快或太慢，都会显得我行我素。应及时给客人以关照和提醒，在经过拐角、楼梯或道路坎坷、昏暗之处时，须请对方加以留意。

（3）上下楼梯时。作为旅游从业人员，尤其是在饭店工作的员工一定要走指定的楼梯通道，而且要减少在楼梯上的停留时间。在上下楼梯时，应坚持"右上右下"原则，以方便对面上下楼梯的人。另外还要注意礼让客人，如上下楼梯时，出于礼貌，可以请对方先行。在陪同引导中，如果是一位男士和一位女士同行，则应上楼梯时男士行在后，下楼梯时男士行在前。如果是服务人员和客人，则应为服务人员上楼梯时行在后，下楼梯时行在前。

【阅读材料】

不同着装的走姿

所穿服饰不同，步态应有所区别。走姿要展现服装的特点。

穿西装。行走时以直线为主，应当走出穿着者的挺拔、优雅的风度。后背保持平正，两脚立直，走路的步幅可略大些，手臂放松，伸直摆动，手势简洁大方。注意男士不要晃动，女士不要左右摆胯。

穿旗袍。穿旗袍行走时要求女士身体挺拔，胸微含，下颌微收，不要塌腰撅臀。走路时，步幅不宜过大，以免旗袍开衩过大，露出皮肤。两脚跟前后要在一条线上，脚尖略微外开，两手臂在体侧自然摆动，幅度也不宜过大。站立时，双手可交叉于腹前。

穿裙装。穿着长裙显出女性身材的修长和飘逸美。行走时要平稳，步幅可稍大些。转动时，要注意头和身体相协调，调整头、胸、髋三轴的角度。穿着短裙，要表现轻盈、敏捷、活泼、洒脱的风度，步幅不宜过大，但脚步频率可以稍快些，保持轻快灵巧的风格。

穿高跟鞋。由于穿上高跟鞋脚跟提高了，身体重心就自然地前移，为了保持身体平衡，膝关节要绷直，胸部自然挺起，并且收腹、提臀、直腰，使走姿更显挺拔，会平添几分魅力。穿高跟鞋走路步幅要小，脚跟先着地，两脚落地脚跟要落在一条直线上，像一枝柳条上的柳叶一样，这就是所谓的"柳叶步"。

旅游从业人员常见的步态及训练方法

旅游企业的服务活动，强调外松内紧，即便在工作繁忙、业务紧张的情况下，在游客或宾客面前始终保持轻松的状态。这就需要员工掌握优雅步态的要领与技巧。

1. 常见的步态

（1）常步。常步是在正常情况下所使用的步态，其步速、步幅都保持正常状态。

（2）碎步。在旅游服务行业，尤其是酒店业中，营业高峰期须员工快速地走动，向客人提供及时、高效的服务。这时，员工可使用碎步，即缩小步幅，加快步伐频率，同时身体保持挺立。避免迈大步加快步速甚至小跑，这样极易在客人中形成一种紧张、无序、不雅观的印象。

（3）垫步。垫步是员工在狭长的过道上行走时，正身行走比较困难，或有碍宾客的活动，而经常采用的一种方法。要求身体侧身90°，身体一侧面向前方，脚尖落地脚跟不落地，且一只脚前，另一只脚后相继挪步前行。酒店服务员左手端托盘时，需用右手稍作掩护而避免翻盘。

2. 基本步伐的练习方法

优美的走姿能使别人对自己产生尊重和好感。以下再介绍一种基本步伐的练习方法：

（1）先练习站立的姿势。要全身伸直，背和腰部都不可弯曲。有些人从小就习惯于曲背走路，时间久了就形成了固定的姿势。

必须下决心纠正这种姿势，经常提醒自己挺起胸部，或者也可以坐在椅子上，背靠着椅背，这样腰和背就直了。然后伸直膝盖部位，不得弯曲，让全身站立成一条直线。这是步行前的准备动作，也是学好走姿的基础。

（2）开始走路的时候，先要注意伸直膝盖，以避免双膝弯曲。有些人走路总习惯于弯曲膝部，这是不正确的。

（3）脚尖要向前方伸出，而向外或向内伸出都不好看。向外伸出便成了外八字脚，向内伸出则成为内八字脚。一般来说，脚尖向外伸出的人较多，原因是足颈的关节太硬，欠灵活，只需将关节训练灵活，就可以纠正这一毛病了。可通过这样的方法训练：坐在椅子上，两足先后提起，足部呈圆形扭动，或两足成直线站立，然后轻轻地、慢慢地在原地跑。这样不仅可使足颈灵活，还可使足尖伸出的方向成直线。

（4）步行时必须成一条直线前进，不要左右摇摆。

（5）走路时，两肩或两手摆动都不好看。要注意不让手腕离开身体，手掌应向着体内，以身体为中心前后摆动。

（6）掌握以上各项后，还要注意姿势自然。既要避免死板僵直地向前走，又要避免摇摇摆摆地向前走。前者显得呆板，后者显得轻佻。而太拘谨又显得做作，因此重要的是步行应自然，配合手足的协调动作，养成习惯，由习惯成自然，才能显示出走姿美。

综合能力训练

一、任务实训

1. 实训步骤

（1）学生以实训小组为单位进行模拟操作。

（2）教师讲明训练要求及训练时的特别注意事项。

（3）教师讲解，帮助学生掌握站姿、走姿、坐姿、蹲姿等基本规范。

（4）教师不断巡视、指导、检查、示范，纠正个别错误。

（5）最后根据每个同学的实训情况，同学互评、教师点评。

2. 实训方法

（1）由教师讲解、演示正确的站姿、走姿、坐姿、蹲姿等基本规范。

（2）安排每位学生在T台上站立、走一个来回并在座椅上变换各种坐姿、蹲姿，由教师及台下同学指出不足之处。

（3）以实训小组为单位自由训练，可以互相监督并指出不足。

（4）学生训练：以实训小组为单位，进行站姿、坐姿、走姿、蹲姿单项训练。

1）站姿训练方法。站姿的要领是：一要平，即头平正、双肩平、两眼平视。二是直，即腰直、腿直，后脑勺、背、臀、脚后跟成一条直线。三是高，即重心上拔，看起来显得高。

● 两人一组，背靠背站立。要求两人的脚跟、小腿、臀部、双肩、后脑勺都贴紧。每次训练坚持15~20分钟。

● 靠墙站立。要求脚跟、小腿、臀部、双肩、后脑勺都紧贴墙。每次训练坚持15~20分钟。

● 道具训练法。头顶书，双腿并紧，夹住一张纸。每次训练坚持15~20分钟。

2）坐姿的训练。坐姿的训练方法如下：

● 首先站好，全身保持站立的标准姿态，两腿平行于椅子前面，弯曲双膝，挺直腰背坐下。

● 落座时声音要轻，动作要缓。落座过程中，腰、腿肌肉要稍有紧张感。

● 坐立时，上身正直而稍向前倾，头、肩平正，两臂贴身下垂，两手可随意摆放在大腿上，两腿外沿间距与肩宽大致相等，两脚平行自然着地。

● 还要注意入座和离座两个环节的训练。入座时，要在客人之后入座，动作要轻而缓。走到座位前面转身，右脚后退半步，左脚跟上，保持上身的直立和身体的重心，轻轻地坐下。

● 女性入座时，要稍微拢一下裙边。离座时，也要轻而缓，且稍在客人之后离座。先采用基本的站姿规范，站定之后方可从左侧离席。若是起身抬腿就走，则会显得过于匆忙，有失稳重。

3）走姿训练。走姿训练要点：最影响走姿优美的是腿位和脚位，这是走姿训练的主要内容。训练时要求上身挺直，腿姿优美。

● 在地面上画一条直线，行走时手部叉腰，上身正直，双脚内侧踩在线上，行走时按要求走出相应的步位与步幅。

● 头顶书本行走，进行整体平衡练习。重点纠正行走时低头看脚、摇头晃脑、东张西望、脖颈不正、弯腰弓背的毛病。

● 进行原地摆臂训练。站立，两脚不动，原地晃动双臂，前后自然摆动，手腕进行配合，掌心要朝内，以肩带臂，以臂带腕，以腕带手。

4）蹲姿训练。蹲姿的训练要注意以下几点：

● 要有意识地、主动经常地进行标准蹲姿训练，形成良好习惯。

● 可以运用压腿、踢腿、活动关节等方式加强腿部膝关节、踝关节的力量和柔韧性训练，这是优美蹲姿的基础。

● 平时在进行蹲姿训练时可以配上优美的音乐，放松心情，减轻单调、疲劳之感。

3. 实训准备

（1）一间三面装有镜子的礼仪实训教室，准备椅子、凳子若干张。

（2）书籍、多媒体播放器、音乐 CD 等。

4. 实训时间

实训时间为 120 分钟，其中示范讲解 20 分钟，学生操作 90 分钟，考核测试 10 分钟。

5. 考核评价

（1）评分要求。按百分制记分，学生操作时，指导教师观察学生的操作方法，按照考核要求给学生设计的仪态打分。

（2）实训考核表。实训考核表如表2-3-1所示。

表 2-3-1　仪态考核表

考评人		被考评人	
考评地点			
考评内容		仪态考核	
考评标准	内容	分值（分）	评分（分）
	仪态规范	20	
	表情自然	20	
考评标准	轻盈稳健	20	
	符合职业标准	20	
	整体印象	20	
合计		100	

注：实训考核分为100分，60~69分为及格；70~79分为中；80~89分为良；90分以上为优秀。

二、思考练习

1. 填空题

（1）走路时应注意＿＿＿＿＿＿＿＿、＿＿＿＿＿＿＿＿和＿＿＿＿＿＿＿＿。

（2）蹲姿的基本类型有：＿＿＿＿＿＿＿＿、＿＿＿＿＿＿＿＿和＿＿＿＿＿＿＿＿。

（3）行走时，手臂的摆幅不要超过＿＿＿＿＿＿＿＿，身体重心落于脚掌上。

（4）女性行走时，两脚内侧着地的轨迹要在＿＿＿＿＿＿＿＿上，步速是每分钟＿＿＿＿＿＿＿＿。

（5）坐姿包括＿＿＿＿＿＿＿＿的姿势和＿＿＿＿＿＿＿＿的姿势。

（6）前腹式站姿的规范动作是：在基本站姿的基础上，两手握于腹前，＿＿＿＿＿＿＿＿手在上，握住＿＿＿＿＿＿＿＿手手背或手指部位。

（7）在基本坐姿中规范的手的摆放应是：双手呈握指式，＿＿＿＿＿＿＿＿手在上，＿＿＿＿＿＿＿＿手在下，手指自然弯曲，放于腹前双腿上。

（8）前伸交叉式坐姿的规范动作是：在基本坐姿的基础上，左小腿向前伸出45°；右小腿跟上，＿＿＿＿＿＿＿＿脚在上与＿＿＿＿＿＿＿＿脚相交，两脚相交于＿＿＿＿＿＿＿＿关节处。

（9）下蹲时最好侧身相向，＿＿＿＿＿＿＿＿或＿＿＿＿＿＿＿＿都是不礼貌的。

2. 简答题

（1）旅游服务站姿主要有哪些？

（2）旅游从业人员的走姿应注意哪些事项？

（3）常见的坐姿主要有哪些？

（4）坐姿的注意事项有哪些？

（5）走姿要注意哪些情况？

（6）蹲姿应注意哪些事项？

3. 案例分析

案例 1

"总统"的仪态

曾任美国总统的老布什，能够坐上总统的宝座，成为美国"第一公民"，与他的仪态表现分不开。在 1988 年的总统选举中，布什的对手杜卡基斯，猛烈抨击布什是里根的影子，没有独立的政见。而布什在选民中的形象也的确不佳，在民意测验中一度落后于杜卡基斯十多个百分点。未料两个月以后，布什以光彩照人的形象扭转了劣势，反而领先十多个百分点，创造了奇迹。原来布什有个毛病，他的演讲不太好，噪音又尖又细，手势及手臂动作总显出死板的感觉，身体动作不美。后来布什接受了专家的指导，纠正了尖细的噪音、生硬的手势和不够灵活的摆动手臂的动作，结果就有了新颖独特的魅力。在以后的竞选中，布什竭力表现出强烈的自我意识，改变了原来人们对他的评价。配以卡其布蓝色条子厚衬衫，以显示"平民化"，终于获得了最后的胜利。

请思考：

仪态往往是一种无声的语言，仪态对一个人的影响表现在什么地方？作为旅游服务人员应该怎样表现出良好的仪态？

案例 2

小许的面试

小许是一名应届毕业生，在大学的四年中，小许学习刻苦多次获得奖学金，而且他还积极参加学校的社团活动以及社会实践活动，通过锻炼，提升了自己的能力。在毕业之际，小许在大学中的努力获得了回报，他得到了自己中意的一家大型企业的青睐，通过层层选拔，成为少数几名进入最终面试考核的成员之一。

这一天，从仪容仪表到对岗位的认识，小许都做了精心的准备。面试当天，开始都进行得很顺利。无论是谈吐、精神面貌，还是对自己面试这一职位的理解，对未来的思考，都得到了面试领导的肯定。谈话气氛越来越融洽，小许的心情也轻松起来。在侃侃而谈的同时，小许将上身依靠在椅背上，小腿开始不时地抖动。突然，小许发现坐在对面的人事部经理的脸色发生了变化，面试的气氛也发生了变化。之后，小许没有再等到这家单位录用他的消息。

请思考：

小许为什么没有得到录用消息？

任务 2　表情规范——眼神、微笑

【任务目标】

通过本任务的学习，掌握正确的微笑礼仪和眼神礼仪，体会运用微笑和眼神进行交流的好处。培养学生在旅游服务工作中仪态大方，拥有职业化的举止能力。

【案例导入】

某日，由北京飞往成都的航班，因成都大雾锁城，推迟起飞了六个小时。虽然是"天公"不作美，责任不在乘务员，但乘客们仍然怨声载道。乘务员们脸上带着理解的微笑，默默地倾听着旅客的怨言。

飞机起飞了，乘务员顾不得自己站得酸痛的双腿和僵硬的腰背，仍保持着高度的工作热情投入到服务中。她们不停地为旅客送饮料、送餐食，为需要阅读的旅客打开阅读灯，为需要休息的旅客搭上毛毯……旅客们看到乘务员忙得跑前跑后，有人关爱地说："小姐，你们也辛苦了，休息会儿吧！"听到这暖心的话，乘务员们感动了。是啊，微笑就如同一根情感的纽带，将乘务员与旅客紧紧地系在一起，彼此理解，彼此关心……曾有一位旅客在留言纸上这样写道："你们的微笑是从心底流淌出来的暖流，你们的真情恰似早春的阳光暖在我们的心头，可爱的姑娘——旅客的贴心人！"

问题：旅客为什么由抱怨到感动？

【任务分析】

在工作中对顾客除了要有标准化、程序化、规范化、制度化的服务外，一定还要注意情感服务，也就是"用心服务"。"用心服务"即是把真挚的情感交流渗透到原本是货币交换关系的服务中去，这种服务可以通过旅游服务人员的表情体现出来，一个眼神，一个微笑，都可以传递出非常丰富的内心世界，真可谓"此时无声胜有声"。

【知识讲解】

表情，是指发生在颈部以上（包括眼、眉、鼻、嘴等）各个部位的情感体验的反应，是一个人通过面部形态变化所表达的内心思想感情。旅游服务人员的表情主要体现在两点——眼神和微笑。

一、眼神——心灵的语言

人的内心活动或多或少地都会反映到面部表情中来。"眼睛是心灵的窗户"，目光在很大程度上能如实反映一个人的内心世界。

在旅游服务中，旅游从业人员要通过眼神让对方明白你的热情和真诚，其主要表现在注视部位、注视方式、注视时间三个方面。

1. 注视部位

场合不同，注视的部位也不同。

（1）公务注视。在洽谈、磋商、谈判等场合，眼睛应看着对方双眼或双眼与额头之间的区域。这样注视显得严肃、认真，也能让人感到你的诚意。

（2）社交注视。在茶话会、朋友聚会等场合，眼光应看向对方双眼到唇心这个三角区域。这样注视会使对方感到礼貌、舒适。旅游从业人员注视游客通常是这个区域。

（3）亲密注视。在亲人、恋人和家庭成员之间，眼光可注视对方双眼到胸部之间的区域。这样注视表示亲近、友善。但对陌生人来说，不可轻易进入这一注视区域。

2. 注视方式

注视服务对象时要讲究方式，既要方便服务，又不会引起对方误解。旅游从业人员注视服务对象的角度包括正视、平视、仰视、俯视、环视。

（1）正视。正视即正面注视对方，这是表示重视对方的常用角度，也是做人的基本礼貌之一。旅游从业人员即使与注视对象同处于一侧，在需要正视对方时，也要将面部与上身转向对方。

（2）平视。平视即在注视对方时，身体与其刚好处于相同的高度，使双眼可以平视对方。平视可以表示双方地位的平等。服务规范要求服务人员在岗位上坐着休息时，看见服务对象到来要起身相迎，也是为保证目光平视。

（3）仰视。在注视他人时，本人所处的位置较对方低，需要抬头向上仰望对方。

（4）俯视。若自己所处的位置较对方高，需要低头下俯看对方，则称为俯视。

应该指出的是，仰视与俯视不仅是由于人所处的实际位置的高低造成的，也是由人的头部位置是昂是抑造成的。双方身高相同，昂头时，眼睛看对方的角度必然是俯视；低头时，眼睛看对方的角度必然是仰视。在二人面对面站立或坐时，低头抬眼仰视对方，表达的是对对方的尊重甚至是敬畏。而昂头垂眼俯视对方，表达的是对对方的轻视。长者对晚辈用俯视的目光含有宽容与怜爱之意。

旅游服务人员在必要时可以仰视服务对象，而绝不能俯视对方。服务礼仪规定服务人员站立或就座之处不得高于服务对象，主要是为了防止造成俯视对方的状况。如果服务人员身高明显超过客人，在与服务对象交谈时也应该俯身低头，使目光仍能保持平视。

（5）环视。旅游从业人员为多人服务时，要善于运用眼神对每位服务对象予以关照，就是要给予每一位服务对象以适当的注视，使其不会产生被疏忽冷落之感。当多名服务对象结伴而来时，服务人员既要对其中的重点对象多加注视，又要对其他次要的服务对象不时关注。当多名服务对象互不相识时，服务人员也要能用眼神兼顾所有客人，表示自己一视同仁，愿意为每一位客人提供优质服务。

采用哪一种注视方式，要根据服务时的具体情况而定。

3. 注视时间

在人际交往中，注视对方时间的长短相当重要。在交谈中，听的一方通常应多注视说的一方，目光与对方接触时间，一般占全部相处时间的 1/3~2/3。据专家研究，如果注视对方的时间少于 1/3，是表示轻视；多于 2/3 是表示敌意，或是对对方产生了特别的兴趣。

4. 不良的眼神

在旅游接待服务工作中，有一些眼神是不正确的，通常我们把它称为不良眼神。不良眼神主要有以下几种：旁视，谈性正浓时东张西望或看表；避视，目光经常闪烁不定；盯视，直盯对方双眼；眯视，眯着眼睛看人；扫视，浑身上下打量对方；斜视，斜着眼睛看人。

二、微笑——最具魅力的礼节

人的面部表情是依靠各个器官相互协调的结果，其中微笑是旅游从业人员懂礼貌、有修养的外在表现。

著名画家达·芬奇的杰作《蒙娜丽莎》是文艺复兴时期最出色的肖像作品之一。画中女士的微笑给人以美好的享受，使人们充满对真善美的渴望，至今让人回味无穷。

被誉为"旅游帝国之王"的希尔顿，当母亲问他发大财的诀窍时，他的回答仅用了两个字——微笑。微笑传达的信息能促进双方沟通，融洽宾主之间的情感，产生心理上的愉悦。正是希尔顿深谙微笑的魅力，才使希尔顿饭店誉满全球。微笑是希尔顿饭店在激烈的饭店业竞争中制胜的法宝，其所有员工在上岗前一定要经过严格的微笑训练，不合格者哪怕其他业务能力非常强也不能上岗。因此，微笑是旅游从业人员的"常规武器"，微笑是最具魅力的礼节。

1. 微笑的基本要求与要领

旅游服务行业微笑的基本要求是：亲切、自然、甜美。微笑的基本要领是：面部肌肉放松，嘴角微翘，露出上边八颗牙齿。

微笑由眼神、眉毛、嘴巴、表情等方面协调动作来完成。要防止生硬、虚伪、笑不由衷的表情出现。

2. 微笑的禁忌

尽管微笑有其独特的魅力和作用，但若不是发自内心的真诚微笑，那将是对微笑礼节的亵渎。有礼貌的微笑应是自然的、坦诚的，是内心真实情感的表露。否则，强颜欢笑，假意奉承，那样的"微笑"则可能会演变成"皮笑肉不笑"、"苦笑"。另外，在旅游接待服务工作中，服务人员不能放肆大笑，使人感到没有教养；不要讥笑，使对方恐慌；不要傻笑，令对方尴尬；不要冷笑，使对方产生敌意。总之，笑也要因时、因事而异，否则毫无美感且令人生厌。

3. 旅游服务人员微笑的四要、四不要

四要的内容：一要口、眼、鼻、眉、肌结合，做到真笑；二要神情结合，显出气质；三要声情并茂，相辅相成；四要与仪表举止的美和谐一致，从外表形成完美统一的效果。

四不要的内容：一不要缺乏诚意、强装的笑脸，包括不发自内心的勉强敷衍的笑、机械呆板的笑、尴尬的笑；二不要露出笑容随即收起，或对旅客不尊重的神秘的笑和皮笑肉不笑；三不要为情绪左右而笑，包括由于情绪波动而产生的神秘的笑、忧郁的笑、呆痴的笑；四不要把微笑只留给上级、朋友等少数人。

【阅读材料】

微笑学校

近年来，日本许多公司员工都利用业余时间参加"笑"的培训课程，他们认为这样可以增强企业内部的凝聚力，改善对外服务，提高企业效益。

根据日本传统，无论男人和女人，遇到高兴、悲伤或愤怒时，都必须学会控制情绪，以保持集体和睦。因为日本人认为藏而不露是一种美德。但自从日本经济进入衰退期后，生意越来越难做，商家竞争日趋激烈。于是，为招揽顾客，日本商家，特别是零售业和服务业，新招迭出，其中之一就是让员工笑脸迎客。

在当今的日本，数以百计的"微笑学校"应运而生。日本一些公司的员工一般在下班后去学校接受培训，时间为 90 分钟，连续受训一个星期。据称，经过微笑培训，日本不少公司的销售额"直线上升"。日本许多公司招工时，都把会不会"自然地微笑"作为一个重要条件。

综合能力训练

一、任务实训

1. 实训步骤

（1）由教师讲解基本知识、帮助学生了解旅游服务人员表情礼仪的基本规范。

（2）教师讲解演示眼神、微笑表情礼仪的训练方法。

（3）以实训小组为单位自由训练，同学们可以互相监督并指出不足。

（4）由教师根据每个同学的实训情况进行点评。

2. 实训方法

（1）眼神的训练。眼神训练有以下几种方法：

1）可面对镜子完成各种眼神的练习。

2）将手张开举在眼前，手掌向上提并随之展开，随着手掌的上提、打开，使眼睛一下子睁大有神。

3）同学之间相互检测对方眼神是否运用恰当。

4）目光集中训练。眼睛盯住三米左右的某一物体，先看外形，逐步缩小范围到物体的某一部分，再到某一点，再到局部，再到整体。这样可以提高眼睛明亮度，使眼睛十分有神。

（2）微笑的训练。微笑训练有以下几种方法：

1）照镜子练习法，对着镜子来调整和纠正"三度"微笑。对着镜子，心里想着使你高兴的情景，嘴角两端做出微笑的口形，找出自己认为最满意的微笑，天天练习，使之自然长久地呈现在脸上。

2）多回忆微笑的好处，回忆美好的往事，发自内心地微笑。

3）词语训练法。默念英文单词"Cheese"或普通话"钱"字、"茄子"这些字、词形成的口形，其正是微笑的最佳口形。发"一"、"七"、"茄子"、"威士忌"练习嘴角肌的运动，使嘴角露出微笑。

4）把手指放在嘴角并向脸的上方轻轻上提，一边上提，一边使嘴充满笑意。

5）同学之间通过打招呼、讲笑话来练习微笑，并相互纠正。

6）情景熏陶法。通过美妙的音乐创造良好的环境氛围，引导学生会心地微笑。微笑的训练可结合站姿训练同时进行。

3. 实训准备

准备一间实训教室，每人准备一面镜子。

4. 实训时间

实训时间60分钟，其中示范讲解20分钟，学生操作35分钟，考核测试5分钟。

5. 考核评价

（1）评分要求。按百分制记分，学生操作时，指导教师观察学生的操作方法，按照考核要求给学生设计的表情礼仪打分。

（2）实训考核表。实训考核表如表2-3-2所示。

表2-3-2　表情礼仪考核表

考评人		被考评人	
考评地点			
考评内容	表情（眼神、微笑）		
考评标准	内容	分值（分）	评分（分）
	表情自然	20	
	具有亲和力	20	

续表

考评人		被考评人	
	符合规范	20	
考评标准	自然得体	20	
	整体印象	20	
合计		100	

注：实训考核分为100分，60~69分为及格；70~79分为中；80~89分为良；90分以上为优秀。

二、思考练习

1. 填空题

（1）公务注视的目光位置是在以对方＿＿＿＿＿为底线，以＿＿＿＿＿为顶点的三角形区域内，多用于洽谈、磋商、谈判等场合。

（2）社交注视的位置是以对方＿＿＿＿＿为底线，以＿＿＿＿＿为顶角的倒三角形区域内，用于各种社交场合。

（3）日本人在与人面对面交谈时，目光一般落在对方的＿＿＿＿＿，而对方的脸和双眼要映入自己眼帘的外缘，＿＿＿＿＿在日本是一种失礼行为。

（4）眼睛被喻为心灵的窗户，目光是人们在日常生活中传递信息的眼语。在人际交往中，目光所到之处，就是注视部位。一般情况下，与他人相处时，一般注视的常规部位有：＿＿＿＿＿、＿＿＿＿＿和＿＿＿＿＿。

（5）旅游服务人员与人交谈时，应该注视对方的＿＿＿＿＿才不算失礼。

2. 简答题

（1）目光语在旅游接待服务中有什么重要作用？

（2）旅游服务人员训练微笑的方法有哪些？

3. 案例分析

案例1

微笑的力量

某公司要招聘一位市场部秘书。一位文秘专业毕业的本科生的简历吸引了人事部经理。这位毕业生做过一年的办公室文秘工作，又做过一年的销售部的秘书，有一定的工作经验。于是人事部通知这位文秘专业本科生两天后来公司面试，但面试结果出人意料，她没有被录取。事后，人事部经理说，那次面试是他亲自主持的。他发现那位女士有个特点，就是不管什么时候都锁着眉头，不会微笑，显示出较沉闷的神情。

请思考：

（1）请结合以上材料谈谈你对微笑重要性的理解。

（2）模拟面试场景，诠释出你对微笑的理解。

案例 2

笑的分寸

笑也要掌握分寸，如果在不该笑的时候发笑，或者在只应微笑的时候大笑，就会使对方感到疑虑，甚至以为是在取笑他，这显然也是失礼的，所以不可不慎。

有一个西欧旅游团深夜到达某饭店，由于事先在沟通上出了一些问题，客房已告客满，只好委屈他们睡在大厅的临时加铺。全团人员顿时哗然，扬言要查每一个房间，看看是否真的无房。这时，西装革履、风度翩翩的客房部经理出现在他们面前，该经理脸上露出了微笑，客人说是"矜持的微笑"，面对客人连珠炮似的责问，他又微笑着耸耸肩，表示无可奈何，爱莫能助。谁知这一笑更坏事了，客人本来就因住不到房间而满肚子气，又认为客房部经理的笑是尖刻的讥笑，是对他们的蔑视，这批富有教养的客人竟愤怒地拍着桌子大声吼道："你再这样笑，我们就揍你。"

因为不合时宜的微笑，竟闹到这般剑拔弩张的地步，是这位经理始料未及的。幸亏经过翻译人员的再三解释，才避免了事态的进一步扩大，但已给客人带来了不愉快的阴影。

请思考：

读了这个案例对你有哪些启示？

任务3 服务手势规范

【任务目标】

通过对日常生活及服务中常见手势语的学习，能帮助学生正确恰当地使用手势语，掌握其规范要求和基本技能，养成尊人、敬人的礼貌意识，正确地表达思想内涵。

【案例导入】

小李是应届毕业生，刚应聘到一家旅行社当导游。经过一段时间的实习，经理让他独自带团，小李非常高兴，但是在给游客讲解的时候，小李手足无措，一会揉眼睛、一会搓着双手，显得非常紧张。

问题：我们在接待游客时应该怎样做呢？

【任务分析】

在旅游接待服务工作中，手是最频繁使用的身体部位。不仅要用它为客人服务，也要在必要时补充口语的表达，甚至有时不讲话而单独使用手势来表达意思。手也常与身体的其他部位配合使用，共同表达某种含义。因此，手的动作是体态语言最重要的组成部分，可以单独称为手势语言。

【知识讲解】

手势指的是人们在运用手臂时所出现的具体动作与体位。如果说"眼睛是心灵的窗户"，那么手就是心灵的触角，是人的第二双眼睛，因为手是人体上最富灵性的器官。

一、手势运用的原则

手势语能反映出人复杂的内心世界，但运用不当会适得其反。所以，旅游服务人员在手势的应用上，应遵循一定的原则。

1. 使用规范化的手势

在旅游接待服务过程中，应该使用规范化的手势，才不至于遭到误会，同时也能体现出自己良好的专业素质。

2. 注意区域差别

旅游服务人员在运用手势时，要考虑手势运用的具体区域以及手势施以的对象这两个因素，以防止出现对手势含义理解不同带来的误会。如酒店门童通常都要为乘轿车抵店的客人开拉车门，规范程序中有护顶的动作，但如果面对的是穆斯林（伊斯兰教的信徒），就一定要避免此动作。因为在穆斯林看来，头顶有光，头部被手遮住也就遮住了圣光，这是对人的冒犯。因此，准确运用手势，还要求旅游服务人员更多、更详细地了解不同国家、民族的文化习俗。

3. 手势宜少忌多

手势不可繁多，要简约明快。

4. 手势要文雅自然

如果使用低劣拘束的手势，会有损服务人员的形象。

5. 手势要与全身协调一致

手势要与情感、口语协调。

二、服务手势规范

在旅游接待服务工作中，旅游服务人员常用的服务手势有：指示方向、举手致意、挥手道别、手持物品、展示物品、递接物品等。

1. 指示方向

指示方向一般分为以下四种情况：

（1）指示前进方向。左右手的运用，一般以顺手为原则。小臂前抬45°，手齐胸，五指并拢，掌心朝上，手指指向右前方。同时上身向右前方移动4~5厘米，胸和面部再偏转左侧朝向客人，微笑说"这边请"。

（2）指示物品所在处。手臂向外侧横向摆，抬至肩高，指尖指向物品所在处。

（3）请人进门。手臂弯曲，高度在胸以下，指尖指向门内。

（4）请人就座。手臂由上向下斜伸舞动，指尖指向座椅。

需要注意，为他人指示方向时，一定要使用手掌而不仅是手指，一定要掌心向上而不是侧向，上体应略向前倾，头、胸侧向服务对象，面带微笑，辅以手臂动作，说"请随我来"、"请进"，等等。仅手臂挥动而上体僵直，表情呆板，动作显得不协调，也会给人以敷衍了事、无诚意的感觉。

2. 举手致意

举手致意也叫挥手致意。多用于向他人表示问候、致敬、感谢之意。既可以仅用手势，也可以伴以相关的言辞。当旅游服务人员忙于工作时，看见了相熟的服务对象而无暇分身时，向其举手致意，可立即消除对方的被冷落感。

举手致意的要点如下：

（1）面向对方。举手致意时，应全身直立，面向对方脸带微笑，或至少上身与头部要朝向对方。

（2）手臂上伸。致意时面对对方，手臂向侧上方伸出。手臂既可弯曲，亦可全部伸直。

（3）掌心向外。即面向对方，指尖向上。

（4）切勿乱摆。举手致意时，手臂轻缓地由下而上伸起，不要左右来回摆动。

3. 挥手道别

挥手道别是与人互道再会时所用的常规手势。要点如下：

（1）身体站直。挥手时一般不要走动、奔跑，不要摇晃身体。

（2）目视对方。以目光注视对方是重视对方的体现，如果不看道别对象，一边挥手一边扭头与旁边人讲话，则极为失礼。

（3）手臂上伸。以右臂或双臂向前、向上伸并挥动，距离越远，手臂应抬得越高。

（4）掌心朝外。掌心朝外，并且注意指尖朝上。

（5）左右挥动。道别时臂与手要左右挥动，而不要上下挥动。以双手道别时，挥动幅度应更大些，以充分显示出热情。双手不动或挥动幅度小，远看犹如"投降"一般。

4. 手持物品

在旅游接待服务工作中，旅游服务人员要经常帮助他人提拿物品，为此必须注意稳妥、自然、到位、卫生等问题。

（1）稳妥。旅游服务人员手拿物品时，可根据其具体重量、形状以及易碎与否，采取不同的手势。既可以使用双手，也可以只用一只手。最重要的是要确保物品的安全，尽量轻拿轻放，同时也不要伤人或伤己。

（2）自然。手拿物品时，旅游服务人员可依据本人的能力与实际需要，酌情采用拿、捏、提、握、抓、扛、夹等不同姿势。要避免手势夸张，动作应自然协调。

（3）到位。许多物品有专门的位置可供手持，如箱子应当拎提手，杯子应当握杯耳，炒锅应当持手柄。持物时如果手不到位，不方便也不好看。

（4）卫生。为人取拿食品时，切忌直接下手。敬茶、斟酒、送汤、上菜时，千万不要把手指搭在杯、碗、碟、盘边沿，更要当心"染指"于汤水中。

5. 展示物品

（1）手位正确。被人围观时，可将物品举至高于双眼之处展示物品，或双臂横伸将物品向前伸出，活动范围自肩至肘之处，上不过眼部，下不过胸部，这一手势易给人以安定感。

（2）便于观看。展示物品时，一定要方便现场的观众观看。因此，一定要将被展示的物品正面朝向观众，举到一定的高度，并注意展示的时间以便能让观众充分观看。当四周皆有观众时，展示还需要变换不同角度。

（3）操作标准。服务人员在展示物品时，不论是口头介绍还是动手操作，均应符合有关的标准。解说时，应口齿清晰，语速适中；动手操作时，应干净利索，速度适宜，并经常进行必要的重复。

6. 递接物品

（1）递送物品。递物与接物是常用的一种动作，递送物品时要注意以下几点：

1）双手为宜。行走时，文件应拿在左手；递接时，文件、名片等要下面朝向对方，双手拿在文件、名片的上部，大拇指在上，四指在下，同时要行微鞠躬礼。

2）送到手中。为客人递送物品时，最好直接交到客人手中。一般不要以忙为理由，随手将所递物品放在桌上了事。这样会给人以不耐烦的感觉。端茶送水可以放在桌上，但必须是双手，同时说"请用茶"。

3）主动上前。如果旅游服务人员是坐着，递物时则应起身站立；若双方相距过远，还应当主动走近接物者。

4）尖、刃朝内。递笔、刀、剪之类尖利的物品时，应将尖利一方朝向自己，而不应指向对方。递无刀鞘水果刀时，应将刀刃朝向自己的虎口。

5）方便接拿。服务人员在递物于人时，应当为对方留出方便接取物品的地方，如物品的把手、系带等，不能让对方接物时无从下手。递送有文字的物品时，还须使物品的正面朝向对方。

（2）接取物品。接取物品时应注意：

1）目视对方。要目视对方，不要只顾注视物品。

2）双手接取。要双手接取。如果不方便双手接取时也要用右手接。

3）起身接取。必要时，应当起身站立，并主动走近对方。

4）先递后取。不要急不可耐地直接从对方手中抢取物品。

三、服务手势禁忌

做手势动作时忌讳在客人面前拉拉扯扯，或在客人背后指指点点；忌讳讲到自己时，用手指着自己的鼻尖，讲到别人时，用手指点别人；忌讳手势动作过多、过快、手舞足蹈；忌讳在客人面前用手指掏鼻孔、剔牙、挖耳朵、抓头皮、打哈欠、搔痒等。

【阅读材料】

手势语言

1. "V" 形手势

"V" 形手势通常表示胜利，暗示对工作或某项活动充满信心。这种手势要求手掌向外。若是手掌向内，就变成了侮辱人的信号了。

在欧洲大多数国家，做手背朝外、手心朝内的 "V" 形手势是表示让人"走开"，在英国则指伤风败俗的事。在中国，"V" 形手势表示数目"2""第二"或"剪刀"。在非洲国家，"V" 形手势一般表示两件事或两个东西。

2. 竖大拇指

中国人认为竖大拇指表示赞赏、夸奖，暗示某人真行。而在美国、英国、澳大利亚等国，这种手势则有三种含义：搭便车、表示 OK、骂人；而在希腊，这种手势意味着"够了"、"滚开"，是侮辱人的信号（他妈的）。

3. OK 手势

OK 手势在欧美通常表示同意，暗示赞成或欣赏对方的观点；在日本则表示"懂了"；在缅甸、韩国表示"金钱"；在印度表示"正确"；在泰国表示"没问题"；在巴西，常以之指责别人作风不正；在突尼斯表示"无用"；在印尼表示"不成功"；在地中海国家，常用它来影射同性恋；在德国表示"笨蛋"；在法国表示"零"和"一钱不值"。

4. 手臂上伸

手臂上伸，左右挥摆。在欧洲大部分地方，这个手势并不表示"再见"而是表示"不"。

5. 手臂前伸

手臂前伸，手心向下，反复屈腕。欧洲特别是英国表示"喂"、"再见"，中国表示"请人过来"。

6. 右手握拳伸出食指

"右手握拳伸出食指"这个手势在我国表示"一次"或"一"，或是"提醒对方注意"的意思；在日本、韩国等国表示"只有一次"；在法国是"请求，提出问题"的意思；在缅甸表示"拜托"；在新加坡表示"最重要"；而在澳大利亚则表示"请再来一杯啤酒"。

综合能力训练

一、任务实训

1. 实训步骤

（1）由教师讲解基本知识、帮助学生了解旅游服务人员手势礼仪的基本规范。

（2）教师讲解演示手势礼仪的训练方法。

（3）以实训小组为单位自由训练，同学们可以互相监督并指出不足。

（4）由教师根据每个同学的实训情况进行点评。

2. 实训方法

（1）情景训练法。组织学生分别扮演旅游服务人员和游客，根据接待工作中的不同需求运用恰当的手势，并采取互评来相互学习。

（2）及时纠正或提醒手势运用中容易产生的问题：

1）五指张开，弯曲未并拢。

2）手臂僵硬，显得机械。

3）弧度过大、生硬，肘关节接近90°。

4）没有微笑，眼神配合不协调。

（3）综合训练。训练以下两项：

1）单项训练。以实训小组为单位，进行手势礼仪单项训练。

2）综合训练，职业场景模拟训练。以实训小组为单位，每组设计一个职业场景，展现各种情况下的服务手势，学生对各组的表演进行评价，最后教师总结。

3. 实训准备

准备一间实训教室，要求教室三面装有镜子、有办公桌椅。

4. 实训时间

实训时间60分钟，其中示范讲解20分钟，学生操作35分钟，考核测试5分钟。

5. 考核评价

（1）评分要求。按百分制记分，学生操作时，指导教师观察学生的操作方法，按照考核要求给学生设计的服务手势打分。

（2）实训考核表。实训考核表如表2-3-3所示。

表 2-3-3　手势礼仪考核表

考评人		被考评人	
考评地点			
考评内容		手势礼仪考核	
考评标准	内容	分值（分）	评分（分）
	规范正确	20	
	动作适度	20	
	大方优雅	20	
	配合语言	20	
	符合职业标准	10	
	整体印象	10	
总分		100	

注：实训考核分为100分，60~69分为及格；70~79分为中；80~89分为良；90分以上为优秀。

二、思考练习

1. 填空题

（1）指示方向的手势主要有：_____、_____、_____和_____。

（2）"OK"手势在日本表示_____；在缅甸、韩国表示_____；在印度表示_____；在泰国表示_____；在巴西，常以之指责_____；在突尼斯表示_____；在印尼表示_____；在地中海国家，常用它来影射_____；在德国表示_____；在法国表示_____。

（3）翘大拇指的手势在中国表示_____，在美国、英国、澳大利亚等国表示_____，在希腊表示_____。

（4）"V"形手势在中国表示_____，在英国表示_____，在欧洲大多数国家，做手背朝外、手心朝内的"V"形手势是表示_____，在非洲国家，"V"形手势一般表示_____。

2. 简答题

（1）运用手势的原则有哪些？

（2）怎样展示、递接物品？

3. 案例分析

案例

无心的冒犯

小李是一家外贸公司的销售主管，有一次他与一名希腊外商进行销售谈判。在谈判席中，当外商谈到希腊的文化时，为表示赞赏，小李急速竖起了大拇指，但是此时他却没有发现对方脸上的不悦。谈判成功在即，小李又微笑着摆出了

"V"形手势，可一时大意，掌心向内了，此时希腊外商勃然大怒，导致谈判无疾而终。事后，小李请教了酒店培训师才恍然大悟，才知道在希腊急速竖起大拇指是让对方"滚蛋"的意思，而掌心向内的"V"形手势则有辱骂对方"下贱"之意。小李这才后悔自己当初没有了解对方的文化禁忌。

请思考：

（1）请分析一下小李"无心的冒犯"是因为什么。

（2）请举例说明正确使用手势语的重要性以及方法。

模块三 旅游行业交际礼仪

【模块概述】

礼仪是人类文明进步的重要标志。作为在人类发展的历史过程中逐渐形成并积淀下来的一种文化，礼仪始终以某种精神的约束力支配着每个人的行为。

旅行社、饭店等作为旅游服务行业对外交往的窗口行业，是社会交往和国际交往的舞台。日常交往礼仪是旅游服务"软件"的重要组成部分，贯穿于服务接待工作的全过程。

作为旅游行业的服务人员，则应提高自身的礼仪素养，掌握基本的日常交际礼仪知识和技能，在工作中表现出较高的专业素质，更好地将自己融入职场之中，并取得成功。

【模块目标】

知识目标：让学生熟悉并掌握会面、餐饮、接访等日常交往礼仪的程序及规范。

能力目标：让学生能够运用日常交往礼仪的有关知识指导自己日常工作生活中的交际行为。能够具备在不同场合与人交往的基本素质，并能更好地进行人际交往和沟通。

项目一

会面礼仪

人类文明发展到现在，无论哪个民族、哪种信仰的人，见面时都要使用各种各样的礼节，主要表现为问候、握手、介绍、点头致意等方式，特殊一点的还有诸如鞠躬、碰面、碰鼻、亲吻等风俗。但无论哪种见面的礼节，有一点是一致的，那就是对人的敬重。

作为旅游服务人员，要为宾客提供优质服务，更应懂得和了解服务过程中的各种礼仪、礼节，而日常见面礼仪正是体现了其综合素质的第一步。

任务1 称呼与介绍礼仪

【任务目标】

通过本任务的学习，使学生了解国内常用的称谓、理解使用称谓的注意事项，了解介绍的礼仪规范、操作要求，并且能够灵活运用，以示对对方的友好、尊敬和体贴。

【案例导入】

一个年轻人独自去青海湖风景区旅游。那天天气炎热，他口干舌燥，筋疲力尽，不知距目的地还有多远，举目四望，不见一人。正失望时，远处走来一位老者，年轻人大喜，张口就问："喂，离青海湖还有多远呀？"老者目不斜视地回了两个字："五里。"年轻人精神倍增，快速向前走去。他走呀走，走了好几个五里，青海湖也不见踪迹，他恼怒地骂起了老者。

问题：年轻人错在哪里？

【任务分析】

人们在正常的交往应酬中，彼此之间有许多约定俗成的礼节。亲切、准确、合乎常规的称呼和介绍礼仪体现了对对方的尊敬，同时也反映了自身的文化素质，对树立良好的个人社交形象，广泛结交朋友，有非常重要的意义。

【知识讲解】

"音乐始于序曲，交谈起于称呼"，称呼指的是人们在日常交往中，彼此之间所采用的称谓语。选择正确、文雅、适当的称谓语，不仅反映了自身的教养，也反映了对对方的尊敬，也易于增进双方的感情，为深层交际打下基础。

一、称呼礼节

称呼礼节是指在交往中与他人交谈或沟通信息时应恰当使用的称呼。在人际交往中，称呼的规范很有讲究，它反映了一个人的身份、性别、社会地位和婚姻状况，因此，使用称呼语要注意以下规范：

1. 称呼的规则

称呼要恰当，就是要求根据对方的身份、地位、民族、宗教、年纪、性别等合理去称呼。称呼他人时，还应该根据不同的场合，因时因地去称呼。称呼任何人都要尽可能了解其民族习惯、地域特点，做到尊重对方，不损伤对方的感情。

（1）在社交场合，最为普通的称呼是"先生"、"太太"、"小姐"、"女士"。通常"先生"一词是用来称呼男性宾客，而不论其年龄大小。"太太"一词是用在已知对方已婚情况下对女子的尊称。"小姐"一词主要是对未婚女子的称呼，有时不了解女性来宾婚姻状况时可称"女士"，对外国女性不知其婚姻状况时可称"小姐"或"女士"。

（2）在日常生活或非正式场合中，称呼应当亲切、自然。不同场合、不同对象，应使用恰当的称呼，如"大爷"、"大妈"、"叔叔"、"阿姨"、"大姐"、"大哥"、

"姑娘"、"小朋友"等。

（3）当我们得悉交往对方的姓名时，称呼应加上姓名或姓，如"王明先生"或"王先生"以示重视和尊重。当知道对方的职务、职称时，称呼一般在姓氏后面加上职务、职称，如"刘处长"、"张经理"、"李教授"、"田律师"、"杨医生"等。在社交场合，这样称呼显得庄重规范。

（4）在一般同事之间，可以用"老"、"小"加在姓氏前称呼，关系密切的人之间，可以直呼其名而不称姓。

（5）称呼老师，长辈要用"您"而不用"你"，以示敬意，不可直呼其名。对于初次见面或相交未深，用"您"而不用"你"以示谦虚与敬重。老朋友，熟人见面，不必使用敬称"您"，以免给人以生疏、拘谨之感。

2. 注意忌讳

在日常生活中，称呼的忌讳很多，主要表现为：

（1）见人不使用任何称呼，直接以"喂"、"嘿"代之。

（2）使用不雅的称呼，即以含有人身侮辱或歧视之意的称呼，如小名、绰号以及低级庸俗的称呼。

（3）对人冠以蔑称、贬称。如"卖水果的"、"扫地的"。

（4）错误的称呼，即记不起对方姓名、称呼时叫错或张冠李戴，如将未婚女子称为"大嫂"、"太太"。

二、介绍礼仪

介绍是人们日常交往中相互了解的基本方式，是人际交往的一座桥梁，通过介绍可以拉近人们之间的距离，更好地进行交流。

1. 介绍的类型

介绍有多种类型，一般有以下几种划分方法：

（1）按照社交场合来分，有正式介绍和非正式介绍。正式介绍是指在较为正规的场合进行的介绍，而非正式介绍是指在一般非正规场合中进行的介绍，非正式介绍可不必过于拘泥礼节。

（2）按照介绍者在介绍中处于的位置不同来分，有自我介绍、他人介绍和为他人介绍。

（3）按照被介绍者的人数来分，有集体介绍和个别介绍。

（4）按照被介绍者的身份、地位来分，有重点介绍和一般介绍。如对于要人和贵宾，可作重点介绍。

2. 介绍的方法

在社交场合中使用较多的介绍方法有两种：为他人作介绍和自我介绍。

（1）第一种是为他人作介绍。为他人介绍，通常是介绍不相识的人相互认识，或者把一个人引见给其他人。为他人作介绍时要注意以下礼节：

1）掌握介绍的顺序。先把男士介绍给女士；先把晚辈介绍给长辈；先把职位低者介绍给职位高者；把客人介绍给主人；将晚到者介绍给早到者。

2）讲究介绍的礼仪。替他人做介绍时，要征求双方意见，否则会让别人觉得不快。

3）掌握介绍的姿势。介绍别人时，手势动作要文雅，无论介绍哪一方，都要五指并拢，掌心向上，指向被介绍一方。切记不要手指尖朝下，因为朝下是矮化对方的肢体语言。同时，不要以单指指人。

（2）第二种是自我介绍。自我介绍，是指把自己介绍给对方。自我介绍时，应做到：

1）介绍内容要有针对性。自我介绍要根据不同场合、对象和实际需要有目的、有选择性地进行介绍，不能够千人一面。一般性的应酬，介绍要简单明了，通常介绍姓名就可以了。工作性的自我介绍还要介绍工作单位和具体从事的工作。社交性的自我介绍则还需进一步介绍兴趣、爱好、专长、籍贯、母校、经历及与交往对象某些熟人的关系等，以便进一步交流和沟通。

2）介绍内容要实事求是。自我介绍应当实事求是、态度真诚，既不要自吹自擂、夸夸其谈，谎报自己的职务，吹嘘自己的才能，胡诌认识许多社会名流等，也不要自我贬低，过分谦虚。恰如其分地介绍自己，才会给人诚恳、可以信任的印象。

3）把握介绍时机。自我介绍要寻找适当的机会，在下面场合有必要进行适当的自我介绍。如应试求学时；在交往中与不相识者相处时；有不相识者表现出对自己感兴趣时；有不相识者要求自己作自我介绍时；有求于人，而对方对自己不甚了解，或一无所知时；旅行途中，与他人不期而遇，并且有必要与之建立临时接触时；自我推荐、自我宣传时；如欲结识某些人或某个人，而又无人引见，如有可能，即可向对方自报家门，自己将自己介绍给对方。

4）讲究介绍艺术。自我介绍的艺术体现在以下几个方面：

开门见山。自我介绍要看场合，如与一人会见，问好后便可开门见山进行自我介绍；此外，进行自我介绍前，也可以引发对方先作自我介绍，诸如："请问您贵姓""您……"等，待对方回答后再顺水推舟地介绍自己。

语言简洁。自我介绍时语言要简洁，言简意赅尽可能地节省时间，以半分钟左右为佳。不宜超过一分钟，而且越短越好。话说得多了，不仅显得啰嗦，而且交往对象也未必记得住。为了节省时间，作自我介绍时，还可利用名片、介绍信加以辅助。

态度亲切。应镇定自信、落落大方、彬彬有礼。既不能唯唯诺诺，又不能虚张声势，轻浮夸张，要表示自己渴望认识对方的真诚情感。任何人都以被他人重视为荣幸，如果你态度热忱，对方也会热忱。

语气自然。在自我介绍时镇定自若，语速正常，语音清晰，潇洒大方，有助于给人以好感；相反，如果你流露出畏怯和紧张，结结巴巴，目光不定，面红耳赤，手忙脚乱，则会为他人所轻视，彼此间的沟通便有了阻碍。

方法得当。进行自我介绍，应先向对方点头致意，得到回应后再向对方介绍自己。如果有介绍人在场，自我介绍则被视为是不礼貌的行为。应善于用眼神表达自己的友善，表达关心以及沟通的渴望。如果你想认识某人，最好预先获得一些有关他的资料或情况，诸如性格、特长及兴趣爱好。这样在自我介绍后，便很容易融洽交谈。在获得对方的姓名之后，不妨口头加重语气重复一次，因为每个人都最乐意听到自己的名字。

5) 自我介绍的形式。自我介绍有以下几种形式：

工作式。工作式自我介绍适用于工作场合，它包括本人姓名、供职单位及其部门、职务或从事的具体工作等。如"你好，我叫××，是××公司的销售经理"、"我叫××，在××学校读书"。

应酬式。应酬式自我介绍适用于某些公共场合和一般性的社交场合，这种自我介绍最为简洁，往往只包括姓名一项即可。"你好，我叫××"、"你好，我是××"。

交流式。交流式自我介绍适用于社交活动中，希望与交往对象进一步交流与沟通。它大体应包括介绍者的姓名、工作、籍贯、学历、兴趣及与交往对象的某些熟人的关系。如"你好，我叫××，在××工作。我是××的同学，都是××人"。

问答式。问答式自我介绍适用于应试、应聘和公务交往。问答式的自我介绍，应该是有问必答，问什么就答什么。

礼仪式。礼仪式自我介绍适用于讲座、报告、演出、庆典、仪式等一些正规而隆重的场合。包括姓名、单位、职务等，同时还应加入一些适当的谦辞、敬辞。如"各位来宾，大家好！我叫××，是××学校的学生。我代表学校全体学生欢迎大家光临我校，希望大家……"

【阅读材料】

中英文教师称谓差异

采用职业加上姓氏称呼时，中英文之间就教师的称谓存在着一定的差异。汉语中时常是在"老师"、"教授"前加上教师的姓，而英语中只有在称呼"教授"时才能用"Professor＋Surname"的形式；对于一般的男教师须用"Mr.＋Surname"或 Sir 来称呼。在英国，不管女教师是否结婚，都用"Miss＋Surname"或"Miss"来称呼，其历史要追溯到维多利亚女王时代，当时只有未婚女子才能做教师；在美国，已婚女教师用"Mrs./Ms.＋Surname"来称呼，未婚女教师则用"Miss/Ms.＋Surname"来称呼，不能确定教师的婚姻状况时则用后者。

世界各国的姓名排序与用法

1. 姓前名后

姓前名后的姓名排序方法多在朝鲜、越南、日本、蒙古、阿富汗、匈牙利及我国通行。朝鲜、越南人的姓名习惯与我国相同，日本最常见的是四字组成的姓名，前二字为姓，后二字为名。一般口头称呼姓，正式场合称呼全名。

2. 名前姓后

名前姓后的姓名排序方法多在欧美国家通行。口头称呼一般称姓，正式场合则用全称。大多数欧美人的姓是一个词，而名则由两个或更多的词组成。

法国人往往把自己尊重的知名人士或家中某一个人的名字加进自己的名字中以示纪念，但别人称呼或书写时则只用其为首的本名，例如，前总统戴高乐的全名是夏尔·安德烈·约瑟夫·玛丽·戴高乐，但一般人都称他为夏尔·戴高乐。

俄罗斯人的姓名一般由"名—父名—姓"三节组成。他们一般口头称姓或只称名，当表示客气和尊敬时，称"名—父名"。为了特别表示对长者的尊敬，也有只称父名的，例如，列宁的全名是弗拉基米尔·伊里奇·乌里扬诺夫·列宁，而人们常称列宁为伊里奇。

阿拉伯人的姓名一般由三或四节组成，即本人名—父名—祖父名—姓。正式场合用全名，简称时只称本人名，如费萨尔·阿卜杜拉·阿齐兹·阿卜杜拉·拉赫曼·沙特。

3. 有名无姓

有名无姓的姓名排序方法缅甸人最有代表性。缅甸人有名无姓，但通常在名字前面加个称呼，表示此人的长幼、性别和社会地位。对年纪较大的人名前加"吴"，意即"先生"和"伯叔"；对平辈或青年人称"郭"，即"大哥"的意思；对幼辈或少年称"貌"，即"小弟"的意思；对年轻的姑娘，一般称"玛"，为"姑娘、姐妹"的意思；对年纪较大或有地位的妇女称"杜"，意为"姑、姨、婶"。

综合能力训练

一、任务实训

1. 实训步骤

（1）由教师讲解基本知识、帮助学生了解旅游服务人员称呼、介绍礼仪的基本规范。

（2）教师讲解演示称呼、介绍礼仪的训练方法。

（3）学生以实训小组为单位训练，同学们可以互相监督并指出不足。

（4）教师不断巡视、指导、检查、示范，纠正个别错误。

（5）根据每个同学的实训情况，同学互评、教师点评。

2. 实训方法

（1）借助于多媒体资料，放一段标准的旅游服务人员介绍客人的 VCD。

（2）以实训小组为单位，模拟家庭待客、对外接待、正式场合等不同的情景以及各种身份的称呼。

（3）同学模拟各种交际场合进行介绍礼仪训练。

（4）三人或四人为一组，一人介绍二人给另一人或者反之。

（5）同学们展示各自的训练成果，同学们可以互相观察指出不足。最后由教师根据每个同学的实训情况进行点评。

3. 实训准备

准备一间实训教室，要求教室三面装有镜子、有办公桌椅。

4. 实训时间

实训时间 60 分钟，其中示范讲解 20 分钟，学生操作 35 分钟，考核测试 5 分钟。

5. 考核评价

（1）评分要求。按百分制记分，学生操作时，指导教师观察学生的操作方法，按照考核要求给学生实训打分。

（2）实训考核表。实训考核表如表 3-1-1 所示。

表 3-1-1　称呼与介绍礼仪考核表

考评人		被考评人	
考评地点			
考评内容		称呼与介绍考核	
考评标准	内容	分值（分）	评分（分）
	称呼准确	20	
	语气柔和	20	
	介绍符合规范	20	
	言语得体	20	
	符合职业标准	10	
	整体印象	10	
合计		100	

注：实训考核分为100分，60~69分为及格；70~79分为中；80~89分为良；90分以上为优秀。

二、思考练习

1. 填空题

（1）作介绍时可将_____手放在自己的_____胸上，不要慌慌张张，手足无措，眼睛应_____，要善于用眼神、微笑和自然亲切的面部表情来表达友谊。

（2）介绍他人时，一般惯例是把身份（高/低）_____的介绍给身份（高/低）_____；把年轻的介绍给年长的；把（男/女）_____士介绍给（男/女）_____士；把未婚的介绍给已婚的；把客人介绍给主人；把（先/后）_____到者介绍给（先/后）_____到者。

（3）称呼对方亲属时，对长辈应加_____字，对平辈或晚辈应加_____字，不分辈分或长幼时，加_____字。

（4）谦称时称呼辈分或年龄高于自己的家属用_____字，称呼辈分或年龄低于自己的家属用_____字，称呼自己的子女用_____字。

（5）应酬式的自我介绍只介绍_____，工作式（公务式）的自我介绍主要介绍_____、_____和_____。

（6）他人介绍的主要方式有：_____、_____、_____、_____、_____和_____。

2. 简答题

（1）称呼的规则有哪些？

（2）自我介绍的形式有几种？

（3）介绍的顺序是什么？

3. 案例分析

案例

搞清"太太"与"小姐"

有一位先生为外国朋友订做生日蛋糕。他来到一家酒店的餐厅，对服务员小姐说："小姐，您好，我要为一位外国朋友订一份生日蛋糕，同时打一份贺卡，你看可以吗？"小姐接过订单一看，忙说："对不起，请问先生您的朋友是小姐还是太太？"这位先生也不清楚这位外国朋友结婚没有，从来没有打听过，他为难地抓了抓后脑勺想想，说："小姐？太太？一大把岁数了，太太。"生日蛋糕做好后，服务员小姐按地址到酒店客房送生日蛋糕。敲门后，一女子开门，服务员有礼貌地说："请问，您是怀特太太吗？"女子愣了愣，不高兴地说："错了！"服务员小姐丈二和尚摸不着头脑，抬头看看门牌号，再回头打个电话问那位先生，没错，房间号码没错。再敲一遍，开门，"没错，怀特太太，这是您的蛋糕。"那女子大声说："告诉你错了，这里只有怀特小姐，没有怀特太太！"啪一声，门被大力关上了。

请思考：

这位外国朋友生气的原因是什么？谈谈如何恰当地称呼外国女性？

任务2 致意礼仪规范

【任务目标】

通过本任务的学习，掌握见面礼的种类，包括握手、鞠躬、拥抱等各项致意礼仪规范，明确其操作要求，并且能够灵活运用。培养学生在旅游服务工作中更好地与游客沟通的能力。

【案例导入】

小刘是某酒店总经理办公室新来的工作人员。一天，办公室主任安排他去机场迎接酒店的一名重要客户。接到这位客人后，他非常热情地首先伸手与对方握手，然后自我介绍是公司的工作人员，代表公司来迎接对方。

走出机场，小刘引领客人乘车，他打开轿车前门，以手示意，请客人坐在副驾驶位置。然后，自己坐在后排位置。回到公司，小刘向办公室主任汇报了接待过程，却被办公室主任狠狠批评了一顿。

问题：小刘为什么被批评了？

【任务分析】

握手、鞠躬、拥抱等致意礼仪看似简单，却蕴含复杂的礼仪规则，表达着丰富的交际信息。旅游服务人员应该掌握基本的日常致意礼仪，能更好地适应各种场合社交的礼仪要求，赢得顾客的好感，塑造良好的社交形象，旅游服务人员对日常见面的致意礼仪规范应予以特别的重视。

【知识讲解】

致意，是不需要用语言表达，而是需要用动作表达的礼仪。一般而言，致意的基本规则是：男士应当首先向女士致意；年轻者应当首先向年长者致意；学生应当首先向老师致意；下级应当首先向上级致意，而旅游服务人员则自然应当首先向游客致意。

在旅游服务中，旅游服务人员与游客之间常常需要互相致意，其中最主要的就是握手礼。

一、握手礼

握手是人们见面最为普通的一种相见礼节，如果运用得当能显示出热情友好的待人之道，进一步增添别人的信赖感。

1. 握手礼的起源

在人类"刀耕火种"的年代，人们在狩猎和战争时，手上经常拿着石块或棍棒等武器，遇见陌生人，如果大家都无恶意，就要放下手中的东西，并伸开手掌，让对方抚摸手掌心，表示手中没有藏武器。这种习惯逐渐演变成在分别、会晤或有所嘱托时，皆握手以示亲近，久而久之变成今天的"握手"礼节。

2. 握手礼的注意事项

握手作为一种礼节，应当注意以下六个方面的问题：

（1）握手姿态。行握手礼时，通常距离受礼者约一步，两足立正，上身稍向前倾，伸出右手，手掌垂直于地面，四指并齐，拇指张开与对方相握，微微抖动3~4次（时间以1~3秒钟为宜），然后松开手，恢复原状。握手时要注视对方，面露笑容，以示真诚和热情，同时讲问候语或敬语。

（2）握手的时机。握手的时机是：遇到较长时间没见面的熟人；在比较正式的场合和认识的人道别；在以本人作为东道主的社交场合，迎接或送别来访者时；拜访他人后，在辞行的时候；被介绍给不认识的人时；在社交场合，偶然遇上亲朋故旧或上司的时候；别人给予你一定的支持、鼓励或帮助时；表示感谢、恭喜、祝贺时；对别人表示理解、支持、肯定时；得知别人患病、失恋、失业、降职或遭受其他挫折时；向别人赠送礼品或颁发奖品时。

（3）握手的次序。根据握手礼的规范，握手时双方伸手的先后顺序，一般应当遵守"尊者优先"原则。也就是尊者有优先决定权，应当由尊者先伸出手来，位卑者只能在这时作出响应，而绝不可贸然抢先伸手，不然就是违反礼仪的举动。具体表现在以下几点：

1）宾客之间握手。宾客之间握手，主人应该先伸出手。在宴会、宾馆或机场接待宾客，当客人抵达时，不论对方是男士还是女士，女主人都应该主动先伸出手。男士因为是主人，不管对方是男宾还是女宾，也可以先伸出手，以表示对客人的热情欢迎。客人告辞时，则应该由客人先伸出手来与主人相握，以表示"再见"之意。

2）长幼之间握手。年长者与年轻者之间，年长者应先伸手；年轻者与长辈或年长的人握手，不论男女，都要起立，趋前握手，并要脱下手套，以示尊敬。

3）男女之间握手。女士和男士之间握手，应由女士先伸手，如果女士不伸手或无握手之意，男士向对方点头致意或微微鞠躬致意。男女初次见面，女士可以不和男士握手，只是点头致意即可。男士和女士握手，男士要脱帽和脱掉右手手套，如果偶遇匆忙来不及脱，要道歉。女士除非对长辈，一般可不必脱手套。

4）上下级之间握手。上下级之间握手，下级要等上级先伸手。但涉及主宾关系时，可不考虑上下级关系，做主人的应先伸手。

5）一人与多人握手。如果一个人需要与多个人握手，握手时也应该讲究先后次序，由尊而卑：即先年长者后年轻者，先长辈后晚辈，先老师后学生，先女士后男士，先已婚者后未婚者，先上级后下级，先职位、身份高者，后职位、身份低者。

（4）握手力度。规范的有礼貌的握手应注意握手的力度。跟上级或长辈握手，只需伸手过去擎着，不要过于用力；跟下级或晚辈握手，要热情地把手伸过去，时间不要太短，用力不要太轻；异性之间握手，女方伸出手后，男方应视双方的熟悉程度回握，但不可用力，一般只象征性地轻轻一握。

（5）握手的时间。握手的时间长短应根据双方的身份和关系来定，一般时间约为1~3秒。初次见面时，应该立刻握住对方伸出的手，稍稍用力一下，即可分开。朋友相逢，握手时间可以延长。但不管怎样，握手时间不宜过长或过短。时间过短，给人以应付、走过场的感觉；时间过长，尤其与异性朋友或初次相识者握手时间过长，是失礼的表现。

（6）握手的禁忌。握手礼已成为最普遍的致意方式，作为旅游服务人员需要了解握手礼的禁忌，主要包括以下几点：握手时不要将左手插在裤袋里，不要边握手边拍人家的肩头，不要在握手时眼看着别处或与他人打招呼，无特殊原因不用左手握手，多人在一起时避免交叉握手。要站着而不能坐着握手，年老体弱或者有残疾人除外。如果戴有手套，要把右手上的手套脱下，妇女有时可以不脱手套。

一般情况下不能拒绝别人伸出来的手，拒绝握手是非常失礼的，但如果是因为感冒或其他疾病，或者你的手脏，也可以谢绝握手。此时可以解释说："很抱歉，我不能握手。"

二、鞠躬礼

鞠躬礼起源于中国。在先秦时代就有"鞠躬"一词，当时是指弯曲身体之意，代表一个人的谦虚恭谨的姿态，后来逐渐形成鞠躬礼。鞠躬礼在日本、韩国也较为盛行。

1. 鞠躬礼的适用场合

鞠躬适用于庄严肃穆、喜庆欢乐的仪式场合。日常生活中学生对老师、晚辈对长辈、下级对上级、表演者对观众等都可行鞠躬礼。领奖人上台领奖时，向授奖者及全体与会者鞠躬行礼。演员谢幕时，对观众的掌声常以鞠躬致谢。演讲者也用鞠躬来表示对听众的敬意。遇到客人或表示感谢时可行鞠躬礼。

2. 鞠躬礼的注意事项

鞠躬礼的做法是：以标准姿势站立，目视对方或地面，以腰部为轴，上身前倾30°、45°、90°不等。

行鞠躬礼必须脱帽，可以用右手握住帽前檐中央将帽取下，左手下垂行礼，用立正姿势，敬礼时要面带微笑，施礼后如欲与对方谈话，脱下的帽子不用戴上。受礼者应以鞠躬礼还礼，若是长辈、女士和上级，还礼可以不鞠躬，而用欠身、点头、微笑示意以示还礼。

对于酒店餐饮等旅游服务接待岗位员工，鞠躬礼是接待宾客时最常用的礼节。在实际工作中，要结合受礼对象和具体场合，用恰当的鞠躬深度表示对宾客的欢迎、问候等。并且，在施礼过程中结合适当的礼貌用语，如"欢迎光临"，"祝您用餐愉快"，"谢谢，请慢走"等。

三、拥抱礼

拥抱礼在西方国家较为常用，一般情况下，多用于迎宾、庆典等隆重场合，不论官方还是民间都以拥抱作为见面或告别时的礼节。我国除少数民族外，较少采用这种礼规。

1. 拥抱礼的应用时机

西方人在见面时、告别时、祝贺时应用拥抱礼。

2. 拥抱礼的应用要领

拥抱礼的标准做法是：两人正面对立，各自举起右臂，将右手搭在对方的左臂后面；左臂下垂，左手扶住对方的右后腰。首先向左侧拥抱，然后向右侧拥抱，最后再次向左侧拥抱，礼毕。拥抱时，还可以用右手掌拍打对方左臂的后侧，以示亲热。

在一般场合行此礼，不必如此讲究，次数也不必如此严格。

四、亲吻礼

亲吻礼，是表示亲密、热情和友好的一种见面礼和告别礼，多见于西方、东欧和阿拉伯国家。

1. 亲吻礼的方式

一般而言，吻手表示敬意，吻额表示友情，吻颊表示欢喜，吻唇表示恋爱，吻眼表示幻想，吻掌表示热望。通常习俗是夫妻、恋人或情人之间吻唇；长辈和晚辈之间吻脸部或额头；平辈之间互贴面部。

当代许多国家的迎宾场合，宾主双方往往以握手、拥抱、左右吻面或贴面的连续性礼节表示敬意和热烈的气氛。

2. 亲吻礼的禁忌

在深受伊斯兰教影响的阿拉伯国家，亲吻礼是不能用到男女之间的，一对夫妇会因为在停靠于海边的汽车内接吻而被判刑或罚款；在有些非洲国家，如西非，接吻被认为是一种极为羞耻的事情，其羞耻程度无异于当众发生性关系。

中国的旅游服务人员一般也不主动向外国游客行亲吻礼，但如外国客人对中国旅游服务人员表示敬意，行礼节性的亲吻礼时，也不必害羞或躲躲闪闪。

五、吻手礼

吻手礼，是产生于西方社交场合的一种礼节。目前在西方正式而隆重的社交场合，吻手礼仍被广泛采用。

一般身着礼服的男士，自然而大方地行至女士面前，立正垂首致意，然后以右手或双手轻轻抬起女士的右手，并俯身弯腰使自己的嘴唇靠近女士的右手，接着再微闭双唇，象征性地轻轻触及一下女士的手背或手指。

中国人没有行吻手礼的习俗，如果旅游服务人员在接待海外游客时，遇到西方男士以吻手礼向自己表示敬慕时，则应按照国际惯例自然而大方地接受，而不应连连退缩。

1. 吻手礼的礼仪要求

吻手礼仅限于室内，一般在室内正式社交场合使用此礼。女士同意是男士行吻手礼的首要前提。男士执意行吻手礼是十分失礼的。吻手礼仅限于男士向自己特别敬重和爱戴的已婚妇女表示崇高的敬意；未婚少女一般不接受这种礼遇。吻手礼的服饰要求：男士着礼服，女士则最好是晚礼服，女士一般不戴手套，而男士必须摘下帽子。

2. 吻手礼的禁忌

吻手礼所吻的部位是女士的手背或手指，绝不能吻女士的手臂或裸露的肩膀。吻手礼的吻是轻吻，不是重吻、特吻，更不能连吻不放。行吻手礼不能哑哑作响或把唾液留在女士的手背或手指头上。行吻手礼不能不分场合、不分对象地滥用。

六、点头礼

点头礼，也是一种常见的致意礼节。它一般在比较肃静的环境中使用，如图书馆、音乐厅、教堂或某些特定的场合等。如在舞会上见面时，不需要用"您好"、"早上好"等有声语言表达致意，此时点头即为礼。

点头礼的规范做法，是面向对方，面部表情自然、大方，头部向下微微一动即可。

七、招手礼

招手礼，也是一种常见的致意礼节。通常它适用于与空间距离较远的人打招呼，不再需要采用语言来表达。

招手礼的规范做法，是伸出右手，右臂伸直高举，掌心朝向对方，轻轻摆一下即可。如旅游服务人员与客人道别时，可采用招手礼。

八、拱手礼

拱手致意，在我国是一种民间传统的会面礼。是人们表示祝贺、祝愿的一种施礼方式。其姿势是起身站立，上身挺直，两臂前伸，双手在胸前高举抱拳，通常为左手握空拳，右手抱左手，拱手齐眉，上下略摆动几下。

在我国，拱手致意通常用于以下场合：每逢重大节日，如春节等，邻居、朋友、同事见面时，常拱手为礼，以表祝愿；为欢庆节日而召开的团拜会上，大家欢聚一堂，互相祝愿，常以拱手礼致意。婚礼、生日、庆功等喜庆场合，来宾也可采用拱手致意的方式向当事人表示祝贺。双方告别，互道珍重时可用拱手礼；有时向对方表示歉意，也可用拱手方式作出表示。

拱手致意时，往往与寒暄语同时进行，如"恭喜、恭喜"，"久仰、久仰"，"请多多关照"，"节日快乐"，"后会有期"等。拱手礼可避免握手之拘束，行礼时不分尊卑，不受距离之限，是我国良好的礼规。

九、叩（手）指礼

叩指礼，原为表示磕头之意。相传，乾隆皇帝带太监乔装打扮下江南，有一次到酒楼喝酒，当乾隆皇帝以仆人身份给太监斟酒时，太监受宠若惊，急忙用手指叩打桌子，以示磕头致谢。以后此礼流于民间，以叩指表示感谢，现在全国各地都流行。

叩指礼，多用于服务人员斟茶、斟酒等场合。

十、合十礼（合掌礼）

合十礼，是深受佛教文化影响的东亚和东南亚国家的见面礼，在印度、泰国、尼泊尔等国十分盛行。基本做法是两个手掌在胸前对合，五指并拢向上，指尖和鼻尖基本相对，手掌向外侧倾斜，微微欠身低头，神态安详。一般合掌举得越高，越能表示对对方的尊敬，但不能高于眼睛。

旅游服务人员与佛教人士交往时，不妨使用合十礼。

【阅读材料】

碰鼻礼

碰鼻礼是新西兰最早的主人毛利人保存着的一种远古留传下来的独特见面问候方式。

今天在新西兰居住的毛利人大约有30万，他们非常好客，对待客人诚挚而热情，十分讲究礼节与礼貌。如果有客人来访，新西兰的毛利人必定要为来宾组织专门的欢迎仪式，安排丰盛的宴席。最让客人满意的是男女老幼，倾巢出动，一边引吭高歌，一边兴致勃勃地拉着客人手舞足蹈。这一切过去以后，一定要举行毛利人传统的最高敬礼——"碰鼻礼"。

主人与客人必须鼻尖对鼻尖连碰两三次或更多次数，碰鼻的次数与时间往往标志着礼遇规格的高低；相碰次数越多，时间越长，即说明礼遇越高；反之，礼遇就低。

综合能力训练

一、任务实训

1. 实训步骤

（1）由教师讲解、演示正确的握手、拥抱、鞠躬等基本规范。

（2）安排每位学生展示握手、拥抱、鞠躬等礼节，由教师及台下同学指出不足之处。

（3）由几名同学组合成小组进行自由训练，可以互相监督并指出不足。

（4）由教师根据每个同学的实训情况进行点评。

2. 实训方法

以实训小组为单位，模拟各种见面场景，练习握手、拥抱、鞠躬等礼仪的技巧。

3. 实训准备

（1）一间三面装有镜子的礼仪实训教室，准备椅子、凳子若干张。

（2）书籍、多媒体播放器、音乐CD等。

4. 实训时间

实训时间为 120 分钟，其中示范讲解 20 分钟，学生操作 90 分钟，考核测试 10 分钟。

5. 考核评价

（1）评分要求。按百分制记分，学生操作时，指导教师观察学生的操作方法，按照考核要求给学生实训打分。

（2）实训考核表。实训考核表如表 3-1-2 所示。

表 3-1-2　握手、拥抱、鞠躬等礼仪考核表

考评人		被考评人	
考评地点			
考评内容		握手、拥抱、鞠躬等礼仪考核	
考评标准	内容	分值（分）	评分（分）
	姿势正确	20	
	力度适中	20	
	顺序正确	20	
	时间得当	20	
	符合职业标准	10	
	整体印象	10	
合计		100	

注：实训考核分为 100 分，60~69 分为及格；70~79 分为中；80~89 分为良；90 分以上为优秀。

二、思考练习

1. 填空题

（1）在握手时，应遵守_____的原则。握手的时间不宜过短或过长，握手的全部时间应控制在_____以内。在握手时双方之间的最佳距离为_____。

（2）行亲吻礼时，长辈吻晚辈_____，晚辈吻长辈_____。

（3）合十礼又称合掌礼，是_____教礼节，盛行于_____和东南亚佛教国家，_____尤盛。

（4）吻手礼是流行于欧美上层社会的异性之间的一种交往礼节，吻手礼仅限于_____，一般在_____使用此礼。

2. 简答题

（1）握手有哪些禁忌？

（2）行拥抱礼有哪些注意事项？

（3）简述鞠躬礼的角度及其含义，行鞠躬礼应注意哪些事项？

117

（4）吻手礼行礼时要注意哪些事项？

3. 案例分析

案例

送礼的礼节

迪安又叫乔纳森·斯威夫特，是英国著名的讽刺作家，小说《格列佛游记》是他的代表作。一天清晨，迪安家的门咚咚地响了起来，女佣打开了门。一个人把一只宰杀过的野鸭交给女佣，说："这是博伊尔先生送给迪安的礼物。"说完，这个人转身就走了。

几天后，这个人又来了。这回他带来了一只山鹑："博伊尔先生再次给迪安送东西了。"博伊尔先生是迪安的朋友，喜欢打猎，常常给迪安送些他猎取到的野味。

不久后的一天，还是这人来，这次他带来了一只鹌鹑。"这东西也是给迪安的。"他语气粗鲁，将鹌鹑扔到女佣怀里，女佣很生气，"这个人太不礼貌了。"她向迪安抱怨道。

"他如果再来，"迪安说，"你告诉我，让我去会一会他。"

没隔多久，那个人带着另一种野味来了，迪安亲自去开了门。

"这是博伊尔先生送的野兔。"那人说。

"听我说，小伙子，"迪安正色道，"替人送礼物可不应该是你这个样子。现在，让我们换一下位置吧，你进屋，我出门，假设你是我，我是你，请你看一看替人送礼应该是什么样子。"

"好吧。"那人同意了，走进了屋内。

迪安接过野兔，来到了屋外。他先在街上走了一会儿，然后不轻不重地敲了敲门。

门被那人打开了，迪安鞠躬施礼，然后说："您好，先生，博伊尔先生让我送来这只野兔，望您能够收下。"

"哦，谢谢。"那人礼貌地说，接着从口袋里掏出一个钱包，从里面拿出一个先令。"您辛苦了，这是给您的。"

从此以后，那个人再来送野味时总是显得彬彬有礼，而迪安也总是记得给他一点小费作为酬劳。

思考讨论题：

（1）看了这个案例，你有何感想？

（2）赠送礼物应该注意什么？

任务3 使用名片礼仪

【任务目标】

通过对使用名片礼仪的学习，使学生懂得规范地使用名片，讲究交换名片的礼仪要求，掌握正确的递送、接受名片的操作技能、技巧，从而在日常生活、交际场合中准确、自如地加以应用。

【案例导入】

2007 年 3 月，在山城重庆召开的全国糖酒会上，三鑫公司的赵总看到了久闻大名的新意集团的刘董事长。晚餐会上，赵总主动上前做自我介绍，并递给了对方一张名片。刘董事长接过名片，马马虎虎地用眼睛瞄了一下，放在了桌子上，然后继续用餐。

问题：他们的做法是否正确，为什么？

【任务分析】

名片是职场工作人员随身必备的物品之一，其作为职场工作人员的"自我介绍信"和"社交联谊卡"，在私人交往和公务交往中都起着十分重要的作用。旅游服务人员应了解名片使用的礼仪规范、操作要求，并且能够灵活运用。

【知识讲解】

当代社会，名片是一个人身份的象征，已成为现代社交活动的重要工具。互赠名片是一种礼节、一种文化时尚，也是促进交往的手段。

一、名片的制作

名片作为人际交往中的重要工具，它的制作有基本的要求。

1. 名片的规格

名片一般为 10 厘米长、6 厘米宽的白色卡片。我们经常使用的名片规格略小，长 9 厘米，宽 5.5 厘米。值得说明的是：如无特殊需要，不应将名片制作过大，甚至有意制作成折叠式，给人以标新立异，虚张声势之感！

2. 名片的材质

印制名片，最好选用纸张，并以耐折、耐磨、美观、大方的白卡纸、再生纸、合成纸、布纹纸、麻点纸、香片纸为佳。至于高贵典雅、纸质挺括的刚古纸、皮纹纸，则可量力而行，酌情选用。必要时，名片还可覆膜。

印制名片的纸张，宜选庄重朴素的白色、米色、淡蓝色、淡黄色、淡灰色，并且一张名片使用一种色彩为好。

二、名片的基本内容

一般的，名片上应该印上工作单位、姓名、身份、地址、邮政编码。工作单位一般印在名片的上方，社会兼职紧接工作单位排列下来；姓名印在名片中央，右旁印有职务、职称；名片的下方为地址、邮政编码、电话号码、传真、E-mail 地址等。

名片的背面，一般都印上相应的英文，作为对外交往使用。但也有些名片在背面印上企业、公司的简介、经营范围、产品及服务范围以方便客户，也可作为宣传之用。

社交活动中所使用的名片一般含有三大类的基本内容，即本人归属，通常包括企业标志、单位全称、所属部门三部分内容；本人称谓，包括本人姓名、行政职务、学术头衔三部分；联络方式，主要有所在地址、邮政编码、办公电话等内容。

三、名片的基本功能

名片的功能很多，如在初次见面时，互相介绍后，可以互赠自己的名片；在需赠送礼物或鲜花时，可在礼物或花篮、花束里放张名片；在非正式邀请时，在名片上写上时间、地点以及其他要说的话，可权当请柬使用；在收到礼物或书信后，也可以回寄签过名的名片当收条。

总之，名片可用于自我介绍、结交朋友、维持联系、业务介绍、通知变更、拜会他人、简短留言、传送短信、代替礼单等事宜。

四、名片使用的基本规则

规范地使用名片应注意其基本规则，即三个"不准"：不准随意涂改；不准提供两个以上的头衔，一般为1~2个为宜；一般不提供私人联络方式，尤其在商务交往、公务交往中（强调公私分明，工作场合提供办公电话，私人交往提供私人电话）。

五、交换名片的礼节

1. 递送名片的礼节

递送名片时，应事先把名片准备好，放在易于取出的地方。

向对方递送名片时，要用双手的大拇指和食指拿住名片上端的两个角，名片的正面朝向对方，以便对方阅读，以恭敬的态度，眼睛友好地注视对方，并用诚挚的语调说道："这是我的名片，请多联系"，或"这是我的名片，请以后多关照"。

同时向多人递名片时，可按由尊而卑或者由近而远的顺序，依次递送。以独立身份参加活动的来宾，都应该递送名片，以免使人有厚此薄彼之感。要特别忌讳向一个人重复递送名片。

初次相识，双方经介绍后，如果有名片则可取出名片送给对方。如果是事先约定好的面谈，或事先双方都有所了解，不一定忙着交换名片，可在交际结束、临别之时取出名片递给对方，以加深印象，表示愿意保持联络的诚意。

2. 接受名片的礼仪

接受他人的名片时，应尽快起身或欠身，面带微笑，眼睛要友好地注视对方，并口称"谢谢"，使对方感受到对他的尊重。接过名片后，应认真阅读一遍，最好将对方的姓名、职务轻声地念出来，以示敬重，看不明白的地方可以向对方请教。要将对方的名片郑重收藏于自己的名片夹或上衣口袋里，或者办公室显著的位置。妥善收好名片后，应随之递上自己的名片。如果自己没有名片或者没带名片，应当首先向对方表示歉意，再如实说明原因，如"很抱歉，我没有名片"，"对不起，今天我带的名片用完了"。

如果接受了对方的名片，不递上自己的名片，也不解释一下原因，是非常失礼的。接受了对方的名片，不要看也不看一眼就放入口袋，或者随手放在一边，也不要将其他东西压在名片上，或拿在手里随意摆弄，这都是对对方的一种不尊敬。

3. 放置名片

旅游服务人员在收到对方的名片时，应正确记住对方的名字和头衔，然后小心郑重地将名片收起来，放在名片盒、名片包或名片夹里，也可放在上衣口袋内，切不可放在裤袋、裙兜、提包、钱夹里，这样做既不正式，也显得杂乱无章。

接过名片后，假如一时没有地方放，那么，若是站着讲话，应用右手拿着名片举到胸口处；若是坐着，可放在桌上视线可及的地方；但千万注意，临走时别忘记带走。倘若同时收到很多名片，可按收到的顺序放置。

综合能力训练

一、任务实训

1. 实训步骤

（1）由教师讲解、演示正确的名片使用基本规范。

（2）安排每位学生展示交换名片的礼节，由教师及台下同学指出不足之处。

（3）以实训小组为单位进行自由训练，可以互相监督并指出不足。

（4）由教师根据每个同学的实训情况进行点评。

2. 实训方法

（1）设置各种场景，训练学生使用名片的基本规则：①初次见面。②社交场合的见面。③告别。④与上级、长者、客人见面。

（2）练习时的注意事项。练习交换名片时要注意名片交换的礼节。

3. 实训准备

（1）一间三面装有镜子的礼仪实训教室，准备名片若干张。

（2）书籍、多媒体播放器、音乐 CD 等。

4. 实训时间

实训时间为 120 分钟，其中示范讲解 20 分钟，学生操作 90 分钟，考核测试 10 分钟。

5. 考核评价

（1）评分要求。按百分制记分，学生操作时，指导教师观察学生的操作方法，按照考核要求给学生实训打分。

（2）实训考核表。实训考核表如表 3-1-3 所示。

表 3-1-3　名片使用礼仪考核表

考评人		被考评人	
考评地点			
考评内容		使用名片礼仪考核	
考评标准	内容	分值（分）	评分（分）
	程序正确	20	
	称呼准确	20	
	递接姿势正确	20	
	名片存放位置得当	20	
	符合职业标准	10	
	整体印象	10	
合计		100	

注：实训考核分为 100 分，60~69 分为及格；70~79 分为中；80~89 分为良；90 分以上为优秀。

二、思考练习

1. 填空题

（1）递赠名片时，一般以_____手持名片，递给对方。

（2）向对方递交名片时，名片正面应朝向_____，同时应报上自己的姓名和所在单位，并可说"请多多关照"。

（3）当接过对方名片时，应轻声道一声"谢谢"，并应仔细地从头到尾把对方的名片阅读一遍，有时还可以有意识地重复一下名片上的_____、职称、学位及其他尊贵的头衔，以示敬重。

2. 简答题

（1）简述递赠名片的礼仪。

（2）简述接收名片的礼仪。

（3）如何索取名片？

（4）如何婉拒他人索取名片？

（5）使用名片的忌讳主要有哪些？

3. 案例分析

案例 1

名片的失误

某公司新建的办公大楼需要添置一系列的办公家具，价值数百万元。公司的总经理已做了决定，向 A 公司购买这批办公用具。

这天，A 公司销售部的负责人打来电话，要上门拜访这位总经理。总经理原打算等对方来了，就在订单上盖章，定下这笔生意。不料对方比预定的时间提前了两个小时，原来对方听说该公司的员工宿舍也要在近期内落成，希望员工宿舍需要的家具也能向 A 公司购买。

为了谈这件事，这位销售部负责人还带来了一大堆的资料，摆满了台面。总经理没料到对方会提前到访，刚好手边又有事，便请秘书让对方等一会。这位销售员等了不到半小时，就开始不耐烦了，一边收拾起资料一边说："我还是改天再来拜访吧。"

这时，总经理发现对方在收拾资料准备离开时，将自己刚才递上的名片不小心掉在了地上，对方却并没发觉，走时还无意从名片上踩了过去。这个不小心的失误，令总经理改变了初衷，A 公司不仅没有机会与其商谈员工宿舍的设备购买，连几乎到手的数百万元办公用具的生意也告吹了。

请思考：

A 公司销售部负责人的失误表现在什么地方？如果你是这位销售部负责人，你会怎么做呢？

案例 2

对名片"失礼"，失去了生意

两位商界的老总，经中间人介绍，相聚谈一笔生意。这是一笔双赢的生意，如果合作得好双方都能获得很高的利润。看到美好的合作前景，双方的积极性都很高。A 老总首先拿出友好的姿态，恭恭敬敬地递上了自己的名片；B 老总单手把名片接过来，一眼没看就放在了茶几上。接着他拿起了茶杯喝了几口水，随手又把茶杯压在名片上。A 老总看在了眼里，随口说了几句话，便起身告辞。事后，他郑重地告诉中间人，这笔生意他不做了。当中间人将这个消息告诉 B 老总时，他简直不敢相信自己的耳朵，一拍桌子说："不可能！哪儿有见钱不赚的人？"

请思考：

读了这个案例后，你有什么启示？

餐饮礼仪

在旅游接待服务工作中，私人交往和公务交往都很普遍和频繁，而宴请和赴宴又是其中一个极其重要的形式。每个成功的旅游服务人员，都应该成为这方面的佼佼者。

中西文化在餐饮方面虽然存在差别，但是在讲究礼仪方面大体是一致的，这大概反映了人类对礼仪追求的共性。因此在旅游接待服务工作和现实生活中，通晓餐饮礼仪，对提高旅游接待服务质量和加强社交礼仪修养是大有裨益的。

任务1　宴请礼仪

【任务目标】

通过本任务的学习，了解常见的宴请形式，并能够正确、灵活地运用宴会礼仪。锻炼在商务场合下的宴会组织能力，合理安排每一个细节，使参加宴会的人员满意。

【案例导入】

在一次宴会上，张教授的学生和教授（偕教授夫人）在一起吃饭。张教授的学生吴先生是一家台湾公司的老总，他来做东宴请张教授和其他学生。吴先生坐在张教授的对面，其他的学生随便坐。在吃饭的过程中，有一位同学突然站起来出去了，没有人问他到底去干什么去了，大家继续原来的话题。饭桌上，大家互赠名片，并谈论一些问题。

问题：请指出宴会上正确和失礼之处。

【任务分析】

中国"饮食文化"历史悠久，如果不熟悉宴请礼仪，举止粗俗无礼，不但损害个人形象，而且也不能达到交往的目的。所以，宴请的组织者要对宴请活动礼仪有比较充分的了解，才能组织和策划好一场宴会。

【知识讲解】

宴请，是指盛情约请贵宾宴饮的聚会，是国际、国内社会交往中比较常见的待客方式，尤其是在旅游公关活动中表示欢迎、庆贺、饯行、答谢，以增进友谊和融洽气氛的重要手段，是组织与外界"广结良缘"的一个重要组成部分。

宴请不像吃家常便饭那么简单，从落座的位置、上菜的顺序、菜肴的配置、酒水的搭配及不同餐具的使用等方面都有严格的规范。

一、宴请形式

宴请是以宴饮的方式来款待宾客，是公务交往及日常人际交往中的一种重要而且常见的交际活动。按照礼仪规范要求的不同可分为多种形式。

宴请的种类复杂、形式多样。从规格上可把宴会分为国宴、正式宴会、便宴、家宴等；从餐别上可把宴会分为中餐宴会、西餐宴会、中西合餐宴会等；从时间上可把宴会分为早宴、午宴、晚宴等；从礼仪上可把宴会分为欢迎宴会、答谢宴会、饯行宴会等。

1. 国宴

国宴是国家元首、政府首脑为欢迎外国元首、政府首脑或举办大型庆典活动等而举办的宴会。国宴规格较高，宴会厅内悬挂国旗，有乐队伴奏。国宴一般专设主持人，宴会的主人致祝酒辞或欢迎辞，主要客人致答谢辞等。

2. 正式宴会

正式宴会指各类社会组织为欢迎来访的宾客、召开各种专题性活动答谢合作者和支持者，或是来访宾客为答谢主人而举行的宴会。正式宴会规模可大可小，规格可高可低。它一般由组织或部门负责人主持，不挂国旗，也没有乐队伴奏。

3. 便宴

便宴常用于非正式宴请，通常是组织为招待小批客人、个别采访者、合作者等而举行的宴会。便宴的规模较小，规格要求不高，不拘于严格的礼仪，宾主可随意，气氛比较宽松、和谐。

4. 家宴

家宴则是家庭为招待客人而举行的便宴。家人共同招待客人，显得亲切、自然。让客人有"宾至如归"的感觉。

5. 招待会

招待会是指各种不备正餐，只备食品、酒、水的一种方便灵活的招待宴请活动。招待会的形式主要有招待酒会（鸡尾酒会）、冷餐招待会（自助餐）等。

二、如何安排宴请

宴请既然作为一种礼仪性的社交活动，实现其目的，自然是组织者所追求的目标。为了能使这种交际活动获得圆满成功，组织者在宴请前必须做好充分的准备工作。

1. 确定宴请的目的、名义、对象、范围和形式

（1）目的。宴请的目的通常是各不相同的，既可以是为某一件事而举行，也可以是为某个客人而举行，还有的是为某一展览会的开幕式或闭幕式，或者某一工程的开工或竣工等而举行。

（2）根据宴请的目的，确定宴请的规格、范围、对象和以谁的名义邀请。一般来说，被邀请者身份、地位越高，宴请的规格也应越高。确定邀请的范围和对象时，要根据宴请的性质、主宾身份、国际惯例、双方关系以及当前的政治气候、经济形势等方面加以考虑。确定以谁的名义邀请时要注意，主宾双方的身份应当对等，身份低会使对方感到冷淡、不礼貌。

（3）选择宴请的形式。宴请的形式和种类有很多，如正式宴会、鸡尾酒会、自助餐宴会等，不同的宴请形式有不同的礼仪要求，组织者要据此做出相应的安排。

2. 宴请的时间、地点

确定了宴请的目的、名义、对象、范围和形式之后，还要选择好宴请的时间、地点。

（1）时间。宴请的时间应安排在主宾双方都较为合适的时候。注意在时间的确定上，要避免对方的重大节假日、已有重要活动的时间或是禁忌日，如在西方的 13 日、星期五均属不适合安排宴请的日子。

（2）地点。选择宴请的地点，要根据邀请的对象、活动性质、规模大小及形式等因素来确定。如官方正式、隆重的宴会一般安排在政府议会大厦或客人下榻的酒店。

3. 宴会邀请

组织宴会者要注意及时向对方发送宴会邀请。

（1）邀请形式。邀请有两种形式，即口头邀请和书面邀请。口头邀请就是当面或者通过电话把宴请的目的、名义以及邀请的范围、时间、地点等告诉对方，然后等待对方的答复；书面邀请即给对方发送请柬，将宴请的内容告诉对方。这样做，既是出于礼貌，又是对客人的提醒和备忘。

（2）邀请的时间。各种宴请邀请时间一般以提前 3~7 天为宜，过早，客人会因日期长久而遗忘；太迟会使客人措手不及，难以如期应邀出席。

（3）了解回执。随请柬可以附上被邀请者是否出席宴请的回执；应要求对方在宴请日的 3 天之前，给举办方回音，便于主办方早做准备。

三、宴会的座次安排

比较正式的宴会开始前的准备工作之一，就是要安排座位。每个席位上放置好席位卡，大型宴会座次多，每个餐桌上要放桌次卡。这样既方便宾主入座、服务员上菜，也有利于宴会的统一管理。宾客入场时，宴会厅门口的领台员要热情上前引导入席。

1. 中餐的席位排列

中餐一般使用圆桌。中餐的席位排列，分桌次排列和席次排列。

（1）桌次排列。如果举行宴会时，所安排的桌次不止一桌，可以按照有关的礼宾次序规则排列。主要的排桌礼宾规则有以下三种：以右为上，即以面对门的右侧为主桌；以远为上，即以离门远的为主桌；居中为上，即以居于中央者为上。

（2）席次排列。席次排列也有以下三项规定：面门为主，是指在每张餐桌上，以面朝宴会厅正门口的中央座位为主位，通常由主人在此就座；以右为尊，一般请主宾就座在主人的右侧，并按照职务高低依次排列；主位同向或面向，就是指两桌以上的宴会，其他各桌的第一主人位置，可以与主桌主人的位置相同方向，也可以是面向主桌的位置为主位。

2. 西餐的席位排列

西餐桌主要以长桌为主，按西方的传统习惯，正规的宴请是，男主人（第一主人）坐主位，遵照以右为尊的原则，其右手位是第一贵宾的夫人，左手位是第二贵宾的夫人。女主人（第二主人）坐在男主人的对面，其右手位是第一贵宾，左手位是第二贵宾。

四、菜单拟订与酒水搭配

宴会菜单的拟订要根据宴请的规格，在规定的标准内安排。拟订菜单时要考虑以下四个方面的因素：

1. 以主宾的口味为依据

菜肴的选定与酒水的搭配，主要以主宾的口味习惯为依据，而不是以主人的好恶为标准。要尊重对方的民族饮食习惯和宗教信仰。如印度教徒不吃牛肉；伊斯兰教徒不饮酒，也不饮含有酒精的饮料；回民不吃猪肉；等等。

2. 注重菜肴营养

要注意菜肴的营养构成，荤素搭配要合理，时令菜、特色菜、传统菜应合理选择。另外要注意菜点与酒水、饮料的搭配，应力求照顾到多数客人的需求。

3. 菜肴可口，分量适中

菜肴不一定要选名牌菜，而应以精致、干净卫生、可口取胜。菜肴的分量要适中。宴请注重的是气氛，而不一定是吃喝的内容。

4. 要注意量力而行

"力"主要指经费的合理开支以及厨师的烹饪技艺是否达到了拟订菜肴的烹饪制作水准。

由此可见，宴请的菜单是很有讲究的，这不仅需要从规格、标准上考虑，而且更要适合客人的习惯和爱好。原则上不同级别的宴会菜单，是由不同级别的主管部门负责人亲自审定。菜单一经确定，即可印制，印制要精美大方。宴会菜单宜每桌上放 2~4 份；规格较高的宴请可每人一份，供客人留作纪念。

五、宴会气氛的调节与控制

一席宴会的成功与否，重要的并不仅仅取决于宴会提供给与宴者的菜肴质量，关键在于宴会的气氛是否浓烈；客人的情绪是否高昂；主客双方是否在一种亲切、友好的气氛中使友谊得到了升华，使情感得以沟通，使关系进一步融洽，使合作的意愿变得更加强烈……所以，宴会的组织者应当了解与掌握如何调节宴会气氛、控制宴会节奏的方法。

宴会气氛的调节，主要指在宴会进行过程中，通过采用一些必要的辅助手段来烘托和调节气氛，从而使宴会达到高潮。宴会气氛的调节可运用以下手段：

1. 色彩的运用

宴会厅的布置，在色彩选择上应尽量选用暖色系列，如橙色、红色、黄色等。置身于暖色系列的进餐环境中，易使与宴者的情绪饱满、高涨，有交流与沟通的欲望，同时暖色调还可以增进人的食欲。冷色系列的颜色则达不到这样的效果，有时甚至会适得其反，破坏了宴会的气氛。

另外，宴会厅的布置还要与宴会的主题相协调，如在国宴中，宴会的布置要庄重、庄严，要避免过多的不必要的装饰，要悬挂主宾双方的国旗等；而在一些喜庆的宴会中，如婚宴、生日宴会等的布置则要突出热烈、喜庆、吉祥的气氛，可以多用一些鲜花、气球等来进行装饰。

2. 灯光的调节

在宴会厅里，通过运用灯光的调节来制造和烘托宴会的气氛，往往会收到意想不到的效果。灯光调节主要是指通过灯光明暗度的变化，或无色光源与有色光源的变幻来调动和调节进餐者的情绪，以烘托宴会的气氛。

灯光的选择没有一定之规，有的宴会要求灯光明亮，营造一种灯火辉煌的感觉；有的宴会追求神秘、浪漫的气氛，需要比较昏暗的灯光。应该根据不同的宴会类型选择合适的灯光。

3. 背景音乐的运用

背景音乐在宴会厅里的运用，往往对调节宴会的气氛起着十分重要的作用。它可以使与宴者在品尝美味佳肴的同时，得到味觉和听觉上的双重享受。轻松而舒缓的音乐，有利于减轻大脑的疲劳，使身心得以放松，从而保持较好的精神状态。当与宴者情绪高涨时，如何调节宴会气氛，组织者就显得得心应手了。

一般来说，宴会厅里背景音乐的选择，应以轻柔舒缓的背景音乐为主，如钢琴曲、小提琴曲、萨克斯独奏曲、民乐及小曲等。也可以特别播放一些客人喜欢的音乐作品；在接待外国朋友的宴会中，可以选择其国家的民族音乐作品来播放，会使他们备感亲切。而一些快节奏、有强烈震撼力的音乐，则不适合运用于宴会的背景音乐。

4. 邀请文艺团体现场助兴

在较高规格的宴请活动中，邀请文艺团体、著名艺术家做现场表演，也是调节宴会气氛的非常行之有效的方法。它不仅可以提高宴会的档次，也使得宴会在进行过程中始终保持一种热烈、欢快的气氛。必要时组织者还可以邀请主宾或重要客人上台即兴表演，将宴会气氛带入高潮。

【阅读材料】

宴会请柬例文评析：

[范文一]

×××女士/先生：

兹定于 9 月 12 日晚 7：00~9：00 在市政协礼堂举行仲秋茶话会，届时敬请光临。

此致

　　敬礼！

××市政治协商会

2000 年 9 月 10 日

评析：

这是政协邀请有关人士仲秋聚会而发的请柬，既庄重严肃，又显得喜庆和对知名人士的尊重。时间、地点和具体内容在短短的一句话中全部表达出来，显得简洁明确。

[范文二]

××电视台：

兹定于五月四日晚八时整，在××大学学生礼堂举行"五四"青年诗歌朗诵会，届时恭请贵台派记者光临。

××大学团委会

五月二日

评析：

此邀请函也是以团体的名义发出的，所不同的是该文的请邀对象不是要作为客人参加会议或聚会，而是要前往进行采访工作。这份请柬实际还起到了提供某种新闻信息的作用。语言上也用语不多，却将所要告知的信息全部说出，简洁明快，不拖泥带水。

综合能力训练

一、任务实训

1. 实训步骤

（1）由教师讲解组织宴会的基本要求与规范。

（2）以实训小组为单位进行情景演练。

（3）每一组同学展示本组的宴会情景演练，同学们可以互相讨论并指出优点与不足，体验礼仪对服务质量的提升。

（4）由教师根据每个同学的实训情况进行点评。课后每位同学写出实训报告及总结。

2. 实训方法

（1）根据宴请方案，做好宴请活动的前期准备工作（规格、种类、席位、桌次、时间、地点和邀请何人）。

（2）分组演练宴会布置场地礼仪环节：宴会预订过程服务礼仪、迎接和餐前服务、上菜分菜和席间服务、宴会送别服务。

3. 实训准备

（1）一间模拟宴会实训的教室，准备宴会桌子、椅子若干，宴会邀请函。

（2）书籍、多媒体播放器、音乐 CD 等。

4. 实训时间

实训时间为 120 分钟，其中示范讲解 20 分钟，学生操作 90 分钟，考核测试 10 分钟。

5. 考核评价

（1）评分要求。按百分制记分，学生操作时，指导教师观察学生的操作方法，按照考核要求给学生实训打分。

（2）实训考核表。实训考核表如表 3-2-1 所示。

表 3-2-1　宴请礼仪考核表

考评人		被考评人	
考评地点			
考评内容		宴请礼仪考核	
考评标准	内容	分值（分）	评分（分）
	符合宴请礼仪规范	20	

续表

考评人		被考评人	
考评标准	程序正确	20	
	操作规范	20	
	注重细节	20	
	整体印象	20	
合计		100	

注：实训考核分为 100 分，60~69 分为及格；70~79 分为中；80~89 分为良；90 分以上为优秀。

二、思考练习

1. 填空题

（1）宴请要遵守＿＿＿＿＿原则和＿＿＿＿＿原则。

（2）宴会的类型可以分为：＿＿＿＿、＿＿＿＿和＿＿＿＿等。

（3）招待会一般可以分为：＿＿＿＿和＿＿＿＿等。

（4）茶话会是一种更为简单的招待方式，它一般在客厅（或会议室）举行，时间一般安排在下午＿＿＿＿点左右或上午＿＿＿＿点左右。

（5）宴请的桌次和座次安排要遵守＿＿＿＿、＿＿＿＿、＿＿＿＿、＿＿＿＿等原则。

（6）两桌横排桌次是"面门定位"，以＿＿＿＿为尊，以＿＿＿＿为卑；两桌竖排桌次讲究以＿＿＿＿为上，以＿＿＿＿为下。

2. 简答题

（1）宴请需要做哪些准备工作？

（2）确定宴请时间需要注意哪些事项？

（3）如何选好宴请场所？

（4）中西餐餐桌的排列应注意的事项有哪些？

3. 情景模拟

场景一：

假设你是宴会预订人员，在以下几种情况下你该如何展示服务礼仪的魅力：一是客人打来电话，要求预订；二是客人亲自前来要求预订。小组同学根据这两种情况来设计安排场景，根据要求将宴会预订的服务礼仪表现出来。这里需要特别注意电话预订时对预订员声音的要求。

场景二：

宴会即将开始，如何展示迎接和餐前服务礼仪？在这个服务过程中，由于具体情况不同，对服务礼仪要求也不一样。比如，在宴会开始前部分客人提前到达，如何来提供服务，客人安排了餐前讲话和没有餐前讲话时又该怎样服务，等等，所以小组同学应该根据具体情况分别来表现迎接和餐前服务礼仪。

场景三：

在宴会服务期间，应该如何通过上菜、分菜、席间服务等来体现服务礼仪？这里就要求同学们根据宴会服务要求以及服务过程中可能出现的各种情况来组织和安排服务场景。由于席间服务时间较长且情况多变，所以要求同学们在组织安排时，尽可能考虑周密，以便将席间服务礼仪尽可能完美地展现在大家面前。

场景四：

宴会结束，客人离席，又该怎样来体现服务礼仪？请同学们根据宴会服务要求来完成本部分内容的编排和模拟表演。

任务 2　赴宴礼仪

【任务目标】

宴会是最常见的交际活动，不同国家、地区和民族都有自己参加宴会所应该遵守的礼仪和习惯。如果没有注意赴宴礼仪，结果就会受人非议。所以我们必须掌握一些赴宴礼仪，这样在组织或参加宴会活动时，才能做到言谈举止得体。

【案例导入】

领队小李应客人的要求，带领团队来到了一个地道的法国餐厅进餐。一走进餐厅，客人就被餐厅异国风情的装饰吸引住了。还没入座，他们就四处散开忙着拍照，彼此间还大声喧哗、嬉笑。入座后点餐的时候，客人将菜单上最贵的菜都点了一遍。小李提醒说这样是吃不完的，劝说他们不要太浪费，可客人并不在乎。在等待的时候，团队客人旁若无人地聊了起来，以至于旁边的客人向餐厅提出了投诉。

问题：客人在哪些方面做得不对？

【任务分析】

在参加宴会时，表现出良好的礼仪、礼貌不仅是个人的事情，也关系到公司的形象。如果你不懂得礼仪，其危害性也是巨大的。不但令人耻笑，而且会使公司形象大打折扣。

【知识讲解】

古往今来，宴会一直是人际交往的一种重要形式，早在《礼记·礼运篇》中，就有"夫礼之初，始于饮食"的结论。千百年来，人们在摆席设宴中形成了一套纷繁复杂的礼仪。

一、接受邀请注意事项

一般在请柬上都会说明宴会的类型或目的，是中式的还是西式的；是去邀请者家里做客，还是去饭店参加庆典；是庆祝宴会还是欢迎宴会等。作为客人，应邀出席一项活动之前，要核实宴请活动举办的地点、时间，是否邀请了配偶以及主人对服装的要求。活动多时尤应注意，以免走错地方，或主人未请配偶却双双出席。要选择大方得体的服装，另外还要考虑是否需要准备礼物，或者其他的一些准备工作，等等。

按照一般的礼节要求，应该在收到邀请后的第一天内给主人以回复。请柬上一般都印有"敬候回音"或"如不光临请予回复"的字样。前一种是指被邀请者无论是否赴宴，都要予以回复；后一种则指被邀请者如不能赴宴才予以回复。一旦答应赴宴，如果没有特殊的原因，不要随意变动，以免给主人带来不便。万一有特殊情况不能出席，应及时、有礼貌地向主人解释或道歉，万万不可不经解释就随意不去参加，这是极不礼貌的行为。

出席宴请活动，抵达时间迟早，逗留时间长短，在一定程度上反映对主人的尊重。应根据活动的性质和当地的习惯掌握，迟到、早退、逗留时间过短都被视为失礼或是有意冷落。身份高者可略晚到达，一般客人宜略早到达，主宾退席后再陆续告辞。在我国一般是正点或提前两三分钟或按主人的要求到达出席宴会。确实有事须提前退席，应向主人说明后悄悄离去，也可事前打招呼，届时离席。

二、席上礼规

常言道"君子食有容"，一个人在宴会中的举止是否得体，用餐姿态是否规范，是衡量其文明修养水平的标准之一。虽然随着时代的变迁，餐桌礼仪已由烦琐逐渐趋于简化，但一些基本的礼节规范却依然保存着，成为人们相沿成习的行为标准。

1. 弄清角色，寻找正确位置

（1）赴宴时。走进主人家或者宴会厅里，首先应跟主人打个招呼，表明你已经到达，随后还应跟已经到达的其他客人（不管相熟与否）一一点头示意或握手寒暄。特别要注意的是：对方若是长者，则应表现出格外的尊重，比如或起立或让座等；对方若是女性，则应举止庄重，彬彬有礼；对方若是小孩，则应表现出长者的关爱，等等。

（2）入席时。入席时应注意以下几点：第一，如果桌次和座号均无任何标示，则应听从主人的安排，千万不要贸然入座；第二，如有桌次和座号的标示，也不要急切入座，而应由主人引而入座；第三，入座时应向其他的客人表示适当的礼让。

（3）就座后。就座后应该注意的地方有如下几点：坐姿要端正，不要摇晃双腿或头靠椅背伸懒腰、打哈欠等；与人交谈时不要指指画画，飞沫四溅，或声音很高；一般来说，男性不宜只穿衬衣，女性就座时也不宜将裙子撩高，那样很不雅观；在等待上菜的间隙，应与主人及其他客人作轻松自如的交谈，不可默不作声只等进餐，也不可左顾右盼或玩弄、敲打碗筷等。

2. 进餐注意事项

与西餐相比，吃中餐也有自己的规矩。中餐宴会是中国传统的、具有民族特色的宴会。进餐中，应遵循中国的饮食习惯、吃中国菜肴、饮中国酒、用中国餐具、行中国传统礼仪。

（1）文明、规范地使用餐具。中餐一般使用圆桌进餐，大家围坐圆桌旁，自己用筷子夹菜吃。一般是十个人配十道正菜，目的是讲求圆满和十全十美。中餐的餐桌上，每个席位前放有汤碗、筷碟和小瓷汤匙，桌中备有酱油、醋等调料，菜夹到碟子里之后再吃。

中餐筷子的使用有很多讲究，要注意文明和卫生。不要舔筷、咬筷；不要在盘中拿筷子翻拣食物；不方便取食的食物，可用汤匙取食，不可用筷子插食；不要用自己的筷子给别人夹菜；不要把不干净的筷子伸到盘子中取菜；不要举着筷子在几个盘子间游移不定，或将筷子跨放于碗或盘上，应放在筷架上。如果不注意这样的一些细节问题，不仅不卫生，而且影响其他人进餐，同时也损害了自己的形象。

（2）餐桌上注意谦让、讲礼貌。谦虚、礼让是我们中华民族的传统美德，我们在进餐时也要注意做一个文明、谦让的客人。具体要求是上桌后不要先拿筷，应等主人邀请，主宾动筷时再拿筷；主人向客人介绍菜式，请大家趁热品尝时，不得争抢，应首先礼让邻座客人后，再伸筷取食；筷子不要伸得太长，不要在菜盘里翻找自己喜欢的菜肴，应先将转台上自己想吃的菜转到自己的面前，再从容取菜，不要把自己喜欢的菜总是转到自己的面前，也不要在别人夹菜的时候转动转台。

（3）餐桌上要注意饮食卫生。中餐就餐时，大家共同食用相同的食物，如果不注意饮食卫生，不仅对健康不利，也是不文明、不雅观的表现。如已经咬过的食物不要放回盘子里，应将其吃完；冷盘菜、海味、虾、蒸鱼等需要蘸调料的菜可自由调味，但切记勿将咬过的食物再放回调料盘中调蘸；自己使用的餐具要处理干净后再伸到盘中取食。

（4）吃东西要文雅。闭嘴咀嚼，喝汤不要啜，吃东西不要发出声音，如汤菜太热，可稍稍待凉后再吃，切勿用嘴吹；嘴内的鱼刺、骨头不要直接外吐，用餐巾掩嘴，用手（吃中餐可用筷子）取出，或轻轻吐在叉上，放在菜盘子内；吃剩的菜，用过的餐具、牙签，都应放在盘内，勿置桌上；嘴内有食物时，切勿说话；剔牙时，用手或餐巾遮口。

（5）要注意进餐速度。当其他客人还没有吃完时，不要独自先离席。在宴会餐桌上，进餐速度快慢不是依个人习惯，而应适应宴会的节奏，等大家都吃完，主人起身，主宾离席时再致谢退席。

（6）沉着处理意外情况。宴会进行中，由于不慎发生异常情况，例如，用力过猛，使刀叉撞击盘子发出声响，或餐具摔落地上，或打翻酒水，等等，应沉着不必着急。餐具碰出声音，可轻松向邻座（或向主人）说一声"对不起"；餐具掉落可另换一副，酒水打翻溅到邻座身上，应表示歉意，协助擦干；如对方是妇女，只要把干净餐巾或手帕递上即可，由她自己擦干。

3. 席间祝酒注意事项

古往今来，酒水在人际交往中一直扮演着重要的角色，俗话说"无茶不会客，无酒不成宴"。在宴会进行过程中，敬酒是不可缺少的项目，重要的宴请活动，还有专门的祝酒仪式，作为与宴者，要做到心中有数，避免失礼。

（1）要事先准备好为何人、何事敬酒，何时敬酒，按什么顺序敬酒。一般来讲，第一杯酒应敬主宾，第二杯酒敬主人，其他的人可按顺时针的顺序依次敬酒。也可根据实际情况灵活安排。值得注意的是，对餐桌上的客人要一视同仁，不可厚此薄彼。只对特定的对象敬酒是不礼貌的。

（2）碰杯时，主人和主宾先碰，人多时可同时举杯示意，不需逐一碰杯，祝酒时要注意不可交叉碰杯。碰杯时在餐桌上不要将手伸得太长，如果对方和自己距离较远，可以将酒杯在桌面上顿一下，代替碰杯。与他人碰杯时应当把自己酒杯举得比他人酒杯略低一些，以示谦让和对他人的尊重。

（3）主人致祝酒词或别人向自己敬酒时，应当放下筷子暂停进餐，更不要与其他人交流或抽烟，耐心倾听才符合礼仪规范。

（4）祝酒时，一定要配合相应的语言，可以说一些吉利的、表示客气的话，不能一言不发，别人给自己敬酒时要说一些表示感谢的话。

4.席间谈话注意事项

宴会上沉默寡言会使宴会气氛显得沉闷，男女主人应主动引出交谈的话题，促使客人们相互讨论大家都感兴趣的内容，使宴会始终保持轻松愉快的气氛。作为客人要避免谈一些荒诞、庸俗低级的内容，也要尽量回避容易引起他人尴尬、难堪、伤心、愤怒的话题。

不要只同几个熟人或一两个人讲话，也不要金口难开，枯坐一隅。宴会中不可哈哈大笑、窃窃私语，或者大声招呼。

注意不要边吃食物边讲话，或边摆弄刀叉边讲话。想说话时，要等吃完了嘴里的食物再说。

三、宴会结束注意事项

一般来说，离席不宜在别人正在讲话或刚刚讲完一番话之后，这样很容易使讲话者感到你对其讲话颇不耐烦。通常离席应选在同桌进餐完毕之后，此外，还应劝请其他客人多坐些时间以尽兴叙谈。

离席前不应有不耐烦的表情或举止。离席最早的人不宜高声道别，只需悄声与主人道别。如果走时被同桌其他客人发现，则应礼貌地与之道"再见"，如对方是不同桌的客人，则点头示意即可。

向主人提出的提早离席的原因，最好不要是赴其他的宴席，这样做很伤及主人的自尊。已经提出离席后，就应尽快起身离席，不要口说走身却不动。离席与主人道别时不要拉住主人谈得过长，那样很容易影响一桌气氛。通常离席时，男宾先向男主人告别，女宾则先向女主人告别，然后再交叉告别。如果许多人一起离席，则只须分别与主人点头、微笑或握手即可。

【阅读材料】

宴会敬酒的礼仪

一般来说，敬酒应该以年龄大小、职位高低、宾主身份为序，敬酒前一定要把握好敬酒的顺序，分清主次。即使向不熟悉的人敬酒，也要事先打听一下身份或留意别人怎么称呼，对于这一点一定要做到心中有数，避免尴尬或伤感情。

宴会上，应该知道什么话该说，什么话不该说，运用诙谐的语言配合主人来把握整个酒会的气氛，劝酒适度，尽兴而归。

切记不知客人的酒量和身体状况，一味地劝客人多喝，就有失待客之道。遵循"喝足不要吐，喝好不要倒"的指导思想，让客人乘兴而来，尽兴而去。

防止醉酒的六大招

第一招：喝酒之前先用牛奶、黄油等脂肪多的食物垫底。

第二招：举杯浅尝即止。

第三招：保持满杯状态。

第四招：多跑几趟洗手间。

第五招：涂腮红，假装酒精敏感。

第六招：征求护花使者代喝。

综合能力训练

一、任务实训

1. 实训步骤

（1）准备好中餐、西餐的基本餐具，演示如何摆放，让学生们仔细观看并实际演练。

（2）音乐熏陶，用抒情音乐营造一种浪漫气息，将大家带入高雅格调的氛围中，使其自身注意和调整仪态、仪表，与之相协调、融合。

（3）模拟一次宴会，注意将社交礼节灵活运用其中。

2. 实训方法

（1）由教师讲解赴宴的基本礼仪。

（2）以实训小组为单位分角色模拟宴会服务员、客人。

（3）同学展示用餐礼仪，大家可以互相讨论并指出不足。

（4）由教师根据每个同学的实训情况进行点评。

3. 实训准备

（1）一间模拟宴会的实训教室，准备椅子、凳子若干，中餐餐具、西餐餐具。

（2）书籍、多媒体播放器、音乐 CD 等。

4. 实训时间

实训时间为 120 分钟，其中示范讲解 20 分钟，学生操作 90 分钟，考核测试 10 分钟。

5. 考核评价

（1）评分要求。按百分制记分，学生操作时，指导教师观察学生的操作方法，按照考核要求给学生实训打分。

（2）实训考核表。实训考核表如表 3-2-2 所示。

表 3-2-2　赴宴礼仪考核表

考评人		被考评人	
考评地点			
考评内容		赴宴礼仪考核	
考评标准	内容	分值（分）	评分（分）
	言行举止	20	
	位置选择	20	
	餐具使用	20	
	就餐过程	20	
	符合餐饮礼仪	20	
合计		100	

注：实训考核分为 100 分，60~69 分为及格；70~79 分为中；80~89 分为良；90 分以上为优秀。

二、思考练习

1. 选择题

（1）食用自助餐的时候，取餐时必须遵守的原则是（　　　）。

A. 边取边吃　　　　B. 一次取个够　　　　C. 少量多次

（2）用餐时，餐巾应该放在（　　　）上。

A. 衣领　　　　　　B. 背心纽扣　　　　　C. 大腿

（3）一般为客人奉上的第一杯茶不宜过满，最好只倒（　　　）满。

A. 五分　　　　B. 六分　　　　　C. 七八分　　　　　D. 八九分

（4）同桌用餐者并不一定相识，（　　），谈话也以轻松、幽默之话题为妥。

A. 不宜主动自我介绍　　　　　　　B. 不妨主动自我介绍以示友善

C. 最好等待主人进行介绍

（5）宴会上，为表示尊重，主宾的座位应（　　）。

A. 在主人的右侧　　　　　　　　　B. 在主人的左侧

C. 随其所好

（6）在参加宴请中，应等（　　）坐定后，方可入座。

A. 主人　　　　　　　B. 长者　　　　　　C. 女士

（7）使用餐巾时，不可以用餐巾来（　　）。

A. 擦嘴角的油渍　　　B. 擦手上的油渍　　C. 擦拭餐具

（8）在参加各种社交宴请中，要注意从座椅的（　　）入座，动作应轻而缓，轻松自然。

A. 前侧　　　　　　　B. 左侧　　　　　　C. 右侧

2. 简答题

（1）宴会敬酒要遵守的原则是什么？

（2）宴会结束时要注意什么？

3. 案例分析

案例1

剔牙也有礼节

小王为答谢好友李先生一家，夫妻两人在家设宴。女主人的手艺不错，清蒸鱼、炖排骨、烧鸡翅……李先生一家吃得津津有味。这时，有肉丝钻进了李先生的牙缝。于是，李先生拿起桌上的牙签，当众剔出滞留在牙缝中的肉，还将剔出来的肉丝吐在烟灰缸里。看着烟灰缸里的肉丝，小王夫妇一点胃口也没有了。

思考讨论题：

（1）李先生不文明行为表现在哪儿？

（2）假如是你，如何处理？

案例2

失礼的西餐

刘小姐和男士小张在一家西餐厅就餐，小张点了海鲜大餐，刘小姐则点了烤羊排，主菜上桌，两人的话匣子也打开了，小张边听刘小姐聊起童年往事边吃着海鲜，心情愉快极了，正在陶醉的当口，他发觉有根鱼骨头塞在了牙缝中，让他不舒服。小张心想，用手去掏太不雅了，所以就用舌头舔，舔也舔不出来，还发出“啧啧咂咂”的声音，好不容易将它舔吐出来，就随手放在餐巾上。之后他在吃虾时又在餐巾上吐了几口虾壳。刘小姐对这些不太计较，可这时小张想打喷嚏，拉起餐巾遮嘴，用力打了一声喷嚏，餐巾上的鱼刺、虾壳随着风势飞出去，其中的一些正好飞落在刘小姐的烤羊排上，这下刘小姐有些不高兴了。接下来，刘小姐话也少了许多，饭也没怎么吃。

思考讨论题：

请指出本例中小张的失礼之处。

任务3 中餐礼仪

【任务目标】

通过本任务的学习，了解参加中餐宴会的礼仪规范，并能够正确灵活运用中餐礼仪。学习中餐餐具正确的摆放方法和使用方法，并有充分时间让学生反复练习达到熟练的程度。

【案例导入】

卓越集团于12月28日上午10点举办新年招待会，感谢客户对集团工作的支持与帮助，王磊作为某高校物品采购部门领导，12月20日收到了该集团发来的请柬，收到请柬后，王磊就将它随手放在一边。12月28日，在收拾物品时，王磊突然发现了这张请柬，慌忙跑去赴宴。可是宴会已经开始，人员较多，每桌都有桌牌和名字，他找了一大圈，才找到自己的位置。坐下时，主人正在讲话。这时，他的手机突然响起。王磊接听电话，得知学校有重要事情需要他马上办理，但主人还没有讲完，他非常焦急，拿着筷子在盘中来回划动，显得心不在焉。主人讲话完毕，他迫不及待地挪开凳子，凳子发出很大的声响，同桌的其他人面面相觑，看到的是王磊扬长而去的背影。

问题：试问王磊的做法对吗?

【任务分析】

餐饮是一种常见的社交活动。中国的饮宴礼仪号称始于周公，经千百年的演进，形成了今天大家普遍接受的一套饮食进餐礼仪。掌握中餐礼仪，有助于提高旅游服务质量。

【知识讲解】

宴请时，餐具十分重要。中式宴请讲究"色、香、味、形、声、器"，其中"器"即为餐具，考究的餐具不仅体现出中国的传统风格，也体现了对客人的尊重。

一、中餐餐具及使用

中餐餐具可分为主餐具与辅餐具两类。主餐具是指进餐时主要使用的、往往必不可少的餐具，通常包括筷、匙、碗、盘等。

1. 筷子与匙的使用

（1）筷子的使用。使用筷子取菜时，需要注意下列问题：

1）不"品尝"筷子。不论筷子上是否有残留食物，都不要去舔它，更不能长时间地把筷子含在嘴里。

2）不"跨放"筷子。当暂时不用筷子时，可将它放在筷子架上或放在自己所用的碗、碟边缘上。不要把它直接放在餐桌上，更不要把它横放在碗、盘上，尤其是公用的碗、盘上。掉到地上的筷子不要再用。

3）不"插放"筷子。不用筷子时，将其"立正"插放在食物、菜肴之上尤为不可。根据民俗，只有祭拜祖先时才可以这样做。另外，也不要把筷子当叉子，去叉取食物。

4）不"舞动"筷子。与人交谈时，应暂时放下筷子。切不可以其敲击碗、盘，指点对方，或是拿着它停在半空中，因为这样会让人觉得"迫不及待地要去夹菜"。

5）不"滥用"筷子。不要以筷子代劳他事，比如剔牙、挠痒、梳头，或是夹取菜肴、食物之外的东西。

6）横筷礼仪。在中式宴请中，如果需要暂时停止用餐，可以把筷子竖放在碟子或者调羹上。如果将筷子横搁在碟子上，那是表示酒醉饭饱不再进食了，但是不收拾碗碟，表示"人不陪君筷陪君"。这种横筷的礼仪，我国古代就有。横筷礼仪一般用于平辈或比较熟悉的朋友之间。但是小辈为了表示对长辈的尊敬，必须等长者先横筷后才可跟着这么做。

（2）匙的使用。在一般情况下，尽量不要单用匙去取菜。用匙取食物时，不宜过满，免得溢出来弄脏餐桌或自己的衣服。必要时，可在舀取食物后，在原处"暂停"片刻，待汤汁不再滴漏后，再移向自己享用。

使用匙时要注意下列四点事项：

1）使用匙时要用右手，右手执筷的同时又执匙是最忌讳的。

2）用匙取用食物后，应立即食用，不要把它再次倒回原处。

3）若取用的食物过烫，不可用匙将其折来折去，也不要用嘴对它吹来吹去。

4）食用匙里盛放的食物时，尽量不要把匙塞入嘴中，或反复吮吸它。

2. 碗与盘的使用

（1）碗的使用。碗在中餐中主要是盛放主食、羹汤之用的。在正式场合用餐时，用碗的注意事项主要有以下四点：

1）不要端起碗来进食，尤其是不要用双手端起碗来进食。

2）食用碗内盛放的食物时，应以筷、匙加以辅助，切勿直接下手取用，或不用任何餐具以嘴吸食。

3）碗内若有食物剩余时，不可将其直接倒入口中，也不能用舌头伸进去乱舔。

4）暂且不用的碗，不宜乱扔东西。

（2）盘的使用。盘在中餐中主要用以盛放食物，其使用方面的讲究，与碗大致相同。使用盘子时，要注意的问题有：

1）盘子在餐桌上一般应保持原位，不宜挪动，而且不宜多个叠放在一起。

2）需要着重加以介绍的是一种用途较为特殊的被称为食碟的盘子。食碟的主要作用是用来盛放食物残渣的，不是用来盛放从公用的菜盘里取来享用的菜肴的。

如果把多种菜肴堆放在食碟里，看起来既繁乱不堪，又有"欲壑难填"之嫌；弄不好它们会彼此"相克"，相互"串味"，既不好看，也不好吃。因此要注意的是，不要让"废物"与菜肴交错，搞得十分狼藉。

3. 辅餐具的使用

辅餐具指的是进餐时可有可无、时有时无的餐具。它们主要在用餐时发挥辅助作用。最常见的中餐辅餐具有：水杯、湿巾、水盂、牙签等。

（1）水杯。中餐中所用的水杯，主要供盛放清水、汽水、果汁、可乐等软饮料。需要注意的是：不要以之去盛酒；不要倒扣水杯；喝入口中的东西不能再吐回到水杯中去。

（2）湿巾。如果是比较讲究的中餐，会为每位用餐者上一块湿毛巾。湿巾能用来擦手，绝对不可用其擦脸、擦嘴、擦汗。擦手之后，应将其放回盘中，由侍者取回。有时，在正式宴会结束前，会再上一块湿毛巾。与前者不同的是，这次它只能用来擦嘴，也不宜擦脸、抹汗。

（3）水盂。有时品尝中餐者需要手持食物进食。此刻，往往会在餐桌上摆放一个水盂，也就是盛放清水的水盆，它里面的水并不能喝，而只能用来洗手。在水盂里洗手时，不要乱甩、乱抖。得体的做法是两手轮流沾湿指尖，然后轻轻浸入水中刷洗。洗毕，应将手置于餐桌之下，用纸巾擦干。

（4）牙签。牙签主要用来剔牙之用。用餐时，尽量不要当众剔牙，非剔不可时，应以另一只手掩住口部进行，切勿张大嘴巴，剔牙之后，不要长时间叼着牙签。取用食物时，也不要以牙签扎取。

二、中餐的上菜顺序

中餐的上菜顺序大致是：开胃菜、主菜、点心、水果。

1. 开胃菜

开胃菜多为冷盘组成的大拼盘，通常是四种冷盘组成的大拼盘，多为凉拌食物或干果等，品种可多达十几种。最具代表性的是凉拌海蜇皮、皮蛋等。

2. 主菜

中餐的主菜一般比较丰盛，主菜的道数通常是四、六、八等的偶数，因为中国人认为偶数是吉数。在豪华的餐宴上，主菜有时多达十六道或三十二道，但普通是六道至十二道。

3. 点心

主菜之后是甜品等点心，是主菜结束后所供应的甜点，如馅饼、蛋糕、包子、杏仁豆腐等。

4. 水果

一般选用当季时令且较易直接食用的水果，不方便直接食用的水果可以切成小块。水果上来之后，意味着宴会即将结束。

比较正式的宴会开始前的准备工作之一，就是要安排席位。这样既方便宾主入座、服务员上菜，也有利于宴会的统一管理。

三、宴会尊位、座次和桌次的排序规则

中餐一般使用圆桌，其席位排列，分尊位、桌次和座次排列。

1. 中式宴请的尊位、桌次排序

（1）中式宴请的尊位确定。宴请只有一桌的情况下，根据房间的门来确定尊位。面朝门的中央位置可以作为尊位；宴请为多桌的情况下，尊位一定位于主桌。在主桌上、面向其他桌方向的中央位置可以作为尊位。

（2）中餐宴请的桌次排序。在中餐宴请活动中，往往采用圆桌形式布置菜肴。如果客人较多，就会出现多桌宴请的情况，这时就有一个桌子的摆放次序问题，我们称为桌次。排列圆桌的尊卑次序，有两种情况：

1）由两桌组成的小型宴请。这种情况，又可以分为两桌横排和两桌竖排的形式。当两桌横排时，桌次是以右为尊，以左为卑，这里所说的右和左，是指进入房间，面对正门的位置来确定的。当两桌竖排时，桌次讲究以远为上，以近为下。这里所讲的远近，是以距离宴会厅门口的远近而言的。

2）桌数为三桌或三桌以上的宴请。在安排多桌宴请的桌次时，除了要注意"面门定位"、"以右为尊"、"以远为上"等规则外，还应兼顾其他各桌距离主桌的远近。通常，距离主桌越近，桌次越高；距离主桌越远、桌次越低。

为了确保在宴请时赴宴者及时、准确地找到自己所在的桌次，可以在请柬上注明受邀者所在的桌次，在宴会厅入口悬挂宴会桌次排列示意图、安排引位员引导来宾按桌次就座，或者在每张餐桌上摆放桌次牌。在安排桌次时，还要注意所用餐桌的大小、形状要基本一致。除主桌可以略大外，其他餐桌都不要过大或过小。

2. 中式宴请的座次排序

在中式宴请中的座次排序非常复杂，其中最重要的排序依据是职务的高低，其次是交际语言、业务类别和性别搭配。一般座次排序时，主客双方一、二号座次排序都尽可能按职位排列，后面人员的座位安排除职位外，还要兼顾是否有共同的交际语言，是否有业务关系，是否属不同性别等。

在宴请座次排序中，最大的特点是每张桌上都有主次、尊卑之分。主人应该坐在主桌，面对正门就座；在主桌上座次的尊卑，应根据距离主人的远近而定，以近为上，以远为下；主桌上距离主人相同的座次，排列顺序讲究以右为尊，以左为卑。在举行多桌宴会时，各桌之上均应有一位主桌主人的代表，作为各桌的主人。

根据上面的排序方法，圆桌座次的具体排列有两种情况，座次排序应分别对待。

（1）双主人情况下的座次排序。双主人是指在一张桌上有第一、第二或男、女主人两个席位。男女主人共同宴请时的排序方法。男主人坐上席，女主人位于男主人的对面。宾客通常随男女主人，按右高左低顺序依次呈对角飞线排列，同时要做到主客相间。国际惯例是男主宾安排在女主人右侧，女主宾安排在男主人右侧。第一、第二主人均为同性别人士，正式场合下宴请时的排序方法按照主副相对，按"以右为贵"的原则，依次按顺时针排列座次，同时做到主客相间。

（2）单主人情况下的座次排序。在单主人情况下的排法中，以主人为中心，主方其余人员和客方人员各自按"以右为贵"原则，依次按"之"字形飞线排列，同时做到主客相间。

四、中餐进餐礼仪

古往今来，宴会一直是人际交往的一种重要形式，常言道"君子食有容"，一个人在宴会中的举止是否得体，用餐姿态是否规范，是衡量其文明修养水平的标准之一。

1. 餐前礼仪

中餐宴会是中国传统的、具有民族特色的宴会。虽然随着时代的变迁，中餐礼仪已由烦琐逐渐趋于简化，但一些基本的礼节规范依然保存着，成为人们相沿成习的行为标准。进餐前的礼仪、礼规主要有：

（1）中式餐宴，夫妇往往坐在一起。女主人应逐一邀请所有宾客入座，邀请的顺序为首先安排贵宾的女伴入座，位置安排在男主人的右手边，贵宾则安排在女主人右手边。如果没有特别的主客之分，先礼让长辈入座，然后女士们可以大方地先行入座。

（2）入座宜从左侧进入，轻拉椅背，慢慢入座。坐的姿势要端正，女士双腿应并拢，男士自然即可。双手不可靠在桌面或邻座的椅背上，更不要弯腰驼背用餐，显得没有精神，并注意与餐桌保持适当的距离。

（3）钥匙、手机、香烟、打火机等私人物品，应放进手提包内。手提包放在背部与椅背间，而不是放在餐桌上或地上。

（4）脱下的长外套不可披在椅背上则应交给服务员放置衣帽间保管。

（5）手机最好关机，或设成震动模式，如有紧急电话需接，请离座至适当场地接听。

2. 进餐礼仪

与西餐相比，吃中餐也有自己的规矩。进餐中，应遵循中国的饮食习惯、吃中国菜肴、饮中国酒、用中国餐具、行中国传统礼仪，具体如下：

（1）一道菜上桌后，通常须等主人或长辈动筷后再去取食。若需使用公筷的菜，应先用公筷将菜肴夹到自己的盘中，然后再用自己的筷子夹取食用。

（2）同桌如有外宾，不用反复劝菜，也不要为其夹菜，因为外宾一般没有这个习惯。

（3）用餐时，碗、盘等器皿不可拿在手上，应用筷子取一口大小的食物送至口中，不可一次把过多的食物塞入口里。

（4）骨、刺要吐出时，应用餐巾或以右手遮口，隐秘地吐在左手掌中，再轻置于骨盘中，不可扔弃在桌面或地上。

（5）有骨或壳的食物，应避免用手剥咬，可用筷子或汤匙取食为宜。很烫的食物，不可用嘴吹冷匆忙送入口中，应等稍凉后再取食。

3. 餐后礼仪

用餐结束之后，仍然有许多礼仪、礼规需要注意：

（1）用餐完毕后，必须等男女主人开始送客之后，才能离座。

（2）餐后不宜当着客人面结账，也不宜拉拉扯扯抢着付账，如真要抢着付账，应找适当的时机悄悄地去结账。

（3）送客时，应该提醒其所携带或是寄存的物品，并且鞠躬致意，尽量等客人完全离开视线后再返回座位。

【阅读材料】

茶的礼仪

茶叶的原产地在中国，我国的茶叶产量，堪称世界之最。饮茶在我国，不仅是一种生活习惯，也是一种源远流长的文化传统。中国人习惯以茶待客，并形成了相应的饮茶礼仪。比如，请客人喝茶，要将茶杯放在托盘上端出，并用双手奉上，茶杯应放在客人右手的前方。在边谈边饮时，要及时给客人添水，客人则需善"品"，小口啜饮，满口生香，而不是"作牛饮"。茶艺已成为中国文化的一个组成部分。比如，中国的"功夫茶"，便是茶道的一种，有严格的操作程序。

1. 嗅茶

主客坐定以后，取出茶叶，主动介绍该品种的特点，请客人嗅茶。

2. 温壶

先将开水冲入空壶，使壶体温热，然后将水倒入"茶船"（一种紫砂茶盘）。

3. 装茶

用茶匙向空壶中装入茶叶，通常装满大半壶。切忌用手抓茶叶，以免手或杂味混入。

4. 润茶

用沸水冲入壶中，待壶满时，用竹筷刮去壶面茶沫；随即将茶水倾入"茶船"。

5. 冲泡

至此，才可正式泡茶，要用开水，但不宜用沸水。

6. 浇壶

盖上壶盖之后，在壶身外浇开水，使壶外、壶内温度一致。

7. 温杯

泡茶的间隙，在茶船中利用原来温壶、润茶的水浸洗一下茶盅避免串味。

8. 运壶

第一泡茶泡好后，提壶在茶船边沿巡行数周，以免壶底的水滴滴入茶盅串味。

9. 倒茶

将小茶盅一字儿排开，提起茶壶来回冲注，俗称"巡河"。切忌一杯倒满后再倒第二杯，以免浓淡不均。

10. 敬茶

双手捧上第一杯茶，敬举在座的客人，如客人不止一位时，第一杯茶应奉给德高望重的长者。

11. 品茶

客人捏着小茶盅，观茶色，嗅茶味，闻茶香，然后腾挪于鼻唇之间，或嗅或啜，如醉如痴，物我两忘。

茶艺是我国民族文化的精华。随着精神文明建设的深入，相信茶艺也将得到振兴。

咖啡的礼仪

1. 怎样拿咖啡杯？

在餐后饮用的咖啡，一般都是用袖珍型的杯子盛出。这种杯子的杯耳较小，手指无法穿出去。但即使用较大的杯子，也不要用手指穿过杯耳再端杯子。咖啡杯的正确拿法，应是拇指和食指捏住杯把儿再将杯子端起。

2. 怎样用咖啡匙?

咖啡匙是专门用来搅咖啡的,饮用咖啡时应当把它取出来。不再用咖啡匙舀着咖啡一匙一匙地慢慢喝,也不要用咖啡匙来捣碎杯中的方糖。

3. 咖啡太热怎么办?

刚刚煮好的咖啡太热,可以用咖啡匙在杯中轻轻搅拌使之冷却,或者等待其自然冷却,然后再饮用。用嘴试图去把咖啡吹凉,是很不文雅的动作。

4. 杯碟的使用

盛放咖啡的杯碟都是特制的。它们应当放在饮用者的正面或者右侧,杯耳应指向右方。饮咖啡时,可以用右手拿着咖啡的杯耳,左手轻轻托着咖啡碟,慢慢地移向嘴边轻啜。不宜满把握杯、大口吞咽,也不宜俯首去就咖啡杯。喝咖啡时,不要发出声响。添加咖啡时,不要把咖啡杯从咖啡碟中拿起来。

5. 喝咖啡与用点心

有时饮咖啡可以吃一些点心,但不要一手端着咖啡杯,一手拿着点心,吃一口喝一口地交替进行。饮咖啡时应当放下点心,吃点心时则放下咖啡杯。

6. 如何品咖啡

咖啡的味道有浓淡之分,所以,不能像喝茶或可乐一样,连续喝三四杯,而以正式的咖啡杯的分量刚好。普通喝咖啡以一杯为适量,有时候若想连续喝三四杯,这时就要将咖啡的浓度冲淡,或加入大量的牛奶,不过仍然要考虑到生理上需求的程度,来加减咖啡的浓度,也就是不要造成腻或恶心的感觉,而在糖分的调配上也不妨多些变化,使咖啡更具美味。趁热喝是品美味咖啡的必要条件,即使是在夏季的大热天中饮咖啡,也是一样的。

综合能力实训

一、任务实训

1. 实训步骤

(1)由教师讲解吃中餐的基本礼仪。

(2)以实训小组为单位分角色模拟宴会服务员、客人。

(3)同学展示用餐礼仪,大家可以互相讨论并指出不足。

(4)由教师根据每个同学的实训情况进行点评。

2. 实训方法

(1)准备好中餐的基本餐具,演示如何摆放,让学生们仔细观看并实际演练。

（2）音乐熏陶，用音乐营造一种浪漫气息，将大家带入高雅格调的氛围中，使其自身注意和调整仪态、仪表，与之相协调、融合。

（3）模拟一次宴会，注意将社交礼节灵活运用之中。

3. 实训准备

（1）一间模拟宴会实训的教室，准备椅子、凳子若干，中餐餐具。

（2）书籍、多媒体播放器、音乐 CD 等。

4. 实训时间

实训时间为 120 分钟，其中示范讲解 20 分钟，学生操作 90 分钟，考核测试 10 分钟。

5. 考核评价

（1）评分要求。按百分制记分，学生操作时，指导教师观察学生的操作方法，按照考核要求给学生实训打分。

（2）实训考核表。实训考核表如表 3-2-3 所示。

表 3-2-3　中餐礼仪考核表

考评人		被考评人	
考评地点			
考评内容		中餐礼仪考核	
考评标准	内容	分值（分）	评分（分）
	言行举止	20	
	位置选择	20	
	餐具使用	20	
	就餐过程	20	
	符合餐饮礼仪	20	
合计		100	

注：实训考核分为 100 分，60~69 分为及格；70~79 分为中；80~89 分为良；90 分以上为优秀。

二、思考练习

1. 选择题

（1）在他人敬酒或致辞时，应（　　），认真倾听。

A. 起身肃立　　　　B. 保持安静　　　　　　C. 停止用餐或饮酒

（2）男士不宜首先提议为女士干杯，晚辈、下级（　　）首先提议为长辈、上级干杯。

A. 不宜　　　　　　B. 不得　　　　　　　　C. 可以

（3）在中餐中，主人亲自敬酒后，应当（　　）。

A. 回敬主人　　　B. 必须饮下　　　　　C. 表示感谢

（4）在上茶之前，最有诚意的做法是询问客人有何偏好，可以（　　）供客人选择。

A. 多泡几种茶　　B. 多备几种茶叶　　　C. 冲泡时间长一些

2. 简答题

（1）吃中餐有哪些礼仪要求？

（2）以小组为单位模拟吃西餐的规范。

3. 综合训练

如果你负责接待外国游客，请分别为宴请来访的法国游客、阿拉伯游客和日本游客，安排设计一个宴请方案。

任务4　西餐礼仪

【任务目标】

通过本任务的学习，了解参加西餐宴会的礼仪规范，并能够正确灵活运用。学习西餐餐具正确的摆放方法和使用方法，让学生反复练习达到熟练的程度。

【案例导入】

一次，某公司业务经理张平宴请他刚认识的美国生意伙伴。为了表达自己的盛情，他请了很多朋友作陪，并点了许多菜。席间张平热情高涨，满脸流汗，不时拿起毛巾擦汗。

为了照顾好这位美国朋友，他经常为其夹菜；为了营造气氛，还不时说一些关于国家时政方面的反面趣闻，逗得大家哈哈大笑，宴会在愉快的氛围中结束。事后，张平却得到了一个坏消息，这位美国朋友拒绝和他合作，张平一头雾水，抱怨外国人不好相处。

问题：美国朋友为何拒绝与张平合作？

【任务分析】

随着生活方式的更新和社会交往的活跃，我国吃西餐的人越来越多。西餐厅一般比较宽敞，环境幽雅，吃西餐又便于交谈，因此，在宴请活动中，西餐宴请是一种既比较受欢迎又方便可行的招待形式。

【知识讲解】

西餐十分注重礼仪，讲究规矩，如果对西餐礼仪知识缺乏必要的了解，很有可能闹出笑话，所以了解一些西餐方面的知识是十分重要的。

一、餐具的种类及使用

在西餐中，餐具的摆放位置是很有讲究的，单从餐具的摆放上就能大致看出所要吃的菜品，而餐具的使用方法更是一定要学习的。

1. 西餐餐具的种类及使用

西餐餐具一般在开餐前均已摆好。其摆法非常有讲究，具体为：正面放食盘（汤盘），左手放叉，右手放刀，食盘上方放匙（汤匙或甜食匙），再上方放酒杯，从右起分别为烈性酒杯、葡萄酒杯、香槟酒杯、啤酒杯（水杯），面包奶油盘放在左上方，按上菜程序由外到里放置相应的刀叉，刀口向内（如图 3-2-1 所示）。

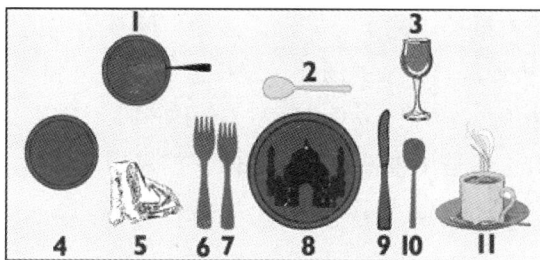

图 3-2-1　西餐餐具摆放示意图

1. 奶油碟子和奶油刀；2. 甜点匙；3. 饮料杯；4. 沙拉盘；5. 餐巾；6. 主菜叉；7. 沙拉叉；8. 主菜盘；9. 主菜刀；10. 汤匙；11. 茶（咖啡）杯、碟和茶匙。

（1）西餐的餐具主要有五大类：杯子、盘子、刀子、叉子、匙子。杯子：一般分为水杯、果汁杯、红葡萄酒杯、白葡萄酒杯、鸡尾酒杯等。盘子：主要有主菜盘、备用盘、沙拉盘。刀子通常有四种：鱼刀、肉刀、黄油刀和水果刀。叉子是西餐中最主要的餐具，种类也特别多，吃开胃小吃的叉子最小，摆放在最左边，然后依次从左到右是：鱼叉、肉叉、色拉叉、甜食叉。匙子主要有：汤匙、布丁匙、茶匙或咖啡匙。

（2）刀叉匙的使用方法。西餐中最复杂的是刀叉匙的使用。切割食物时，先用叉子按住食物，再用刀子将食物切下，然后用叉子将食物送入口中。切割食物时不可以弄出声响。注意刀子只是用来切割食物的，千万不要用刀子叉着食物吃！当你在进餐过程中与他人攀谈时，应自然地将刀叉暂时放下。这时应该将刀叉刀口向内、叉齿向下，呈"八"字形摆放在餐盘上。其含义是这道菜我还没吃完。注意千万不要将刀叉摆成十字形，因为西方人认为这是让人觉得晦气的图案。

2. 餐巾、毛巾的使用方法

（1）餐巾布的用途与正确使用方法。餐巾布的用途与使用方法如下：

1）餐巾布的用途。餐巾布是用来承挡可能滴落下来的食物或汤汁的，也可以用来遮挡喷嚏或轻擦嘴上或手上的油污。使用时动作要优雅，避免埋着脸擦拭，更不能用来擦整只手臂，或擦汗、擦桌子、餐具等。

2）餐巾布的使用。用餐之前，应将餐巾布打开铺在大腿上。西餐中，如果是午餐巾布，是全部打开铺在大腿上；如果是晚餐巾布则应该是对折成三角形，开口朝外放在大腿上。吃中餐时，也常把餐巾布铺在桌沿上，通常是服务员替客人事先铺好。

（2）餐巾纸、毛巾、湿纸巾的使用方法。餐巾纸、毛巾、湿纸巾按如下方法使用：

1）餐巾纸。餐巾纸的用途十分广泛，诸如：擦拭筷尖的脏污、碗盘边缘的口红或油污，或接从餐盘滴下来的汤汁，作托盘用来放鱼刺，咬断菜肴时用来遮掩口，也可以用来擦嘴、擦手，功能繁多，使用便利。

2）毛巾。毛巾主要是用来擦手或手指的，如果用来擦脸或脖子，会让人当笑话，更要避免用来擦拭桌面等其他用途，用毛巾当抹布，是很不礼貌，也是很不卫生的。

3）湿纸巾。湿纸巾的功能和毛巾相同，不过用后即丢。

二、西餐的上菜顺序及主要食物的吃法

西餐种类繁多，风味各异，其上菜顺序因其不同菜系、不同规格而有所差异，但其基本顺序大体相同：

1. 上菜顺序

西餐的上菜顺序一般按照下面的顺序进行：

（1）头盘。头盘也称为开胃品，一般有冷头盘和热头盘之分，常见的品种有鱼子酱、鹅肝酱、熏鲑鱼、鸡尾酒、奶油鸡酥盒、焗蜗牛等。

（2）汤。汤大致可分为清汤、奶油汤、蔬菜汤和冷汤四类。品种有牛尾清汤、各式奶油汤、海鲜汤、意式蔬菜汤、俄式罗宋汤、法式葱头汤等。

（3）副菜（鱼或海鲜）。通常水产类菜肴与蛋类、面包类、酥盒菜肴均称为副菜。

（4）主菜。肉、禽类菜肴是主菜，其中最有代表性的是牛肉或牛排。肉类菜肴配用的调味汁主要有西班牙汁、浓烧汁、蘑菇汁、白尼丝汁等。禽类菜肴的原料取自鸡、鸭、鹅，禽类菜肴最多的是鸡，可煮、可炸、可烤、可焗，主要的调味汁有咖喱汁、奶油汁等。

（5）蔬菜类菜肴。蔬菜类菜肴可以安排在肉类菜肴之后，也可以与肉类菜肴同时上桌，在西餐中称为沙拉。与主菜同时搭配的沙拉，称为生蔬菜沙拉，一般用生菜、番茄、黄瓜、芦笋等制作。还有一类是用鱼、肉、蛋类制作的，一般不加味汁。

（6）甜品。西餐的甜品是主菜后食用的，可以算作是第六道菜。从真正意义上讲，它包括所有主菜后的食物，如布丁、冰淇淋、奶酪、水果，等等。

（7）咖啡。饮咖啡一般要加糖和淡奶油。

这里要提醒的是，点菜并不是由前菜开始点，而是先选一样最想吃的主菜，再配上适合主菜的汤。

2. 主要食物吃法

西餐与中餐的不同之处在于食物的吃法也很有讲究，而且形成了一定的规律。具体要求如下：

（1）面包和三明治的吃法。自己拿面包和黄油，然后用手把面包掰成几小块，抹一块，吃一块。吃三明治，小的三明治和烤面包是用手拿着吃的，大点的在食用前应先切开。配卤汁吃的热三明治需要用刀和叉。

（2）肉类的吃法。西餐中的肉（指的是羊排、牛排、猪排等）一般都是大块的，在食用时，应先用刀叉把肉切成小块，大小刚好是一口。切忌用叉子把整块肉夹到嘴边，边咬、边咀嚼、边吞咽。吃牛肉（牛排）的场合，由于可以按自己喜好决定生熟的程度，预订时，服务员或主人一般会先询问你生熟的程度。

鸡肉：先吃鸡的一半。把鸡腿和鸡翅用刀叉从连接处分开，然后用叉稳住鸡腿（鸡脯或鸡翅），用刀把肉切成适当大小的片，每次只切两三片。如果场合很正式，不适合刀叉取用的，干脆别动；如果是在非正式场合，你可以用手拿取小块骨头，但只能使用一只手。

肉排：用叉子或尖刀插入牛肉、猪肉或羊肉排的中心。如果排骨上包有锡箔纸袖，你可用手将其抓住，再来切骨头上的肉，这样不会使手油腻。在正式场合或者在饭店就餐时，即使包有纸袖也不能用手拿着骨头啃着吃，因为这些东西基本上是用来作装饰的，而没有让你暴吃一顿的意思。另外，在非正式场合，只有骨头上没有汤时才可以拿起来啃着吃。

在吃以上的肉类食物时，装有温水的洗指碗往往会和肉同时端上来，应注意要时常用餐巾擦手和嘴。

（3）鱼的吃法。先用刀叉把鱼头和鱼尾割下，放在盘边。然后用刀尖顺着鱼骨把鱼从头到尾劈开。这时你有三种选择：将鱼骨滑出；将鱼平着分开，取出鱼骨；揭去上面一片，吃完后再去骨。

（4）沙拉的吃法。西餐中沙拉往往出现在这样的场合里：作为主菜的配菜，比如蔬菜沙拉，这是常见的；作为间隔菜，比如在主菜和甜点之间；作为第一道菜，比如鸡肉沙拉。

沙拉的具体吃法也有讲究，如果沙拉是一大盘端上来，就应使用沙拉叉来吃；如果和主菜放在一起，则要使用主菜叉来吃；如果沙拉是间隔菜，通常要和奶酪、炸玉米片等一起食用；如果主菜沙拉配有沙拉酱，可以先把沙拉酱浇在一部分沙拉上，吃完这部分后再加酱。直到加到碗底的生菜叶部分，这样浇汁就容易了。

三、西餐宴会酒水分类

在西餐中，饮酒可谓是餐桌上的重要活动，可以和吃菜肴并重。善于饮酒的人，不仅能饮，而且会饮，真正做到善用酒水，合乎礼仪。

西餐宴会中所上的酒水，一般可以分为餐前酒、佐餐酒和餐后酒三种。

1. 餐前酒

餐前酒是在正式用餐前饮用，或在吃开胃菜时与之搭配。在一般情况下，人们喜欢在餐前饮用的酒水有鸡尾酒、香槟酒。

（1）鸡尾酒（Cocktail）。鸡尾酒源自西方，实际上是一种混合酒，其配方据说已有 2000 多种。现在，鸡尾酒已成为人们所喜爱的饮料。由于它色香味俱全，光彩夺目，在欧美各国受到普遍欢迎，21 世纪初传入我国。

1）鸡尾酒的调配。鸡尾酒是用几种酒加果汁、香料等混合起来的酒，多在饮用时临时调制。鸡尾酒是一种量少而冰镇的酒，它是以朗姆酒、威士忌等烈酒或是葡萄酒作为基酒，再配以果汁、蛋清、苦精（Bitters）、糖等其他辅助材料，加以搅拌或摇晃而成的一种饮料，最后还可用柠檬片或薄荷叶作为装饰物。

2）鸡尾酒酒杯的使用。喝鸡尾酒时，需用鸡尾酒酒杯，通常是呈倒三角形的高脚玻璃杯，不带任何花纹。因鸡尾酒要保持其冰冷度，所以手应接触其高脚部位，不能直接触摸杯壁，防止其变暖而影响酒味。

3）鸡尾酒会的举行时间。鸡尾酒会的举行是有固定时间的，一般午前不举行，除非国庆日才安排在正午 12 点。不同的场所，时间的规定也不一致。一般来说，在大宾馆、大饭店举行鸡尾酒会的时间是下午 2：30~5：30；在酒吧是下午 2：00~5：00；如果在家里，则为下午 4：00~6：00 或者 5：00~7：00 举行。

4）鸡尾酒礼仪。按照过去的礼节，鸡尾酒会的主人应在酒会举行前发出请帖，收到请帖的人应该写回执，表明自己是否出席，但目前这种礼节已逐渐被抛弃。与其他宴会不同，鸡尾酒会期间，客人们可以自由出入，迟到不为失礼，早退也没有关系。

（2）香槟酒。香槟酒是法文"Champagne"的音译，是一种富含二氧化碳的起泡白葡萄酒。原产于法国香槟省，因此而得名。

1）香槟酒（Champagne）不仅可以作为开胃酒，更能与不同的菜肴以及甜品搭配。粉红香槟酒可以配法餐的鹅肝、火腿或家禽，亦可以配中餐的红烧肉；白葡萄香槟酒则可以配法餐的羊羔肉，亦可配中餐的清蒸鱼和白灼虾等。

2）香槟酒是发泡性葡萄酒的一种，历来受到人们的喜爱，被称为酒中之王。它能够增添宴会的气氛，适宜在餐前喝，适宜配合每一道菜喝，也适宜在餐后喝。香槟酒的最佳饮用温度应该是 8~10℃。饮用前可在冰桶里放 20 分钟或在冰箱里平放三小时。

3）香槟酒的酒杯有两种：一种是高脚开口浅杯，另一种是状似切头的郁金香外形杯。后者是喝香槟酒的最佳搭配，这种形状的酒杯，其容积和高度使香槟酒的气泡有足够空间上升到酒层表面，而且这种酒杯还能维持酒的温度。

4）酒杯的材质一般是十分细腻的玻璃，在清洗这些质地细腻的玻璃杯的时候，应该尽量避免使用一些化学清洁剂，只用热水将它们冲洗干净就好，随后沥干酒杯，正立收藏。

2. 佐餐酒

佐餐酒又叫餐酒，毫无疑问，它是在正式用餐期间饮用的酒水。西餐里的佐餐酒均为葡萄酒，而且大多数是干葡萄酒或半干葡萄酒。葡萄酒按颜色可分为白葡萄酒、玫瑰红葡萄酒和红葡萄酒三种，是一种普遍受欢迎的低度酒，酒精含量通常在14%~21%之间。

（1）红葡萄酒。红葡萄酒是选择皮红肉白或皮肉皆红的酿酒葡萄，采用皮汁混合发酵，然后进行分离酿制而成的葡萄酒，这类酒的色泽应呈自然宝石红色、紫红色、石榴红色等，失去自然感的红色不符合红葡萄酒的色泽要求。

红葡萄酒酒杯为高脚杯。红葡萄酒的最佳饮用温度为15~20℃，因此，可以在室温下饮用，不用冰镇。在饮用红葡萄酒前最好先打开酒盖醒醒酒，或者将酒倒入醒酒瓶中，让其氧化一会儿，这样饮用时，酒味更加纯正、柔和。

一般情况下吃红肉（即牛肉、羊肉和猪肉）时，应配以红葡萄酒，即"红酒配红肉"。

（2）白葡萄酒。选择用白葡萄或浅红色果皮的葡萄酿酒，经过皮汁分离，取其果汁进行发酵酿制而成的葡萄酒，这类酒的色泽应近似无色、浅黄带绿、浅黄或禾秆黄。颜色过深不符合白葡萄酒的色泽要求。

白葡萄酒酒杯为高脚杯，喝白葡萄酒时用手拿住下面的杯脚部分，不要用手包围上壁，以免手指和手掌热量传导到酒中，从而破坏酒味。白葡萄酒的最佳饮用温度是在0~5℃，因此，饮用前最好先将白葡萄酒放在冰箱的冷藏室中，饮用时，将酒瓶置于冰桶中。

一般情况下吃白肉（即鱼肉、海鲜和鸡肉）时，须搭配白葡萄酒。即"白酒配白肉"。

3. 餐后酒

餐后酒指的是在用餐之后，用来帮助消化的酒水。最有名的餐后酒，则是有"洋酒之王"美称的白兰地酒，利口酒也属于餐后酒的一种。

（1）白兰地酒。白兰地酒最早起源于法国。它原来的意思就是"葡萄酒的灵魂"。目前世界上有很多地方生产白兰地酒，但最负盛名的两大白兰地酒产地干邑区（Cognac）和雅玛邑区（Armagnac）都位于法国的西南边，因此法国可谓目前公认最优秀的白兰地王国。

白兰地酒有两个主要饮法：净饮和鸡尾酒饮法。净饮：大部分人认为白兰地是一种酒香非常浓郁的酒，因此，在净饮时宜用肚大口小的白兰地专用酒杯。这种酒杯适宜用手指和掌心将其握住，这样就可以用体温将酒轻微加温让酒香从酒水中逸出，同时，酒香聚合在杯口。饮用时，一般可以轻微地旋转酒杯，让酒香充分逸出，然后闻一闻再饮用。

（2）利口酒。利口酒是英文"Liqueur"的音译，而"Liqueur"一词是拉丁语，意思是溶解，使之柔和，也可以解释为"液体"的意思，现代欧洲人多数喜欢把利口酒叫作"香甜酒"，我国港澳地区称利口酒为"力妖酒"、"力乔酒"或"多彩之酒"。

利口酒是一种含有酒精的饮料，是在白兰地、威士忌、伏特加、葡萄酒、朗姆、金酒中加入一定的"加味材料"，如果皮、砂糖、香料等，经蒸馏、浸泡、熬煮而成。

四、西式宴请的桌次排序和座次排序

西餐同中餐一样也十分讲究桌次排序和座次排序。

1. 西式长条餐桌桌次排序

如果西式宴请中涉及三桌或三桌以上的桌数，国际上的习惯是桌次的高低以离主桌位置远近而定，各桌距离主桌越近，桌次越高；距离主桌越远，桌次越低。这项规则亦称"主桌定位"。在安排桌次时，所用餐桌的大小、形状应大体相仿，除主桌可略大之外，其他餐桌不宜过大或过小。

2. 西式长条餐桌座次排序

西式宴请采用长条餐桌时，座次安排类似中式的圆桌，要让陪同人员或主人、副主人坐在长桌的两端，尽量留心别让客人坐在长桌两端的席位上。排座时还应考虑来宾民族习惯、宗教信仰的差异性，不要因此出现不协调局面。

五、参加西式宴请的礼仪规范

参加西式宴请的注意事项：

1. 准时到场

应邀赴宴或参加聚餐时，一定要准时抵达现场。严格地讲，抵达过早或过晚，均为失礼。适时到达是赴宴的重要礼仪，适时的含义是既不要迟到，又不要早到15分钟以上。早到的话，主人往往还未做好准备，因而措手不及；晚到的话，则会令他人望眼欲穿，甚至打乱整个原定的计划。

2. 参与交流

大凡宴请或聚餐，其主要目的是交流，而不仅仅是为了大饱口福。所以在正式宴会开始以前都会有一段寒暄问候、相互介绍的时间。这段时间可长可短，一般正式的西餐宴会、大型招待会需要20~40分钟。这段时间叫混合时间（Mingling Time）或叫盘旋时间（Circling Time），是因为此时要求就餐者尽可能与更多的人交流，应在场内游走，如同转圈，要问候一下主人，联络一下老朋友，并争取认识几位新朋友。

3. 礼貌入席

当主人邀请宾客入席时，首先入席的应该是主人夫妇与主宾夫妇，之后依次为其他宾客及陪客人员。当长辈、女性入座时，晚辈、男性应走上前去将他们的座椅稍向后撤，待他们坐下时，轻轻将椅子向前推一点。一般应从自己行进方向的左侧入座，在同桌的女士、长者、位高者落座后，与其他客人一同就座。

落座后座椅和餐桌之间不要过近或过远，注意双腿靠紧，两脚平放在地上，坐姿端正，双手不宜放在邻座的椅背或餐桌上，更不要用两肘撑在餐桌上。

【阅读材料】

几种水果的吃法

苹果和梨：在宴席上，要用手拿取苹果或梨，放在盘里，可以螺旋式将其削皮。如果那样做很难的话，将水果放在盘上，先切成两瓣，再去核切块，然后用水果叉食用。如果场合比较随便的话，可以用手拿着吃。

鳄梨：带壳的鳄梨需要用勺来吃；如果切成片装在盘子里或拌在沙拉里，要用叉子吃。

香蕉：如果是在餐桌上吃香蕉，要先剥皮，再用刀切成段，然后用叉子叉着吃。在非正式场合，如野餐时，要把香蕉剥出一半，然后用手拿着吃。

无花果：鲜无花果作为开胃品与五香火腿一起吃时，要用刀叉连皮一起吃下。若上面有硬秆，用刀切下（否则会嚼不动）。作为饭后甜食吃时，要先把无花果切成四瓣，在橘汁或奶油中浸泡后，再用刀叉食用。

柚子、橙子和橘子：吃柚子时，要先把它切成两瓣，然后用茶匙或柚子匙挖出食用。在非正式场合，可以把柚子汁小心地挤到茶匙中。剥橙子皮有两种方法，两者都要使用尖刀。方法一：螺旋式剥皮；方法二：先用刀切去两端的皮，再竖直将皮一片片切掉。剥皮后，可以把橙肉瓣下来。如果瓣下的部分不大，可一口吃掉。如果太大，要使用甜食刀叉先切开，后食用。如果橙子是切好的，也可以像吃柚子那样使用柚子匙或茶匙挖着吃。吃橘子要先用手剥去皮，再一片一片地吃。你可能要剥皮并去除白色覆盖膜，尤其是膜很厚的时候。

葡萄：对于无籽葡萄没什么讲究，一粒粒地吃就行。若葡萄有籽，应先把葡萄放入口中咀嚼吸食肉质，然后把籽吐到手中。要想容易地剥去葡萄皮，则要持其茎部放在嘴边，用中指和食指将肉汁挤入口中，最后把剩在手中的葡萄皮放到盘里。

芒果和木瓜：整个芒果，要先用锋利的水果刀纵向切成两瓣，然后再切成四瓣。用叉子将其放入盘中，皮面朝上，并剥掉芒果皮。也可以像吃鳄梨那样用勺挖着吃。如把芒果切成两瓣，挖食核肉，保留皮壳。吃木瓜像吃鳄梨和小西瓜一样，先切成两瓣，抠出籽，然后用勺挖着吃。

桃李：将桃李先切成两瓣，再切成四瓣，用刀去核。皮可以剩下来，但如果带着皮切成小块，用甜食刀叉食用也是可能的。

柿子：吃柿子有两种方法：一是先切成两瓣，然后用勺挖出柿肉；二是将柿子竖直放在盘中，柄部朝下，切成四块，然后再借助刀叉切成适当大小的小块。食用时将柿核吐在勺中，放到自己盘子的一边。不要吃柿子皮，因为太苦太涩。

菠萝（果肉）：很简单，吃鲜菠萝片时，始终使用刀和叉。

草莓：大草莓可以用手持其柄部，蘸着白砂糖（自己盘中的）整个吃。然后将草莓柄放入自己的盘中。如果草莓是拌在奶油里的，当然要使用勺子。

西瓜：切成块的西瓜一般用刀和叉来吃，吃进嘴里的西瓜籽要及时清理，并吐在手掌中，然后放入自己的盘中。

鸡尾酒是怎么回事？

传说外国人喜欢斗鸡，每当斗鸡得胜时，总喜欢拿一根公鸡的尾巴毛到酒馆饮酒，以表示自己是斗鸡的胜利者，人们便把这种酒称作"鸡尾酒"。

另一说，从前外国有一位驸马，善于配制混合酒，很受宾客欢迎，因此应接不暇，忙乱中丢失了调酒的勺子，便信手拔下头饰上的鸡毛调制，因而得名。

还有一说，西欧某国，猎人上山狩猎时各自带酒。一次进餐时，大家把酒混在一起共饮，酒味极佳。由于各种酒混在一起，五光十色，在阳光下闪烁，像鸡尾一样好看，因而得名。

XO酒小知识

所有白兰地酒厂，都用字母来鉴别品质：

E 代表特别的（especial）

F 代表好（fine）

V 代表很好（very）

O 代表老的（old）

S 代表上好的（superior）

P 代表淡色而苍老（pale）

X 代表格外的（extra）

也就是说，XO 酒的含义就是格外老的酒，用中国人的话来讲就是陈年老酒。

干邑的级别

在法国，干邑的级别有极为严格的规则，酒商是不能随意自称的，概括而言，有下列几种类别：

3-STAR 三星干邑：蕴藏期不少于两年。

V.S.O.P.干邑：蕴藏期不少于四年。

Napoleon 干邑：蕴藏期不少于六年。

X.O.干邑：蕴藏期多在八年以上。

"液体宝石"——利口酒

利口酒为什么被称为"液体宝石"？因为利口酒是颜色最鲜艳、最晶莹、最丰富的一种果酒。进入航海时代之后，新大陆和亚洲生产的植物被引进欧洲，制作利口酒的原料也变得丰富多样了。

18 世纪以后，人们更重视水果的营养价值，制作利口酒的水果种类也不断变化，如苹果、草莓、薄荷，等等。水果利口酒的香味和艳丽，尤其受欧洲上流社会妇女的喜爱，她们热衷于服装和宝石的颜色与杯中利口酒的颜色直接地搭配。为此，利口酒厂家也致力于研究各种水果配制方法，潜心制作色彩艳丽的利口酒，利口酒也因此有了"液体宝石"的美誉。

综合能力训练

一、任务实训

1. 实训步骤

（1）由教师讲解吃西餐的基本礼仪。

（2）以实训小组为单位分角色模拟宴会服务员、客人。

（3）同学展示用餐礼仪，大家可以互相讨论并指出不足。

（4）由教师根据每个同学的实训情况进行点评。

2. 实训方法

（1）准备好西餐的基本餐具，演示如何摆放，让学生们仔细观看并实际演练。

（2）音乐熏陶，用抒情音乐营造一种浪漫气息，将大家带入高雅格调的氛围中，使其自身注意和调整仪态、仪表，与之相协调、融合。

（3）模拟一次西餐宴会，注意将社交礼节灵活运用其中。

3. 实训准备

（1）一间模拟宴会实训的教室，准备椅子、凳子若干，西餐餐具。

（2）书籍、多媒体播放器、音乐 CD 等。

4. 实训时间

实训时间为 120 分钟，其中示范讲解 20 分钟，学生操作 90 分钟，考核测试 10 分钟。

5. 考核评价

（1）评分要求。按百分制记分，学生操作时，指导教师观察学生的操作方法，按照考核要求给学生实训打分。

（2）实训考核表。实训考核表如表 3-2-4 所示。

表 3-2-4　西餐礼仪考核表

考评人		被考评人	
考评地点			
考评内容		西餐礼仪考核	
考评标准	内容	分值（分）	评分（分）
	言行举止	20	
	位置选择	20	
	餐具使用	20	
	就餐过程	20	
	符合餐饮礼仪	20	
合计		100	

注：实训考核分为 100 分，60~69 分为及格；70~79 分为中；80~89 分为良；90 分以上为优秀。

二、思考练习

1. 选择题

（1）西餐宴会上，常常是只祝酒不劝酒，只敬酒（　　）。

A. 而不用站立　　　　B. 而不真正饮酒　　　　C. 而不真正碰杯

（2）举止优雅、衣着考究、（　　），这是吃西餐的基本风度。

A. 尊重女士　　　　　B. 注意营养　　　　　　C. 讲究卫生

（3）女士用餐前（　　）。

A. 不要拭去口红，因为动作不雅观

B. 最好先拭去口红，以免餐具留下口红唇痕

C. 顺其自然，别人不会留意

2. 简答题

（1）西餐的餐具有哪些？应该如何使用？

（2）参加西餐宴会有哪些礼仪要求？

（3）西餐宴请的桌次与座次安排有哪些要求？

3. 案例分析

案例 1

清朝官员出洋相

有个笑话，说的是在大清年间，李鸿章大人请外国人吃饭，中午吃的是饺子。老外没用过筷子，不知道这两根小棍子怎么就能把饺子给夹起来。李鸿章心想，"这可怎么办呀？这外国人要是不高兴了，老佛爷一定会怪我办事不力的，唉！算了，丢下我的老脸，用手抓吧!"

老外一看，哦，原来用手也可以吃的，于是一个个赶忙用手抓了起来！到了下午，改吃面条了！老外这回学得精了，都不急着吃，先看看李鸿章怎么办！李鸿章大人一看见老外现在的样子就想起了中午吃饺子时的情景，忍不住笑了起来。这一笑不好了，面条从鼻子里喷出了半根……老外全部惊呆了，这怎么学呀？这长长的东西是怎么从嘴里吃进去再从鼻子里出来半根的呀？

思考讨论题：

请谈谈你对这个笑话的感想。

案例 2

如何用西餐？

老张的儿子留学归国，还带了位洋媳妇回来。为了讨好未来的公公，这位洋媳妇一回国就诚惶诚恐地张罗着请老张一家到当地最好的五星级饭店吃西餐。

用餐开始了，老张为在洋媳妇面前显示出自己也很讲究，就用桌上一块"很精致的布"仔细地擦了自己的刀、叉。吃的时候，学着他们的样子使用刀叉，既费劲又辛苦，但他觉得自己挺得体的，总算没丢脸。用餐快结束了，吃饭时喝惯了汤的老张盛了几勺精致小盆里的"汤"放到自己碗里，然后喝下。洋媳妇先一愣，紧跟着也盛着喝了，而他的儿子早已是满脸通红。

老张闹了两个笑话，一是他不应该用"很精致的布"（餐巾）擦餐具，那只是用来擦嘴或手的；二是"精致小盆里的汤"是洗手的，而不是喝的。

随着我们对外交往的越来越频繁，西餐也离我们越来越近。只有掌握一些西餐礼仪，在必要的场合，才不至于"出意外"。

思考讨论题：

你对此案例有何评价？

项目三

接待与拜访礼仪

接待与拜访是旅游服务商务活动中最基本的形式和重要环节，是表达主人情谊、体现礼貌素养的重要方面，是给客人良好第一印象的最重要工作。

接待与拜访是一种双向性的活动，其中作为来宾的一方和作为主人的一方要共同遵守相关的礼仪规范，才能使整个接待与拜访活动顺利进行。

任务1　接待服务礼仪

【任务目标】

通过本任务的学习，熟悉接待工作的基本原则、程序及一般要求。使自己具备接待人员所应具备的职业素养与技能，更好地展现个人及企业的整体形象与精神风貌。

【案例导入】

林先生从香港来 A 城处理公务，公务处理得非常顺利，于是他决定顺道拜访在 A 城的多年没有见面的老同学、好朋友——刘总。可是，当他找到刘总的公司并向前台人员小丽说明情况时，小丽回答："刘总今早特别吩咐，他今天有非常重要的公务要处理，概不见客，概不接电话。"林先生说："那您让我和他通一下电话可以吗？"小丽非常坚决地说："不行，我是按刘总的吩咐执行的。"恰在这时，刘总的助理外出回来，看到了这一情景并向刘总进行了汇报。不一会儿，只见刘总激动地走出来，紧紧地握住林先生的手，并把林先生请进办公室。

事后，刘总责备小丽怠慢了客人。小丽觉得委屈极了。

问题：刘总应该责备小丽吗？

【任务分析】

接待是旅游企业与外界联系的直接途径，接待工作的好坏将直接影响旅游企业的形象。因此如何使接待工作符合礼仪，让每一位来访的客人都能感受到尊重是很重要的。要做好接待工作，就应妥善制订接待计划，安排接待程序，遵循接待礼仪，在接待过程中体现热情、周到、礼貌，让客人有受到尊重的感觉，从而更好地树立企业的良好形象，增进友谊，加强合作。

【知识讲解】

接待来访客人是各类旅游企业对外交往过程中常见的工作内容，它既能体现一个组织的管理水平，又能给客人留下良好的第一印象。而在接待来访中的礼仪表现，不仅关系到自己的形象，还关系到企业形象。所以，接待来访的礼仪历来都受到重视。

一、接待的原则

1. 热情诚恳

热情诚恳是接待工作的出发点，热情的笑脸，诚恳的话语，使客人如沐春风，备感亲切。

2. 讲究礼仪

接待工作是一项重要的交际活动，应讲究礼仪，礼貌待人。主要包括以下几个方面：仪表方面要面容清洁、衣着得体、和蔼可亲；举止方面要稳重端庄、态度和蔼、从容大方；言语方面要声音适度、语气温和、礼貌文雅。

3. 细致周到

接待工作的内容具体而琐碎，涉及众多的部门和人员，要想把工作做得面面俱到、细致入微、有条不紊、善始善终，必须一丝不苟地做好每一件事。

4. 平等相待

在接待工作中，来访的宾客有职位高低之分或有贫富地区的差异。对待这些不同身份、不同职位、不同国籍的客人，应一视同仁，平等相待，不能厚此薄彼、嫌贫爱富。

5. 厉行节约

接待工作从某种意义上来讲是一项消费活动，需要人力、物力、财力的投入，在接待工作中还应奉行节俭的原则，不搞铺张浪费和形式主义。

6. 保守秘密

在做好接待工作的同时，接待人员应做到照章办事，保守秘密，涉及国家机密、组织商业秘密等内容应注意分寸，严守机密。

二、接待前的准备

1. 迎接

对前来访问、洽谈业务、参加会议的外国、外地客人，应首先了解对方到达的车次、航班，安排与客人身份、职务相当的人员前去迎接。若因某种原因，相应身份的主人不能前往，前去迎接的主人应向客人作出礼貌的解释。

2. 提前到达迎接地点

主人到车站、机场去迎接客人，应提前到达，恭候客人的到来，绝不能迟到让客人久等。客人看到有人来迎接，内心必定感到非常高兴，若迎接来迟，必定会给客人心里留下阴影，事后无论怎样解释，都无法消除这种失职和不守信誉的印象。

3. 问候语及时

接到客人后，应首先问候"一路辛苦了"、"欢迎您来到我们这个美丽的城市"、"欢迎您来到我们公司"等，然后向对方做自我介绍，如果有名片，可送予对方。

4. 提前准备好交通工具

迎接客人应提前为客人准备好交通工具，不要等客人到了才匆匆忙忙准备交通工具，那样会因让客人久等而误事。

5. 提前安排好住宿

主人应提前为客人准备好住宿，帮客人办理好一切手续并将客人领进房间，同时向客人介绍住处的服务、设施，将活动的计划、日程安排交给客人，并把准备好的地图或旅游图、名胜古迹等介绍材料送给客人。

6. 适度招待

将客人送到住地后，主人不要立即离去，应陪客人稍作停留，热情交谈，谈话内容要让客人感到满意，比如，客人参与活动的背景材料、当地风土人情、有特点的自然景观，当地的特产、物价等。考虑到客人一路旅途劳累，主人不宜久留；让客人早些休息。分手时将下次联系的时间、地点、方式等告诉客人。

三、见面接待实施环节

迎客、待客、送客是接待工作中的基本环节，这些环节的礼仪要求包括以下几点：

1. 亲切迎客

要想做好接待工作，首先要做到亲切迎客。接待人员看到来访的客人进来时，应马上放下手中的工作起立，面带微笑，有礼貌地问候来访者。见到客人的第一时间，应该马上做出如下的动作表情，我们简称为"3S"，即注视（stare）、微笑（smile）、起立（stand）。

使用文明礼貌用语，基本的迎客语言，如"您好，欢迎您！""您好，我能为您做些什么？""您好，希望我能帮助您。"对于来访的客人，无论是事先预约的，还是未预约的，都应该亲切欢迎，给客人一个良好的印象。

2. 迎客中的礼节

一般情况下，迎客的礼节包括握手、问候、称呼、递接名片等环节。

（1）握手。按传统习惯，我国在接待来客时的礼节一般是握手。宾主之间，主人有向客人先伸手的义务，主人主动、热情、适时地握手会增加亲切感。

（2）问候。如果是第一次来访的客人，接待人员可以说："您好！见到您很高兴。我是××旅行社的工作人员，请问您有什么事情需要我帮忙吗？"对于曾经来过的客人，相别甚久，见面则说："您好吗？很久未见了。"

（3）称呼。接待客人时的称呼，应视具体环境、场合并按约定俗成的规矩而定。目前，政府机关多称"同志"；在企业界和社交场合多称男性为"先生"，称女性为"小姐"或"女士"；知道其职务时，在一定场合也可称其职务，如"×处长"、"×经理"、"×厂长"等。用恰如其分的称谓来称呼客人，是礼仪素养的一种表现，也是与客人交谈的良好开端。

（4）递接名片。接受名片时，也要注意礼节。客人递过来名片时，应用双手接住。接过名片后，要认真仔细地看一看，并小声重复一遍名片上的名字及职务，以示确认。

同时，还要向对方表示感谢。如需要交换名片时，接待人员可以掏出自己的名片与对方交换。递送名片时，要用双手的食指和拇指拿住名片的左（右）端递过去，名片上有字的正面应朝向对方，便于对方立即阅读。

接待人员不要生硬地向客人索要名片，而应以请求的口气说："假如您方便的话，是否可留下名片，以便今后加强联系。"可以含蓄地向对方询问单位、通讯处、电话号码等，如果对方带有名片，就会较自然地送上。

3. 不同状态下的迎客方式

如果客人进门时，工作人员正在接打电话或正在与其他的客人交谈，应用眼神、点头、伸手等表示请进的肢体语言表达自己已看到对方，并请对方先就座稍候，不应不闻不问或面无表情。如果手头正在处理紧急事情，可以先告诉对方："对不起，我手头有点紧急事情必须马上处理，请您稍候。"以免对方觉得受到冷遇。遇有重要客人来访，接待人员需要到单位大门口或车站、机场、码头迎接，且应提前到达。

当客人到来时，接待人员应主动迎上前去，有礼貌地询问和确认对方的身份，如"请问先生（小姐），您是从××公司来的吗？"对方认可后，接待人员应作自我介绍，如"您好，我是××公司的秘书，我叫××"或"您好，我叫××，在×××单位工作，请问您怎样称呼？"介绍时，还可以互换名片。如果客人有较重的行李，还要伸手帮助提携。

4. 做好接待工作，还要注意做到热忱待客

热忱待客主要体现在以下几个方面：

（1）交谈。人们是通过语言进行情感交流和信息交流，所以接待人员与来访客人间的语言交流必不可少。接待人员在交谈时必须精神饱满，表情自然大方，语气和蔼亲切。与客人交谈时要保持适当距离，不要用手指指人或拉拉扯扯。

要善于聆听来访客人的谈话，目视对方以示专心。谈话中要使用礼貌语言并注意谈话内容，一般不询问女士年龄、婚否，不直接询问对方的个人私生活以及宗教信仰、政治主张等问题，不宜谈论自己不甚熟悉的话题。

（2）引见。接待人员在问清来访者的身份、来意后，需要领导出面会见或其他部门人员出面会见的客人，接待人员要在请示领导并得到领导同意后，为其引见。接待人员在为客人引见时要注意以下几点：

1）接待人员在引领来访者时，要配合对方的步幅，在客人左侧前一米处引导。在引路时，上身稍向右转体，左肩稍前，侧身向着来客，保持两三步距离，可边走边向来宾介绍相关情况。

2）转弯或上楼梯时，应先做指示性动作，让对方明白所往何处。如要乘电梯，应先告诉客人楼层，然后在电梯侧面按住按钮，有电梯操作员，请客人先入电梯，接待人员进去后再按楼层键；下电梯时应请客人先行。如果没有电梯操作员，自己先入电梯，接待人员进去后再按楼层键；下电梯时也应请客人先行。

3）到达会客室或领导办公室前要指明"这是会客室"或"这里就是……"，进门前应先敲门表示礼貌。得到允许后，把门打开，左手扶门，右手示意"请进"。如果门是向外开的，接待人员拉开门后，侧身在门旁，用手扶住门，让客人先进入；如果门是向内开的，接待人员推开门后，自己先进入，扶住门后再请客人进入（一般右手开门，再转到左手扶门，面对客人），请客人进入后再关上门，通常叫作"外开门客先入，内开门己先入"。

4）到达会客室或领导办公室后，要引导客人就座。在就座时，要遵守"右为上，左为下"的礼节，用手势示意客人，请客人坐在上座。一般离门较远的座位为上座。长沙发和单人沙发中，长沙发为上座。

（3）介绍。接待人员引领来访者进入会客室或领导的办公室后，当领导与来访者双方见面时，如果是第一次来访的客人，应由接待人员简洁地将双方的职务、姓名、来访者的单位和来访的主要目的作一介绍。如果双方已是熟人，多次见面打过交道，则可免去这一过程。

介绍时手势动作应文雅、礼貌。手臂向被介绍者微伸，手心向上，四指并拢，拇指张开，切不可伸出一只手指指点点地介绍。要注意介绍时的基本礼节（在介绍礼仪中详述）。

（4）奉茶。上茶应在主客未正式交谈前。我国人民习惯以茶水招待客人，在招待尊贵客人时，茶具要特别讲究，倒茶有许多规矩，递茶也有许多讲究：

1）奉茶的步骤。正确的步骤是：双手端茶从客人的左后侧奉上。要将茶盘放在邻近客人的茶几上，然后右手拿着茶杯的中部，左手托着杯底，杯耳应朝向客人，双手将茶递给客人同时要说"您请用茶"。

2）奉茶的顺序。上茶应讲究先后顺序，一般应为：先客后主、先女后男、先长后幼。

3）奉茶的禁忌。尽量不要用一只手上茶，尤其不能用左手。切勿让手指碰到杯口。为客人倒的第一杯茶，通常不宜斟得过满，以杯深的2/3处为宜。继而把握好续水的时机，以不妨碍宾客交谈为佳，不能等到茶叶见底后再续水。

5. 礼貌送客

当接待人员与来访者交谈完毕或领导与来访客人会见结束时，接待人员一般都应有礼貌地送别客人。"出迎三步，身送七步"是迎送宾客最基本的礼仪。

（1）当客人起身告辞时，应马上站起来相送。一般的客人送到楼梯口或电梯口即可，重要的客人则应送到办公楼外或单位门口。

（2）主动帮助宾客确认并拿取所携带的行李物品，安放好行李后，向宾客作一下交代，并帮助宾客将行李小心提送到车上。

（3）接待人员和上司一起送客时，要比上司稍后一步。

（4）要施礼表示感谢光临和致告别语，如"祝您旅途愉快，欢迎下次再来！""祝您一路平安，同时希望我们合作愉快！"等。

（5）帮助客人关好车门后，不能立即转身就走，而应等客人的车辆启动时，面带微笑，挥手告别，目送车子离开后才能离开。

四、接待过程中的乘车座次排序礼仪

汽车是在旅游接待服务迎送活动中使用最多的交通工具。旅游接待服务人员在乘坐轿车外出，尤其是当乘坐轿车外出参加较为正式的应酬时，或是与他人一同乘坐轿车时，应当使自己的所作所为处处符合礼仪规范的要求。在轿车礼仪中，最重要的问题是轿车上的座次排序。旅游接待服务礼仪中确定任何一种轿车上座次的尊卑，应当考虑的问题有：谁在开车、开的什么车、安全与否以及嘉宾本人的意愿四个基本要点。

1. 谁在开车

何人驾驶轿车，是关系座次尊卑的头等大事。通常认为：轿车的座次应当后排为上座，前排为下座。这一规定的基本依据是因为轿车的前排座，即驾驶座与副驾驶座最不安全。

所谓轿车座次的后排为上座、前排为下座，实际只是在由专职司机驾驶车辆时，即由出租车司机或单位的司机开车时，才有此讲究。若是主人亲自开车时，情况就截然不同了。符合礼仪规范的做法是：

（1）若主人亲自开车，前排的副驾驶座为上座。车上只有一名客人时，则客人应务必就座于前排。如果客人偏要坐到后排去，那就表示自己对主人极度地不友好、不尊重。主人会由于这种表现而产生失望的情绪。

（2）车上若有其他人在座，至少应当推举一人为代表，坐在副驾驶座上作陪。通常应推举其中地位、身份最高者，在副驾驶座上就座。如果他于中途下车，则应立即依次类推"替补"上去一个，总之始终不能让该座位"空空如也"。

（3）当全家外出时，轿车应由男主人驾驶，在其身旁的副驾驶座上就座的应当是女主人。他们的孩子，则应当坐在后排座位上。

（4）如果主人夫妇开车接送客人夫妇，则男女主人的座次应如前面一样，客人夫妇应当坐在后排。

（5）若主人一人开车接送一对夫妇，则男宾应就座于副驾驶座上，而请其夫人坐在后排。若前排可同时坐3人，则应请女宾在中间就座。

2. 开的什么车

轿车的类型不同，其座次的尊卑也不一样，这是显而易见的。

（1）若乘坐小双排座轿车，驾驶座居左，由专职司机开车时，座次的尊卑应当是：后排上，前排下，右为尊，左为卑。具体而言，除驾驶座外，车上其余4个座位的顺序，由尊而卑依次应为：后排右座、后排左座、后排中座、前排副驾驶座。应当特别说明的是，按照国际惯例，乘坐有专职司机驾驶的轿车时，通常不应当让女士在副驾驶座上就座。由主人亲自驾驶双排座轿车时，车上其余4个座位的顺序，由尊而卑依次应为：副驾驶座、后排右座、后排左座、后排中座。

（2）由专职司机驾驶三排七人座轿车时，车上其余六个座位（加上中间一排折叠椅的两个座位）的顺序，由尊而卑依次应为：后排右座、后排左座、后排中座、中排右座、中排左座、副驾驶座。由主人亲自驾驶三排七人座轿车时，车上其余六个座位的顺序，由尊而卑依次应为：副驾驶座、后排右座、后排左座、后排中座、中排右座、中排左座。

（3）由专职司机驾驶三排九人座轿车时，车上其余八个座位的顺序，由尊而卑依次应为：中排右座、中排中座、中排左座、后排右座、后排中座、后排左座、前排右座（假定驾驶座居左）、前排中座。由主人亲自驾驶的三排九人座轿车上的座次，车上其余八个座位的顺序，由尊而卑依次应为：前排右座（假定驾驶座居左）、前排中座、中排右座、中排中座、中排左座、后排右座、后排中座、后排左座。

（4）在乘坐吉普车或大中型轿车时，由谁开车的问题就不重要了。在吉普车上，副驾驶座总是上座，至于其后排座位，则讲究右高左低。在大中型轿车上，通常合"礼"的座次排序应当是由前而后，由右而左。

对于这种礼仪上的座次尊卑，旅游接待服务人士应当了然于胸。当然，更为重要的是需要在掌握基本原则的基础上灵活运用。例如，当下属与上司乘坐同一辆由专职司机驾驶的双排座轿车外出办公事时，虽然后排上坐得下下属，但是下属还是应当自觉地去前排副驾驶座上就座，而不要在后排与上司"平起平坐"。当然，大家若是以私交的身份一同外出观光游览，那时下属坐在后排左座，而请上司坐在后排右座,则是完全可以的。

3. 安全与否

乘坐轿车外出,除了迅速、舒适之外,安全的问题是不容忽视的。从某种意义上讲,甚至应当将安全作为头等大事来对待。

4. 嘉宾本人的意愿如何

如果不是出席一些重大的礼仪性场合的话,对于轿车上座次的尊卑,不宜过分地墨守成规。从总体上说,只要乘车者自己的表现合乎礼仪,就完全"达标"了。

应当说明的是:若宾主不乘坐同一辆轿车时,依照礼仪规范,主人乘坐的车辆应行驶在前,目的是开道和带路。若宾主双方乘坐的车辆不止一辆时,仍应当是主人乘坐的车辆在前,客人乘坐的车辆居后。它们各自的先后顺序,亦应由尊而卑地由前往后排列,只不过主方要派一辆车殿后,以防止客方的车辆掉队。

五、会晤接待的座次安排礼仪

所谓会晤,亦称会面或会见,一般是指在较为正式的场合,与他人郑重其事地见面。在接待活动中,凡正式会晤多属礼节性活动,通常不会安排主客双方就实质性的问题进行深入磋商,但却可以直接反映出主客双方关系的现实发展程度。在接待工作中,主客双方的正式会晤往往备受关注。接待人员对这一环节的礼仪规范必须掌握。

1. 会晤时的座次排列

我国民间在接待来宾时,有一条古老的规矩,叫作"坐,请坐,请上坐",由此可见让座问题在接待工作中的重要性。处理这一问题时,一方面要注意把"上座"让给来宾就座;另一方面,在就座之时,为了表示对客人的敬意,主人应请客人先行入座。

所谓"上座",在待客时通常是指:主客并排就座时的右座;距离房门较远的座位;宾主对面就座时面对正门的座位;以进门者面向为准,位于其左侧的座位。在正常情况下,适用于会晤场合的座次排序主要有以下五种情况:

(1)相对式。相对式排座,指的是宾主双方面对面就座。此种方式显得主次分明,往往易于使宾主双方公事公办,保持适当距离。它多用于公务性会晤,具体又分为两种情况:

1)双方就座后,一方面对正门,另一方则背对正门。此时讲究"面门为上",即面对正门之座为上座,应请来宾就座;背对正门之座为下座,宜由主人就座。

2）双方就座于室内两侧，并且面对面地就座。此时讲究进门后"以右为尊"，即进门时以右侧之座位为上座，应请来宾就座，左侧之座为下座，宜由主人就座。

（2）并列式。并列式排座，指的是主客双方并排就座，以暗示双方彼此"平起平坐"，地位相仿，关系密切。它多适用于礼节性会晤，也分为两种情况：

1）双方一同面门而坐。此时讲究就座后静态的"以右为上"，即主人宜请来宾就座于自己的右侧。若双方人员不止一名时，其他人员可各自分别在主人或主宾一侧按其地位、身份的高低，依次就座。

2）双方一同在室内的右侧或左侧就座。此时讲究"以远为上"或"内侧高于外侧"，即应以距门较远之座为上座，将其留给来宾；以距门较近之座为下座，将其留给主人。

（3）居中式。所谓居中式排座，实际上是并列式排座的一种特例。它指的是当多人一起并排就座时，讲究"居中为上"，即以中央的位置为上座，请来宾就座；以其两侧的位置为下座，由主方人员就座。

（4）主席式。主席式排座，通常是指主方在同一时间、同一地点正式会见两方或两方以上的来宾。此时一般应由主方面对正门而坐，其他各方来宾则应在其对面背门而坐。这种排座方式好像主方正在以主席的身份主持会议，因此称之为主席式。有时，主人亦可以坐在长桌或椭圆桌的尽头，而请其他来宾就座于其两侧。

（5）自由式。自由式就座，是指进行具体会晤之时不进行正式的座次排序，而是由宾主各方的全体人员自由择座。它多适用于各类非正式会晤或者非正式举行的多边性会晤。

2. 合影的座次安排礼仪

一次较为正式的会面，主客双方往往需要合影留念，在涉外交往之中，对此尤为讲究。

正式的合影，既可以排列座次，也可以不排列座次。需要排列座次时，应首先考虑到方便拍摄与否、场地的大小、人数的多少、身材的高矮、内宾或外宾等。正式合影的人数，一般宜少不宜多，在合影时主客双方一般均应站立。必要时可安排前排人员就座，后排人员可梯级站立，但是通常不宜要求合影的参加者蹲着参加拍照。具体涉及合影的座次排序问题时，关键是内外有别。

（1）国内合影的座次安排。国内合影时的座次安排，一般讲究居前为上、居中为上和居左为上。通常合影时主方人员居右，客方人员居左。

（2）涉外合影的座次安排。在涉外场合合影时，应遵守国际惯例，宜令主人居中，主宾居右。简言之，就是讲究以右为上，主客双方间隔排列。为了表示对客人的尊重，两侧最靠边的位置尽量安排我方人员站立。

【阅读材料】

圆桌会议

所谓"圆桌会议"，是指一种平等对话的协商会议形式，是一个与会者围圆桌而坐的会议。在国际会议的实践中，主席和各国代表的席位不分上下尊卑，可避免其他排座方式出现一些代表席位居前、居中，另一些代表席位居后、居侧的矛盾，更好地体现各国平等原则和协商精神。

据说，这种会议形式来源于英国亚瑟王的传说。五世纪，英国国王亚瑟在与他的骑士们共商国是时，大家围坐在一张圆形的桌子周围，骑士和君主之间不排座次，圆桌会议由此得名。至今，在英国的温切斯特堡还保留着一张这样的圆桌。关于亚瑟王和圆桌骑士的传说虽然有着各种各样的版本，但圆桌会议的精神一直延续下来。第一次世界大战之后，这种形式被国际会议广泛采用。

直到今天"圆桌会议"已成为平等交流、意见开放的代名词，也是国家之间以及国家内部的一种重要的协商和讨论形式。

尊位的起源

在我国汉代，尊位是根据方向确定的，其中"东向"（即坐西朝东）座位最尊，其次是"南向"座位，然后是"北向"座，最后是"西向"座位。《史记·项羽本纪》中鸿门宴的座次就是这一规范：项王、项伯东向坐，亚父南向坐，亚父者，范增也。沛公北向坐，张良西向坐。

顾炎武认为："古人之座，以东向为尊。"这是指"室"内设宴的座礼。而在位于宫室主要建筑物前部中央坐北朝南的"堂"上，则是以南向为尊，次为西向，再次为东向。

西方的传统是"以右为尊"，其起源一是源于基督教义。在新约的《马太福音》里，记载着"万民受审"的典故：众神降临人间，坐于荣耀的宝座上。万民聚集于神前，接受神的审判。神让善人站在右边，让恶人站在左边。站在右边的善人进了天堂，获得永生，而站在左边的恶人则下了地狱，饱受煎熬。所以，在基督教国家里，祝福和画十字都是用右手进行；基督教里的人物常常是右手向上指，那里是天堂，代表永生，而左手则指向地下，代表的是地狱和煎熬。

另一种说法要追溯到古老的希腊神话里，宙斯将低贱的工作派发给左手做。相反，宙斯拿闪电的手是右手；命运女神用来纺织生命之线的手也是右手。

还有一种说法是，古代君主为防暗杀而不许近臣带刀，但君主本人腰间佩剑。由于佩剑的手柄都向右，因此，君主为了安全，总将最信任的人安排在自己的右手边，这样就产生了"以右为尊"的习俗。

从目前的礼仪实践情况来看，为了便于交往、统一认识，按"以右为尊"的原则确定尊位是对外交往中的一大趋势。"以右为尊"已经被广泛用在国际商务活动中，现在我国国内的绝大多数商务活动中，也都使用这种原则。

综合能力训练

一、任务实训

1. 实训步骤

（1）由教师讲解接待礼仪的基本要求、基本规范。

（2）教师演示接待的程序与礼仪。

（3）学生以实训小组为单位训练，教师巡视，指导训练。

2. 实训方法

学生以实训小组为单位，按下列要求分组做接待访客的情景模拟练习，要求具备如下环节：①由公司接待人员接待。②与上司核实客户信息。③引领、引见访客。④宾主双方介绍。⑤握手。⑥互换名片。⑦奉上咖啡或饮料、茶等。⑧宾主洽谈。⑨送客。

3. 实训准备

办公家具、茶具、茶叶、热水瓶或饮水机、企业宣传资料等。

4. 实训时间

实训时间为60分钟，其中示范讲解20分钟，学生操作35分钟，考核测试5分钟。

5. 考核评价

（1）评分要求。按百分制记分，学生操作时，指导教师观察学生的操作方法，按照考核要求给学生实训打分。

（2）实训考核表。实训考核表如表3-3-1所示。

表 3-3-1 接待服务礼仪考核表

考评人		被考评人	
考评地点			
考评内容	接待服务礼仪考核		
考评标准	内容	分值（分）	评分（分）
	称呼准确	20	
	待客礼貌	20	
	接待环节	20	
	程序正确	20	
	符合职业标准	20	
合计		100	

注：实训考核分为 100 分，60~69 分为及格；70~79 分为中；80~89 分为良；90 分以上为优秀。

二、思考练习

1. 简答题

（1）接待的原则是什么？

（2）不同情况下的接待方式有哪些？

2. 案例分析

案例 1

谁来接站?

穆教授是礼仪方面的专家，他被邀请到某外贸公司作一堂关于国际交往礼仪的讲座。他打电话通知这家公司他明天抵达，希望公司有关人员届时到机场接一下。该公司秘书小吴接了电话，满口答应。但当穆教授走出机场时，左右环顾，无人接站，静等了十几分钟，仍无人前来，他只能叫出租车去公司了。穆教授到接待处，询问公司是否知道他要来，秘书说知道，都已经准备好了。穆教授奇怪地问，怎么没有来接站，秘书小吴"喔"了一声，连忙道歉，说"忘了"。她在忙乱之中，只想着给穆教授安排食宿问题了，而忘了要派车去接穆教授了。

请思考：

（1）从小吴的失误中，谈谈在接待之前都要做好哪些准备？

（2）如果你是小吴，应该怎样向穆教授道歉？

案例 2

岂有让客人站着之理?

一天，某公司负责前台接待的秘书小张迎来了一位事先与市场部孙经理预约好的却提前 20 分钟到达的客人。小张立刻通知了市场部经理，经理说正在接待一位重要客人，请对方稍等，小张就如实转告给客人说："孙经理正在接待一位重要客人，请您稍等。"正说着电话铃响了，小张赶快去接电话，十分钟后才发现客人正在办公室走来走去，她这才意识到应该给客人安排座位，但客人脸色已经很不好看了。

请思考：

（1）针对案例，分析小张在接待中有哪些不妥？

（2）如果你是小张，接下来你要怎样对客人道歉，来挽回自己的失误？

案例3

终于坐到应坐位置的中国法官

1946年5月，远东国际军事法庭审判以东条英机为首的28名日本甲级战犯，11个参与国的法官们因排座次而展开了异常激烈的争论。中国法官理应排在庭长左边的第二把椅子，可是由于中国国力不强，而被各强权国否定。

在这种情况下，唯一出庭的中国法官梅汝傲，与列强展开一场机智的舌战。他首先从正面阐明：排座位应按日本投降时各受降国的签字顺序排列，这是唯一正确的原则。接着他微微一笑说："当然，如果各位同仁不赞成这一方法，我们不妨找个体重器来，依体重的大小排座，体重者居中，体轻者居旁。"各国法官听了，忍俊不禁。庭长笑着说："您的建议很好，但它只适用于拳击比赛。"梅法官接着回答说："若不以受降国签字顺序排座，那就按体重排座。这样纵使我置末座也心安理得，并且对我的国家也有所交代，一旦他们认为我坐在边上不合适，可以换另一名比我胖的来。"这一回答引得法官们大笑起来，梅法官终于坐到应坐的位置上。

请思考：

读了这个案例你有哪些启示？

任务2　拜访礼仪

【任务目标】

通过本任务的学习，使学生掌握旅游从业人员进行拜访的礼仪规范，在工作中能够使用正确的拜访礼仪，为工作提供便利，同时展现旅游从业人员的文明操作水平。

掌握拜访前应做的全面准备工作，包括拜访时的仪容、仪表准备，拜访时的仪态以及拜访时的行为和谈话礼仪，并能够灵活运用。

【案例导入】

刚刚大学毕业半年左右的李丽，是武汉某国际旅行社公关部经理助理。日前她接到经理分派的一个任务——下周到广州出差一趟，与当地某国际旅行社的公关部门接洽相关事宜，顺路代经理拜访和看望他的一位朋友刘经理，并捎一些特产给他。

接到任务后，一向自信的李丽变得不安起来，虽然她平时在公司表现优秀，一直是上司的得力助手，但独自到外地出差联络业务对她来说还是第一次，即使待办的事情难度都不大，以事务性为主，但尽全力把工作做到完美是李丽对自己的要求。

问题：李丽应做哪些准备？

【任务分析】

拜访是一种双向性的活动，其中作为来宾的一方和作为主人的一方要共同遵守相关礼仪规范，才能保证整个拜访活动顺利进行。

【知识讲解】

旅游从业者在工作中经常需要对客户、合作企业、友好单位进行公务拜访。这些拜访，有些是礼节性的，而大多数则既有礼节性又兼顾业务性。通过拜访老朋友、结交新朋友，可以调节工作的压力，更重要的是可以扩大横向联系，增加交流和沟通。拜访时，最重要的是要做到以下几点：

一、注重预约

1. 有约在先是拜访首先要遵守的礼仪规范

一定要在到访前先联络妥当，让对方有思想准备，提前安排，以免扑空或扰乱主人的计划，不告而访非常失礼。只有事先约定，才能让对方有所准备，确保拜访顺利进行。预约时间和地点时，应以主人方便为前提，不要约在对方午休或用餐的时间前去拜访。

2. 做好准备

拜访都有一定的目的性，如商量什么事情或了解什么问题，需要携带什么资料和文件以及如何与对方交谈等，事先都应做认真的设想和安排。如果需要带上礼品，也应事先做好准备，还要准备好自己的服饰，注重仪表仪态，参加正式活动，要着正式的服装，以表示对对方的尊重。

3. 选择恰当的时机

如果是进行事务性拜访，应选择上班时间，但不宜星期一一大早前去拜访，因为这是大家最忙的时候。进行礼节性拜访，应选择对方上班比较空闲的时间，但不宜逗留时间过长。进行私人拜访，应该选择对方休息时间，但不宜在对方用餐、午休、晚休时间进行拜访。

二、准时赴约

准时赴约是对拜访人员最起码的要求，是注意个人信用和形象、提高办事效率和尊重外方的表现。宾主双方约定了会面的具体时间后，拜访者应履约守时、如期而至。

如因故迟到，应向主人道歉。若因故更约，应在事先诚恳而婉转地说明。必要时可另行约定再次拜访的时间，再次拜访时，务必记住当面向对方表示郑重的歉意。

三、上门有礼

无论是到办公室或是寓所拜访，一般都要遵守"客随主便"的原则。进门前，应轻轻叩门或按门铃，待有回音或有人开门时，方可进入。

与主人相见，要主动向主人问好，并同主人握手为礼。办公室内若还有其他同事，应主动打招呼问好，不可视而不见，如果是初次见面，还应作简短的自我介绍。

进门后，不要自己找座位抢先坐下，而要根据主人的邀请，坐到指定的位置。主人或接待人员奉茶时，要起身双手相迎，并热情道谢。

特别要提醒的是，双方谈话时，最好将手机静音或关闭，以免来电打扰到会谈的进行，因为会谈中频接电话往往会使人感到缺乏诚意。

四、交谈

见面后，通常主人会先闲谈三四分钟后，才转入正题。作为客人这时应以主人为主，除非访谈是自己的要求。访谈过程中说话要客气，避免滔滔不绝，提出问题后要给对方讲解和答复的时间，对方发言时要注意倾听，有不同意见时也不要中途打断，而应在对方讲完后再补充。另外还要注意控制访谈时间，不宜逗留过长时间。

要有良好的时间观念。拜访的时间长度应按事先的约定，要尽可能快地进入正题，避免闲谈时间过长而影响办事效率，且绝不可单方面延长拜访时间。

如是初次见面，访谈时间以一个小时以内为宜。最长的访谈时间也不宜超过两小时。事先未约定访谈时间长度的，应对拜访对象的举动反应敏锐，一旦拜访对象有结束访谈的意思，要立即起身告辞。

五、适时告辞

由于拜访前对此行的目的有事先打算，所以如果目的已达到，见主人显得疲乏或还有其他客人，便应适时告辞。辞行时感谢主人的热情款待，出门后应及时请主人留步，如有意邀请主人回访，可在握手道别时提出邀请。

六、过后感谢

拜访结束后，访友者如果能及时用短信、邮件或电话等方式再次向对方表示感谢，将会增加自己的真诚和重视，在对方心中留下良好的印象，为以后的沟通合作打下基础。

【阅读材料】

送花与场合

每一种花都具有某种含义，蕴藏着无声的语言，因此送花时应根据对方的情况选择不同的花种。

1. 新春佳节

新春佳节可选送大丽花、牡丹花、水仙、吉庆果、金橘、状元红等表示吉祥的花卉。

2. 祝贺开业

祝贺开业可选红月季、牡丹、一品红、天堂鸟等，表示开业大吉、生意兴隆。

3. 看望父母

看望父母可选剑兰、康乃馨、百合等插成花篮或花束，祝父母身体健康、幸福美满。

4. 探望病人

探望病人可选素净淡雅的马蹄莲、剑兰、康乃馨等表示问候，并祝愿早日康复。

5. 迎接亲友

迎接亲友可选色彩绚丽的玫瑰、百合、康乃馨、满天星等组成花束表示热情好客。

6. 夫妻之间

夫妻之间可互赠合欢花，合欢花的叶子两两相对合抱，是夫妻好合的象征。

7. 祝贺新婚

祝贺新婚可送花色艳丽、花香浓郁的鲜花，如百合、玫瑰、牡丹、月季等表示富贵吉祥、幸福美满。

8. 长辈寿诞

长辈寿诞可选送长寿花、大丽花、迎春花、兰花等寓意"福如东海，寿比南山"。

9. 工商界朋友

工商界朋友可送杜鹃花、大丽花、常春藤等祝福其前程似锦、事业成功。

10. 离退休同志

离退休同志可选兰花、梅花、红枫、君子兰等，敬祝正气长存，保持君子风度与胸怀。

综合能力训练

一、任务实训

1. 实训步骤

（1）由教师讲解拜访礼仪基本要求、基本规范。

（2）教师演示拜访的程序与礼仪。

（3）学生以实训小组为单位训练，教师巡视，指导训练。

2. 实训方法

学生以实训小组为单位，分组设计以下三个场合的拜访活动并进行表演。要求轮换角色：①私宅拜访。②写字楼拜访。③咖啡厅拜访。

3. 实训准备

会客沙发一套、茶几一套、茶具一套。

4. 实训时间

实训时间为60分钟，其中示范讲解20分钟，学生操作35分钟，考核测试5分钟。

5. 考核评价

（1）评分要求。按百分制记分，学生操作时，指导教师观察学生的操作方法，按照考核要求给学生实训打分。

（2）实训考核表。实训考核表如表3-3-2所示。

表3-3-2　拜访礼仪考核表

考评人		被考评人	
考评地点			
考评内容		拜访礼仪考核	
考评标准	内容	分值（分）	评分（分）
	准备工作	20	
	称呼正确	20	
	举止大方	20	
	礼貌交谈	20	
	符合职业标准	10	
	整体印象	10	
合计		100	

注：实训考核分为100分，60~69分为及格；70~79分为中；80~89分为良；90分以上为优秀。

二、思考练习

1. 选择题

（1）拜访亲朋好友时，如需送礼物，除鲜花外，都必须带着（　　）。

A. 价格标签　　　　B. 售货发票　　　　C. 礼品包装

（2）送客时，最好让客人（　　）才回身。

A. 出门后　　　　B. 离开视线范围以外　C. 转身后

（3）拜访要事前约好，（　　）。

A. 提早到达　　　　B. 依时赴约　　　　C. 稍晚一点到达

（4）拜访客人时间不宜（　　），适时告辞。

A. 太长　　　　　　　B. 太短　　　　　　　C. 太早

（5）拜访他人应选择（　　），并应提前打招呼。

A. 清晨　　　　　　　B. 用餐时间

C. 节假日的下午或平日的晚饭后

（6）一般性的拜访多以（　　）为最佳交往时间。

A. 一小时左右　　　　B. 半小时左右　　　　C. 十分钟左右

2. 简答题

（1）拜访时要注意什么礼仪要求？

（2）如果你要进行一次家庭拜访，请你从礼仪的角度谈谈如何去做好这次拜访工作。

（3）如果你要进行一次公务拜访，请你从礼仪的角度谈谈如何去做好这次拜访工作。

3. 案例分析

案例

失礼的推销

一年夏天，推销员小刘浓妆艳抹、衣着时髦地来到顾客家上门推销产品。她敲开门后立即作自我介绍："我是来推销××消毒液的。"当主人正在犹豫时，她已进入室内，拿出商品，说："我厂的产品质量好，是×元一瓶。"顾客说："我从来不用消毒液，请你介绍一下消毒液有何用途。"小刘随即往沙发上一坐，对顾客说："天这么热，你先打开空调我再告诉你。"

顾客不悦，道："那算了，你走吧，我不要了。"小刘临走说："你真傻，这么好的东西都不要，你会后悔的！"

请思考：

（1）为什么顾客没有接受小刘推销的商品？

（2）小刘在推销商品时有哪些失礼之处？

项目四

电话服务礼仪

电子商务时代，电话已经成为广泛的交际工具，人们在未见其人，先闻其声中塑造着自己的礼貌、热情、美好的形象，从而折射出所在企业的形象。所以旅游服务人员一定要积极塑造自己完美的电话形象，自觉做到称呼准确礼貌，态度积极，语言简明扼要，对沟通信息处理清楚。

任务1　拨打电话的礼仪

【任务目标】

通过对本任务的学习，使学生掌握旅游服务人员话务工作中最基础的一项技能，即拨打电话时的礼仪规范，在拨打电话工作中掌握正确的操作方法，为工作提供便利，同时展现旅游从业人员的文明操作水平。

【案例导入】

某旅行社计调小欧早晨八点钟就给新疆的一位旅行社经理打电话，"喂，是张总吗？""你是谁？""我是大连海之韵旅行社的计调小欧。""对不起，我在吃早餐，等会打过来好吗？""噢，好的。"

问题：如果你是小欧，你该如何做？

【任务分析】

通过"仅闻其声，不见其人"的电话，能反映通话者的个人修养和工作态度，也能体现出所在企业的整体形象，尤其对于旅游企业来说，打电话是每天必不可少的日常工作，所以更要格外注意塑造自己良好的"电话形象"。

【知识讲解】

在打电话时，必须把握住通话的时间、内容和分寸，使得通话时间适宜、内容精练、表现有礼。如果在以上三方面有所欠缺，就会给接听电话的人留下不好的印象，为此后的联络造成障碍。

一、时间适宜

把握好通话时机和通话长度，既能使通话更富有成效，显示通话人的干练，同时也显示了对通话对象的尊重，反之如果莽撞地在受话人不便的时间通话，就会造成尴尬的局面，非常不利于双方关系的发展。还要注意把握好通话时间，如果谈话过于冗长，也会引起对方的负面情绪。

1. 通话时机

通话的最佳时间是双方事先约定的时间或者是对方方便的时间。在拨打电话前一定要慎重考虑何时给对方打电话最适宜，如果是已经约好何时打电话，一定要守时。

在给工作上的合作伙伴拨打电话时，一定要注意若非紧要的事情，节假日、午休时间最好不要打电话。平时在早6：00前，晚9：00后不要打。

如果是给国外的人打电话，一定要先了解一下时差，不要不分昼夜，因为时差关系，在我国处于白天时，对方可能正处于深夜的睡眠状态。

打公务电话要注意尽量在对方的工作时间进行，要回避对方的休假期间、生理厌倦时间、公务繁忙时间和通话高峰时间。

2. 通话长度

在通话时，要牢记通话三分钟原则，长话短说，废话少说，没话不说。拨打电话的人一定要对通话的具体时间长度有所控制，自觉做到通话简洁明了，不漫无边际地闲扯，以致造成对方时间上的浪费。

3. 与受话方沟通

拨打电话的一方在开始通话时，要主动询问对方现在通话是否方便，如果对方感到不方便，就另约时间再打。如果预计通话时间较长，拨打电话的人应当事先告知受话人并征求受话人的意见，且在通话结束时表示歉意。在工作时间，不要为了私事去打扰对方，妨碍对方的工作。

二、内容精练

打电话时忌讳通话内容不着要领、语言啰嗦、思维混乱，这样很容易引起受话人的反感。通话内容精练简洁是对通话人的基本要求，要做到这一点，应从以下三方面入手：

1. 预先准备

在拨打电话之前，对自己想要说的事情做到胸中有数，尽量梳理出清晰的顺序，做好这样的准备后，在通话时就不会出现颠三倒四、现想现说、丢三落四的现象了，同时也会给受话人留下高素质的好印象。拨打电话要提前想好谈话要点，列出提纲，如电话要打给谁，打电话的目的是什么，要说明几件事情，它们之间的联系怎样，应该选择怎样的表达方式。讲述事由要简明扼要，声音和蔼，遵守六原则（5W1H）：时间、地点、人物、事件、原因、怎么做。

2. 简洁明了

电话接通后，发话人对受话人的讲话要务实，在简单的问候之后开宗明义直奔主题，不要讲空话废话，不要啰嗦重复，更不要偏离话题，节外生枝或者没话找话。在通话时，最忌讳发话人东拉西扯、思路不清，或者一厢情愿地认为受话人有时间陪自己聊天，共煲"电话粥"。

3. 把握分寸

拨打电话的人要注意控制通话的长度，把事情讲明白后就应结束话题，不可反复叙说，絮叨个没完。

结束话题并不意味着马上挂断电话。一般来说，应由通话双方中地位较高的人先挂断，这是电话礼仪中的惯例，通话双方地位相近时，一般由拨打电话的一方先挂断。

如果使用的是公用电话，还应留意身后是否有人在排队等待，一定要自觉主动地尽快结束通话，切勿旁若无人或者有意拖延时间。

三、表现有礼

拨打电话的人在通话的过程中，始终要注意待人以礼，举止和语言都要得体大度，尊重通话对象，并照顾到通话环境中其他人的感受。通话时的待人以礼表现在以下三个方面：

1. 语言有礼

通话过程中，切记不要带脏字，不使用粗鲁的表达方式说话。通话开始时，要先问候对方，如果受话人身旁还有其他人，也要附带问候，通常情况下首先问候"您好"，然后再转入正题。在问候对方之后，接下来要自报家门，做简单的自我介绍，用简洁得体的语言说明打电话的目的，切记不要故弄玄虚，让对方去猜，这样做很不礼貌，是在浪费对方的时间。

通话结束时，不要忘记与对方道别，如果不说"再见"就挂断电话，会给人以突兀和生硬的感觉，别人也不能确定通话是否结束。

2. 态度有礼

无论受话人的地位高低，发话人一定要语气平和，不要咄咄逼人，甚至厉声呵斥，粗暴地对待受话人，对待地位比自己高的受话人也要不卑不亢，不能低三下四、阿谀奉承、唯唯诺诺。

如果电话需要总机接转，不要忘了向接转的人问好，并且要对接转人说一声"谢谢"。此外，"劳驾"、"麻烦您"等也是请人帮忙时的恰当表达，如果要找的受话人不在，需要接听电话的人代为转告或者留言时，同样要有礼貌地表达自己的感谢之意。

在通话时，为了让受话人听得清楚，说话语速要适当放慢。说话声音不宜过高，可以适当地问受话人一句"我的声音您听得清楚吗"，以此来确认自己的声音是否合适。

如果通话时出现电话忽然中断的现象，按照礼仪要求，应由拨打电话的人立即再拨打一遍，当电话接通之后，应立即向受话人解释电话中断是线路故障、信号不好所导致，不要闭口不提，更不要等着受话人一方打过来电话询问。

如果拨打电话时出现拨错号码的情况，应当对接听电话的人稍作解释并表示歉意，不要一言不发或者不做解释就挂断电话。

3. 举止有礼

通电话时，若非可视电话，一般互相看不到对方的举止，但仍然可以感觉到对方的一些动作和声响，因此，通话时要注意自己的举止行为，不可掉以轻心。

具体应注意以下细节：在打电话时，不要嘴里含着东西或者咀嚼东西，边打电话边吃东西是失礼的行为。在打电话时，最好双手手持话筒并起身站立，不要把话筒夹在脖子下，或者抱着电话来回走动，或者躺着、趴着，甚至高架双腿与人通话。在拨号的时候，如果对方的电话一直占线，要表现出适度的耐心，不要急躁、骂骂咧咧，甚至拿电话机出气。

【阅读材料】

拨打电话

1. 专业电话沟通技巧之一——声音和语言

向电话微笑。我们打电话时第一件事，就是用声调，表达出你友谊的微笑来，正是因为对方不能从电话中看见你的笑容，所以你的声调就要负起全部的责任来。

语言要求。陈述事实要简洁，说明要点要有条理，用最少的语言交代清楚内容，主题要集中，观点要鲜明。

2. 拨打电话的流程管理

拨打电话的流程如图 3-4-1 所示。

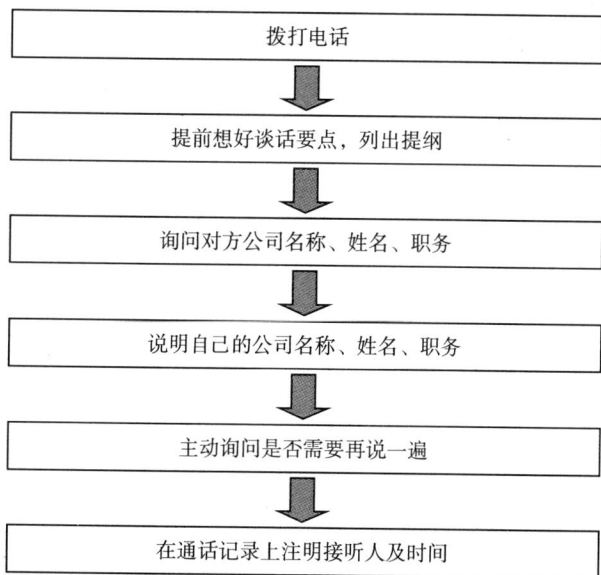

```
┌─────────────────────────────────┐
│           拨打电话               │
└─────────────────────────────────┘
              ↓
┌─────────────────────────────────┐
│    提前想好谈话要点，列出提纲     │
└─────────────────────────────────┘
              ↓
┌─────────────────────────────────┐
│   询问对方公司名称、姓名、职务    │
└─────────────────────────────────┘
              ↓
┌─────────────────────────────────┐
│   说明自己的公司名称、姓名、职务  │
└─────────────────────────────────┘
              ↓
┌─────────────────────────────────┐
│      主动询问是否需要再说一遍     │
└─────────────────────────────────┘
              ↓
┌─────────────────────────────────┐
│   在通话记录上注明接听人及时间    │
└─────────────────────────────────┘
```

图 3-4-1 拨打电话的流程

综合能力训练

一、任务实训

1. 实训步骤

（1）由教师讲解、演示正确的拨打电话礼仪操作规范。

（2）安排每位学生演示拨打电话，由教师及台下同学指出不足之处。

（3）以实训小组为单位进行自由训练，可以互相监督并指出不足。

（4）由教师根据每个同学的实训情况进行点评。

2. 实训方法

（1）两人为一组，一个接电话，一个打电话，用标准的操作规范进行。

（2）设计不同的场景，指出学生错误的问话和回答方式，对其进行改进。

3. 实训准备

办公桌椅一套、话务人员专用电话一部（可使用普通电话代替）、旅游企业专用电脑一部（可使用话务记录本和笔代替）及电话转接器一部（可无）。

4. 实训时间

实训时间为 60 分钟，其中示范讲解 20 分钟，学生操作 35 分钟，考核测试 5 分钟。

5. 考核评价

（1）评分要求。按百分制记分，学生操作时，指导教师观察学生的操作方法，按照考核要求给学生实训打分。

（2）实训考核表。实训考核表如表 3-4-1 所示。

表 3-4-1　拨打电话礼仪考核表

考评人		被考评人	
考评地点			
考评内容		拨打电话礼仪考核	
考评标准	内容	分值（分）	评分（分）
	程序正确	20	
	操作规范	20	
	语气柔和	20	
	通话内容简洁清楚	20	
	符合职业标准	20	
合计		100	

注：实训考核分为 100 分，60~69 分为及格；70~79 分为中；80~89 分为良；90 分以上为优秀。

二、思考练习

1. 填空题

（1）恰当的通话时间应是白天在_____以后，假日最好在_____以后，夜间则应在_____以前，以免影响对方休息。

（2）与国外通话，务必注意_____和_____。

（3）拨打电话时，_____之内不挂电话，如果匆匆挂断，是失礼行为。

2. 情景模拟

以下是十种常见的电话情景及应对技巧，请同学们以实训小组为单位，模拟演练。

状况一：领导刚好不在位置（看看自己可以解决吗？留下信息，便条递进会议室）。

状况二：接到领导不愿接的电话（灵活、礼貌）。

状况三：接到一些令人困惑的电话（询问清楚、代为总结）。

状况四：当对方怒气冲天时（耐心聆听、细心劝说、承诺对方）。

状况五：当对方喋喋不休时（总结）。

状况六：线路中断（主动打电话的一方负责重拨、道歉）。

状况七：对方的谈话谈不到点子上（归纳总结）。

状况八：拨错号（抱歉）。

状况九：通话时受到干扰（不可同时交谈）。

状况十：被问及公司机密问题（婉言回避）。

任务 2　接听电话的礼仪

【任务目标】

通过对本任务的学习，使学生掌握旅游企业话务工作中最基础的一项技能——接听电话的礼仪规范。在接听电话工作中掌握正确的操作方法，为工作提供便利，同时展现旅游从业人员的文明操作水平。

【案例导入】

新加坡利达公司销售部文员刘小姐要结婚了，为了不影响公司的工作，在征得上司的同意后，她请自己最好的朋友陈小姐暂时代理她的工作，时间为一个月。陈小姐大专刚毕业，比较单纯，刘小姐把工作交代给她，并鼓励她努力干，准备在蜜月回来后推荐陈小姐顶替自己。

某一天，经理外出了，陈小姐正在公司打字，电话铃响了，陈小姐与来电者的对话如下：

来电者："是利达公司吗？"

陈小姐："是。"

来电者："你们经理在吗？"

陈小姐："不在。"

来电者："你们是生产塑胶手套的吗？"

陈小姐："是。"

来电者："你们的塑胶手套多少钱一打？"

陈小姐："1.8 美元。"

来电者："1.6 美元一打行不行？"

陈小姐："对不起，不行的。"说完，"啪"挂上了电话。

上司回来后，陈小姐也没有把来电的事告知上司。过了一星期，上司提起他刚谈成一笔大生意，以 1.4 美元一打卖出了 100 万打。陈小姐脱口而出："哎呀，上星期有人问 1.6 美元一打行不行，我知道你的定价是 1.8 美元，就说不行的。"上司当即脸色一变说："你被解雇了！"陈小姐哭丧着脸说："为什么？"上司说："你犯了五个错。"

问题：陈小姐被解雇是因为上司说她犯了五个错，分别是什么？你认为陈小姐应该怎么做呢？

【任务分析】

对于旅游企业来说，接听电话是每天必不可少的日常工作，所以更要格外注意塑造自己良好的"电话形象"。接听电话的人虽然处于被动的位置，但是也不能在礼仪规范上有所松懈。拨打电话过来的人可能是你的上级，可能是合作方，也可能是对你很有帮助的友人，因此受话人在接听电话时，要注意有礼和得体，不能随随便便。

【知识讲解】

受话人接听的电话可分为以下三种情形：本人受话、代接电话和录音电话，以下就分别介绍一下这三种情况中的应对策略。

一、本人受话

当本人接听打给自己的电话时，应注意及时接听并谦和应对，无论对方地位尊卑，都要待人以礼。具体来说，应注意以下几点：

1. 及时接听

电话铃声响起，要立即停下自己手头的事，尽快接听。不要等铃声响过很久之后，才姗姗来迟或者让小孩子代接电话。一个人是否能及时接听电话，也可从一个侧面反映出他的待人接物的诚恳程度。

一般来说，在电话铃声响过三遍左右，拿起话筒比较合适。"铃声不过三声"是一个原则，也是一种体谅拨打电话人的态度，而且铃声响起很久不接电话，拨打电话的人也许会以为没有人接而挂断电话。如果接电话不及时要道歉，向对方说"抱歉，让您久等了"。

2. 谦和应对

在接电话时，首先要问候，然后自报家门，向对方说明自己是谁。向发话人问好，也有向发话人表示打来的电话有人接听的意思。自报家门是为了确认自己是否是发话人真正要通话的对象。

在私人住所接听电话时，为了安全起见，可以不必自报家门，或者只向对方确认一下电话号码来确定是否对方找对了人，即使对方错拨了电话，也不要勃然大怒，口出秽语，而要耐心解释。

在接听电话时，要聚精会神，认真领会对方的话，而不要心不在焉，甚至把话筒搁在一旁，任凭通话人"自言自语"而不顾。对于比自己地位高的人，不必过于阿谀奉承，毕恭毕敬，一味讨好，要做到不卑不亢；对于有求于己的人，不要拿腔作调，伤害对方的自尊心，更不要一言不发，故意冷场。

在通话突然中断时，不要扬长而去，而要耐心等待发话人再打进来，也不要为此责备发话人。当通话结束时，一般来说，地位高者先挂，地位相近的，由打电话进来的人先挂，一定要在道别之后再挂断电话。

3. 分清主次

其一，电话铃声一旦响起，接电话就成为最紧急的事情，其他事情都可以先放一边。接听电话时，不要再与旁人交谈或者看文件、吃东西、看电视、听广播等，即使是电话铃声响起的时候你忙着别的事，在接听电话时也不要向打电话来的人说电话来得不是时候。

其二，有时候确实有无法分身的情况，比如，自己正在会晤重要的客人或者在会议中间，不宜与来电话的人深谈，此时可以向来电话的人简单说明原因表示歉意，并主动约一个具体的双方都方便的时间，由自己主动打电话过去。一般来说在这种情况下，不应让对方再打过来一次而应由自己主动打过去，尤其是在对方打长途电话的情形中。约好了下次通话的时间，就要遵守约定，按时打过去，并向对方再次表示歉意。

其三，如果在接听电话的时候，适逢另一个电话打了进来，切记不要中断通话，而要向来电话的人说明原因，请他不要挂断电话稍等片刻。去接另一个电话的时候，接通之后要请对方稍候片刻或者请他过一会儿再打进来，或者自己过一会儿再打过去，等对方理解之后，再继续方才正接听的电话。

其四，有的人在事情忙的时候，索性拔下电话线，跟外界隔绝，这样做对拨打电话希望通话的人很不礼貌，也很可能误了大事。另外，注意不要把自己假造的电话号码留给不希望保持联系的人。

二、代接电话

无论是居家生活还是在职场中，我们经常需要帮其他人代接电话或者代转电话。代接和代转电话的时候，一定要注意待人以礼，准确及时地传达电话内容，并尊重他人的隐私。

1. 待人以礼

当接到电话而对方所找的人并非自己时，不要显露不快情绪，更不要拒绝为来电话的人代找旁人，更不可明明知道对方要找的人在座位上却说那人不在。同事、家人和朋友之间，互相代接电话是一种情谊和义务，是互利互助的事。如果一个人连电话都不愿为他人代接，绝不会赢得他人的信任。

2. 准确传达

如果来电话的人所要找的人不在，可以在向他说明情况后，问一下是否需要代为转达，如果对方有这个要求，就应当帮助转达。对于所要求转达的内容，最好做一下笔录，并把笔录内容复述一遍，与来电话的人确认，以验证自己的记录是否准确无误。做笔录时，不要忘了询问和记录来电话人的单位、姓名、来电时间、通话要点、是否要求回电话、要求回电的时间等内容。

3. 及时传达

当接到电话，来电话的人所要找的人并非自己，而是要求某人接电话的时候，首先需要明确对方是哪一位，现在所要找的是哪一位。如果来电话的人不愿讲自己是谁，不必勉强。如果对方所要找的人不在，应当如实相告，并询问是否需要转达。如果答应发话人代为传话，就应尽快落实，不要耽搁时间。如果所找的人就在附近，应立即帮忙呼叫寻找，不要拖延时间。一般来说，自己答应为转达的电话内容，不应再托付他人，因为传来传去，电话内容就会走样，并且可能耽误事。

4. 尊重隐私

代接电话时，不要向来电话的人打听他与要找的人的关系。当被要求代为转达某事的时候，传话人要对所转达的内容保密，切勿到处宣传，唯恐世人不知。

三、使用录音电话

当代人的生活越来越忙碌，很多人没有时间随时拨打和接听电话，同时广告和推销以及骚扰电话也越来越多，因此不少人开始使用录音电话。使用录音电话时，应注意以下两点：

1. 录制留言

先录制一段电话留言，当受话人不在时，拨打电话的人就可以听到。一般来说，这段留言应包括的内容有：问候语、电话主人的姓名、留言的原因、致歉语、对发话人的请求、道别语等。

如果是私人住宅的电话，录音内容应当考虑到安全因素和隐私因素。一般来说，即使主人是女性，也不宜用女性进行录音，而且不宜自报姓名，可以用电话号码代替。在解释要求留言的原因时，不宜详细解释为什么自己不在，具体何时回来，免得不法分子窥察到主人的行踪规律。比如录音内容可以这样说："你好，这里是'809823××'，主人暂时不在，请在听到提示音之后留言，主人回来后将立即与您联系。谢谢！"

2. 处理来电

如果人在家中或者办公室，尽量当时就接电话，不要用录音电话来"招架"来电话的人。不得已而使用录音电话时，一旦看到有录下的信息，应当立即进行必要的答复和处理，不可拖来拖去，或者置之不理，更不能对录下的电话内容矢口否认，明明听到了他人的电话留言还赖账，那样就会失信于人。

四、手机使用礼仪

现在手机已成为每个人必不可少的随身工具，而且随着技术的发展，手机已不再只是打电话的通信工具，而是具有众多实用功能的工具。然而，我们在享受手机便利的同时，还要遵守一些手机礼仪。

1. 手机的存放

作为职场人员，应该考虑公共场合手机放在哪里合适，很多人习惯把手机随意摆放，这在自己家里没有问题，但在公共场合手机的摆放是很有讲究的，手机在不使用的时候，可以放在口袋里，也可以放在书包里，但要保证随时可以拿出来。

在与别人面对面时，最好不要把手机放在手里，也不要对着别人放置，这都会让对方感觉不舒服。而对于职场人士来说，最好也不要把手机挂在脖子上，这会让人觉得很不专业。

2. 打电话前考虑对方

如今，手机作为沟通的重要工具，自然是联系客户的重要手段之一。但在给自己重要的客户打手机前，首先应该想到对方是否方便接听电话，如果对方正处在一个不方便说话的环境，那么沟通效果肯定会大打折扣，因此"打电话前考虑对方"这是职场人员必须要学会的一课。

最简单的一点，就是在接通电话后，先问问对方是否方便讲话，但仅有这点是远远不够的，一般在平时要主动了解客户的作息时间，有些客户会在固定时间召开会议，这个时间一般不要去打扰对方。而电话接通后，要仔细倾听并判断对方所处的环境，如果环境很嘈杂，可能说明他正在外面而不在办公室，这个时候你要考虑对方是否能够耐心听你讲话。而如果他小声讲话，则说明他可能正在会场里，你应该主动挂断电话，择机再打过去。

3. 接听勿扰他人

在办公室里接听手机的时候不要声音很大，旁若无人，可以先去办公室外接电话，以免影响他人，特别是一些私人的通话更应注意。

使用手机如今已是再平常不过的事物，但在工作中一部手机却可以折射出一个人的职场能力。因此旅游服务人员一定要掌握手机礼仪，让手机成为自己的职场帮手，而不是减分利器。

【阅读材料】

接听电话

1. 接听电话流程

接听电话流程如图 3-4-2 所示。

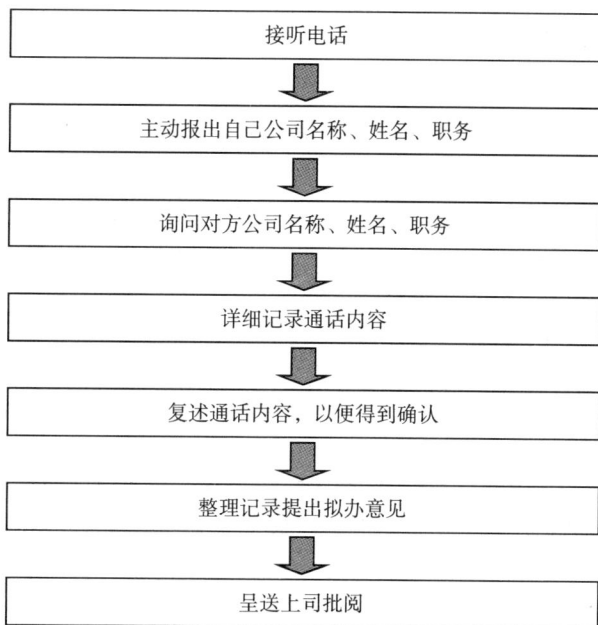

接听电话

⬇

主动报出自己公司名称、姓名、职务

⬇

询问对方公司名称、姓名、职务

⬇

详细记录通话内容

⬇

复述通话内容，以便得到确认

⬇

整理记录提出拟办意见

⬇

呈送上司批阅

图 3-4-2　接听电话流程

2. 电话记录表（样例）

电话记录应含有以下内容：

时间：_____年__月__日__时__分

公司名称：_____

姓　　名：_____　　电话号码：_____

来电内容：（1）_____

　　　　　（2）_____

处理情况：

（1）请交_____处理。

（2）请_____回电话。

（3）约定_____再打电话来。

　　　　　　　　　　　　　　　　　接话人：_____

综合能力训练

一、任务实训

1. 实训步骤

（1）由教师讲解示范、演示正确的接听电话礼仪操作规范，说明训练要求及训练时的特别注意事项。

（2）安排每位学生演示接听电话，由教师及台下同学指出不足之处。

（3）以实训小组为单位进行自由训练，可以互相监督并指出不足。

（4）教师不断巡视、指导、检查、示范，纠正个别错误，集体讲评一般错误。

（5）由教师根据每个同学的实训情况进行点评。

2. 实训方法

（1）两人为一组，一个接电话，另一个打电话，用标准的操作规范进行。

（2）设计不同的场景，指出学生错误的问话和回答方式，对其进行改进。

3. 实训准备

办公桌椅一套、话务人员专用电话一部（可使用普通电话代替）、旅游企业专用电脑一部（可使用话务记录本和笔代替）及电话转接器一部（可无）。

4. 实训时间

实训时间为60分钟，其中示范讲解20分钟，学生操作35分钟，考核测试5分钟。

5. 考核评价

（1）评分要求。按百分制记分，学生操作时，指导教师观察学生的操作方法，按照考核要求给学生实训打分。

（2）实训考核表。实训考核表如表3-4-2所示。

表3-4-2　接听电话礼仪考核表

考评人		被考评人	
考评地点			
考评内容	接听电话礼仪考核		
考评标准	内容	分值（分）	评分（分）
	程序正确	20	
	语言礼貌	20	
	操作规范	20	

考评人		被考评人	
考评标准	通话内容简洁清楚	20	
	符合职业标准	10	
	整体印象	10	
合计		100	

注：实训考核分为100分，60~69分为及格；70~79分为中；80~89分为良；90分以上为优秀。

二、思考练习

1. 填空题

（1）接听电话时，重要内容应用笔记下，关键_____、_____应复述确认。

（2）接听电话时，不要将单位领导的_____电话号码和_____的电话号码随意告诉对方。

（3）通话结束后，一般由_____的一方结束谈话并_____挂断电话。

（4）受话人接听的电话可分为以下三种情形：_____、_____、_____。

2. 简答题

（1）接听电话的礼仪是什么？

（2）使用手机时要注意哪些礼仪？

3. 案例分析

案例 1

销售电话的接听

电话销售人员：您好，××公司，请问有什么可以帮助您？

客　户：我想咨询一下你们的产品！

电话销售人员：请问怎样称呼您？

客　户：我姓刘。

电话销售人员：刘女士您好，请问您要咨询哪一类产品？

客　户：是关于电话销售系统方面的产品。

电话销售人员：请问您是想了解单机版的，还是多机版的？

客　户：单机版。

电话销售人员：好的，单机版的现在正在搞促销，价格是500元。您需要马上装吗？

客　户：怎么装呢？

电话销售人员：刘女士，请别着急，程序非常简单，我们会有专业人员给您指导的。要不然，我十分钟之后叫他给您回一个电话好吗？

客　户：好的。

电话销售人员：非常感谢您的来电，同时也非常感谢您对我工作的支持。谢谢！

请思考：

分析电话销售人员在礼仪方面是否得当？

案例2

失礼的"手机铃声"

在奥运会上，中国代表团的成绩屡创新高，中国运动健儿的出色表现征服了世界各国观众。但是在体育健儿为国争光的同时，某些中国人的不文明习惯却给他国运动员、记者留下了不好的印象。据报道，为了不影响参赛选手的正常发挥，某些场馆在观赛礼仪中是明确要求把手机关闭或者调到静音状态。比如在射击馆、马术馆等，组委会为了保证运动员发挥出自己的最佳水平，在场馆显著位置都专门竖有明显标志：请勿吸烟，请关闭手机。

但观赛的部分中国记者、观众，不知道是没有看见，还是根本没有当回事，没有关闭手机或者调至静音状态。当运动员紧张比赛的时候，鸦雀无声的场馆内，手机铃声显得特别刺耳，也会招来周围人的嘘声和众多不满的目光。

请思考：

上面的案例对你有何启示？

案例3

不恰当的总机转接

某公司的毛先生是杭州某三星级酒店的商务客人，他每次到杭州，肯定会住这家三星级酒店，并且每次都会提出一些意见和建议，可以说，毛先生是一位既忠实友好又苛刻挑剔的客人。

某天早晨8：00，再次入住的毛先生打电话到总机，询问同公司的王总住在几号房。总机李小姐接到电话后，请毛先生"稍等"，然后在电脑上进行查询，查到王总住在901房间，而且并未要求电话免打扰服务，便对毛先生说"我帮您转过去"，说完就把电话转到了901房间，此时901房间的王先生因昨晚旅途劳累还在休息，接到电话就抱怨下属毛先生不该这么早吵醒他，并为此很生气。

请思考:

总机李小姐的做法是否妥当?

任务3　接受电话咨询

【任务目标】

通过对本任务的学习,使学生掌握话务工作中最基础的一项技能,即接受电话咨询。在话务工作中使用正确的接受咨询的方法,为工作提供便利,同时展现旅游从业人员的文明操作水平。

【案例导入】

一天,旅行社的前台小刘接到一个顾客电话,"请问,你们旅行社欧洲八国游的具体价格是多少?"小刘:"对不起,我不负责这个业务。"说完就把电话挂了。顾客只好选择其他家的旅行社。

问题:小刘的做法对吗,为什么?

【任务分析】

电话咨询是对外宣传旅游企业优质服务的重要途径,并且为所有潜在客户提供尽可能完善的实效交流,增强客我双方彼此的了解,树立良好的企业形象。

【知识讲解】

旅游企业话务人员经常要给客人提供咨询服务,当话务人员拿起响铃的电话时,对于来电而言,我们就代表企业的形象,因此,做好电话咨询对企业来说尤为重要。

电话咨询是对外宣传旅游企业优质服务的重要途径,咨询工作主要是为所有潜在客户提供尽可能完善的旅游产品信息的服务,树立旅游企业良好的形象,打消客户对企业的疑虑,并在接触过程中展开"电话营销"最大限度地使咨询客人成为企业的消费者。

一、话务人员接受电话咨询要注意倾听

提供咨询服务前应首先提供倾听服务，话务人员的倾听能力是话务人员服务能力的重要组成部分。

话务人员在进行咨询服务前，首先要成为一个倾听者，倾听时要注意力集中，听清对方客户的要求，对持方言或说话过快的客人要想方设法听清对方的需求，可以使用"对不起，请您重复一下好吗?"等礼貌用语。对于客户的要求，话务人员应该快速记录下来，在客户进行叙述时，如有听不清楚的地方，可以先记下大概情况，等客户叙述完毕，再进行必要的询问。

二、话务人员的询问能力

话务人员还要具备一定的询问能力，从与客户的沟通当中很快了解客人的需求，从而为客人提供准确服务。话务人员的询问主要包括两种：一种是在进行交流的开始就向客户询问其要求，"请问，您对房间有哪些要求"，这样给客户一个叙述要求的平台；另一种则是针对客户叙述中并未提到的事宜进行询问，如"请问，您能接受的价格大约是多少"，此种情况下一定要注意涉及隐私问题的询问，一定要委婉。

如旅行社的话务人员在对客人进行推荐后，应当询问客户对其提供的线路的具体情况还有什么不清楚的地方，如行程的交通情况和食宿情况，如"您对这几条线路的具体情况还有不清楚的地方吗?"话务人员将线路所有情况告知客户后，应当迅速询问客户对哪一条线路比较满意。对于客户指出线路中想要更改的项目，话务人员应当立即询问其更改意向。

三、话务人员对业务知识的掌握情况

旅游企业的话务人员要具备较高的专业知识，不断加强业务学习，才能为客人提供高标准的服务。

以旅行社为例，话务人员如果使用业务终端电脑，可以通过输入客户的要求搜索相对合适的线路；对于水平相对不高的业务处理系统，话务人员输入信息时应自动进行业务转化；对于没有电脑业务终端的旅行社，话务人员必须熟练掌握旅行社本季的旅游线路，对整个线路的各个环节了如指掌。

四、话务人员要具备营销的能力

话务人员的咨询服务在一定程度上是一种营销行为，其提供的服务代表着整个旅游企业的服务水平，直接影响着客人的选择。因此，话务人员应当在咨询服务过程中显示出旅游企业一流的服务水平及良好的信誉。如旅行社客户要求对线路进行小的改动时，话务人员可以给出旅行社能够替代的其他选择。例如，一客户要求在"北京五日游"当中加入游乐项目，话务人员可根据旅行社的业务提供如"中华民族村"、"欢乐嘉年华"等项目供选择。

五、话务人员的聆听技巧

接受咨询时使用的语调应不高不低，接受咨询时语速应快慢适中。在整个电话沟通过程中要显现出专业性。不要显出不耐烦，不要打断对方说话，不要帮对方把话说完，不要没有听完就匆忙下结论，要与对方相呼应，用"聆听间隔"来表示我们在专心聆听。回答问题要讲究技巧：负责地回答所有问题，如遇不清楚的事情，或说清大意，或请了解情况的人接电话；回答问题不能含混不清，自己不了解情况，可跟对方说，"我不了解具体情况，过后我再给您回电话，您看可以吗？"

六、话务人员处理市场信息的能力

旅游企业话务人员要有强烈的市场意识，在与客户通话过程中要注意采集市场信息，客户的每一句话都蕴含着市场信息，所以话务人员在通话过程中应十分注意这方面的信息采集。话务人员得到信息后可以立即通知业务终端使信息进入市场部数据库，如没有业务终端可以把信息记录下来，然后送至市场部。

七、话务人员在接受咨询时严禁出现以下情况

1. 主观判断

话务人员在进行咨询工作时主观判断客户的情况，如年龄、职业和收入等，并以此来选择产品向客户推荐，这样做容易使客户认为话务人员不尊重自己。

2. 听不清客户要求

听不清楚客户的要求，主要有两个方面的原因：一是话务人员工作时精神不集中；二是客户叙述不清。

3. 信息遗漏

对于听不清楚的信息没有及时向客户询问，造成信息遗漏，对整个咨询工作造成不好的影响。

4. 不会引导询问

不进行客户要求的相关引导询问。这样使部分客户并不知道应该如何告诉话务人员自己的需求。

5. 不委婉询问客户隐私

对客户叙述中并未提到的事宜进行询问时，对涉及隐私的问题提问不委婉，如"请问您的年龄"。

6. 对旅游产品不熟悉

在没有信息系统辅助的前提下没有熟练掌握旅游企业产品，致使无法向客户提供产品信息，这样容易使客户怀疑服务人员的专业水准。

7. 泄露商业秘密

轻易将商业秘密告知客户，话务人员拒绝回答有关商业秘密的问题语气不委婉，对于大体性问题回答过于简略或复杂，让客户不容易理解，对于细节性问题的回答缺乏逻辑，致使回答冗长拖沓，既占用了客户的时间，又不能使客户理解清楚，使客户怀疑话务人员的专业服务能力。

8. 服务意识差

服务意识、水平不足，让客户认为旅游企业的整体服务水平不高。

9. 语速不对

接受咨询时语调过高或过低，语速过快或过慢。

10. 对市场信息不敏感

通话过程中没有采集并记录信息的意识，话务人员不能及时将市场信息递送至市场部门，不能使这部分信息发挥作用。

一个优秀的咨询员应做到：充分认识到电话在信息交流中的重要地位，掌握正确的电话礼仪规则，为个人或企业树立积极的电话形象，快速领会来电者的需求并给予满足，正确地在电话中有效地传递信息，正确地应对不同类型的电话，学会利用电话影响别人。

综合能力训练

一、任务实训

1. 实训步骤

（1）由教师讲解、演示正确的电话咨询礼仪操作规范。

（2）安排每位学生演示回答咨询电话，由教师及台下同学指出不足之处。

（3）以实训小组为单位进行自由训练，可以互相监督并指出不足。

（4）由教师根据每个同学的实训情况进行点评。

2. 实训方法

（1）两人为一组，一个接电话，另一个打电话，用标准的操作规范进行。

（2）设计不同的场景，指出学生错误的问话和回答方式，对其进行改进。

3. 实训准备

配有电脑、耳麦、电话的模拟工作台、白板、笔、便笺、记录本。

4. 实训时间

实训时间为60分钟，其中示范讲解20分钟，学生操作35分钟，考核测试5分钟。

5. 考核评价

（1）评分要求。按百分制记分，学生操作时，指导教师观察学生的操作方法，按照考核要求给学生实训打分。

（2）实训考核表。实训考核表如表3-4-3所示。

表3-4-3　电话咨询礼仪考核表

考评人		被考评人	
考评地点			
考评内容		电话咨询礼仪考核	
考评标准	内容	分值（分）	评分（分）
	倾听能力	20	
	询问能力	20	
	业务掌握情况	20	
	语速语调	20	
	符合职业标准	10	
	整体印象	10	
合计		100	

注：实训考核分为100分，60~69分为及格；70~79分为中；80~89分为良；90分以上为优秀。

二、思考练习

1. 简答题

（1）电话咨询的主要任务是什么？

（2）话务人员在接受咨询时要注意哪些问题？

2. 情景模拟

学生两人一组，模拟旅行社话务人员接受电话咨询练习。一人模拟客户对话务人员提问，另一人模拟话务人员回答。具体包括一般问题、细节问题、涉及商业秘密的问题。

一般问题，如客户对整个线路概况的提问，"请问今年暑假贵社北京游都有哪几种线路？主推线路是什么？"细节问题，如客户对旅行过程中各种细节安排的提问，"请问第三天乘车到平遥后下榻在几星级宾馆？"涉及本社商业秘密的问题，如客户问"北京团入住三星宾馆的房价是多少？"

任务4　　接受电话投诉

【任务目标】

通过对本任务的学习，使学生掌握话务工作中最难完成的一项技能，即接受电话投诉。在接受客户电话投诉中能够正确运用礼仪规范，有效解决问题，为工作提供便利，同时展现旅游从业人员的文明操作水平。

【案例导入】

一日，某旅行社的员工小林接到客户的抱怨电话，于是发生了如下一段对话：

客户：你们旅行社的效率怎么这么差？！

小林：赵先生，很抱歉！我姓林，能否告诉我究竟是什么原因让您那么生气？

客户：上午跟你们公司咨询日本游的行程，说好马上发过来，现在都过去一个小时了，为什么到现在还没有发给我们？

小林：赵先生，真是抱歉，因为临时有个会议耽误了给您发行程，我马上帮您发过去，真是抱歉！这是本公司的疏忽，请不要生气。

小林：赵先生，您好，我是××旅行社，敝姓林，我已经都您发过去了，请您查收。

问题：小林的行为符合礼仪规范吗？应该怎样对待客户的电话投诉？本案例有哪些可借鉴之处？

【任务分析】

旅游企业的服务水平是由客户来进行评价的，客户对服务不满意可以提出投诉，接受投诉的主要是旅游企业话务人员。话务人员在接受投诉表现出的高超服务水平可以使客户在心理上得到安慰，从而使其相信所投诉的服务是个别现象，以后还会与该企业发生业务往来。

【知识讲解】

所谓顾客投诉，是指顾客对企业产品质量或服务上的不满意，而提出的书面或口头上的异议、抗议、索赔和要求解决问题的行为。顾客投诉是每一个旅游企业皆会遇到的问题，它是顾客对企业管理和服务不满的表达方式，也是企业有价值的信息来源，它为企业改进自身服务，提升服务质量创造了许多机会。

一、处理顾客投诉的原则

如何利用处理顾客投诉的时机而赢得顾客的信任，把顾客的不满转化为顾客满意，锁定他们对企业和产品的忠诚，获得竞争优势，已成为旅游企业营销实践的重要内容之一，在处理顾客投诉的过程中，旅游服务人员应遵循以下原则：

1. 实事求是原则

这是旅游服务人员处理顾客投诉的基本态度，要实事求是地听取顾客的意见和反映，绝不要文过饰非、自以为是，或者主观武断、偏听偏信，这都是处理顾客投诉时最要不得的态度。

2. 超然事外原则

在处理顾客投诉时，如果一味站在本企业立场说话只会激化矛盾，采取超然事外的态度，能缓和顾客对立情绪，创造良好的谅解气氛。超然事外才能提出公正的解决方案，为解决异议奠定基础。

3. 多听少说原则

在听取意见阶段，如果事实不清就贸然发言或轻易反驳，往往起反作用。在交流意见阶段，主要是陈述事实，以事实说话，发言过多，于事无补，尤其是当旅游服务人员被顾客看作是企业方面的代表时，更应多听少说，让顾客倾吐不满，宣泄郁闷，这样会起到"降温"作用。如果旅游服务人员作为第三方调解纠纷时，应让冲突双方多发言，有时在充分倾听意见的过程中，就会产生解决冲突的方法。

4. 积极行动原则

由顾客投诉致纠纷发生后，旅游服务人员应该积极行动，及时赶到现场，查明事实。接待顾客时态度要热情，要尽其所能给予帮助。

5. 取得谅解原则

旅游企业要有解决问题的诚意，要持高姿态有严于责己的精神，做些妥协和让步并对顾客表达歉意，使顾客不满得到缓解，矛盾逐步消除。出于至诚，就能"精诚所至，金石为开"。

二、处理顾客投诉的技巧

处理顾客的投诉要注意把握以下技巧：

1. 听取意见

顾客对企业产生异议后，会通过各种渠道向企业提出严厉批评。对于旅游服务人员来说，不管顾客的批评采取什么方式，措辞如何尖锐，是否存在偏见，都要代表组织认真听取而不能采取引诱、威胁的方法来消除这种批评。

2. 查清事实

顾客投诉的产生总是由于某种原因引起的，查清事实是妥善解决顾客投诉的关键。由于顾客的对立情绪，往往很难接受企业方面的调查，这时最好委托第三方帮助查清事实。

3. 交换意见

在查清事实的基础上与顾客充分交流意见，求同存异达成谅解。这种交流可以通过新闻媒介进行，也可以请顾客代表到场面对面进行。进行面谈时，要做好充分的准备工作，包括拟出可供选择的解决方案，印好发给代表的调查报告，并做好代表的接待工作。双方冲突比较尖锐时，可以请第三方主持会议。

4. 了解反映

在妥善解决分歧，双方彼此达成谅解后旅游服务人员有必要通过民意测验，或公共关系调查等方式了解顾客对引起纠纷问题的看法，了解顾客对企业的意见和反映，总结工作中发现的问题以便进一步做好工作。

5. 合理处理

企业应该与顾客充分交换意见，交流信息，对真相和后果在求同存异的基础上逐渐统一认识，并且作出必要的赔偿和道歉，争取顾客谅解。同时要制定改进措施，防止类似事件再次发生。

三、处理顾客投诉的程序

旅游企业对待投诉的客户应首先要调整自己的心态，先向客户致歉，然后将客户遇到的问题询问清楚、记录完整，再向客户保证此事将尽快得到解决，并将处理结果通报给客户。最后在电话结束前对客户的投诉表达真诚的感谢，并表示欢迎客户的合作与支持。

1. 接受投诉

旅游企业话务人员对待客人投诉要礼貌接待、耐心倾听、不急于做任何辩解与反驳，站在客人的立场上理解对方；表示出对客人投诉的关心，使客人情绪逐渐平静下来；弄清真相，必须查明投诉的真正原因是什么（处理顾客投诉的基本原则就是查证）；向客人真诚道歉，同情客人，正面回答客人的问题，不允许和客人争辩，不得作推卸式的解释。

2. 处理投诉

了解客人最初的需要和问题的所在，找出当事人进行查询了解情况；积极寻求办法，尽量满足客人要求；与客人协商解决办法，不能强迫客人接受；问题解决后，再次向客人道歉。

3. 记录投诉

旅游企业话务人员接到客人投诉后，要记录投诉的事实、时间、地点、处理投诉的人员；上报上级，以避免再次发生类似的问题；在下次班前会上进行通报，对于一般的顾客投诉在每周的例会上集中进行通报，对重要的顾客投诉由总经理主持进行处理，并要建立完整的档案。

4. 其他注意事项

话务人员在处理投诉时，不能直接指正客人的错误，要委婉地向客人说出其要求是否合理；对于一些复杂的问题先不要急于表态，弄清真相后在客人同意的基础上有礼、有理地作出处理，一时不能处理的投诉也要让客人知道事情的进展情况；因为工作失误造成的客人投诉，要追究当事人的责任。要给客人适当的退步余地，切勿认为客人"多事"或有意"找碴儿"，无论客人投诉的动机如何都应该认识到，从客观上讲投诉是有利于改进工作的。从这种意义上说，投诉是旅游企业的最大财富。

【阅读材料】

投诉处理五字诀

如何正确对待、处理客人的投诉，以达到快速而又满意的效果呢？根据以往经验，可以将投诉处理的整个过程概括为五个字，即"听、记、析、报、答"。

1. 听

对待任何一个客人的投诉，不管鸡毛蒜皮的小事件，还是较棘手的复杂事件，作为受诉者都要保持镇定冷静，认真倾听客人的意见，要表现出对对方高度的礼貌尊重，就是客人发泄气愤的过程，我们不应也不能反驳客人的意见，这样客人才能慢慢平静下来，为我们的辩释提供前提条件。

2. 记

在听的过程中，要认真做好记录。尤其是客人投诉的要点及讲到的一些细节，要记录清楚并适时复述以缓和客人情绪，这不仅是快速处理投诉的依据，也为今后服务工作的改进做好铺垫。

3. 析

根据所听所写，及时弄清事情的来龙去脉，然后做出正确的判断，拟订解决方案，与有关部门取得联系一起处理。

4. 报

对发生的事情、做出的决定或是难以处理的问题，要及时上报主管领导征求意见，不要遗漏、隐瞒材料，尤其是涉及个人自身利益的方面，更不应该知情不报。

5. 答

征求了领导的意见之后，要把答案及时反馈给客人；如果暂时无法解决的，应向客人致歉，并说明原委请求客人谅解，不能无把握、无根据地向客人保证。

综合能力训练

一、任务实训

1. 实训步骤

（1）由教师讲解示范、演示正确的处理电话投诉礼仪操作规范，说明训练要求及训练时的特别注意事项。

（2）安排每位学生演示接听投诉电话，由教师及台下同学指出不足之处。

（3）以实训小组为单位进行自由训练，可以互相监督并指出不足。

（4）教师不断巡视、指导、检查、示范，纠正个别错误，集体讲评一般错误。

（5）由教师根据每个同学的实训情况进行点评。

2. 实训方法

（1）教师介绍本次实训的内容及模拟的情景。

（2）把学生分成小组，每组五人，然后进行角色分工，角色包括话务员、公关部经理、顾客等。

（3）每个小组成员分组讨论如何处理各类投诉。

（4）分组进行投诉处理过程的角色模拟，在模拟过程中要注意处理投诉的原则、程序及相关注意事项。

（5）如果时间允许，可以让学生进行角色轮换后再进行模拟。

（6）教师进行点评，学生撰写实训报告。

3. 实训准备

办公桌椅一套、电话一部（有条件可以使用专业话务设备）、投诉记录单一本、电话回访记录单一本。有条件的可使用业务电脑，该电脑中有质量监督所需的所有表单及客户资料。

4. 实训时间

实训时间为 60 分钟，其中示范讲解 20 分钟，学生操作 35 分钟，考核测试 5 分钟。

5. 考核评价

（1）评分要求。按百分制记分，学生操作时，指导教师观察学生的操作方法，按照考核要求给学生实训打分。

（2）实训考核表。实训考核表如表 3-4-4 所示。

表 3-4-4　接受电话投诉礼仪考核表

考评人		被考评人	
考评地点			
考评内容		接受电话投诉礼仪考核	
考评标准	内容	分值（分）	评分（分）
	对投诉客户的询问	20	
	倾听客户投诉的态度	20	
	问题处理是否妥当	20	

续表

考评人		被考评人	
考评标准	结束时祝语的使用	20	
	符合职业标准	10	
	整体印象	10	
合计		100	

注：实训考核分为100分，60~69分为及格；70~79分为中；80~89分为良；90分以上为优秀。

二、思考练习

1. 简答题

(1) 旅游企业处理客人投诉纠纷有哪些原则？

(2) 根据你自己的理解，谈谈处理顾客投诉的技巧。

2. 案例分析

案例 1

如何处理客人投诉

G先生入住一家五星级酒店，头天晚上11时左右曾委托总台李小姐叫醒，但李小姐未能准时叫醒客人从而耽误了航班，引起了客人的投诉。下面是大堂副理（A先生）与客人（G先生）的一段对话：

A先生：G先生，您好！我是大堂副理（A），请告诉我发生了什么事？

G先生：什么事你还不知道？我耽误了飞机，你们要赔偿我的损失。

A先生：你不要着急，请坐下来慢慢说。

G先生：你别站着说话不腰疼，换你试试。

A先生：如果这件事发生在我身上，我肯定会冷静的，所以我希望你也冷静。

G先生：我没你修养好，你也不用教训我，我们没什么好讲的，去叫你们经理来。

A先生：叫经理来可以，但你对我应有起码的尊重，我是来解决问题的，可不是来受你气的。

G先生：你不受气，难道让我这花钱的客人受气，真是岂有此理。

A先生：………

请思考：

大堂副理A先生在处理客人投诉时有什么问题？请结合礼貌用语的知识，对上面的案例进行分析。

案例 2

不应该接的电话

住店客人李先生在晚上外出时，太太往房间打电话找他，当时客房服务员正在开夜床，听到电话铃声响，就接了电话，刚说"您好"，对方就扯断了电话。

一会儿，李先生就打了投诉电话，诉说太太质问他为什么在房间里有女孩子接电话。

思考讨论题：

分析酒店应该如何处理李先生的投诉。

案例 3

酒店出现的危机

某酒店接受了一个学术会议在 12 月 20 日的预订，会议代表在 20 日陆续报到，但原定在 19 日下午结束会议并办理离店手续的另一会议团却没有按时退房，造成学术会议部分客人不能入住，学术会议主办方向酒店提出投诉。

思考讨论题：

请以前台人员的身份，分析上述危机事件，并写出处理危机的礼仪方案。

模块四　旅游服务语言规范

【模块概述】

　　"言为心声"，语言是人们表达思想、交流信息和传递感情最直接、最快捷的方法，也是建立良好人际关系的重要途径。旅游接待服务的过程，就是从问候客人开始到告别客人结束，语言是完成各种接待工作的重要手段。然而，旅游服务语言不单单是对语言的组织和运用，其关键在于懂得旅游服务语言的礼貌礼仪，即把握语言运用的基本要求和基本规范。

【模块目标】

　　知识目标：让学生熟悉并掌握旅游服务语言的规范。
　　能力目标：认识语言谈吐礼仪的重要性，掌握语言礼仪规范，做到语言谈吐文明礼貌，并且能够在工作中讲究语言艺术，自觉使用礼貌用语，有效沟通双方信息。

项　目

语 言 礼 仪

旅游接待服务工作不仅要求旅游服务人员具有渊博的知识、丰富的经验，还应具有比较扎实的语言功底，能运用正确的、优美的语言与旅游者交流思想、沟通信息、取得更好的服务效果。语言技能对旅游服务人员来说，是必不可少的基本功。

任务1　旅游服务人员服务用语

【任务目标】

通过本任务的学习，使旅游接待服务人员提高自身的礼仪素养，掌握基本的日常语言礼仪知识和技能，具备良好的语言表达能力，在工作中表现出较高的专业素质，更好地将自己融入职场之中，并取得成功。

【案例导入】

在某高级饭店，一位客人在离店时把一条浴巾放在提箱内带走了，服务员查房发现后报告大堂副理。根据酒店规定，一条浴巾需向客人索赔50元，如何不得罪客人，又维护酒店利益？大堂副理自有办法。

大堂副理在总台收银处找到刚结完账的客人，礼貌地请他到一处不引人注意的地方说："先生，服务员在查房时发现您的房间里少了一条浴巾。"客人面色有些紧张，但拒不承认带走了浴巾。大堂副理说："请您回忆一下，是否有您的亲朋好友来过，顺便带走了？"客人还未明白，嘴硬地说："我住店期间根本没有亲朋好友来拜访。"大堂副理又进一步引导他："从前我们也有过客人说是浴巾不见了，但他们后来回忆起来是放在床上，被毯子遮住了。您是否能上楼看看，浴巾可能压在毯子下被忽略了。"客人总算醒悟了，拎着提箱上了楼。大堂副理请服务员帮助开房门，并指示他不要跟进房。

一会儿客人从楼上下来，见了大堂副理，不高兴地说："你们服务员检查太不仔细了，浴巾明明在沙发后面嘛！"大堂副理放心了，但不露声色，有礼貌地说："对不起，先生，打扰您了，谢谢您的合作。"并真诚地补了一句："您下次来北京，欢迎再度光临我们酒店。"整个索赔结束了，双方皆大欢喜，客人保住了面子，酒店挽回了损失。

问题：大堂副理的索赔艺术成功在哪里？

【任务分析】

礼貌用语是尊重他人的具体表现，是友好关系的敲门砖。我们在旅游接待服务工作及日常生活中使用礼貌用语十分重要。多说客气话不仅表示对别人的尊重，而且也能表明自己有修养，所以多用礼貌用语，不仅有利于双方气氛融洽，更有益于提高服务质量。

【知识讲解】

礼貌用语是旅游服务人员用来向宾客表达意愿、交流思想感情和沟通信息的重要交际工具，是接待宾客时用来对宾客表示友好和尊敬的一种礼貌性语言。

一、旅游服务礼貌用语的基本特征

我国素以语言文明、礼貌待客著称于世。如果我们说话不注意文明礼貌，伤害了客人的自尊心，客人就会对旅游服务人员的服务质量表示不满，因此我们要注意在旅游接待服务中自觉使用礼貌用语，了解礼貌用语的基本特征。

1. 言辞的礼貌性

旅游服务行业用语言辞的礼貌性，主要体现在对敬语的使用上。敬语主要包括尊敬语、谦让语和郑重语。

（1）尊敬语。尊敬语是说话者直接表示自己对听话者敬意的语言，通常宜在说话人把听话人视作上位者使用，如"先生，对不起，让您久等了"。尊敬语力求让顾客感受到自己在服务人员心目中所占有的地位以及自己作为一名旅游者在旅游活动中所享有的礼遇。

（2）谦让语。谦让语是说话人利用自谦，直接表示自己对听话者敬意的语言，宜在说话人要表明自己是下位者时使用，如"过一会儿我来拜访您"。谦让语充分体现了"退让以敬人"的礼仪原则，即在人际交往活动中，人与人之间本身地位平等，施礼于人者本身先退让一步，将宾客放在自己之上，从而让宾客享受被尊重的快乐。

（3）郑重语。郑重语是说话者使用客气、礼貌的话语向听话人间接表示敬意的语言。使用郑重语时，一般并不表明说话人与听话人是上下级关系，只是出于客气礼貌，如离席时说一声"我先走了，你们慢慢谈吧"，分别时说一声"明天再见"等。

敬语最大的特点是彬彬有礼，热情又庄重。使用敬语时，一定要注意时间、地点和场合，语调要甜美、柔和。敬语是一种礼貌用语，即使在礼貌不周的情况下，也必须坚持使用，而不能感情用事，语言不当。

2. 措辞的修饰性

旅游服务中语言上要充分尊重宾客的人格和习惯，绝不能讲有损宾客自尊心的话，这就要求旅游服务人员要注意措辞的修饰性。

措辞的修饰性主要表现在经常使用的谦谨语和委婉语两个方面。谦谨语常常是以征询式、商量式的语气表达，如"这张桌子已有人预订了，请用那张靠窗的好吗？"委婉语是用婉转的、含蓄的表达方式来代替直露的语言，如"请您从这边走"要比"您走错了"效果好。

请比较下面这两种不同的说法。第一种说法："对不起，您的房间还没有收拾好。"第二种说法："请稍等，您的房间马上就收拾好。""马上就收拾好"实际上也就是"还没有收拾好"，但这种说法显然要比直说"还没有收拾好"要好得多，有时候为了不让客人太失望，需要反话正说。

假如在旅游旺季，客人来酒店预订房间，这时只有一间房间了，这话该怎么对客人说呢？请比较下面两种不同的说法。第一种说法："您运气不好，只剩下一间房间了，您要不要？"第二种说法："您运气真好，还有一间房间，我们可以留给您。"如果你是这位客人，你更喜欢听哪一种说法呢？这些不同的说法只是细小的区别，不是"逻辑"上的区别而是"感情"上的区别，我们要为客人提供优质服务，就不能不重视这些细小的区别。

3. 语言的生动性

旅游服务人员在服务宾客时，语言不能呆板，不要机械地回答问题，要注意使用生动的语言，生动的语言才能使人感到亲切热情、气氛活跃、感情融洽。因此，旅游服务人员应努力掌握说话的技巧，注意语言的生动性。如一位游客在登山时不小心被树枝挂破了心爱的衣服，非常难过，这时导游小姐走过来风趣地对她说："人有情，山也有情，你看连树枝都要挽留你。"一句话使游客心情变好了。

4. 表达的灵活性

礼貌用语应当是灵活的、丰富多彩的。如果在旅游服务工作中只是简单重复地使用一句问候语，就不可能取得好的效果。旅游服务人员在使用礼貌用语时要察言观色，随时注意宾客的反应，针对不同的对象、不同的性格特点、不同的场合，灵活地说不同的话语。

一般来说，可以通过宾客的服饰、语言、肤色、气质等辨别宾客的身份；通过宾客的面部表情、语气的轻重、走路的姿态、手势等行为举止来领悟宾客的心情；遇到语言激动、动作急躁、举止不安的宾客，要特别注意使用温柔的语调和委婉的措辞。

5. 语言的幽默性

幽默的语言是通过意味深长的诙谐来传递信息，它往往具有神奇的功效，不但能够融洽气氛，还可以解除困境。旅游服务人员使用风趣幽默的语言，可以增强语言的应变力，形成生动灵活、随机应变的语言特色，从而提高服务质量。例如，一辆旅游车在坑坑洼洼的道路上行驶，游客中有人抱怨。这时导游员说："请大家稍微放松一下，我们的汽车已在给大家作身体按摩运动，按摩时间大约10分钟，不另收费。"引得游客哄然大笑。这位导游以苦中作乐的口吻，把一件本来不愉快、不轻松的事说得轻松怡然，化解了游客的抱怨情绪，这正是幽默语言的力量。

二、旅游服务行业用语的正确使用方法

俗话说得好："良言一句三冬暖，恶语伤人六月寒。"这十分形象地说明了使用礼貌用语的重要性。旅游服务人员不但要真正理解旅游服务行业用语的内涵及重要性，还要真正掌握正确的使用方法，这样才能在具体的服务过程中恰到好处地加以运用，从而形成一种良好的职业习惯和职业修养。

1. 语言要准确、选择词语要恰当

首先，说话应力求语意完整，合乎语法，否则即使你是好意，但由于你所表达的语意不完整，同样会引起客人的误解和不悦。在表达同一种意思时，由于选择词语的不同，往往会给宾客以不同的感受，产生不同的效果。例如，"请往那边走"，使宾客听起来觉得有礼貌，若把"请"字省去，变成了"往那边走"，在语气上就显得生硬，变成命令式的了，这样会使宾客听起来很刺耳，难以接受。另外，在服务中要注意客气的用语，如说"用饭"代替"要饭"，用"几位"代替"几个人"，用"贵姓"代替"您叫什么"，用"去洗手间"代替"去大小便"，用"不新鲜、有异味"代替"发霉、发臭"，用"让您破费了"代替"按规定要罚款"等，这样会使人听起来更文雅，免去粗俗感。

其次，在使用礼貌用语时不能使用方言、土语，要用普通话。这样做一是可避免语意表达不准；二是可避免触犯客人的某些忌讳引起客人的反感。

2. 语言要简练、吐字要清晰

"言不在多，达意则灵。"若语言啰啰嗦嗦拐弯抹角，话说一大堆还是说不清，听者就会厌烦、急躁，甚至产生误会或纠纷。因此，旅游服务人员与客人谈话应言简意赅，时间应恰当不宜过长，否则就是一种不尊重客人的失礼行为。

在与宾客交谈时，还要注意吐字清楚，无论是普通话、外语还是方言，咬字都要清晰，尽可能讲得标准。

3. 注意语言、音调和速度的运用

说话不仅是在交流信息，同时也是在交流感情，许多复杂的情感往往通过不同的语调和语速表现出来。如明快、爽朗的语调，会使人感到大方的气质和亲切友好的感情；声音尖锐刺耳或说话速度过急，会使人感到急躁不耐烦的情绪；有气无力拖着长长的调子，会给人一种矫揉造作之感。因此，在与宾客谈话时掌握好音调和节奏是十分重要的。我们应通过婉转柔和的语调，创造一种和谐的气氛和很好的语言环境，同时还应根据不同对象和实际情况作适当调整。

4. 善用辅助语言

俗语说："听话听声，锣鼓听音。"我们在判断一个人说话的情绪和意图时，固然要听他"说什么"，但更应该注意他"怎样说"，即从他的声调高低、音量大小、抑扬顿挫及转折、停顿中领会其"言外之意"，而这些就叫辅助语言。

辅助语言对语言的表达起着"补充"和协助的作用。若运用了辅助语言，它能加强或改变词语本身的含义，既可以表示赞扬，也可以表示讥讽，全靠语调和语气的不同。在服务工作中，如果正确使用辅助语言，能达到有效的沟通效果。

比如，客人刚进酒店，如果服务员声调太小，客人会觉得服务员不冷不热、态度傲慢；声调过高，客人会觉得服务员做作或者认为服务员不耐烦而造成误会；服务人员运用的正确声调应当是响亮而有朝气，以表示一种喜悦的心情。

5. 与宾客讲话要注意场合恰当

在使用礼貌用语时，必须察言观色，要随时注意宾客的反应，针对不同对象、不同场合，灵活掌握不同用语。在宾客思考问题或是与朋友谈话时，如须打断，要待宾客允许，方可与之讲话。

6. 注意选用询问和回答方式

旅游服务人员在与宾客对话中，为了有利于双方的交流和理解，应恰当地选择询问和回答的方式。具体方式和适用情况如下：

（1）关切性的询问。当宾客来到服务人员面前时，服务人员应用主动关切的话语来表示欢迎，并表现出应有的服务热情。

（2）征求性的询问。当宾客须作出决定或选择时，通常需要用征询性的话语来帮助宾客出主意。

（3）提议性的询问。当宾客在为难、犹豫，需要他人帮助时，可以用试探性的口吻向其提议，由我们的服务员去帮助其做某件事。

（4）有针对性的回答。即宾客问什么，直截了当地做出明确答复。

（5）解释性的回答。当宾客对某事某物存在疑虑或想弄个明白时，我们可作解释性的回答。

（6）宽慰性的回答。当宾客碰到急事、难事而焦急发愁，求助我们帮助解决时，需要我们理解他们的处境和心情，因此服务人员在回答他们的问题时，可说些安抚性的话，并积极采取措施，尽力向他们伸出援助之手。

7. 要注意语言、表情和行为的一致性

作为一个优秀的旅游服务人员，在接待宾客时应把礼貌的语言和恰当的表情、得体的行为结合起来，因为语言和表情都是用来表达思想感情的，而行为则是自己所表达的思想感情的实施。如果一个使用礼貌服务用语接待宾客的服务人员，面无微笑、目光冷漠或者是一边接待一边在做自己的事，甚至坐着与站立在面前的宾客说话，这种言行不一的举动，即使语言再美，也会给人一种不舒服的感觉，使礼貌服务用语失去它本身的意义，这是旅游接待服务工作中必须引起注意的。

旅游服务人员与宾客讲话时，应做到如下几点：

（1）与宾客讲话时，要面对宾客站立，并始终保持微笑。

（2）巧妙地使用目光。如果想给客人一种亲切感，就应该让眼睛闪现出热情而诚恳的光芒；如果想给客人一种稳重感，就应该送出平静而诚挚的目光；如果想给客人一种幽默感，就应该闪现一种俏皮而亲切的目光。

（3）要垂手恭立，距离适当（一般以一米左右为宜），不要倚靠他物。

（4）要举止温文尔雅，态度和蔼，能用语言讲清的，尽量不加手势。

（5）讲话要吐字清楚，嗓音悦耳，给人以亲切感。

（6）认真听取宾客的陈述，随时察觉对方对服务的要求。

（7）不论宾客说出来的话是误解、投诉或无知可笑，还是宾客说话的语气多么严厉或粗暴无礼，都要认真听取，不能露出反感蔑视的表情。即使双方意见不同，也只能婉转地表达自己的看法，而不能当面提出否定的意见。

（8）在听话过程中不去随意打断对方的话，也不随便插话。

（9）听话时要随时作出一些反应，可边听边点头，或以"嗯"的声音进行反馈，也可以说"我明白您的意思"等来表明你在用心听。

（10）要进退有序，与宾客讲话结束离开时要先后退一步然后转身离开，以示对宾客的尊重，不要扭头就走。

（11）凡是答应客人的事，一定要尽力去办好，要做到"言必信，行必果"，但遇到自己没有把握的事，要及时汇报，不能随便答应。

三、礼貌用语的具体运用

在旅游服务工作中，要主动使用礼貌用语，把"请"、"您好"、"谢谢"、"对不起"等最基本的礼貌用语与其他服务用语密切结合加以运用，给我们的旅游服务工作增添绚丽的色彩。

1."请"字开路

不论在欧美国家，还是在我们中国，日常生活中"请"字不绝于耳，当一个人需要别人帮忙时，总是"请"字开路。如要从人群中穿过时，要说"请让开一下"；坐汽车嫌空气闷热时，要说"请把窗户开一下"；乘车要在中途下车时，要说"请停一下车"；上下火车时，乘务员要对乘客说："请出示您的车票。"

在机场，海关人员要对旅客说："请出示您的护照"；在饭店，顾客要对服务员说："请你给我一杯咖啡"或"请你给我来一份牛肉面"，服务员要对顾客说："请稍等"、"请埋单"；在旅店，客人对服务员说："请给我一个单人间"；服务员会对旅客说："请办理住店手续"；在商店，顾客会对营业员说："请给我一盒万宝路香烟"、"请递给我那双蓝色的运动鞋"，营业员会对顾客说："请走好，欢迎再次光临。"

总之，不管何时何地，也不管何人何事，只要你需要别人帮忙时，就必须先说"请"字。

2. "谢谢"压阵

凡是给我们提供了服务和帮助，无论帮助是大是小，都要说声"谢谢"。当顾客买到称心如意的东西时要说声"谢谢"；售货员对付了款的顾客要说声"谢谢"；服务员为就餐者送来一杯咖啡时，就餐者要说"谢谢"；而客人付给服务小费时，服务员也要说声"谢谢"。

在海关、车站、码头当旅客应要求出示证件后，工作人员都要说"谢谢"；在学校当学生回答问题后，老师要说"谢谢"；在街上向人问路后要说"谢谢"；到亲友家做客，当主人端来咖啡或茶时，要说"谢谢"；甚至家庭成员之间，包括长辈请求晚辈帮个忙，同样也要说"谢谢"。

当人们称谢时接受者也要用"不用谢"、"别客气"、"没关系"、"这个算不了什么"、"乐意效劳"等礼貌用语回敬，以示尊重对方。不过千万注意，在美国为一件事道谢，只谢一次就足矣，绝不能为同一件事不断道谢；在中国为一件事道谢可以谢了又谢，谢个没完，"一再致谢"表明谢意之真诚，这是中国人的言谈礼仪。

3. "对不起"不离口

无论何时何地何事打扰别人，都必须说声"对不起"。当一个人要经过别人的面前时，要说"对不起"；在公共汽车上不小心踩了别人的脚，要说"对不起"；在离开宴会时要说"对不起"；在公共场合无意之中打了个饱嗝、喷嚏、哈欠要说"对不起"；在中途离开会议时要说"对不起"；约会时迟到了要说"对不起"；上课时晚了几分钟要说"对不起"。

在美国，甚至常常有这样的情形，即两人迎面而过，其实相距甚远，根本不会碰撞，但必有一方会说"对不起"，而另一方连忙说"抱歉"，然后彼此道声"多谢"各行其路，这种情形对美国人而言如家常便饭，早已习惯。简言之，当一方说"对不起"时，另一方也应用"对不起"、"没关系"、"抱歉"之类的礼貌用语来应答，以示相互尊重、相互谅解。

4. "上午好"、"下午好"、"晚上好"、"晚安"这类的问候语天天说

在欧美国家，这一类的问候语人人说、天天说、处处说。新知故友在街上相遇时，要相互打招呼；同事之间每天在办公室见面时要相互问候；同学之间在学校碰面时要相互问候一声；左邻右舍在电梯或楼梯上相逢时要互相打一声招呼；

甚至家庭成员在早晨见面和上床睡觉前都相互问一声好，道一声晚安。

文明礼貌用语除上述以外，还有很多很多，如"您好"、"劳驾"、"我可以……"、"再见"、"欢迎光临"，等等。

【阅读材料】

礼貌用语

与人相见说您好，问人姓氏说贵姓，问人住址说府上。

请人赴约说赏光，对方来信说惠书，自己住家说寒舍。

初次见面说幸会，等候别人说恭候，请人帮忙说烦请。

仰慕已久说久仰，长期未见说久违，求人帮忙说劳驾。

中途先走说失陪，请人勿送说留步，送人远行说平安。

向人询问说请问，请人协助说费心，请人解答说请教。

客人入座说请坐，陪伴朋友说奉陪，临分别时说再见。

需要考虑说斟酌，无法满足说抱歉，请人谅解说包涵。

求人办事说拜托，麻烦别人说打扰，求人方便说借光。

请改文章说斧正，接受好意说领情，求人指点说赐教。

得人帮助说谢谢，祝人健康说保重，向人祝贺说恭喜。

老人年龄说高寿，身体不适说欠安，看望别人说拜访。

言行不妥对不起，慰问他人说辛苦，迎接客人说欢迎。

宾客来到说光临，等候别人说恭候，没能迎接说失迎。

请人接受说笑纳，送人照片说惠存，欢迎购买说惠顾。

希望照顾说关照，赞人见解说高见，归还物品说奉还。

综合能力训练

一、任务实训

1. 实训步骤

（1）由教师讲解旅游服务礼貌用语的特征和具体要求。

（2）以实训小组为单位进行自由训练，可以互相监督并指出不足。

（3）教师不断巡视、指导、检查、示范，纠正个别错误，集体讲评一般错误。

（4）由教师根据每个同学的实训情况进行点评。

2. 实训方法

（1）重点练习：日常礼貌用语。

（2）场景模拟：每组自行设计三种以上场景。

3. 实训准备

实训教室，桌子、椅子若干。

4. 实训时间

实训时间为 60 分钟，其中示范讲解 20 分钟，学生操作 35 分钟，考核测试 5 分钟。

5. 考核评价

（1）评分要求。按百分制记分，学生操作时，指导教师观察学生的操作方法，按照考核要求给学生实训打分。

（2）实训考核表。实训考核表如表 4-1-1 所示。

表 4-1-1　旅游服务用语礼仪考核表

考评人		被考评人	
考评地点			
考评内容		旅游服务用语礼仪考核	
考评标准	内容	分值（分）	评分（分）
	礼貌用语使用	20	
	发音准确	20	
	态度和蔼	20	
	语言表达能力	20	
	沟通能力	20	
合计		100	

注：实训考核分为 100 分，60~69 分为及格；70~79 分为中；80~89 分为良；90 分以上为优秀。

二、思考练习

1. 案例分析

案例

语言的艺术

1954 年，周恩来总理参加日内瓦会议时，曾安排我国政府代表团将电影片《梁山伯与祝英台》带到会上放映给外国记者看。有的同志担心外国人看不懂，建议把片名译为英文《梁与祝的悲剧》，再搞个英文说明。周恩来同志不赞成这么烦琐，而只用了一句风趣的介绍——"请您欣赏中国的《罗密欧与朱丽叶》"就让国际友人听懂了影片的题旨。放映时场内爆满，当演到"哭坟"和"化蝶"时，全场一片同情的感叹，终场时竟静默了一分多钟，随后响起了经久不息的掌声和喝彩声。

思考讨论题：

在使用外交语言时应注意什么？分析周恩来总理的外交艺术和语言风格。

2. 模拟训练

以下列举了一些旅游酒店服务语言中的禁语，请你写出与之相对应的恰当表述，并比较它们之间的差异，再谈谈你对酒店服务语言艺术的认识。

（1）你等一会儿。

（2）你预订房间了吗？

（3）没有找到你的预订。

（4）是不是您记错了。

（5）房间都住满了，您到其他酒店看看吧。

（6）对不起，我没这个权力。

（7）对不起，这不是我的职责范围。

（8）现在都这个价，是最低的了。

（9）主管不在，有事您说吧。

（10）我们不提供这项服务，您找×××部吧！

（11）看公园的房间没有了，您将就住一下吧。

（12）无烟房、有烟房没多大区别。

（13）对不起，我不知道。

（14）就剩下这种房型了，你看着办吧！

（15）我们下过通知，您应当知道！

（16）行李员都很忙，你先等一会儿吧。

（17）房间还没打扫好，你再等20分钟吧。

（18）必须每个人都登记。

（19）说慢点，我没听清。

（20）你到底找谁？

（21）你姓什么？

（22）大点声。

（23）好了，好了，知道了，再见。

（24）我们不可能什么事都知道！

（25）刚查完，怎么又查？

(26) 对不起，不能帮您拨。

(27) 我们也没办法了，要不就这样吧。

(28) 行了，就这样吧。

(29) 你电话不好。

(30) 稍等。

(31) 按酒店规定，这是不能转的。

(32) 电话占线，等一会儿再拨好吧。

(33) 喂，你好!

(34) 喂，你找谁?

(35) 这是最低价了，我真的没办法了。

(36) 填完了，好了吧?

(37) 他们早就订了，你订晚了。

(38) 账单上就是×××钱，您再看一下。

(39) 可是这登记您消费了。

(40) 对不起，不是谁都可以挂账的。

(41) 不行，这样的卡不能用。

(42) 对不起，不是协议客户不打折。

(43) 等一下再帮你查。

(44) 好像没放这呀!

(45) 请等一下好吗，都挺急的。

(46) 谁说的? 不可能吧。

(47) 不是不给您订，真的没房了。

(48) 哎，这就来。

(49) 行行，马上就好。

(50) 放那就行了。

(51) 什么东西? 不知道让不让存。

(52) 要不，您过一会儿再来。

任务2　旅游岗位职业语言礼仪

【任务目标】

通过本任务的学习，理解语言礼仪的规范及基本要求，培养学生能够使用礼貌语言，具备恰当得体与人交谈的能力。能按照旅游职业语言基本要求，在旅游服务过程中正确、规范、优美地提供语言服务。

【案例导入】

西方游客在游览河北承德时，有人问"承德以前是蒙古人住的地方，因为它在长城以外，对吗?"

导游员答:"是的，现在有些村落还是蒙古名字。"又问:"那么，是不是可以说，现在汉人侵略了蒙古人的地盘?"

导游答:"不应该这么说，应该叫民族融合。中国的北方有汉人，同样南方也有蒙古人。就像法国的阿拉伯人一样，是由于历史的原因形成的，并不是侵略。现在的中国不是哪一个民族的国家，而是一个统一的多民族国家。"客人听了都连连点头。

问题: 导游员的语言礼仪有何重要意义?

【任务分析】

职业语言是某一职业岗位的从业人员必须掌握的工作语言，不同的职业有不同的职业语言的特征。旅游服务人员必须认识和理解本行业的语言特征。旅游职业语言最基本的规则是力求礼貌规范而且要准确得体，以示对对方的尊重和友好。

【知识讲解】

美国前哈佛大学校长伊立特曾说:"在造就一个有修养的人的教育中，有一种训练必不可少，那就是优美、高雅的谈吐。"面对日趋激烈的旅游业市场竞争，旅游服务人员不仅要用优美、得体的语言为客人制造一个高雅的文化氛围，还要注意使用标准化的旅游服务岗位用语，使他们在旅游过程中受到感染，在精神上、心理上得到满足。

一、导游语言基本要求

从狭义的角度说，导游语言是导游人员对旅游者进行导游讲解、传播知识、实现沟通和交流思想的一种富有丰富表达能力的生动形象的口头语言。

导游语言的基本要求如下：语音语调适度、音质优美、语言节奏适中；语言要有规范性、逻辑性、生动性、幽默性、针对性、灵活性。

1. 导游接待过程中语言服务礼仪操作标准

接团时及时与领队接头，作自我介绍，并礼貌地询问对方的姓名，表示欢迎和希望合作，随后了解客人情况。与客人初次见面时先问好，后报自己的单位和姓名，如"您好/你们好！我是厦门中旅的小王"，向客人简要介绍即将下榻的酒店情况。在前往酒店的途中，适当介绍沿途街景和城市状况，行车途中可以讲一些无伤大雅的故事和笑话，以减轻客人路途中的疲劳。到达酒店后，再次与领队进行细节问题的沟通协调。客人进房前简要介绍当天活动安排，告别时告诉客人自己的房间号码和联系电话。

特别要注意，与客人交谈时态度要亲切友好，不触犯客人所在国或民族的忌讳；谈话中尽量不涉及自己业务以外的内容，严格保守国家和企业的机密；不谈论他人是非，不涉及病痛、死亡或丑闻、色情等内容；在与外宾交谈时，不过分关心劝说，如"天凉，加件衣服吧"，可以说"天气较冷，大家要注意保暖"；不询问外宾个人问题和隐私，如年龄、婚姻、职业、收入、住址、政治信仰、个人经历等。

2. 游览过程中的语言服务礼仪主要操作标准

出发前向客人问候，了解客人的身体情况和休息情况，向全团旅游者公布与全陪和领队核对过的旅游日程、节目安排等确定的信息，要做到清晰、明确，具有规范性。

在车上，应面对客人讲解。用激发游客游兴的语言，把握其生动、形象和幽默性。协调融洽游客关系时的言辞，要表现真诚、尊重和理解，有一定的艺术性。游览过程中，要根据景点特色进行适当的讲解，根据客人需求增减、变更讲解内容；游览过程中的安全提示、提醒语，要把握语言表达的逻辑性、规范性和人性化；游览过程中的信息传递，要掌握信息语言表达的有效性，做到清晰、准确、亲切、热情。

特别要注意，尽量回答客人的提问，对于自己不清楚或不了解的问题应老实向客人说明，不要随口胡编、捏造答案；介绍旅游商品时的用语要有针对性，以评价商品为主、推荐为辅；游览中因客人分散、景区嘈杂，应注意音量适中，口齿清晰，条理分明，语速适当。

二、前厅服务员语言服务礼仪

前厅是宾客最先抵达和最后离开饭店的"第一印象区"和"最后印象区"，是饭店的"门面"和沟通饭店与宾客之间的"桥梁"，因此前厅各部门人员的语言服务礼仪十分重要。

1. 迎宾员语言服务礼仪的操作标准

迎接客人下车开车门时用手挡住车门上方，提醒客人"小心碰头"；客人来往于大厅时，应向客人问好，对于团队客人，应向走在前面的客人问好并表示欢迎，对后面的客人点头致意；有来访者需要接待时，应有礼貌地询问其姓名、工作单位、被访问人的姓名等，以便适时联系安排；客人离店时要礼貌道别，致欢迎宾客再次光临之意的送别词，如"再见"、"一路平安"、"欢迎再次光临"。

特别要注意，要热情礼貌、处处为客人着想，根据客人的实际情况礼貌问候。

2. 行李员语言服务礼仪的操作标准

客人到达时要主动向客人问候，并询问其行李件数和房间号码；主动向客人要求搬运行李，"我能为您提这个箱子吗"、"请让我为您提这个箱子"；当行李送到房间后，请客人确认行李无误，"您的行李是否是这两个箱子"、"您还有其他行李未送来吗"；离开时向客人道别，并加以祝福的话语："再见……若您有什么需要，请召唤楼层的服务员或打电话到总台。祝您有一个愉快的旅程。"

特别要注意，留心客人的表情和动作，恰当地提供服务。

3. 大厅问询员语言服务礼仪的操作标准

客人走近时，主动亲切问候，"您好"、"我能为您做什么"；宾客询问时，不要打断客人的叙述，应认真聆听，做好记录，以"嗯"、"是的"、"我明白"、"对"等话语表示了解客人的意思；对客人的询问要尽力给予全面详细的回答，对确实不了解的问题不要不懂装懂、不负责任地给予答复，应说"对不起，我对这个问题不是十分了解，请让我询问一下有关人员"、"我会尽快给你满意的答复"；当客人多难以同时接待时，应向后来的客人说："请稍等"，或点头示意一下；对客人的投诉，不要进行反驳而要不断地对他道歉："对不起，这方面的工作我没做

231

好。"若客人确有不对也不要指出，可说："对不起，我没有及时向您说明饭店有关这方面的规定，给您造成了一些麻烦。希望您能配合我们的工作，我们将不胜感激!"接待结束时，主动向宾客致谢，"感谢您对我店提出的宝贵意见"。

特别要注意，随时使用礼貌用语，态度诚恳，语气委婉，出言谨慎。对于不懂的问题要设法帮助客人解决。

4. 预订员语言服务礼仪的操作标准

向前来订房的客人问好，如"早上好"、"您好"、"欢迎光临"等，主动询问客人的需求，如"请问您要订几间房"、"请问您要订单人房还是双人房?""请问您要住几天?"耐心地回答客人的问题，为客人介绍房间的情况，当客人决定后复述一遍，如"您订的房间是 1005 房，单人间，要订二天，对吗?"当客房已满，要委婉地向客人致歉，并且要设身处地地替客人着想，帮助联系其他酒店，如"很遗憾，今天客房已满，我帮你联系附近的其他酒店好吗?"客人订完房离去时，应说："请慢走，祝你在本酒店度过愉快的时光。"

特别要注意，热情礼貌，尊重客人，处处为客人着想。

5. 收银员语言服务礼仪的操作标准

客人办理退房时，向客人问好，"您好! 我能为您做什么?"不要说"您要退房吗?"同时要打电话通知楼层服务员查房，并对客人说："请稍等。"账目结算后向客人报出准确的数目，若客人需要应向客人解释账单具体内容；客人付账时，要唱收唱付："收您×××元，要找您××元，请稍等。"找钱给客人时，双手送过，并说："谢谢! 找您××元。"客人结算完离去，应微笑地说："谢谢惠顾"、"欢迎再次光临"、"祝您一路平安"等。

特别要注意，热情礼貌，尊重客人，收付货币均须双手，并唱收唱付。

6. 客房服务员语言服务礼仪的操作标准

遇到客人入住，主动向客人问好，欢迎客人下榻酒店；在走廊与客人相遇，应礼貌地对客人说："对不起，请让过。"或将工作车推至一边说："请您先过。"进客房工作之前要先轻敲三下门，说："House Keeping"或"服务员"，确认无人或经客人允许后方可进入；打扫房间时客人进入，应说："对不起，打扰了，很快就打扫完。"如客人问话，应暂停手中工作，认真聆听并回答；在与客人交谈时，不要将个人私事、酒店内部矛盾等向客人诉说，不要随便打听客人的隐私等；客人离店时，将之送至电梯口，并道别："欢迎您下次光临。"

特别要注意，热情礼貌，尊重客人，服务员在楼层要轻声说话，不得高声喧哗，也不要在客人面前窃窃私语。

三、餐厅服务员语言服务礼仪

1. 迎宾员语言服务礼仪的操作标准

客人到来时上前致欢迎词："欢迎光临"、"晚上好，请！"客人离去时，礼貌道别："谢谢您的惠顾/光临，请慢走，再见。"

特别要注意，热情礼貌，尊重客人，面带微笑，语调柔和、亲切。

2. 引位员语言服务礼仪的操作标准

客人到来后立即迎上，亲切问候："您好！请问您有预订吗？""晚上好！请问一共几位？"引位时礼貌地说："请跟我来"、"这边请"、"里边请"；如客人要求的位置已被占用，应说："小姐/先生，对不起，我为您安排一个更好的位置好吗？请跟我来。"如餐厅较满，客人对座位不是很满意，应多道歉："十分抱歉，今天客人太多，委屈您了。下次光临一定为您安排个好座位。"如遇上用餐高峰期暂无空位，应对客人说明："对不起，暂无座位，您可到休息室稍候，一有空位我为您安排。"当有了空位时，立即引客人入座，并致歉："对不起，让您久等了，这边请。"客人离开时，微笑目送说："再见，欢迎下次再来。"

特别要注意，热情礼貌，尊重客人，应先问候女宾再问候男宾。

3. 值台员语言服务礼仪的操作标准

客人入座后，递上香巾、茶水时招呼客人："小姐/先生，请。"送上菜谱时说："小姐/先生，这是菜单，请选菜。"并在旁守候，如客人让过会儿再来，应说："好的，请随时招呼我。"当客人一时不能决定时，应主动热情地推荐餐厅的菜肴，要注意语气婉转，尊重客人的意见，如"建议您试一试这道菜。"不要随意替客人做决定："这道菜很好，我帮您决定了。"如客人点的菜已售完，应礼貌地致歉，并婉转地建议客人点其他菜；如客人要求的菜肴菜单上没有，不可马上回绝，应说："请稍等，我马上联系厨师，尽量满足您的要求。"实在无法提供，要向客人道歉说明；客人点完菜肴酒水后，要向客人复述一遍，以得到客人的确认；上菜时，要向客人说明菜肴的名称，菜上齐后应告诉客人："菜已上齐，请慢用。"客人招呼应立即上前问："请问我能为您做什么？""请问有什么事？"为客人撤换器具时应说："对不起，换一下盘碟，好吗？"撤菜时要问："请问这道菜可以撤了吗？"客人结账时，将账单从客人左侧递上并小声说："请您过目，共计××元。"客人用餐结束离开时，上前送别说："谢谢，欢迎再次光临。"

特别要注意，热情礼貌，尊重客人，应先问候女宾再问候男宾。

4. 康乐部语言服务礼仪的操作标准

客人到来时，热情问候："欢迎光临××。"或"晚上好！"当客人需要向其解释服务项目内容及设施的使用时，态度要诚恳，说话不可散漫或故作亲近之态；客人招呼时，应立即上前询问："请问您需要什么？""我能为您做什么？"提供服务离开时可说："祝您度过一段美好的时光！""祝你玩得愉快！""祝您尽兴！"当场地繁忙，无法马上接待新来的客人时，应请他到休息室等候并致歉："对不起，十分抱歉！请你稍候。"客人结账时说："谢谢您的光临！谢谢，欢迎下次再来！"并送客人到门口。

特别要注意，热情礼貌，尊重客人，在声音较为嘈杂的场所，应注意调整音量，以让客人听清。

综合能力训练

一、任务实训

1. 实训步骤

（1）教师对旅游职业语言的运用原则和基本要求作简要讲解。

（2）学生分组，做基本语言练习。

（3）各小组开展情景模拟训练。

（4）教师不断巡视、指导、检查、示范，纠正个别错误，集体讲评一般错误。

（5）由教师根据每个同学的实训情况进行点评。

2. 实训方法

（1）基本语言练习。讲故事，注意表情，练习掌握音调，控制语速，学习优美的发音。

（2）综合训练。综合训练内容如下：

1）前厅中客人进酒店、离酒店的礼仪服务模拟。

2）模拟客人订房、咨询、找人等电话礼仪。

3）客人进客房、离客房的礼仪服务模拟。

4）客人进餐厅、出餐厅的礼仪服务模拟（中餐、西餐、自助餐、宴会、酒吧等）。

5）客人住店流程中的礼仪：预订—迎接—前厅接待—入住房间—房间服务—餐饮服务—意外事故应对—结账—送客。

3. 实训准备

实训室、准备旅游岗位语言应用实例的各种情景材料。

4. 实训时间

实训时间为 60 分钟，其中示范讲解 20 分钟，学生操作 35 分钟，考核测试 5 分钟。

5. 考核评价

（1）评分要求。按百分制记分，学生操作时，指导教师观察学生的操作方法，按照考核要求给学生实训打分。

（2）实训考核表。实训考核表如表 4-1-2 所示。

表 4-1-2　旅游岗位语言礼仪考核表

考评人		被考评人	
考评地点			
考评内容		旅游岗位语言礼仪考核	
考评标准	内容	分值（分）	评分（分）
	礼貌用语使用	20	
	语言表达能力	20	
	发音准确	20	
	符合礼仪规范	20	
	整体印象	20	
合计		100	

注：实训考核分为 100 分，60~69 分为及格；70~79 分为中；80~89 分为良；90 分以上为优秀。

二、思考练习

1. 案例分析

案例 1

筷落风波

时间：元旦至春节期间

地点：某宾馆多功能餐厅

众多的宾客在恭维台湾吴老先生来大陆投资，吴老先生神采飞扬，高兴地应承着这些祝贺的话。宾主频频碰杯，服务小姐忙进忙出，热情服务。不料过于周到的服务小姐偶一不慎，将桌上的一双筷子拂落在地。于是，服务小姐从邻桌上拿过一双筷子，褪去纸包，搁在老先生的台上。

吴老先生的脸上顿时多云转阴，煞是难看，默默地注视着服务小姐的连贯动作，刚举起的酒杯一直停留在胸前。众人看到这里，纷纷帮腔，指责服务小姐。

235

服务小姐很窘，一时不知所措。"对不起"，服务小姐忙道歉，吴老先生终于从牙缝里挤出了话："晦气，"顿了顿："唉，你怎么这么不当心，你知道吗？这筷子落地意味着什么？"边说边瞪大眼睛："落地即落第，考试落第，名落孙山，倒霉呀，我第一次在大陆投资，就讨这么个不吉利。"

服务小姐一听，更慌了，"对不起，对不起"，手足无措中，又将桌上的小碗打碎在地。

服务小姐尴尬万分，虚汗浸背，不知如何是好，一桌人有的目瞪口呆，有的吵吵嚷嚷地恼火了，有的……

就在这时，一位女领班款款来到客人面前，拿起桌上的筷子，双手递上去，嘴里发出一阵欢快的笑声："啊，吴老先生。筷子落地哪有倒霉之理，筷子落地，筷落，就是快乐，就是快快乐乐。"

"这碗么，"领班一边思索，同时瞥了一眼服务小姐，示意打扫碎碗。服务员顿时领悟，连忙收拾碎碗片。"碗碎了，这也是好事成双，中国不是有一句老话嘛——岁岁平安，这是吉祥的兆头，应该恭喜您才是呢！您老这次回大陆投资，一定快乐，一定平安。"

刚才还阴郁满面的吴老先生听到这话，顿时转怒为喜，马上向服务小姐要了一瓶葡萄酒，亲自为女领班和自己各斟了满满一杯。站起来笑着说："小姐，你说得真好！借你的吉言和口彩，我们大家快乐平安，为我的投资成功，来干一杯！"

请思考：

分析整个过程，阐述旅游服务人员语言的重要作用。

案例2

如此服务用语

在某地一家饭店餐厅的午餐时间，来自台湾的旅游团在此用餐，当服务员发现一位70多岁的老人面前是空饭碗时，就轻步走上前，柔声说道："请问老先生，您还要饭吗？"那位先生摇了摇头。服务员又问道："那先生您完了吗？"只见那位老先生冷冷一笑，说："小姐，我今年70多岁了，自食其力，这辈子还没落到要饭吃的地步，怎么会要饭呢？我的身体还硬朗着呢，不会一下子完的。"

由此可见，由于服务员用词不合语法、不合规范、不注意对方的年龄，尽管出于好心，却在无意中伤害了客人，这不能怪客人的敏感和多疑。

请思考：

在旅游接待服务中，应该怎样使用礼貌语言呢？

2. 情景模拟

情景练习 1：全陪导游员开始招呼旅游团（小组成员）集合，并致欢迎词，其他成员进入游客角色。

情景练习 2：与全陪、领队核对旅游日程、活动安排等；地陪面向团员，面带微笑，向全体团员发布旅游日程、活动安排等信息。要做到清晰、明确、具有规范性。有一名游客对不明白的地方提问，地陪做耐心解答。

情景练习 3：地陪带领大家按指定的路线游览，旅游过程中进行安全提示、提醒语的表达。要把握语言表达的逻辑性、规范性和人性化；地陪在旅游过程中旅游信息的传递，要做到清晰、准确、亲切、热情。

情景练习 4：到达集合地点，有一游客来迟，其他人不悦，纷纷指责他，现场气氛尴尬，全陪连忙调节气氛，融洽关系。协调融洽游客关系时的言辞，要表现真诚、尊重和理解，并有一定的艺术性。

情景练习 5：游客听说第二天火车卧铺改乘轮船后十分不满，导游要消除游客的误解。调节游客情绪时的语言表达，要做到诚恳、冷静、耐心而又风趣。

模块五 旅游企业岗位礼仪

【模块概述】

旅游企业岗位礼仪主要表现在全心全意为客人服务，尊重关心客人，宾客至上，讲究接待服务的方法和艺术，符合本国国情、民族文化和当代道德，尊重别国风俗习惯和宗教仪式，尊重妇女等方面。只有做好岗位接待礼仪工作，才能使客人满意，使之认可旅游企业的服务，从而赢得更多回头客。

【模块目标】

知识目标：了解旅游服务礼仪在旅游各部门、各岗位的具体要求，认识礼仪在旅游服务中的重要性。

能力目标：能够按照旅游各部门、各岗位的工作要求，掌握导游、计调、饭店前厅、客房、餐厅、康乐服务等旅游业主要岗位服务礼仪的工作规范和基本技巧。

项目一

旅行社服务礼仪

20 世纪 40 年代旅行社开始出现，现已发展成为世界旅游业的三大支柱产业之一，是旅游活动的组织者、安排者和联系者，在整个旅游活动中始终处于核心地位，起着沟通旅游者和旅游饭店、旅游交通部门及旅游景点之间关系的媒介和桥梁作用。旅行社接待与服务效果的好坏，将直接影响到其生存与发展。

旅行社是指以营利为目的的从事旅游业务的企业。它不仅是旅游者与旅游对象的中介，而且在不同旅游企业之间起着联络和协调作用。旅行社服务岗位主要有导游员、外联人员、计调人员等。

任务 1　导游员服务礼仪

【任务目标】

通过对本任务的学习，使学生掌握导游工作中的基本技能，在导游工作中使用正确的服务礼仪，为工作提供便利，同时展现旅行社导游工作的文明操作水平。

【案例导入】

大连某旅行社导游小刘站在车门一旁，照顾游客上车。安排游客坐好后开始清点人数，"1、2、3……"导游小刘边用手指着游客，边小声数着，数完之后，人数确定无误，请驾驶员开车。接着导游小刘站在车厢前部，拿起话筒开始致欢迎词。

小刘拿着话筒，正对着口部并完全遮住了口部；由于话筒离嘴太近，发出杂音，客人表示听不清楚，小刘才急忙调整话筒的距离。

问题：这位导游员在导游规范方面有哪些做得不妥？应该怎样做？

【任务分析】

在旅游团队接待过程中，导游是自始至终与客人接触的，导游的言谈举止不仅代表了旅游企业的形象，更重要的是会影响游客在游览过程中的心情，从而间接影响游客对企业的满意度。因此导游人员除了必须掌握熟练的业务技能，还必须重视自己在服务过程中的礼仪礼貌，给游客带来愉悦的感受。

【知识讲解】

导游员讲究礼仪有助于自身树立良好的职业形象，因此，也就有助于将游客团结在自己的周围；如果游客信任导游员，他们就会帮助导游员解决困难，正确对待旅游活动中出现的问题和矛盾，积极配合协助导游员顺利完成整个导游过程。

一、导游仪容、仪表、仪态的总体要求

1. 导游人员仪容、仪表、仪态礼仪具体规定

导游员在旅游服务过程中头发应保持清洁和整齐，牙齿应保持洁净，为保持面容光泽，女导游员可施淡妆，但不要浓妆，不当众化妆或补妆；男士应修短鼻毛，不蓄须。注意手部清洁，证件的佩戴要正确。

2. 导游人员在进行导游服务时，应注意的事项

导游人员在进行导游服务时，应注意以下事项：

（1）应有良好的仪容仪表。着装应得体、整洁，并持证上岗、挂牌服务。在为游客提供服务时，应主动热情、端庄大方。

（2）讲解准确顺畅。导游人员应熟悉业务，知识面广。讲解的内容健康规范，对游客的提问，尽量做到有问必答、有问能答；对回答不了的问题，首先致以歉意，再通过各种途径寻求解决；与游客进行沟通时，说话态度应诚恳谦逊，语言表达应得体大方，例如，"请您随我参观"、"请您抓紧时间，闭馆时间到了"、

"欢迎您下次再来"等。

（3）服务主动热情。安排旅游行程、生活起居时要尽量满足游客的需求。主动关心老人、小孩、残疾人等有特殊需要的游客，积极帮助他们解决旅行中的实际困难。尊重旅游者的宗教信仰、民族风俗和生活习惯，并主动运用他们的礼节、礼仪，表示对他们的友好和敬重。路遇危险状况时，主动提醒，及时对游客进行安全疏散，保证游客安全。讲解中，不掺杂封建迷信、低级庸俗的内容，不介绍游客参加不健康的娱乐活动。旅行过程中，不诱导、强拉游客购物；不擅自改变计划，保持服务标准的一致性。当遇到游客投诉时，应保持谦逊、克制的态度，认真倾听对方的要求，对其合理要求应及时予以满足，对不合理要求应该礼貌而委婉地加以拒绝。

二、团队迎接礼仪

迎接旅游团是导游人员一项重要的工作，迎接服务是否优质，直接影响着旅游者对旅行社和导游的评价。

1. 接待准备

（1）导游人员接受任务后，要认真阅读接待计划，从中掌握所陪团队的基本情况，包括人数、姓名、性别、年龄、国籍、民族及领队情况等，了解该团的费用标准和住房情况，掌握团队的游览日程和行程计划，熟悉抵离时间、航班车次、接站地点等。

（2）学习对外宣传材料，掌握国家有关法律、政策方面的规定，了解旅游团所在国近期政治、经济、文化方面的情况。

（3）熟悉景点，旅游团如有专业交流、考察、参观、座谈、访问等活动安排，须认真阅读有关中、外文专业活动资料。全陪还要认真熟悉沿途城市有关历史、地理、人口、风土人情等多方面的情况。

（4）地陪要适时核对接待车辆、就餐安排、交通购票等的落实情况，要确定接待车辆司机的导游旗、接站牌等。

2. 接站服务

（1）陪同导游人员要按规定着装，并至少提前 10 分钟抵达机场、车站、码头迎接客人。地陪接站要佩戴导游胸卡、打社旗并持接站牌。地陪要与司机约好客人上车地点，抵达后立即与行李员取得联系，共同核对客人所住酒店、全团人数等。

（2）客人抵达后，陪同导游人员要主动持接站牌上前迎接，和客人共同核对团号、实际抵达人，填写行李交接单，将行李和交接手续单一并交给行李员。如发现行李有损坏、挂失、索赔事宜等，应协助解决。对乘火车抵达的旅游团，地陪应向全陪索取行李托运单，交付行李员后离开。待抵达客人全部到齐后，导游人员可带人前往乘车地点，辅助客人上车，客人落座后，要认真清点客人人数。

（3）在客人集合好或上车坐稳后，导游要向客人进行自我介绍，并介绍全陪、司机等。随后要向客人致欢迎词。欢迎词要力求简短、精彩，不可千篇一律，照抄照搬，要视不同国家、不同旅游团而有所不同，欢迎要热情，用词要恰当，不可过于拘谨，也不可夸夸其谈。

（4）在前往酒店的路上，导游除了要介绍沿途景观外，还要主动向客人发放导游图，介绍日程安排、游览项目等。在向客人宣布日程安排前，应主动与领队交换意见，并询问客人有无其他要求等。

（5）在抵达酒店前，导游应向客人详细介绍所住酒店的基本情况，如酒店历史、客房数、建筑面积、地理位置、娱乐设施、周围环境等。

3. 客人入住服务

（1）旅游团进入酒店后，导游要帮助客人办理住房登记手续，并向酒店提供客人名单。分发房号后，导游要了解客人的住房位置、安全通道等，记住领队房号，同时将自己或全陪的房号告诉领队。

（2）将客人送到房间后，适时带客人去餐厅用餐。

（3）行李到达后，要核对行李件数，协助行李员将行李送至客人房间，同时查问客房情况，如设备是否完善、无损，房间是否洁净等。如行李出现丢失、被盗、破损现象，要与有关方面进行交涉，及时处理。

（4）向客人收取要确认的机票、车票和所需办理的签证、护照等，并向客人询问有无其他委托办理事项。根据客人要求，要尽力提供帮助，须转交内勤办理的事宜，要做到及时转交，交代清楚。

三、带客游览服务礼仪

简单地说，在游览过程中旅游者的一切需要和需求，都属于导游的工作范畴。让旅游者玩得开心、游得尽兴，是导游人员的基本职责。

1. 出发前服务

（1）导游员应提前到达集合地点，并督促司机做好出发前的各项准备工作。

（2）核对、商定活动安排。在带客游览之前，导游员应与领队商定本地活动安排并及时通知客人。

（3）出发前，导游员应在客人就餐时向客人表示问候，向客人报告当天天气情况，并了解客人身体状况，重申出发时间，乘车或集合地点，提醒客人加带衣服、换鞋，带好必备用品如手提包、摄像机、照相机及贵重物品等。

（4）客人上车后，导游员应及时清点人数，若发现有人未到，应向领队或其他团员问清原因，并将不参加活动的客人人数、姓名、原因及房号通知旅行社；若有因病不能参加活动的客人，须交代清楚是否需要医生治疗等；若出发时间已过，又不知未到者在何处，则应征求领队意见决定是否继续等候，若决定不等，导游员必须将情况通知旅行社内勤处理。

2. 乘车服务

（1）出发乘车时，导游员应站在车门口照顾好客人上车，要主动帮助客人提拿物品，并轻轻放在车上。对客人中的老、幼、弱、残者，要特别细心地予以照顾，上下车时，应主动照顾搀一把或扶一程。客人中有男有女时，应照顾女士优先上车。

（2）引导客人乘车，要注意座次。若乘小轿车，应安排年长或位尊者坐在车后排右边位置，导游员坐在后排左手位置或司机旁边。乘面包车，其座位以司机之后车门开启处第一排座位为尊，后排次之，司机座后前排座位为卑；中型或大型巴士，以司机座后第一排即前排为尊，后排依次为卑。

3. 途中服务

（1）在去旅游景点的路上，导游员切忌沉默不语，要向客人介绍本地的风土人情、自然景观，特别是沿途的景象，回答客人提出的问题。

（2）抵达景点前，应向客人简要介绍景点的概况，尤其是景点的历史价值和特色。还可根据客人特点、兴趣、要求穿插一些历史典故、社会风貌等，以增加客人的游兴。

（3）到达景点时，应告诉客人该景点停留的时间、集合的时间和地点以及有关注意事项，如卫生间位置、旅游车车号以及保管好钱物等。

4. 游览服务

（1）带客游览过程中，导游员要认真组织好客人活动。应保证在计划的时间与费用内让客人充分地游览观赏，做到讲解与引导游览相结合、适当集中与分散相结合、劳逸适度，并特别照顾老、弱、病、残的客人。

（2）游览过程中，导游员的讲解要力求准确，应包括该景点的历史背景、特色、地位、价值等方面的内容，做到条理清楚、繁简适度，语言要生动形象，富于表现力。

（3）导游讲解时，表情要自然大方，声音大小要适中，使用话筒音量、距离要适当，讲解时可适当做些手势，但动作幅度不宜过大，不得手舞足蹈、指手画脚。

（4）游览途中，导游员要特别注意客人的安全，要自始至终与客人在一起并随时清点人数，以防客人走失。要提醒客人看管好所带财物，防止发生丢失、被盗现象。对于行走困难的地方，要陪伴照顾好年老体弱者，以防发生意外，客人提出要求需要帮助时，应尽可能使客人满意。

（5）与客人交谈时，一般不要涉及疾病、死亡等不愉快的话题；不谈荒诞离奇、耸人听闻、黄色淫秽的事情；对方不愿回答的问题，不要追问；遇到客人反感或回避的话题，应表示歉意，立即转移话题；与外宾交谈，一般不议论对方国家的内政；不批评、议论团内任何人；不随便议论宗教问题；与女宾交谈要谨慎，不要开玩笑；对宾客不要询问对方收入、婚姻状况、年龄、家庭、个人履历等私人问题。

5. 返回途中服务

（1）全天活动结束后，返回途中，导游员要向客人宣布第二天的活动日程，早餐的时间与地点以及出发时间、地点等。

（2）抵达饭店后，导游员要主动向领队征求意见，了解客人对当天活动安排的反应，对当天遇到的问题要与领队和客人共同协商解决。

（3）与客人告别时，要表达良好的祝愿。

（4）向饭店前台确认叫早服务时间。

6. 带客购物服务礼仪

（1）导游应根据旅游团客人的要求，合理安排客人购物。如旅游团多数人要求增加购物次数，经与领队协商并告诉接团旅行社后应予以满足。若多数人无此要求，则不能强加于人，强拉客人去购物，如少数人有特殊要求，一般可自行前往，但必须经过领队同意。

（2）带团购物必须去旅游定点商店，客人下车前，要向客人讲清停留的时间和有关购物的注意事项。客人购物时，可陪同客人介绍商品，服务人员若不懂外语，导游要协助服务人员做好翻译工作。

（3）如遇小贩强拉强卖，导游有责任提醒客人不要上当受骗。导游本人不能向客人直接销售商品，不能要求客人为自己选购商品，不能从购物商店私拿回扣或变相索取小费，不能带客去非旅游定点商店购物或向客人推销假冒伪劣商品等。

（4）商店不按质论价、抛售假冒伪劣商品，导游有权维护消费者的权益，向商店经理直接反映情况，要求商店向客人赔礼道歉，并退还、赔偿所购商品。

7. 进出客人房间

旅游过程中，由于工作关系，导游在客人入住酒店后会有需要进入客人房间，如通知隔天的安排、关照客人的情况等。导游在进出客人房间时要注意以下几个方面：

（1）到客人房间，要预先约定，并准时到达，进门前要先敲门，经允许后才可进入。

（2）应尽量避免在休息时间或深夜打扰对方，要尊重对方的作息习惯；因急事需要见面而又未经约定去打搅对方时要表示歉意，说明打搅的原因，并及早离开。

（3）除特殊情况外，一般不要站在房间门口与客人谈日程或谈论问题；事先没有约定的谈话，时间一定要短。

（4）不要随意去客人的房间，特别尽量不要单独去异性客人的房间，如果情况需要，进房后门要半掩着。

（5）在室内，未经主人同意，即使是较熟悉的朋友，也不要随意触动、翻看客人的物品、书籍等。

8. 送客离站服务礼仪

（1）客人结束当地活动次日离去时，导游应提醒客人整理好自己的物品和托运的行李，并通知客人交运行李的时间、地点等，同时提醒客人与饭店结账，付清所住房间的电话、饮料、洗衣等一切费用。与客人分手前，要将出发时间、用餐时间及集合地点等准确通知给客人，另外，还要通知饭店叫早。

（2）安排好上述各项工作后，导游要去内勤值班室办妥如下工作：凡乘国际航班的旅游团，须检查每张机票的起飞时间，同时取走有关证件，根据接团社的工作安排，明确离站机票由谁负责（导游或行李员）；凡乘火车的团队，导游除核对火车车次、开车时间、车站外，还应领取站台票，如客人在火车上用餐，应根据标准备好垫付的现金或支票。

（3）导游要与领队一起核对行李件数，检查是否符合托运标准，同时和行李员、饭店行李办公室办好交接手续，在行李卡上填清团名、国籍、团员姓名、日期时间、航班车次、目的地、件数等。

（4）出发临行前，要提醒客人不要遗忘自己的物品，不要带走房间的钥匙。导游要将已经用完的各种证件、护照和机票等，亲手交给客人或领队。客人上车后，导游要认真清点人数，一旦发现有个别人在规定时间未到集合地点，应立即下车寻找，并与领队商量留人陪客人乘出租车前往。

（5）送国内、国际航班，要按航空公司规定的时间提前到达机场；送火车须按铁路部门的有关规定提前将客人送上车厢落座，千万不要忘记将行李托运单交给领队、全陪或客人。

（6）火车起动后，导游方可离站。在机场，客人乘坐的航班有可能因故推迟，应主动关心客人，必要时须留下与领队共同处理有关事宜。

四、处理特殊情况的礼仪

由于旅游活动有较多的不确定因素，加之涉及需要协调衔接的部门、环节较多，因此很难预料在组织游览的过程中会发生怎样的突发事件。一旦突发事件发生，导游应该正确面对。

1. 路线与日程变更

（1）尽量在带团出游前对游览计划、线路设计、搭乘交通工具、景点停留时间、沿途用餐地点等易出现问题的环节，准备好万一出现问题时所采取的对策及应急措施。凡遇改变旅游路线的要求，包括增减或变更参观城市、增减旅行天数或改变交通工具等，必须由领队提出，经与接团社研究，认为有可能变更并提出意见，请示组团社后，陪同导游才可实施新的旅游计划。

（2）如国外个别旅游者要求在全团旅行结束后延长在华时间，又不需延长签证期限，经请示接团社、组团社后，可同意延长。需要延长签证期限的，由接团社办妥签证手续，延长期间费用由本人自理。如全团持集体签证，而有要求延长签证期限的，必须尽早在出境前一站城市办妥分离签证，以免在抵达出境城市时因时间仓促而耽误全团出境。

（3）如遇接团社没有订上规定的航班、车次的机票和车票而更改了航班车次或日期的，应向客人做好解释，并提醒接团社及时通知下站。

（4）如遇天气或其他原因临时取消航班而不能离开所在城市时，应注意争取领队合作，稳定客人情绪，并立即与内勤联系，配合民航安排好客人当天的食宿。

（5）应准备一些常用的药品、针线及日常必需品，将应付突发事件需要联系的电话号码（如急救、报警、交通票务服务、旅行社负责人、车队调度等电话号码）随时带在身上。

（6）出发前应询问团队客人的身体健康状况，对老年团队成员尤其要细心。

（7）游览有危险因素的景点或进行有危险性的活动，如爬山、攀岩、游泳时，一定要特别强调安全问题，并备有应急措施。

（8）万一有不幸事件发生，则应沉着冷静，既要安抚客人、稳定客人情绪，又要快速采取周密的处理方案和步骤，尽量减少事件带来的负面影响。

2. 行李丢失和损坏

（1）在机场发现行李丢失，应凭机票及行李牌在机场行李查询处挂失，并保存好挂失单和行李单，与机场密切联系追查。

（2）若到达酒店后发现行李丢失，应按行李交接手续从最近的环节查起。

（3）行李损坏，应按照"谁损坏、谁赔偿"的原则进行处理。一时查不清被谁损坏时，应答应给受损失者修理或赔偿，费用掌握在规定标准内，请客人留下书面说明，发票由地陪签字，以便向保险公司办理索赔。

3. 旅游者病危或死亡

（1）旅游者病危时，陪同要及时向接团社汇报，积极组织抢救。如旅游者在乘火车途中发生急症，应及时与乘务员联系，进行抢救或通知前方站准备抢救。

（2）旅游者死亡，应立即报告接团社、组团社和保险公司。

4. 旅游者财物被盗

（1）旅游者如丢失护照，陪同应首先详细了解护照丢失的情况，找出有关线索，努力寻找。如果确实找不回，应尽快报告当地旅行社并开具证明，由陪同协助客人快速照相，取得照片后去其护照国使领馆办理临时护照，没有使领馆的地区，由当地公安机关开具出境证明。

（2）迅速了解物品丢失前后的经过，判断出是失主不慎丢失，还是被盗。如有盗窃可能，要注意保护好现场，迅速向公安部门报告。

5. 交通事故

（1）立即将伤员送往距出事地点最近的医院抢救，并立即向接团社和组团社汇报，请示事后处理意见。

（2）保护现场，并尽快报告交通警察和治安部门。

（3）做好全团人员的安全工作。事故发生后，除有关人员留在医院外，应尽可能使其他团员按原定日程继续活动。

（4）做好事故善后工作。交通事故的善后工作将由交通公安和旅行社出面处理，导游应照顾好受伤游客，写好事后情况报告，请医院开具诊断和治疗书，请公安局开出交通事故证明书，以供客人向投保的保险公司索赔。

（5）交通事故处理就绪或该团接待工作结束后，导游应立即写出事故发生及处理的书面报告。

【阅读材料】

导游带团工作程序歌

出团准备要充分，接团时间要保证；
欢迎致辞要精彩，行程安排要讲明；
提出要求要中肯，致辞完毕要鞠躬；
行车安全要提醒，沿途路标要记清；
临近景区要介绍，游客印象要加深；
地接接头要接准，工作衔接要细心；
食宿行程要计划，事权责任要划分；
住宿分房要高效，先易后难要理顺；
查验房间要标准，遇到问题要尽心；
餐饮安排要早定，查实质量要卫生；
游客口味要询问，问题若大要调整；
游览观光要操心，频繁集中要点名；
地陪讲解要督促，故事传说要生动；
扶老携幼要安全，确保游客要开心；
景点数量要到位，规定时间要保证；
购物加点要把握，伪劣假货要提醒；
意外事件要补偿，全陪地陪要沟通；
难题大事要请示，处理解决要冷静；
避免争执要灵活，原则问题要慎重；
讲话办事要分寸，遇有差错要取轻；
游客权益要保护，公司一方要维信；
导游自身要人格，威信尊严要并重；
地接团款要理清，互助合作要精明；
对方优点要学习，互惠互益要双赢；
返程时间要准确，安全警钟要常鸣；
归途气氛要活跃，娱乐节目要欢欣；
游客意见要征询，相互友谊要加重；
安全返回要通报，游客到家要欢送；
携带物品要收回，出团账目要算清；
总结经验要全面，回访游客要真诚。

综合能力训练

一、任务实训

1. 实训步骤

（1）由教师进行示范讲解。

（2）学生分组进行练习。

（3）教师巡视指导，纠正学生的错误与不足之处。

（4）学生分组进行测试，同学们互相讨论，教师点评。

2. 实训方法

（1）由教师扮演导游，由全体学生扮演旅游者。

（2）教师向学生说明导游在接到接团任务后，见到旅游者前进行的准备工作。

（3）由教师叙述入住酒店的工作过程和送别旅游者前的所有准备工作。

（4）向旅游者致欢送词。要求学生将准备工作写出明细，两人一组互致欢迎词、欢送词。

（5）学生模拟导游接待工作中的各种情景。

3. 实训准备

较宽敞的场地、一辆旅游车以及一些模拟导游的用具（导游胸卡、导游证、话筒、导游旗等）。

4. 实训时间

实训时间为 120 分钟，其中示范讲解 20 分钟，学生操作 90 分钟，考核测试 10 分钟。

5. 考核评价

（1）评分要求。按百分制记分，学生操作时，指导教师观察学生的操作方法，按照考核要求给学生实训打分。

（2）实训考核表。实训考核表如表 5-1-1 所示。

表 5-1-1　导游服务礼仪考核表

考评人			被考评人	
考评地点				
考评内容		导游服务礼仪考核		
考评标准	内容	分值（分）		评分（分）
	导游服务礼仪规范	20		
	实际操作正确	20		
	沟通协调能力	20		
	应变能力	20		
	符合职业标准	20		
合计		100		

注：实训考核分为 100 分，60~69 分为及格；70~79 分为中；80~89 分为良；90 分以上为优秀。

二、思考练习

1. 简答题

（1）导游员的基本礼仪要求有哪些？

（2）导游员讲解礼仪的要求有哪些？

（3）导游沟通协调礼仪有哪些内容？

2. 案例分析

案例 1

迟到的导游

　　小徐是从某外语学院德语专业毕业分配到旅行社从事导游工作的新员工。这天，他做地陪接了一个德国团。早上 7：30，他就骑上自行车去游客下榻的饭店，因为旅游团 8：00 在饭店大厅集合。小徐想："从家里到饭店骑车 20 分钟就到了，应该不会迟到。"然而，当经过铁路道口时，开来一列火车，把他挡住了。待列车开过去时，整个道口已挤得密密麻麻，因为大家都急着赶时间去上班，自行车、汽车全然没有了秩序。越是没有秩序，越是混乱，待交通警察赶来把道口疏通，时间已过 8：00。10 分钟后，小徐才到达饭店。这时，离原定游客出发的时间已晚了 10 多分钟，只见等候在大厅里的那些德国游客个个脸露不悦，领队更是怒气冲冲，走到小徐面前伸出左手，意思是说："现在几点了？"

　　请思考：

　　这个案例对你有哪些启示？

案例2

醉酒的导游员

某旅行社一位女导游员带团至杭州旅游，由于该导游个性豪爽，又与客人相处得不错，到临别前的晚上，几个客人请其到某酒家吃饭。女导游员自恃酒量好，席间当客人敬酒时总是来者不拒，结果喝得酩酊大醉，由几个游客扶着出了酒家的门。在酒家门口，游客让其一人先等一会儿，其他人负责走远一点去叫出租车。由于喝酒过量，该导游员已无法站稳，于是躺在了一辆新的私家车上，恰好此车主人从酒家走出来看到了这一幕，不由分说就找了个水桶将水劈头盖脸朝该导游员身上泼去。导游员被这"从天而降"的冷水激醒过来，但即使如此，迷信的车主还觉得不够，又打了几次清水往该导游员躺过的地方不断冲刷，场面非常尴尬。

请思考：

这个案例对你有哪些启示？

3.情景模拟

情景1：开场白

在客车上接到旅游团时的开场白训练。目的：练习鞠躬、开场白的设计。

情景2：迎送客人姿态

客人上下客车时导游员姿态的训练。目的：练习搀扶客人、站姿、表情。

情景3：景点讲解

进行景点讲解的实训。目的：注意讲解中的语速、语音、视线、站姿、手势、表情等。

任务2 外联人员服务礼仪

【任务目标】

通过本任务的学习，掌握外联人员的仪容、仪表、仪态的礼仪要求和操作规范，并能够在外联工作中运用正确的拜访和推销的礼仪，为工作提供便利，同时展现旅行社外联工作的文明操作水平。

【案例导入】

小李今年毕业以后应聘到某旅行社做了外联工作。一次，小李去某公司联系业务，结果由于堵车小李迟到了，等到小李赶到对方公司时，汗流浃背、气喘吁吁，由于着急他用力地敲门，对方经理很不高兴。

问题：作为旅行社的外联，小李应该怎么做呢？

【任务分析】

外联部是旅行社业务活动开展的生力军，是整个旅行社与外界沟通的重要桥梁。外联人员的服务礼仪对于外联人员业务的发展有极大的促进作用。

【知识讲解】

外联部参与整个旅行社业务活动的全过程，在旅行社中发挥着重要作用。外联部职能如下：向外界宣传旅行社，提高旅行社的影响力与知名度；在外为旅行社联系优质的旅游产品，并获得具有竞争力的价格，便于旅行社组合成线路进行出售；在外联系大客户，吸引其参加旅行社团队，为旅行社带来直接的经济效益。

一、外联人员在个人形象方面的礼仪要求

旅行社外联人员应努力将自己的外在形象塑造得充满朝气、富于健康和生命力，使其仪容、仪表和仪态反映外联人员的内在美，并符合社会对旅行社外联人员这个角色的要求。

1. 外联人员在仪容、仪表方面严禁出现的情况

外联人员在仪容、仪表方面严禁出现的情况：化妆不随环境、场合、时间、年龄和身份的不同而变化，化妆过浓导致失真，化妆与服饰不协调；在客户面前化妆，非议他人的妆容，化妆妨碍他人；着装不分场合，服饰色彩搭配不合理，服饰款式与自身不和谐，发型与服饰配合不得当，着装暴露。

西装纽扣使用不当，衣袋和裤袋中放太多东西，左胸处的口袋插钢笔或放置其他东西，袖口的纽扣没有扣上，袖口短于西装袖，衬衫领低于西装领，下摆不扎进西装裤内，不系领带，但仍扣紧领口，领带长度过长或过短，穿马甲或毛衣时，领带放在马甲或毛衣之外，随便放置领带夹，穿西装时搭配布鞋、凉鞋或旅游鞋。

2. 外联人员在仪态方面严禁出现的情况

外联人员在仪态上严禁：站立时驼背，坐下时两膝分开过大，行走时手臂摆动不规范，迈步过大或过小，交谈时紧紧盯住对方的眼睛或游移不定，笑容生硬虚伪，笑不由衷。

二、外联人员的拜访和推销礼仪

旅行社外联人员为了抓住商机拓展业务，加强旅行社与相关企业的合作关系，经常需要对相关企业进行拜访，商讨相关事宜，并建立起良好的合作伙伴关系。因此，外联人员在进行拜访时要表现出良好的礼仪、礼节，给对方留下一个好印象，从而促进双方合作的顺利开展。

1. 拜访和推销前的准备工作

拜访前应事先预约，可以选择通过电话或信函等较为正式的方式进行预约，时间和地点的选择都以方便客户为标准，如因急事需要更改拜访时间和地点，一定要在第一时间告知对方并诚恳致歉，以求得对方的谅解。

推销前要对客户企业进行全面的了解，包括该企业的发展历史、经营项目、生产情况和企业负责人的个人情况及其兴趣爱好等。

2. 拜访时的仪态礼仪

在拜访客户的过程中，要保持亲切的微笑，举止大方、得体，交谈时与客户保持适当的距离，坐姿端正。喝茶时注意礼节，对送茶的人要致谢，并且要浅尝一下以示礼貌。对方送上的香烟应双手接过，并主动帮助对方点烟，如拜访的客户是女士或不吸烟者则不可在室内吸烟。

3. 拜访时的称呼礼仪

如果不知道客户的姓名或职务，应在与客户见面前到服务台作自我介绍并说明来意，礼貌地询问该客户的姓名及职位。如在双方企业之外的场所见面，则应事先通过其他渠道了解情况，见面要主动打招呼，称呼其姓氏加职位，如"您好，吴总！"若是拜访之前已有业务往来的客户，则应面带微笑，热情主动地招呼对方。

4. 拜访及进行推销时的交谈礼仪

初次见面时要注意与客户的谈话技巧，要根据不同客户的特点选择不同的说话内容与方式。选择对方感兴趣的话题展开谈话，可以营造良好的谈话氛围，使对方自然而然地接受商谈或推销的内容。与客户交谈时应真诚地注视着对方，认真倾听对方的意见和要求，不可随意打断或插话，以示尊重。

　　向客户推销旅游产品的过程当中，客户面临抉择时会产生犹豫的心理，此时是说服客户的最好时机，外联人员应当给客户适当的选择时间并适时地给予忠告和引导，以温和的表情和说辞将客人拉进自己的销售程序中。

　　在推销过程中，客户难免会提出各种要求、不同看法及反对意见，此时外联人员应当尊重客户，认真听取客户的意见，仔细分析原因，弄清客户的真正需要，寻求双方的一致之处。

　　在推销的过程中遭到拒绝是不可避免的，面对拒绝推销人员应心平气和、从容不迫，以良好的心态和礼仪面对，诚恳地向客户表示感谢，最后礼貌地与其告别。

　　当推销成功或业务成交时，外联人员应当保持良好的成交态度，不卑不亢，不慌不忙，心态平和，神情自如，以良好的礼仪形象坚定客户购买旅游产品的决心，达成最终的成交协议。

三、外联人员在拜访客户和推销产品时严禁出现的情况

　　外联人员在拜访客户和推销产品时严禁出现以下情况：

　　拜访前没有预约，失约或迟到；更改拜访时间或地点后，没有及时告知对方；推销前对本旅行社旅游产品的情况不熟悉，在进行推销时被客户"问住"；推销前对客户企业不熟悉，被客户认为没有诚意；仪容不整，被认为不尊重对方；仪表不整，衣着过于保守或过于新潮。

　　表情过于凝重，举止不雅，有不良习惯和小动作；对送上的茶水视而不见或漠然处之；对方不吸烟或客户是女性的情况下仍然我行我素地吸烟。

　　面对客户仍然不知其姓名及身份，这对客户来说是非常不礼貌的行为；见面不主动向对方打招呼，对已有业务往来的客户仍然像对初次见面的客户那样打招呼，显得非常生疏。

　　对初次见面的客户不讲究谈话技巧，与客户谈话的内容与方式千篇一律；与客户交谈时神情过于严肃或过于随便，眼神飘忽不能认真倾听客户的意见和要求；客户提问题时随意打断或插话，当客户面对旅游产品出现犹豫时，外联人员不闻不问；对客户提出的要求、不同看法及反对意见不予重视；业务成交时，外联人员表现得过分激动，推销被拒绝时，外联人员对客户不礼貌。

综合能力训练

一、任务实训

1. 实训步骤

（1）由教师进行示范讲解。

（2）学生分组进行练习。

（3）教师巡视指导，纠正学生的错误与不足之处。

（4）学生分组进行测试，同学们互相讨论，教师点评。

2. 实训方法

（1）由教师向学生说明此次拜访的基本情况和需要注意的事项。

（2）由学生分别确认饰演的角色。

（3）做好拜访前的准备。

3. 实训准备

办公桌椅一套、沙发茶几组合一套。

4. 实训时间

实训授课两课时，共计 60 分钟，其中示范讲解 15 分钟，学生操作 40 分钟，考核测试 5 分钟。

5. 考核评价

（1）评分要求。按百分制记分，学生操作时，指导教师观察学生的操作方法，按照考核要求给学生实训打分。

（2）实训考核表。实训考核表如表 5-1-2 所示。

表 5-1-2　外联服务礼仪考核表

考评人		被考评人	
考评地点			
考评内容		外联服务礼仪考核	
考评标准	内容	分值（分）	评分（分）
	外联服务礼仪规范	20	
	与客户沟通能力	20	
	推销能力	20	
	熟悉业务	20	
	符合职业标准	20	
合计		100	

注：实训考核分为 100 分，60~69 分为及格；70~79 分为中；80~89 分为良；90 分以上为优秀。

二、思考练习

模拟情景：模拟某旅行社外联人员小高前去某大客户处联系业务，学生以小组为单位练习，要求做到：

（1）确认外联人员的工作职责。

（2）模拟外联人员进入实训场景。

（3）找出外联人员在着装、服饰和化妆等方面的得体之处。

（4）找出外联人员在目光、站姿、坐姿和行姿等方面的得体之处。

（5）对业务洽谈中外联人员的整体形象进行评价。

任务3　计调人员服务礼仪

【任务目标】

通过本任务的学习，掌握计调人员如何与食、宿、行、游、购、娱中所涉及的供应商进行确认，如订房、订餐和订车等，掌握正确制出团单、安排线路和报账的礼仪，为工作提供便利，同时展现旅行社计调工作的文明操作水平。

【案例导入】

有个旅游团的线路，是去内蒙古和山西，团队价位报得有点高，计调部经理想安排好一点，因此决定在内蒙古安排住豪华蒙古包，即二人一包，和星级饭店一样有独立卫生间；在山西省则住太原的四星级饭店。结果团队对住房并不满意，他们说在内蒙古还不如住六人一包的普包，这样才像住蒙古包，大家济济一堂那才热闹，有来到内蒙古的感觉；对于在太原安排住四星级饭店，他们并不好受，因为他们是教师团，与饭店进进出出的客人格格不入，显得穷酸，故而他们宁愿住在平遥古城，第二天早晨也不必赶时间，又能在平遥古城好好逛逛。这算不算"赔了夫人又折兵"呢？真是出了钱还未能达到客人满意。

问题：计调部一味追求高标准的住宿就能满足客人的要求吗？

【任务分析】

旅行社通过外联招徕客源，而接待前的准备工作，则由计调人员负责。计调人员的主要任务是按接待计划落实团队在食、宿、行、游、购、娱等方面的具体事宜，以确保行程和日程的正常进行。

【知识讲解】

计调是计划调度的简称，担任计划调度工作的人员，在岗位识别上被称为计调人员、线控、团控和担当等，业内简称"计调"。

一、业务预订和确认

旅行社掌握着大量从旅游产品批发商那里以批发价格获得的旅游产品，在线路组合成功并已确认出售后，计调人员的任务主要是业务预订与确认。

计调人员的业务预订、确认礼仪主要包括打电话前的准备工作礼仪、与旅游汽车公司进行业务预订的礼仪、与宾馆进行住宿预订的礼仪以及与酒店订餐的礼仪几个环节。

1. 打电话前的准备工作礼仪

在旅游团确认之后，计调人员应马上根据旅游者的需求进行旅游产品的搜索，将整个行程安排好后，就开始安排接待单位。将与旅行社已有业务约定的接待单位的电话及服务合同找到，熟悉双方约定的所有事宜。

2. 与旅游汽车公司进行业务预订的礼仪

计调人员打电话前应当就旅游团对车的要求了如指掌，并事先安排好车型及数量。打电话进行预订时一定要注意表达清晰、准确。打电话时首先应询问想要的车型能否订上、能订几辆，确认价格与合约中的价格是否有出入。告知用车的起始时间、协商付款方式，将协商好的汽车情况记录好，包括车型、车数、车况、付款方式、司机姓名及联系方式。

3. 与宾馆进行住宿预订的礼仪

计调人员打电话前应当就旅游团对住宿的要求了如指掌。打电话时首先应询问该酒店或宾馆提供的房间是否符合标准，然后告知使用房间的数量及使用时间，确认价格与合约中的价格有无出入。告知旅游团首日下榻的大约时间、协商付款方式，将协商好的住宿情况记录好，包括房型、房数、付款方式、预订联系人姓名及联系方式。

4. 与酒店订餐的礼仪

计调人员打电话前应当就旅游团对餐饮的要求了如指掌。打电话时首先应询问该酒店能不能提供旅游者要求的菜肴，得到肯定后询问能否在该时间提供团队餐，然后向对方提供团餐的要求及餐标，看对方能否达到要求。告知导游再确认的大约时间、协商付款方式，将协商好的用餐情况记录好，包括餐标、人数、付款方式、预订联系人姓名及联系方式。

二、计调服务

计调人员与提供旅游产品的客户进行接洽，落实好食、宿、行、游、购、娱等方面的具体事宜后，就将所有接待事宜交到导游手中，由导游进行以后的接待工作。当旅游团接待任务结束后，导游将各种票据、钱款交回旅行社。所以计调人员与导游的沟通协作是其中一项重要的工作内容。

1. 制出团单

一般使用旅行社多年来的格式化的团单，将旅游团的所有情况用行业简略语言写在团单的最前边。书写团单时一定要字迹清楚、用词简练，须将整个旅行中的行、食、宿、游、购、娱各个环节的预订、联系人姓名及联系方式写入团单，将各个环节的结算方式及结算款数额清楚地标注在每一个环节之后。团单备注中写入旅游团在服务上的特殊要求。

2. 告知线路情况

首先向导游叙述旅游团的所有旅游景点，附带说明旅游团的用车、住宿和用餐情况。将团中除成人外的特殊成员向导游进行说明，主要告知特殊成员的用车、住宿、用餐、门票情况及款项结算情况。

对早餐情况进行说明，说清楚旅游团早餐是否为住宿酒店免费供应。对正餐情况进行说明，对于没有特殊要求的正餐，最好由导游选择用餐地点（请导游一定要注意用餐地点，选择卫生、大型的饭店，餐标按照团单上的价格走）。对于有特殊要求的正餐，由计调人员按其要求进行订餐，另叮嘱导游在用餐前三小时进行确认。

3. 与导游一同对线路服务进行计划

熟悉旅游团对导游服务的要求，在导游的选择方面，一定要服从旅游团的要求，使用令旅游团满意的导游将使整个旅行顺利。将整个旅行中各个环节的服务要求告知导游，并要求其严格遵守。结合实际情况和个人经验将旅行中可能出现的问题告知导游，请其事先预防。

4. 帮助导游领取团款及导游用具

与导游一道将团单上所写明的由导游现金支付的款项进行核算，得出总金额。由计调人员书写借款单（借款额应适当多于支付总金额），签字后由导游到财务部借款。导游借到款后，如数额较大，计调人员要叮嘱其注意安全。将团单和其他导游用具一并交给导游，并祝其工作顺利。

5. 在旅行途中出现意外事件指导导游进行处理

计调人员的通信工具应 24 小时开机，以便在旅行过程中出现意外情况时导游及时与计调人员取得联系。如出现事故，导游在处理过程中应及时与计调人员联系，使计调人员对旅游团的相关情况了如指掌。计调人员在易出现事故的旅游项目进行前要叮嘱导游需要注意的事项。

6. 旅行结束后与导游进行报账和结算

一般在送团后的 1~3 天内由导游会同计调人员进行报账。计调人员将导游写好的报账单进行审核，对事先没有预想到的款项支出进行询问。

综合能力训练

一、任务实训

1. 实训步骤

（1）由教师进行示范讲解。

（2）学生分组进行练习。

（3）教师巡视指导，纠正学生的错误与不足之处。

（4）学生分组进行测试，同学们互相讨论，教师点评。

2. 实训方法

（1）模拟计调人员将某一团队联系好的所有情况记录好。

（2）学生模拟计调人员制出团单，然后由一位学生扮演接团导游，与计调人员进行业务接洽。

（3）由出团的导游向计调人员进行报账。

（4）由教师针对实训过程中出现的问题进行举例纠正，再由学生两人一组进行实训，最后进行测验。

3. 实训准备

出团单一张、办公桌椅一套。

4. 实训时间

实训授课一课时，共计 45 分钟，其中示范讲解 10 分钟，学生操作 30 分钟，考核测试 5 分钟。

5. 考核评价

（1）评分要求。按百分制记分，学生操作时，指导教师观察学生的操作方法，按照考核要求给学生实训打分。

（2）实训考核表。实训考核表如表 5-1-3 所示。

表 5-1-3　计调服务礼仪考核表

考评人		被考评人	
考评地点			
考评内容		计调服务礼仪考核	
考评标准	内容	分值（分）	评分（分）
	熟悉计调业务情况	20	
	协调沟通能力	20	
	处理问题的能力	20	
	管理能力	20	
	整体印象	20	
合计		100	

注：实训考核分为 100 分，60~69 分为及格；70~79 分为中；80~89 分为良；90 分以上为优秀。

二、思考练习

1. 简答题

（1）计调业务的主要内容是什么？

（2）计调在旅游服务中有哪些重要作用？

2. 案例分析

案例 1

计调部经理不应该知道我国主要客源国概况吗？

某旅行社有一日本团，计调部经理在派车时，只考虑车况还可以，司机也常做外团，因此就派了这辆较新的金龙车。等到地陪上车时，发现该旅游车是一辆黄色的旅游车，而做旅游的人应该知道，日本人是忌讳黄颜色的。著名案例——可口可乐和百事可乐竞争日本市场，就是因为百事可乐饮料包装盒是黄颜色的，而可口可乐的易拉罐包装盒则是深受日本人喜欢的红色，从而导致了百事可乐进军日本市场的失败，可口可乐取胜。可是，当地陪问到计调部经理时，该经理却怪地陪不早说。可见她不知道，日本是我国最大的客源国。

请思考:

这个案例对你有哪些启示?

案例2

不合理的行程安排

前几天有个土耳其团到北京,导游员准时在8:10将游客接到了宾馆,并安排吃了早饭。饭后已是上午10:00了,而在此团的行程计划书中,却又安排客人12:30吃午饭,客人觉得刚吃过早饭,根本不可能在那么短的时间内再吃一顿,于是要求将午饭时间往后推迟。

此时导游员犯难了,计划书就是这样安排的,自己又无权擅自更改,并且在新的导游员管理办法中,擅自更改行程是要扣分的。但不改吧游客又不干,这样的行程安排确实不合理,没有办法,导游员还是按照计划书办事,让客人又吃了一顿。这虽然是没有违反规定,但游客对此却是怨声载道,导游员也怨气十足地说:"我都快冤枉死了,客人们都以为行程是我安排的,对我特别不满意,刚第一天就这样,以后这团就更不好带了。"

请思考:

这个案例对你有哪些启示?

案例3

旅游线路设计要随时监控

国庆期间,某旅行社组织一个旅游团游览神农架三峡,途经江城武汉,顺便游览市内著名景点。下午,旅游团游览武汉归元寺。从寺里出来后,游客被一群算命先生围住。这群人能言善辩,且强拉游客算命。他们事先说算命不要钱,可是算完了却非收钱不可,甚至伸手去游客兜里掏钱,弄得游客纷纷谴责导游员,说旅行社不应该安排类似景点,表示要投诉。

请思考:

这个案例对你有哪些启示?

项目二

饭店服务礼仪

作为旅游业三大支柱之一的饭店业，是旅游综合接待能力的重要构成因素，在旅游业中占有重要的地位，发挥着举足轻重的作用。如果说个人礼仪是一张人际交往的名片，那么现代饭店礼仪就是一个企业，甚至是一个国家对外交往的名片，打造一张优质的名片，才能与国际接轨。

任务 1　前厅服务人员的礼仪

【任务目标】

通过本任务的学习，使学生掌握前厅服务工作中的基础技能。具体包括门厅迎送服务、行李服务、总台服务等礼仪规范。

【案例导入】

某周末下午 6：00 左右，饭店前台来了三位客人，提出要开特价房，接待员小马很有礼貌地对客人说："对不起，先生，这种房间已订完，您住其他的房间可以吗？"话未说完，客人就不高兴了："怎么会没有呢，你们是不是骗我？"这时小马耐心地向客人解释说："先生，我们这种房间数量有限，每天只能推出十几间房作为特价房，今天是周末，要这种房的客人比较多，下午的时候已住满了，假如您提前打电话跟我们预订，我们就可以帮您留出来，不过，您这次的房价我可以按贵宾的优惠条件给您打折，您看怎么样?"客人有些犹豫，但他的两位同伴已经不耐烦了："不住这里了，到××宾馆去，那里肯定有。"

不过这位客人似乎对小马的一番话有点心动，他对同伴说："难得小姐这么热情地接待，就住这里算了。"前台接待员的优质服务留下了客人。

问题：小马留住客人的方法是什么?

【任务分析】

前厅部通过客房商品的销售来带动酒店其他各部门的经营活动，所以前厅部通常被视为酒店的"神经中枢"，是整个酒店承上启下、联系内外、疏通左右的枢纽。

无论酒店规模大小、档次如何，前厅部总是酒店为客人提供服务的中心。可以说前厅部的管理水平和服务水准，往往直接反映整个酒店的管理水平、服务质量和服务风格，是酒店工作的"窗口"，代表着酒店的对外形象。

【知识讲解】

前厅部也称前台部，负责招徕并接待客人，销售酒店客房及餐饮娱乐等产品和服务，协调酒店各部门对顾客服务，为酒店高级管理决策层及各相关职能部门提供各种信息。前厅部是一个综合性服务部门，服务项目多，服务时间长，酒店的任何一位客人，从抵达前的预订到入住，直至离店结账，都需要前厅部提供服务，前厅是联系客人与酒店的纽带。

一、门厅迎送服务礼仪

门厅迎送服务人员见到宾客光临，应面带微笑，主动表示热情欢迎，问候客人："您好! 欢迎光临!"并致 15 度鞠躬礼。对常住客人应称呼他（她）的姓氏，以表达对客人的礼貌和重视，当宾客较集中到达时，要尽可能让每一位宾客都能看到热情的笑容和听到亲切的问候声。

宾客乘车抵达时，应立即主动迎上，引导车辆停妥，接着一手拉开车门一手挡住车门框的上沿以免客人碰头。如果是信仰佛教或伊斯兰教的宾客，因教规习俗，不能为其护顶。如遇下雨天要撑伞迎接以防宾客被淋湿，若宾客带伞，应为宾客提供保管服务，将雨伞放在专设的伞架上。对老人、儿童、残疾客人，应先问候，征得同意后予以必要的扶助，以示关心照顾，如果客人不愿接受特殊关照，则不必勉强。

宾客下车后，要注意车座上是否有遗落的物品，如发现，要及时提醒宾客或帮助取出。如遇出租车司机"宰客"现象，应维护宾客利益，机智处理。

客人离店时，要把车子引导到客人容易上车的位置，并为客人拉车门请客人上车，看清客人已坐好后，再轻关车门微笑道别："谢谢光临，欢迎下次再来，再见！"并挥手致意，目送客人离去。

二、行李服务礼仪

酒店行李员在客人抵达时，应热情相迎微笑问候，帮助提携行李。当有客人坚持亲自提携物品时，应尊重客人意愿，不要强行接过来；在推车装运行李时，要轻拿轻放，切忌随地乱丢、叠放或重压。

陪同客人到总服务台办理住宿手续时，应侍立在客人身后一米处等候，以便随时接受宾客的吩咐；引领客人时，要走在客人左前方两三步处，随着客人的步子行进，遇拐弯处，要微笑向客人示意。

乘电梯时行李员应主动为客人按电梯按钮，以手挡住电梯门框敬请客人先进入电梯，在电梯内行李员及行李的放置都应该靠边侧，以免妨碍客人通行，到达楼层时应礼让客人先步出电梯，如果有大件行李挡住出路，则先运出行李然后用手挡住电梯门，再请客人出电梯。

引领客人进房时先按门铃或敲门，停顿三秒钟后再开门。开门时先打开过道灯，扫视一下房间无问题后，再请客人进房。

进入客房，将行李物品按规程轻放在行李架上或按客人的吩咐将行李放好。箱子的正面要朝上，把手朝外，便于客人取用。与客人核对行李，确无差错后，可简单介绍房内设施和使用方法。询问客人是否有其他要求，如客人无要求应礼貌告别及时离开客房。离房前应向客人微笑礼貌告别，目视客人后退一步再转身退出房间，将门轻轻拉上。

宾客离开饭店时，行李员进入客房前必须按门铃或敲门通报，得到客人允许后方可进入房间。客人离店时，应询问宾客行李物品件数并认真清点，及时稳妥地运送安放到车上。行李放好后，应与门厅应接员一起向客人热情告别，"欢迎再次光临"、"祝您旅途愉快"，并将车门关好，挥手目送车辆离去。

三、总台接待服务礼仪

饭店的总服务台是饭店的"窗口"，又可以称为饭店的"神经中枢"，是客人进店和离店的必经之地。饭店能否给客人以来时宾至如归之感或离别时宾去思归之念，在很大程度上取决于总服务台的服务质量。

1. 接待服务礼仪

客人离总台三米远时，应予以目光的注视。客人来到台前，应面带微笑热情问候，然后询问客人的需要，并主动为客人提供帮助。如客人需要住宿，应礼貌询问客人有无预订。接待高峰时段客人较多时，要按顺序依次办理，注意"接一顾二招呼三"，即手里接待一个，嘴里招呼一个，通过眼神、表情等向第三个传递信息，使顾客感受到尊重，不被冷落。

验看、核对客人的证件与登记单时要注意礼貌，"请"字当头、"谢谢"收尾，确认无误后，要迅速交还证件并表示感谢。当知道客人的姓氏后，应尽早称呼姓氏，让客人感受到热情亲切和尊重。给客人递送单据、证件时，应上身前倾，将单据、证件文字正对着客人双手递上，若客人签单应把笔套打开笔尖对着自己，右手递单左手送笔。

敬请客人填写住宿登记单后，应尽可能按客人要求安排好房间。把客房钥匙交给客人时，应有礼貌地介绍房间情况并祝客人住店愉快。如果客房已客满，要耐心解释并请客人稍等看能否还有机会。此外还可为客人推荐其他酒店，主动打电话联系，以热忱的帮助欢迎客人下次光临。

重要客人进房后，要及时用电话询问客人："这个房间您觉得满意吗？""您还有什么事情，请尽管吩咐，我们随时为您服务。"以体现对客人的尊重。

客人对酒店有意见到总台陈述时，要微笑接待以真诚的态度表示欢迎，在客人说话时应凝神倾听，绝不能与客人争辩或反驳，要以真挚的歉意妥善处理。

及时做好宾客资料的存档工作，以便在下次接待时能有针对性地提供服务。

2. 预订服务礼仪

客人到柜台预订，要热情接待，主动询问需求及细节并及时予以答复。若有客人要求的房间，要主动介绍设施、价格，并帮助客人填写订房单；若没有客人要求的房间，应表示歉意，并推荐其他房间；若因客满无法接受预订，应表示歉意并热心为客人介绍其他酒店。

客人电话预订时，要及时礼貌接听，主动询问客人需求，帮助落实订房。订房的内容必须认真记录，并向客人复述一遍以免差错。因各种原因无法接受预订时，应表示歉意并热心为客人介绍其他酒店。

受理预订时应做到报价准确、记录清楚、手续完善、处理快速、信息资料准确。接受预订后应信守订房承诺，切实做好客人来店前的核对工作和接待安排以免差错。

3. 问询服务礼仪

客人前来问询应面带微笑注视客人，主动迎接问好。认真倾听客人问询的内容，耐心回答问题，做到百问不厌、有问必答、用词恰当、简明扼要。服务中不能推托、怠慢、不理睬客人或简单地回答"不行"、"不知道"。遇到自己不清楚的问题，应请客人稍候，请教有关部门或人员后再回答，忌用"也许"、"大概"、"可能"等模糊语言应付客人。带有敏感性政治问题或超出业务范围不便回答的问题，应表示歉意。

客人较多时，要做到忙而不乱、井然有序，应先问先答、急问快答，使不同的客人都能得到适当的接待和满意的答复。接受客人的留言时，要记录好留言内容或请客人填写留言条，认真负责，按时按要求将留言转交给接收人。在听电话时看到客人来临，要点头示意请客人稍候，并尽快结束通话以免让客人久等。放下听筒后应向客人表示歉意。服务中要多使用"您"、"请"、"谢谢"、"对不起"、"再见"等文明用语。

4. 结账服务礼仪

客人来总台付款结账时，应微笑问候并为客人提供高效、快捷而准确的服务。切忌漫不经心，造成客人久等的难堪局面。确认客人的姓名和房号，当场核对住店日期和收款项目，以免客人有被酒店多收费的猜疑。递送账单给客人时，应将账单文字正对着客人；若客人签单，应把笔套打开，笔尖对着自己，右手递单左手送笔。如结账客人较多时，要礼貌示意客人排队等候，依次进行以避免因客人一拥而上，造成收银处混乱，引起结算的差错并造成不良影响。结账完毕，要向客人礼貌致谢，并欢迎客人再次光临。

5. 其他服务礼仪

如果有客人的邮件特别是快件，应立即想办法送交客人，不得无故拖延。如果确定客人外出不在，应把邮件妥善放置，等客人回来时及时送交。收发邮件，一定要迅速、准确。在承揽了为客人代购各种机票、船票、车票的业务时，应尽力按客人的需求去办。在为客人代办事项时，应问清代办事项的品名、数量、规格尺寸、颜色、形状及时间要求，并向客人预收款项。

6. 电话总机服务礼仪

电话总机服务人员应该坚守岗位，集中精神，在接待服务时，要面带微笑，使语言热忱亲切、甜美友善，语调不宜太高，语速不宜太快，用词要简练得当。坚持使用礼貌用语，避免使用"喂"、"我不知道"、"我现在很忙"、"什么?"等语句。

接听电话动作要迅速，不让电话铃响超过三声；主动问候对方"您好"，自报店名和岗位，热诚提供帮助。如果业务繁忙，在铃响三声后接听，应向顾客致以歉意："对不起，让您久等了!"用电话沟通时，宜保持嘴唇与话筒约一寸距离，若靠得太近，声音效果不好；使用左手接听电话，以方便右手做必要的记录。熟悉常用号码，按客人的要求迅速准确地转接电话。若转接的电话无人接听，忌用"不在"打发客人，应主动询问是否需要留言。

随时在电话旁准备好便条纸和笔，当客人留言时，要认真倾听和记录，留言要重复一遍确认，并跟进、履行对客人的承诺，做到热心、耐心和细心。为客人接转电话和查找资料时，不能让对方等候电话超过 15 秒钟。如果要求对方等候电话，应向其表示歉意"对不起，请您稍候"，如果一时未能查清，应及时向对方说："正在查找，请您再稍等一会。"讲究职业道德，尊重他人隐私，不偷听他人电话。通话结束后，应热情道谢告别，待对方挂断电话后，方可关掉电话。

7. 大堂副理服务礼仪

酒店大堂副理接待客人要积极热忱，精力集中，以谦和富有同情心的态度认真倾听，让客人把话讲完。对于客人投诉所反映的问题，要详细询问，并当面记录，以示郑重。对客人的任何意见和投诉，均应给予明确合理的交代，力争在客人离开酒店前解决，并向客人表示感谢。

当客人发脾气时，要保持冷静，待客人平静后再做婉言解释与道歉，要宽容忍耐绝对不能与客人发生争执。尽量维护客人的自尊，同时也要维护好酒店的形象和声誉，原则问题不能放弃立场，应机智灵活处理。

综合能力训练

一、任务实训

1. 实训步骤

（1）由教师进行示范讲解前厅服务礼仪规范。

（2）学生分组进行练习。

（3）教师巡视指导，纠正学生的错误与不足之处。

（4）学生分组进行测试，同学们互相讨论，教师点评。

2. 实训方法

（1）重点练习：微笑、举牌、开车门、护顶、鞠躬、电话、倾听、目光、再见、引领、行李、上茶，下蹲、递物等动作。

（2）练习：问候礼、目光礼、微笑礼、鞠躬礼、握手礼、挥手礼、引导礼、座次礼、告别礼、蹲姿礼、称呼礼、介绍礼、倾听礼、礼貌语、接受处理投诉时的礼节表现。

（3）每组自行设计三种以上场景，互换角色进行训练，要能灵活应用重点练习中出现的礼仪。

3. 实训准备

利用前厅客流少的时间，模拟前厅各岗位的接待程序。

4. 实训时间

实训授课一学时，共计45分钟，其中示范讲解10分钟，学生操作30分钟，考核测试5分钟。

5. 考核评价

（1）评分要求。按百分制记分，学生操作时，指导教师观察学生的操作方法，按照考核要求给学生实训打分。

（2）实训考核表。实训考核表如表5-2-1所示。

表5-2-1　前厅服务礼仪考核表

考评人		被考评人	
考评地点			
考评内容		前厅服务礼仪考核	
考评标准	内容	分值（分）	评分（分）
	岗位操作规范	20	
	服务程序正确	20	
	服务效果	20	
	语言礼貌	20	
	整体印象	20	
合计		100	

注：实训考核分为100分，60~69分为及格；70~79分为中；80~89分为良；90分以上为优秀。

二、情景模拟

场景一：机场接送客人

客人共有五位，其中有一位年长者、两位女士、一位男士、一位六岁小女孩，女士有随身携带的行李。接送中应注意哪些礼节？天气刚好下雨应该怎么做？重点练习护顶礼、微笑礼、乘车礼、问候礼、称呼礼、鞠躬礼、礼貌用语（提示：搀扶老人时须征得对方同意；下雨天要撑伞迎送；贵重物品及女性随身物品不要替客人代劳）。

场景二：客人进店和离店

三位男性客人乘坐出租车到达酒店（或离开酒店）。行李员应注意哪些礼仪？若其中有一名残疾人又应该如何？重点练习引领礼、进出电梯礼、送别礼、礼貌用语等。

场景三：问询

一位客人进入酒店问询或转交物品；电话咨询酒店事宜。重点练习交谈礼、电话礼仪等。

场景四：接待、结账

单身女性客人入住酒店；两批客人同时要求入住；一男一女客人入住酒店，要求特别客房（如面朝/靠电梯/最高层等）；客人急着结账。重点练习目光礼、语音语调、问候礼、致谢礼等（提示：当单身女士入住酒店，酒店应对她的安全负责，因而在入住登记时不要大声说出客人的房号）。

场景五：商务中心

客人要求打/复印一份文件；为客人订票。重点练习文件内容保密、按时交付、递物品礼、称呼礼等。

任务2　客房服务人员的礼仪

【任务目标】

通过本任务的学习，使学生掌握客房服务工作中的基础技能。树立热情周到、一视同仁的接待态度和安全保卫意识，熟练掌握楼层迎宾服务的礼仪流程，熟练掌握客房部各岗位人员的礼仪要求。

【案例导入】

住在某饭店 1306 房的玛特斯（Matthew）先生入住已有两天，每天早出晚归，房间的衣服总是扔得到处都是。服务员小袁打扫卫生时都会不厌其烦地帮他把衣服整理好，放在衣柜内。同时，小袁也发现了一个奇怪的现象：房间里的茶杯每天都原封不动地搁在那儿。难道他不喝水？爱动脑筋的小袁问中班服务员，中班服务员说："每次我们给他送茶他都没喝，但是他每天都会买一瓶矿泉水。"

第三天上午，玛特斯的一个朋友来拜访他，小袁想他的朋友可能和他一样不喜欢喝袋装茶叶，于是抱着试试看的心理用散装茶叶为他们泡了两杯茶送进了房间。

过了不久，小袁看见客人和朋友出去了，为了弄个明白，她马上进房去查看，发现两个茶杯都空空如也，原来他们爱喝散装茶。于是，小袁高兴地在常客卡上记录下了这一条，又为他泡了一杯茶，用生疏的英语给客人留了言："It's the tea for you! Wish you like it."

下午，玛特斯和他的朋友大汗淋漓地从电梯里面出来，手里抱着一个篮球，老远就冲小袁打招呼，示意她把篮球放进布草房。小袁接过球一看，黑乎乎的。"这么脏，还是洗一下吧?"小袁自言自语道。

于是，小袁便将球拿到消毒间用刷子刷干净了。第二天下午，客人又出去打球，当他从小袁手中接过干净如新的篮球时，朝小袁竖起了大拇指。

问题：客人为什么对小袁竖起大拇指？

【任务分析】

客房部的工作人员要为来自四面八方的客人提供热情周到的服务，保持客房干净、整齐和舒适，为客人的生命财产安全提供保障，与此同时，还要注意与其他相关部门进行协调、沟通，以满足客人的需求。因此作为客房服务人员必须为客人提供标准化、规范化的服务，让客人对饭店产生归属感。

【知识讲解】

饭店服务无大事，但小事都是大事，因为很多事情对于饭店来说是小事，但却会给客人提供极大的便利。客房服务人员应保持仪表整洁自然，举止端庄大方，礼貌周到，尊重宾客，精神饱满地为客人提供优质服务。

一、楼层接待服务礼仪

客房是宾客主要的休息场所，是客人临时的家。宾客希望在酒店住宿期间能拥有个人空间，受到尊重，感受到自在舒适、方便安全。因此，注重礼仪的接待服务，应在提供优质服务的同时，尽量避免与宾客过多接触，以免打扰宾客。楼层接待员在服务中应做到：

在客人抵达前，要整理好房间，检查设备用品是否完好、充足，调节好房间的温度和湿度，为客人提供清洁、整洁、卫生、舒适、安全的客房。

楼层服务员接到来客通知，要在电梯口迎接，主动问候客人："先生（小姐）您好，一路辛苦了，欢迎光临！"如果是常客，要称呼客人的姓氏。引导客人出电梯，主动帮助客人，征得同意后帮助提携行李。引领客人到客房，到达房间门口时先开门、开灯，侧身一旁，敬请客人进房，然后放置好客人的行李物品。

客人进房后，根据人数和要求，灵活递送香巾和茶水，递送时必须使用托盘和毛巾夹，做到送物不离盘。根据客人实际情况，礼貌介绍房间设备及其使用方法，简要介绍饭店内的主要服务设施及其位置、主要服务项目及服务时间，帮助客人熟悉环境。对房内需要收费的饮料食品和其他物品，要婉转地说明。

接待服务要以客人的需要为准，体现为客人着想的宗旨。若客人不想被打扰，需要安静地休息时，服务人员应随机应变，简化某些服务环节。在问清客人没有其他需求后，应向客人告别立即离开，可说："请好好休息，有事尽管吩咐，请打电话到服务台"，并祝客人住宿愉快。退出房间后，轻手将门关上。

二、日常服务礼仪

宾客住店期间的日常服务范围广、项目多，劳动强度大、服务繁重琐碎，需要工作人员有良好的身体素质、较强的责任感和动手能力，工作要细致、耐心。

1. 客房清洁服务礼仪

客人一旦入住，客房即成为其私人空间，服务人员不能随意进出该房间。整理房间应尽量避免打扰客人的休息与工作，最好在客人外出时进行；动用客房内的任何一样东西，都应事先征得客人同意。

有事需要进入客房时，必须讲究礼貌。先按门铃两下，未见动静，再用中指关节有节奏地轻敲房门，每次为三下，一般为两次，同时自报"House keeping"，在听到客人肯定的答复或确信房间内无人后方可进入。进入客房，不论客人是否在房间，都应将房门敞开。

敲门时，对可能出现的各种情况应该灵活处理。敲门时门已经打开或客人来开门，要有礼貌地向客人问好，征得客人允许方可进入客房服务；敲门时房间内无人答应，进房后发现客人在房间或在卫生间，若客人穿戴整齐，要立即向客人问好，并征询客人意见，是否可以开始工作；若客人衣冠不整，应马上道歉，退出房间并把门关好。

打扫客房时，不得擅自翻阅客人的文件物品，打扫完后物品应放在原处，不能随意扔掉客人的东西，如便签、纸条等；不可在客人房间看电视、听音乐；不可用客人的卫生间洗澡；不可取食客人的食品；不得接听客人的电话。清扫时，如宾客在交谈，不要插话，更不能趋近旁听，不向客人打听私事；如客人挡道，应礼貌打招呼，请求协助。客房清洁过程中，遇到客人回来，服务员要礼貌地请客人出示房间钥匙或房卡，确定是该房间的客人，并询问客人是否可继续整理。如果客人需要整理，应尽快完成，以便客人休息。

清扫时，遇到宾客外出或回房间，都要点头微笑问候，切勿视而不见，不予理睬。在楼道中遇到客人，在离客人三米远处开始注视客人，放慢脚步，一米远时向客人致以问候，楼道狭窄时要侧身礼让客人。

工作时，不能与他人闲聊或大声说话，做到说话轻、走路轻、操作轻。在过道内行走，不要并行，不得超越同方向行走的客人。遇事不要奔跑，以免造成紧张气氛，如有急事需要超越客人应表示歉意。打扫完毕，不要在客房逗留。如客人在房间，离开时应轻声说："对不起，打扰了，谢谢！"然后礼貌地后退一步，再转身走出房间，轻轻关上门。

2. 访客接待礼仪

尽量记住住宿客人的姓名、特征等，并注意保守客人的秘密，不将客人的房号、携带物品及活动规律等告诉无关人员，不要给客人引见不认识的人员。

访客来访时，应礼貌问好，询问拜访哪位客人，核对被访者姓名、房号是否一致，在征得客人同意后，请访客办理登记手续，才能指引访客到客人房间，未经客人允许，不要将来访者带入客人房间；访客不愿意办理来访登记手续，应礼貌耐心地解释，并注意说话技巧，打消来访者的顾虑，求得对方配合，如访客执意不登记，应根据来访者与被访者的身份、来访目的与时间，酌情处理。

若住客不愿见访客时，要礼貌委婉说明住客不方便接待客人，不要将责任推给住客，同时不能让访客在楼层停留等待，应请访客到大堂问询处，为其提供留言服务。

住客不在，若有访客带有客房钥匙要进房取物时，服务人员要礼貌了解访客对住客资料的掌握程度及与住客的关系，若有访客带有住客签名的便条但无客房钥匙时，服务员应将便条拿到总台核对签名，确认无误后办理访客登记手续，然后陪访客到客房取物品，住客回店后，服务员应向住客说明。

客人外出，交代来访者可以在房内等待，服务员应仔细询问来访者的姓名及特征，经过辨别确认后，请来访者办理访客登记。如访客要带物品外出，服务员应及时询问，并做好记录。服务员在岗时要保持相应警觉，对可疑来访者应上前有礼貌地询问清楚，坚持原则、刚柔相济，杜绝不良人员制造事端。

3. 其他服务礼仪

客人需要送洗衣物时，应认真核对件数、质料、送洗项目和时间，检查口袋里有无物件、纽扣有无脱落、衣物有无破损或严重污点等。

客人委托代订、代购和代修的事项要询问清楚，详细登记并重复确认，及时为客人服务。客人合理的随机服务要求，要快捷、高效完成，不可无故拖延。

服务员不得先伸手与客人握手，不抱玩客人的孩子，不与客人过分亲热；与客人接触，应注意文明礼貌，有礼有节，不卑不亢。

三、离店服务礼仪

得知客人离店的日期后，服务员要热情关照客人，仔细检查客人委托代办的项目是否已经办妥，主动询问是否需要提供用餐、叫醒、出租车等服务，主动询问客人意见，认真记录，并衷心感谢，但不要强求或过多耽误客人时间。

客人离房要送至电梯口，礼貌道别，并欢迎客人下次光临。对重要客人和老、弱、病、残者要送至前厅，并给予特别照顾。

客人离房后要迅速检查房间，查看有无遗忘、遗留物品，房间内的各种配备用品有无损坏或缺失，各种需要收费的饮料食品和物品有无消耗。如果发现遗留物品应尽可能归还原主，如果客人已走，则按酒店的遗留物品处理规定保管和处理。如果发现物品缺失或损坏，应立即打电话与总台联系，机智灵活处理，不可伤害客人的感情和自尊心。

四、特殊情况服务礼仪

宾客在住宿期间生病，服务员应主动询问是否需要到医院就诊，并给予热情关照，切不可自行给客人用药或代客买药。若客人患突发性疾病，应立即报告上司与大堂副理，联系急救站或附近医院，不可拖延时间。

宾客住店期间，若发生酗酒现象，服务员应理智、机警地处理，尽量安置酗酒客人回房休息，并注意房内动静，必要时应采取措施。对醉酒吵闹的客人，要留意其动静，避免出现损坏客房设备、卧床吸烟而引起火灾、扰乱其他住客或自伤等事件，必要时通知上司和保安部人员。对醉酒酣睡的客人，要同保安人员一起扶客人进房，同时报告上司，切不可单独搀扶客人进房或为客人解衣就寝，以防客人醒后产生不必要的误会。

客人称钥匙遗忘在客房，要求服务员为其开房门时，应请客人出示住房卡，核对日期、房号、姓名等无误后，方可为其开门。若客人没有住房卡，应请客人到总台核对身份无误后，方可为其开门。

客人在客房内丢失财物，服务员应安慰并帮助客人回忆财物丢失的过程，同时向上司和保安部报告，协助有关人员进行调查，不能隐情不报或自行处理。

综合能力训练

一、任务实训

1. 实训步骤

（1）由教师进行示范讲解客房服务礼仪规范。

（2）学生分组进行练习。

（3）教师巡视指导，纠正学生的错误与不足之处。

（4）学生分组进行测试，同学们互相讨论，教师点评。

2. 实训方法

（1）重点练习：敲门、进出房门、接听电话，取送洗衣、与客相遇。

（2）场景设计：将全班同学分成四组，第一组客房服务礼仪训练；第二组房务中心礼仪训练；第三组洗衣服务礼仪训练；第四组公共区域服务礼仪训练。

3. 实训准备

楼层和客房现场。

4. 实训时间

实训授课一学时，共计45分钟，其中示范讲解10分钟，学生操作30分钟，考核测试5分钟。

5. 考核评价

（1）评分要求。按百分制记分，学生操作时，指导教师观察学生的操作方法，按照考核要求给学生实训打分。

（2）实训考核表。实训考核表如表5-2-2所示。

表 5-2-2 客房服务礼仪考核表

考评人		被考评人	
考评地点			
考评内容		客房服务礼仪考核	
考评标准	内容	分值（分）	评分（分）
	操作符合规范	20	
	礼貌服务能力	20	
	程序正确	20	
	符合职业标准	20	
	整体印象	20	
合计		100	

注：实训考核分为100分，60~69分为及格；70~79分为中；80~89分为良；90分以上为优秀。

二、情景模拟

场景一：假设客人需要整理房间，作为客房服务员接到任务后应如何提供服务呢？展示优质的服务，重点练习敲门礼仪、进出房门礼仪。

场景二：假如你是一名房务中心的员工，接到客人请求帮助的电话，你如何展示电话礼仪？重点练习电话礼仪。

场景三：假设客人需要洗衣，作为客房服务员应如何向客人提供周到的服务？重点练习取送洗衣礼仪。

场景四：假如你在走廊上打扫卫生，正好有两位客人迎面走来，你应该如何面对？假如你在打扫过道时不小心弄脏了客人的衣服，你又该如何处理？重点练习与客相遇礼仪。

任务3 餐厅服务人员的礼仪

【任务目标】

通过本任务的学习，使学生掌握餐饮工作中最基础的技能，掌握在餐饮工作中如何领位、值台、走菜的技巧，为工作提供便利，同时展现餐饮工作的文明操作水平。

【案例导入】

一个深秋的晚上，三位客人在南方某城市一家饭店的中餐厅用餐。他们在此已坐了两个多小时，仍没有去意。服务员心里很着急，到他们身边站了好几次，想催他们赶快结账，但一直没有说出口。最后，她终于忍不住对客人说："先生，能不能赶快结账，如想继续聊天请到酒吧或咖啡厅。"

"什么！你想赶我们走，我们现在还不想结账呀。"一位客人听了她的话非常生气，表示不愿离开。另一位客人看了看表，连忙劝同伴马上结账。那位生气的客人没好气地让服务员把账单拿过来。看过账单，他指出有一道菜没点过，但却算进了账单，请服务员去更正。这位服务员忙回答客人，账单肯定没错，菜已经上过了。几位客人却辩解说，没有要这道菜。服务员又仔细回忆了一下，觉得可能是自己错了，忙到收银员那里去改账。

当她把改过的账单交给客人时，客人却对她讲："餐费我可以付，但你服务的态度却让我们不能接受。请你马上把餐厅经理叫过来。"这位服务员听了客人的话感到非常委屈，其实，她在客人点菜和进餐的服务过程中并没有什么过错，只是想催客人早一些结账。

"先生，我在服务中有什么过错的话，我向你们道歉，还是不要找我们经理了。"服务员用恳求的语气说道。"不行，我们就是要找你们经理。"客人并不妥协。

服务员见事情无可挽回，只好将餐厅经理找来。客人告诉经理，他们对服务员催促他们结账的做法很生气。另外，服务员把账给多算了，这些都说明服务员的态度有问题。

"这些确实是我们工作上的失误，我向大家表示歉意。几位先生愿意什么时候结账都行，结完账也欢迎你们继续在这里休息。"经理边说边让那位服务员赶快给客人倒茶。

在经理和服务员的一再道歉下，客人们终于不再说什么了，他们付了钱，仍面含余怒地离去了。

问题：请你结合这个案例谈一谈结账服务应该怎么做？

【任务分析】

餐厅服务是饭店接待工作中极为敏感和重要的一个因素。对客人来说，用餐既是需要又是享受。餐厅要为客人提供食品、饮料和相应的服务，既满足客人最基本的饮食需求，又从色、香、味、形上使客人得到感官上的享受，让客人在优雅的环境中受到热情周到的服务，同时在精神上得到享受和满足。

【知识讲解】

餐厅是餐饮部的前台部分，是服务员直接进行服务的场所。餐厅服务人员不仅要求具备高超的服务技能，自始至终还需要为客人提供热情、真诚和周到的礼仪服务。

一、餐前准备服务礼仪

餐前准备服务礼仪主要包括餐饮卫生、个人卫生等方面，其体现了饭店的服务质量和饭店对客人的尊重。

1. 餐饮卫生

整个餐厅中，包括食品服务区和食品准备区，都应该做到卫生洁净、光线明亮、空气清新，让客人能感受到温馨、舒适和愉快。餐具应按照规范程序进行清洁和消毒，服务员在摆放餐具时要按规范动作操作，保证提供给客人安全卫生和完好的餐具。在食品制作和服务环节都应该讲究职业道德，严格按照食品卫生操作规范进行，让客人真正享受到安全卫生的可口食品。

2. 个人卫生

服务人员在上岗前，应做好个人卫生工作。头发整洁、无头屑，发型大方规范，厨师要戴工作帽；穿着全套制服，干净整齐，不佩戴饰物；注意口腔卫生，不在工作时嚼口香糖、吃东西；勤洗手，不留长指甲，不在工作区梳头、修剪指甲。

二、迎领服务礼仪

在客人走近餐厅时，应面带微笑热情问候客人，对熟悉的客人宜用姓氏打招呼。当男女宾客一起走进来，应先问候女宾，再问候男宾。征得同意后主动接过客人的衣帽，并放置保管好。

问清客人有几位，是否有预订，对已预订的客人，要迅速查阅预订单将客人引到其所订的餐桌。如客人没有预订，应根据客人到达的人数，客人喜好、年龄、身份等情况安排合适的餐桌。迎领客人应注意"迎客走在前，送客走在后，客过要让道，同走不抢道"的基本礼仪。引领时应在宾客左前方一米左右的距离行走，并不时回头示意宾客。

主动请宾客入座，按照先主宾后主人，先女宾后男宾，先年长者后年轻者的顺序拉椅让客人入座后，值日服务员应及时递送香巾、茶水，并礼貌地招呼客人使用。递送时按顺时针方向从右到左进行，递送香巾要使用毛巾夹；端茶时要轻拿轻放，切忌用手指触及杯口。

当餐厅内暂无空位，要向宾客表示歉意，并询问宾客是否愿意等候。如果客人表示可以等候，应让客人到休息室或想法设椅让客人暂坐等候；如果客人无意等候，应热情相送，并欢迎再来。

三、用餐服务礼仪

提高用餐服务质量会增加消费者的信任度，从而使饭店获得良好的经济效益和社会效益。用餐服务礼仪具体如下：

1. 点菜服务礼仪

客人入座后，服务员要立即递上干净、无污损的菜单。菜单应双手递送到客人面前，并说："请您点菜。"客人考虑点菜时，服务员不要以不耐烦的语气或举动催促客人，应耐心等候让客人有充分的时间选择菜肴。为客人点菜时，应准备好纸和笔，微笑站立在客人一侧，认真记录客人点的每一道菜和饮料，点菜结束后要复述一遍，杜绝差错。

同客人说话时，要热情亲切，面带微笑，有问必答。当客人犹豫不定征求服务员意见时，应视时间、客人人数、大致身份、就餐目的等具体情况，善解人意地为客人推荐合适的菜肴。了解每日菜肴供应情况，如果客人点的菜当日没有现货供应时，要礼貌致歉，求得宾客谅解，并向客人建议点其他类似的菜肴，防止出现客人连点几道菜均无货可供的尴尬局面。

2. 上菜服务礼仪

餐厅服务要讲究效率，缩短客人的等候时间，一般客人点菜以后 10 分钟内凉菜要上齐，热菜不超过 20 分钟。传菜时必须使用托盘，热菜必须热上，凉菜必须凉上。

服务员对厨师做出的菜肴要做到"五不取"，即数量不足不取；温度不够不取；颜色不正不取；配料、调料不齐不取；器皿不洁、破损和不合乎规格不取。服务员要做到"三轻"，即走路轻、说话轻、操作轻。传菜时要做到端平走稳、汤汁不洒、忙而不乱，上菜和撤菜动作要干净利落，做到轻、准、平、稳，不推、拉餐盘。

上菜时要选择合适的位置，宜在陪坐之间进行，不要在主宾和主人之间操作。同时报上菜名，必要时简要介绍菜肴的特色典故、风味、食用方法特点等。如菜肴较多，一般在一道菜用过 1/3 以后，再开始上下一道菜。每上一道菜，须将前一道菜移至副主人一侧，将新菜放在主宾、主人面前，以示尊重。菜上齐后，应礼貌告诉客人："菜已上齐，请慢用。"

3. 席间服务礼仪

席间服务中，服务员要做到"四勤"，即眼勤、嘴勤、手勤、腿勤。工作中要注意仪态，多人站立时，应站在适当的位置，排列成行。服务操作要按照规范要求，斟酒水在客人的右侧进行，上菜、派菜从客人左侧进行，撤盘从客人右侧进行。服务顺序是先主宾后主人，先女宾后男宾，先主要宾客后一般宾客。如果是一个人服务，可先从主宾开始，按顺时针的顺序逐次服务；如果是两名服务员同时服务，应一个从主宾开始另一个从副主宾开始，依次绕台服务。

为客人斟酒时，要先征得宾客的同意，讲究规格和操作程序。凡是客人点用的酒水，开瓶前，服务员应左手托瓶底，右手扶瓶颈，商标朝向主人，请其辨认核对选酒有无差错，表现了对客人的尊重，也证明商品质量的可靠。斟酒量的多少，要根据酒的类别和要求进行。斟酒时手指不要触摸酒杯杯口，倒香槟或其他冰镇酒类，要使用餐巾包好酒瓶再倒，以免酒水喷洒或滴落到宾客身上。

派菜由服务员左手垫上布将热菜盘托起，右手使用派菜用的叉、匙，依次将热菜分派给宾客。派菜要掌握好数量，做到分派均匀，要做到一勺准，不允许把一勺菜分给两位宾客，更不允许从宾客的盘中往外拨菜。

撤换餐具时要注意：当客人用过一种酒又要用另一种酒时须更换酒具；装过鱼腥味的餐具，再上其他类型菜时须更换；吃甜菜、甜汤之前须更换餐具；风味独特、调味特别的菜肴，要更换餐具；芡汁各异、味道有别的菜肴，要更换餐具；骨碟内骨渣超过三块时，须更换骨碟。更换餐具时，如果客人正在使用应稍等片刻或轻声询问，更换时动作要轻，不要将汤汁洒在客人身上。

撤菜要征求宾客的意见，撤盘一次不宜太多，以免发生意外。不要当着宾客的面处理餐盘内的残物或把餐具堆得很高再撤掉。上点心水果之前，要将餐台上用过的餐具撤掉，只留下花瓶、水杯、烟缸和牙签筒。水果用完后，可撤掉水果盘、餐盘和刀叉，在餐桌上摆好鲜花，表示宴会结束。

四、结账服务礼仪

客人用餐完毕要求结账时，服务员应立即核实账单，账单无误后放在收款盘里或收款夹内，账单正面朝下反面朝上，送至宾客面前，请客人过目。当客人要直接向收款员结账，应客气地告诉客人账台的位置，并用手势示意。如果是住店客人签字，服务员要立即送上笔，同时有礼貌地请宾客出示酒店欢迎卡或房间钥匙。核实酒店欢迎卡或钥匙时，检查要认真，过目要迅速，并向客人表示感谢。客人起身离去时，应及时为客人拉开座椅，并注意观察和提醒客人不要遗忘随身物品。服务员要礼送客人至餐厅门口，向客人礼貌道别，可说"再见"、"欢迎您再来"等，目送客人离去。

五、特殊情况服务礼仪

酒店服务人员除了做好上述服务外，在面对特殊情况时更要注意服务礼仪。

1. 客人投诉服务礼仪

餐饮服务中遇到投诉，应礼貌诚恳、态度温和地接待客人，认真倾听客人反映的情况和意见，要及时向客人表示歉意，不得与客人争辩，并尽快将情况报告给有关管理人员。若投诉情况属实，不得推卸责任，应根据情况采取积极有效的措施及时改进，并请客人原谅，同时对客人提出意见和建议表示感谢。若客人因不了解菜肴风味或其他原因而投诉有误时，不能讽刺、讥笑，应礼貌机智地进行处理，态度和蔼、真诚，不能让客人感到尴尬。

2. 残疾宾客服务礼仪

遇到残疾宾客用餐，应派专人进行接待服务，并选择合适的餐桌、座椅和餐具。对残疾宾客要尊重照顾、关心体贴、细致耐心，不能使宾客觉得受到冷落或只是同情和怜悯，而应该让宾客感受到温暖、热情、周到、快捷。在就餐过程中要关注宾客，如果发现宾客身体不适，应保持镇静，迅速报告上司，并立即打电话请医务人员来帮助。

3. 客人醉酒服务礼仪

在餐厅中对客人饮酒过量的问题，应审时度势灵活处理，既不能轻易得罪客人又不能听任客人无节制地饮酒而闹事，要谨慎判断客人醉酒的程度并采取及时有效的措施。对已有醉意、情绪变得激动的宾客，要注意礼貌服务，不得怠慢、不得讽刺，服务要及时迅速。如果客人不停地要酒，并且言行已经开始失态，可以试着建议其饮一些不含酒精的饮料，同时及时报告上司和保安人员来帮助处理。如果醉酒客人提出一些非分要求时，应根据具体情况礼貌婉转地予以回绝。对醉酒的客人应尽快带离餐厅，以免影响其他客人。

4.汤汁洒出服务礼仪

操作时若不小心把汤汁洒在餐桌上，应立即向客人表示歉意，迅速用干净餐巾垫上或擦干净。如果汤汁洒在客人身上，应马上道歉，尽快采取果断补救措施，用干净的毛巾替客人擦拭。如果是异性宾客，应递由宾客自己擦拭。并根据污渍的大小和客人的态度，适时提出为宾客洗涤衣物，并为客人找来准备替换的干净衣服。如果客人用餐中不小心把汤汁洒在餐桌或身上，应主动帮助客人处理。

综合能力训练

一、任务实训

1. 实训步骤

（1）由教师示范讲解餐厅服务礼仪规范，教师对学生提出的问题进行针对性的回答。

（2）学生分组进行练习，学生要做到：做好服务前的准备工作，并提前到达热情问候；领位服务周到；主动告别。

（3）教师巡视指导，纠正学生的错误与不足之处，对操作不规范的流程和学生进行针对性的演练和指导。

（4）学生分组进行测试，同学们互相讨论，教师点评。

2. 实训方法

（1）重点练习：引领服务礼仪，点菜服务中的目光、礼貌用语；上菜、席间、结账、送客服务中出现的礼仪环节。

（2）场景设计：将全班同学分成四组。第一组引领服务礼仪训练；第二组点菜服务礼仪训练；第三组上菜和席间服务礼仪训练；第四组结账送客服务礼仪训练。

3. 实训准备

餐桌、餐椅、领位台、计时秒表一只。

4. 实训时间

实训授课一学时，共计45分钟，其中示范讲解10分钟，学生操作30分钟，考核测试5分钟。

5. 考核评价

（1）评分要求。按百分制记分，学生操作时，指导教师观察学生的操作方法，按照考核要求给学生实训打分。

（2）实训考核表。实训考核表如表5-2-3所示。

表 5-2-3　餐厅服务礼仪考核表

考评人		被考评人	
考评地点			
考评内容		餐厅服务礼仪考核	
考评标准	内容	分值（分）	评分（分）
	操作规范	20	
	程序正确	20	
	高效快捷	20	
	礼貌服务	20	
	符合职业标准	20	
合计		100	

注：实训考核分为100分，60~69分为及格；70~79分为中；80~89分为良；90分以上为优秀。

二、思考练习

1. 案例分析

案例 1

破损的餐具

一位翻译带领四位德国客人走进了西安某三星级饭店的中餐厅。入座后，服务员开始让他们点菜。客人要了一些菜，还要了啤酒、矿泉水等饮料。突然，一位客人发出诧异的声音。原来他的啤酒杯有一道裂缝，啤酒顺着裂缝流到了桌子上。翻译急忙让服务员过来换杯。另一位客人用手指着眼前的小碟子让服务员看，原来小碟子上有一个缺口。翻译赶忙检查了一遍桌上的餐具，发现碗、碟、瓷勺、啤酒杯等物均有不同程度的损坏，上面都有裂痕、缺口和瑕疵。

翻译站起身把服务员叫到一旁说："这里的餐具怎么都有毛病？这可会影响外宾的情绪啊。""这批餐具早就该换了，最近太忙，还没来得及更换。您看其他桌上的餐具也有毛病。"服务员红着脸解释着。"这可不是理由啊！难道这么大的饭店连几套像样的餐具都找不出来吗？"翻译有点火了。"您别着急，我马上给您换新的餐具。"服务员急忙改口。翻译和外宾交谈后又对服务员说道："请你最好给我们换个地方，我的客人对这里的环境不太满意。"

经过与餐厅经理商洽，最后将这几位客人安排在小宴会厅用餐，餐具也使用质量好的，并根据客人的要求摆上了刀叉。

望着桌上精美的餐具，喝着可口的啤酒，这几位宾客终于露出了笑容。

请思考：

这个案例对你有何启示？

靠窗的座位

玛格丽特是亚特兰大某饭店咖啡厅的引位员。咖啡厅最近比较繁忙。这天午饭期间，玛格丽特刚带几位客人入座回来，就见一位先生走了进来。"中午好，先生。请问您贵姓？"玛格丽特微笑着问道。"你好，小姐。你不必知道我的名字，我就住在你们饭店。"这位先生漫不经心地回答。"欢迎您光顾这里。不知您愿意坐在吸烟区还是非吸烟区？"玛格丽特礼貌地问道。"我不吸烟。不知你们这里的头盘和主菜有些什么？"先生问道。"我们的头盘有一些沙律、肉碟、熏鱼等，主菜有猪排、牛扒、鸡、鸭、海鲜等。您要感兴趣可以坐下看看菜单。您现在是否准备入座了？如果准备好了，请跟我去找一个餐位。"玛格丽特说道。

这位先生欣然同意，跟随她走向餐桌。"不，不，我不想坐在这里。我想坐在靠窗的座位，这样可以欣赏街景。"先生指着窗口的座位对玛格丽特说。"请您先在这里坐一下。等窗口有空位了我再请您过去，好吗？"玛格丽特征求他的意见，在征得这位先生的同意后，玛格丽特又问他要不要开胃品，这位先生点头表示肯定。玛格丽特对一位服务员交代了几句，便离开了这里。当玛格丽特再次出现在先生面前告诉他窗口有空位时，先生正与同桌的一位年轻女士聊得热火朝天，并示意不换座位，要赶紧点菜。玛格丽特微笑着走开了。

请思考：

这个案例对你有何启示？

2. 情景模拟

场景一：假设餐厅来了几位客人，作为餐厅引座员应该如何为这几位客人提供服务？重点练习问好和引座。

场景二：假如你是餐厅的一名值台服务员，引座员已经将客人引到了你的服务区域，那么你应该如何在点菜过程中展示餐厅的服务礼仪？在训练过程中特别需要注意的问题就是一定要针对客人的不同特点来展示点菜的服务技巧和服务礼仪，比如，客人来自什么国家（地区），可能会有什么样的口味，客人是什么年龄层次，可能适合和喜欢哪类菜肴，等等。

场景三：假设你是餐厅的值台服务员，如何在为客人提供上菜和席间服务的过程中体现餐厅的服务礼仪？

场景四：假如你是餐厅值台员，你服务区内一桌客人已经用餐完毕，这时，你应该如何为客人提供结账服务？结账完毕，你又将如何展示送客礼仪？

任务 4　康乐部服务人员的礼仪

【任务目标】

通过本任务的学习，使学生掌握在康乐部工作的基本技能，为工作提供便利，同时展现康乐部工作的文明操作水平。

【案例导入】

王女士是一家贸易公司的副总经理，由于工作原因到外地出差，她选择了一家五星级饭店入住。这天开完会，王女士便想去饭店的游泳池里游泳。游泳池的服务人员热情地接待了王女士，并领着她到了换衣间，帮助王女士放好了相关物品，换好了衣服，接着王女士就径直朝游泳池走去。这天是周末，又是晚上八点，正是游泳人多的时候，游泳池边上有一些浅浅的积水，就在王女士走向池边的时候，突然一个趔趄滑倒在地上，由于刚才有位客人将躺椅放在了池边上，服务人员又没有在客人走后及时将躺椅复位，王女士的头重重地撞在了椅子上，一般年轻一点的顾客遇到这种情况还能自己爬起来，可王女士已经五十多岁了，经这么一折腾，自己就没办法爬起来了。服务人员见状，立即检查，王女士的脚部扭伤了，腰也有一点轻微损伤，使得后几天的活动都得有两个人在旁边扶着才能进行。

在康乐部，任何一个细微的工作环节都与客人的心情与安全息息相关。因此康乐部员工在工作的时候要格外认真和细心。

问题：康乐部的服务人员疏忽了哪些细节？

【任务分析】

康体娱乐中心是饭店供客人在休闲时间放松身心的地方，其服务人员在接待客人时的表现会直接影响客人对饭店的评价，因此服务人员在着装、接待语言、接待手势和具体服务过程等方面都要特别注意，要符合饭店的定位，让客人在这里能真正地放松身心，满意而归。

【知识讲解】

康乐娱乐服务是酒店的重要服务项目，是酒店经济收入的主要来源之一，其设备项目多，而每一个项目的接待能力又较小，因而形成了服务项目小型多样的特点。而每个项目的服务内容、服务方式、服务礼仪和质量标准又各不相同。

一、游泳池服务员礼仪

游泳池服务员主要负责游泳池内宾客的接待工作，其应端庄站立在服务台旁，恭候客人的到来，礼貌地递送衣柜钥匙和毛巾，引领客人到更衣室，并提醒客人妥善保管好自己的衣物。加强巡视，时刻注意游泳者的动态，特别是老人和小孩，以免发生事故，这是对宾客最大、最重要的尊重，热情地为宾客提供塑料软包装的饮料（不得使用玻璃瓶装饮料），以确保宾客的安全。客人离开时，主动收回衣柜钥匙，并礼貌地提醒客人衣物是否遗忘。送客到门口，向客人表示谢意，欢迎再次光临。注意要礼貌劝阻有皮肤病、传染病的客人入池游泳。

二、健身房服务员礼仪

1. 营业前要认真做好准备工作

主管、领班提前 20 分钟到安全部领取各门钥匙，开门、开照明灯。领班召集班前会，布置一天的工作，安排员工岗位、工作要求，传达上级指示，交代一些特别事宜，强调各种注意事项，检查仪容、仪表。做好营业前一切准备工作。准备各种单据、表格、文具、客用毛巾、浴巾和短裤等营业用品以及酒吧内的各种餐具、用具及饮品。将送洗衣房的棉织品取回，用过的棉织品送走，做好记录。

2. 注意客人健身服务的操作礼仪

客人到柜台，要礼貌招呼客人，询问具体要求，开出单据，办理完手续后让客人到收款员处交款，所有单据按要求填入日营业统计表。客人付款后，询问客人有无其他要求，指引客人到健身场所。客人借用或租用物品，服务员应礼貌为其办好手续，提醒客人用毕归还，客人归还物品时应检查物品是否完好。

客人健身前简单为其讲解设备、器械使用方法。随时注意客人的举动，适时为其提供必要的服务。客人使用健身器材时，随时提供服务，回答问题时耐心、详尽，指导和帮助客人开展健身活动。对常客能称呼其姓名或职衔。客人离开时，提醒其将所用的健身物品交回服务台。

3. 健身房的其他服务

健身服务要保证设备完好率接近100%，出现故障的设备应停止使用，及时进行检修。环境质量服务要做到健身房内采光均匀，室内温度保持在18~20℃，相对湿度保持在50%~60%，室内通风效果良好，在适当位置摆放常绿植物，以美化环境和调节小气候。健身房天花板光洁明亮，灯具清洁，无蛛网尘土。墙面清洁，无灰尘、污迹，无脱皮、掉皮现象，地面无灰尘，无废弃物。健身房设服务台，服务台应配备程控电话和其他服务用品。

当客人在健身活动时，应思想集中，注意客人的安全，随时准备保护，以防意外。劝阻患有心脏病、高血压等疾病的客人做某些活动。礼貌地劝阻客人吸烟，劝阻客人穿有损场地的鞋。

三、高尔夫球场和网球场服务

1. 高尔夫球场优质服务礼仪

换好工作服，准时到服务台签到上岗。打扫场地卫生，将人造草皮进行仔细吸尘，将座椅和茶几擦拭干净，将烟灰缸清洗干净。发球垫子摆放整齐，撑开太阳伞。清扫服务台范围内的卫生，服务台打蜡，用玻璃水擦拭玻璃器，将地毯吸尘。将球、手套、球鞋等用品摆放整齐。检查各种客用物品有无损坏，严禁出租有松动、开裂现象的球杆。态度和蔼，使用礼貌用语迎接客人，主动介绍球场规定，然后引导客人进入场地。

2. 网球场优质服务礼仪

服务人员提前上班，换好工作服，到服务台签到。查看交接班记录，落实交接的工作。打扫服务台卫生，地面吸尘，柜台擦拭干净，清理垃圾桶，将客用球拍等器械摆放整齐。打开球场门，检查球场设备是否符合标准。有客人来到网球场，应主动迎接。为客人填写运动登记表，提供租用的球和球拍，引导客人进入球场。为客人计分，介绍球场规则，如果客人需要陪练时，及时报告领班，安排陪练人员。

四、台球室服务

熟悉台球室工作内容和服务程序，掌握台球比赛的规则和计分方法，有一定的示范指导能力。有客人到来，应主动问候，引导其进入台球室。不同层次客人予以不同服务。准确运用礼貌用语。对于常客热情招呼，能称呼其姓名或职衔。为客人登记、开单、收押金时动作准确、快捷，两分钟内完成。

台球室服务人员在服务过程中应注意以下事项：

安排引导客人到指定球台，挑选球杆，为客人码好球。客人开始打球后，随时注意客人的其他要求。客人需要饮料时，先开单后拿饮料，服务及时。客人需要示范或陪打时，陪打人员应认真服务，根据客人心理要求掌握输赢尺度。客人打完球，将球杆收好，球码放整齐，台面清理干净。

客人打完球后，服务人员应检查客人所用的台球设备是否完好。如有问题，及时通知服务台；如无问题，将球和球杆摆好，做好球台周围卫生。客人结账后，服务台人员应向客人致谢。客人离去时，门岗服务人员主动告别，表示欢迎再来。

五、桑拿浴服务员礼仪

客人来到桑拿浴服务台，要热情问候欢迎，对初次光临的客人要根据情况介绍桑拿浴的方法与注意事项，主动帮助客人寻找相应的更衣柜，并提示客人锁好更衣柜，客人在吸烟区吸烟，应及时送上烟灰缸并及时更换，客人离开时，要提醒有否遗忘物品，热情道别。

注意要点：密切关心注视客人的动静，每隔几分钟从玻璃窗口望一望、看一看客人是否适应，防止发生意外。无论在做什么工作，客人一到就应首先接待客人。

六、美容服务员礼仪

热情迎候，并帮助接挂衣帽，将客人引领到休息室。如果客人较多，应安排顺序等候，告知客人大约等候时间，并送上当天的报纸或杂志，向客人致歉："对不起，请稍等！"美发美容毕，要用手镜打闪，并礼貌地征求客人对后头部的意见，直至客人满意为止。收款、找零要迅速、准确，并向客人致谢。送客时，帮助客人穿戴衣帽，热情道谢，礼貌告别，目送客人离去。

注意要点：严格按客人要求，神情专注地进行美发美容服务。操作时要尊重客人的意愿，切勿强加于人，以免引起客人的不安与反感。烫染头发前如客人头皮有病或伤，应礼貌地劝阻客人。

综合能力训练

一、任务实训

1. 实训步骤

（1）由教师示范讲解酒店康乐部各岗位服务礼仪规范，教师对学生提出的问题进行针对性的回答。

（2）学生分组进行练习。

（3）教师巡视指导，纠正学生的错误与不足之处，对操作不规范的流程和学生进行针对性的演练和指导。

（4）学生分组进行测试，同学们互相讨论，教师点评。

2. 实训方法

（1）按照教师的要求和示范，分别训练酒店康乐部各岗位服务礼仪。

（2）场景设计：同一小组的学生变换角色分别进行实训演练。

3. 实训准备

电话、电脑、登记单、标牌、椅子和相关服务用具等。

4. 实训时间

实训授课两学时，共计80分钟，其中示范讲解20分钟，学生操作50分钟，考核测试10分钟。

5. 考核评价

（1）评分要求。按百分制记分，学生操作时，指导教师观察学生的操作方法，按照考核要求给学生实训打分。

（2）实训考核表。实训考核表如表5-2-4所示。

表5-2-4　康乐部服务礼仪考核表

考评人		被考评人	
考评地点			
考评内容		康乐部服务礼仪考核	
考评标准	内容	分值（分）	评分（分）
	操作规范	20	
	礼貌服务	20	
	程序正确	20	
	符合职业标准	20	
	整体印象	20	
合计		100	

注：实训考核分为100分，60~69分为及格；70~79分为中；80~89分为良；90分以上为优秀。

二、思考练习

1. 简答题

（1）游泳池服务的主要内容是什么？

（2）健身房服务员礼仪有哪些要求？

（3）高尔夫球场和网球场服务的礼仪规范是什么？

（4）台球室优质服务礼仪规范是什么？

（5）桑拿浴服务员礼仪规范是什么？

2. 案例分析

案例

电话本的投诉

一位刘先生打来电话投诉，他三天前在酒店打保龄球时将一个电话本遗留在休息椅上，事后，他打电话到保龄球馆询问服务员是否有拾到，当时服务员称电话本在服务台，待其前来领取时却说没有，后客人再次打电话来问，此时服务台说有。刘先生于是派司机来取，却发现不是他那本，刘先生觉得非常气愤。

请思考：

该酒店服务员在服务上犯了哪些错误？从这个案例中，我们应该吸取什么教训？

任务5　商场部服务人员的礼仪

【任务目标】

通过本任务的学习，使学生掌握在酒店商场部工作的基本技能，为工作提供便利，同时展现酒店商场工作的文明操作水平。

【案例导入】

一天住在某大饭店的母女两人到饭店的商场部来选购商品，她们来到针织品柜台，把一款式的毛衣从货架上取下来挑选。当小刘发现客人对选购什么颜色犹豫不决时，便先把一件灰色的毛衣袖子搭在那位中年母亲的肩上，并且说："这件颜色淡雅的毛衣穿起来更显得文静苗条。"接着拉过镜子请她欣赏。同时她又拿起一件粉色的毛衣对旁边的女儿说："这件毛衣鲜艳而不俗气,很适合你的年龄穿。"母女俩高兴地买下来,另外还挑选了六件男女羊毛衫准备带给家人和亲友。

问题: 小刘的服务怎样赢得了母女俩的信任?

【任务分析】

商场部是酒店的一个重要辅助部门,它通过提供优质的商品和服务,为宾客提供方便,同时也增强了酒店的吸引力。商场部良好的运营也为酒店增加了经济收入。商场部服务人员应该具备高度的服务意识和良好的礼仪、礼貌,为宾客提供合理、到位的服务。

【知识讲解】

饭店的商场是为宾客提供购物服务的场所。它具有其他旅游购物商场无法具有的优势,既能让客人在下榻的饭店商场内精心挑选称心如意的商品,又能让客人在购物的过程中,再一次领略到高品位的接待服务,它与社会上的商场有所不同。

一、商场购物外部环境的塑造

饭店商场一般设于饭店的公共区域内,其地理位置往往引人注目,因此首先应做好招牌和门面工作。

1. 招牌和门面

招牌就是商店的名字,一个好的招牌就是饭店的一面旗帜,一个好的招牌可以起到反映经营特色、引起客人兴趣、引导与方便消费者的作用。

门面是购物环境的重要组成部分,是商场经营风格和经营特色的体现。它包括商场招牌是否醒目、灯光是否明亮、色彩是否鲜明、门灯是否清洁等。如果商场所处饭店的公共区域装潢、设计都非常讲究,商场的门面设计也不应例外。

2. 橱窗布置

橱窗是对外宣传的重要窗口,橱窗商品不仅能加深客人印象,而且能起到指导消费的作用。橱窗布置是一门综合性的装潢艺术,它既要与饭店公共区域的装潢风格不相矛盾,同时又要具有鲜明的特点,应在真实、美观、经济的原则下,以商品为主体，配合文字、图案和各式各样的陈列道具，布置出一个烘托整体风格的主体画面，做到构思新颖、主题鲜明。

二、商场购物内部环境的塑造

商场购物内部环境的塑造可刺激消费者的购买欲望，影响消费者对饭店的印象，同时也可改善商场员工的工作环境，使他们精神饱满地为客人服务。

1. 灯光、声音、色彩和温度

商场内部环境的塑造主要包括灯光、声音、色彩和温度等因素。

（1）灯光。商场照明的基本要求是明亮、柔和、均匀。照明一般分为基本照明、特别照明、装饰照明三大类。基本照明，主要在天花板上配置荧光灯，其光度视商场经营品种而配置；特别照明，是商场的附加照明，是为增加柜台光度配置的，其作用是充分显示商品的外观光彩；装饰照明，是为点缀商场环境，渲染营业气氛而设置的。

（2）声音。商场地处饭店公共区域，人流量较大，且进出商场人员较杂，容易使消费者和商场员工心情烦闷、注意力分散，从而降低经营效果。因此，商场应安置必要的设备，降低各种噪声，保持饭店宁静、舒适的整体气氛。

（3）色彩。商场的色彩不仅要与饭店公共区域色彩相搭配，而且要与出售的商品相协调。一般来说，商场色彩以淡雅明快为主，但也要因地制宜，要充分利用不同的色彩对人视觉产生的不同效果，改变客人的视觉印象。

（4）温度。商场的温度和饭店整体温度要相一致，夏季购物要凉爽宜人，冬季购物要温暖如春。

2. 柜台的布置

柜台是营业员的服务天地。精心布置柜台，创造一个良好的购物环境，可以使客人以愉快的心情从容选购，这就需要事先做好接待客人的各种准备。

（1）保持柜台的清洁。每天营业之前，要做好清洁卫生工作，把柜台和货架擦洗一遍，给人以窗明几净的印象。

（2）精心陈列商品。柜台陈列、商品陈列既要符合审美原则，具有整体感，让人身临其境、赏心悦目，还要考虑商品货架的合理设置，让营业员在工作时得心应手，同时便于客人观看和选择。

货架的布置一般有两种形式：一是直线型布局，货架呈"一"字形摆开，给人以整齐划一的感觉；二是曲线型布局，货架有横有竖，有正有斜，错落有致，曲折迂回，使商品显得丰富多彩。

货架定位后，要认真做好商品摆台。各种商品摆台要注意客人的购买心理，易于观望环视，便于寻找选购。商品摆台应考虑客人观看习惯。一般来说，客人进入商场后，目光会不由自主地首先看向左侧，然后转向右侧，因此将引人注目的商品摆放在左侧，以吸引客人的目光，促使他们购买。

商品摆台还要适应消费者逛商场的行走习惯。外国人习惯于顺时针行走，中国人则习惯于逆时针行走。为此，可把一些购买频率较高的商品摆放在顺时针或逆时针的入口位置上，以适应不同客人的购买行为和心理需求，提高商品的展示效果。

（3）商品标明价格、产地、规格、型号。商品要明码标价，货牌上应写明产地、规格或型号。有些新产品还应采用其他宣传手段，让客人了解其性能和特色，为客人提供方便。

三、柜台销售的接待礼仪

1. 主动迎客

主动迎客是指营业员站在柜台里，要眼观四面，耳听八方，脸带微笑，站立服务。一旦客人走近柜台，应微笑点头问候，目光亲切，鼓励客人放心挑选，在客人没有作出表示前一般不要轻易发问，留给客人的感觉必须是"我随时愿意为您提供服务"。一个称职的营业员还应该从客人的眼神中预测到客人的购买意图，从而更有针对性地做好接待工作。只有这样，才能真正称得上是"主动"。

2. 热情服务

客人在购物时，由于对商品不熟悉，必然要向营业员询问各种问题，这是商业活动中的正常现象，营业员应做到热情服务。

（1）礼貌答问。在回答客人的提问时，一般应面对客人，声音要轻柔，答复要具体。客人提出的各类问题，有些在营业员看来也许是多余的，但仍应礼貌回答，而不要顶撞客人。同样的问题，客人会一问再问，有时几位客人会同时发问。而对营业员的回答，客人有时也会听不懂或听不清，这时要多作解释，要有足够的耐心，沉得住气，这是商场工作人员应有的礼貌。

（2）实事求是。无论是介绍商品或充当客人参谋，都应以诚为本，绝不夸大其词或弄虚作假，要严格遵守商业道德。

（3）一视同仁。这是商业的基本道德和基本原则，商场工作人员要做到：不以年龄取人，不以服饰取人，不以性别取人，不以职业取人，不以地域取人，不以国别取人。

（4）文明接待。在营业高峰时，应接不暇是难免的。营业员除引导客人排队购买、维持正常的营业秩序外，还应注意以下几点：注意接待顺序，辨别先来后到，服务细致周到。掌握好时间差，按照"接一顾二招呼三"的接待方式行事，使在场观看、待购的客人感受到营业员的亲切和对他们的尊重。

（5）当好参谋。客人的购物行为因人而异，显示出不同的性格特点。营业员要充分理解客人的一般心理，另外还要当好客人的参谋，主动介绍商品的性能、特点，比较同类商品的特色，解答客人的疑问，帮助客人作出购物的判断。

（6）得理让人。在商场购物服务中，营业员有时会碰到个别过分挑剔、提出无理要求，甚至胡搅蛮缠的客人。遇到这类客人，营业员应做到态度冷静，越是在素质较差的客人面前，越要沉得住气，既要坚持优质服务，又不要因生气而降低服务质量。营业员的模范服务行为其实是对客人无理要求的最好批评。即使客人态度激动，营业员仍要说话和气，礼让三分，绝不可"以牙还牙"，要学会以理服人。

3.礼貌送客

客人离开柜台时，要致谢道别，目送客人离去。对提拿大件物品的客人，应关切帮助。对老、弱、病、残、幼客人，要倍加照顾，在提拿物品离开柜台时，特别提醒关照，以示体贴。

总之，一位讲究礼仪的商场服务员，应该做到主动微笑迎客，给人以亲切感；使用敬语待客，给人以温暖感；实事求是地介绍商品，给人以诚实感；热心为客人当好参谋，给人以信任感；热情礼貌地送别客人，给人以留恋感。只有这样，才能真正做到文明接待，优质服务。

综合能力训练

一、任务实训

1.实训步骤

（1）由教师进行示范讲解酒店商场部服务礼仪规范，教师对学生提出的问题进行针对性的回答。

（2）学生分组进行练习。

（3）教师巡视指导，纠正学生的错误与不足之处，对操作不规范的流程和学生进行针对性的演练和指导。

（4）学生分组进行测试，同学们互相讨论，教师点评。

2. 实训方法

（1）按照教师的要求和示范，训练酒店商场部服务礼仪规范。

（2）场景设计：同一小组的学生变换角色分别进行实训演练。

3. 实训准备

电脑、商品、椅子和相关服务用具等。

4. 实训时间

实训授课两学时，共计 80 分钟，其中示范讲解 20 分钟，学生操作 50 分钟，考核测试 10 分钟。

5. 考核评价

（1）评分要求。按百分制记分，学生操作时，指导教师观察学生的操作方法，按照考核要求给学生实训打分。

（2）实训考核表。实训考核表如表 5-2-5 所示。

表 5-2-5　商场部服务礼仪考核表

考评人		被考评人	
考评地点			
考评内容		商场部服务礼仪考核	
考评标准	内容	分值（分）	评分（分）
	迎接客人	20	
	礼貌服务	20	
	介绍商品	20	
	推销商品	20	
	送别客人	20	
合计		100	

注：实训考核分为 100 分，60~69 分为及格；70~79 分为中；80~89 分为良；90 分以上为优秀。

二、思考练习

1. 简答题

（1）商场服务员应如何做到文明接待、优质服务？

（2）酒店商场的色彩一般应该怎样选择？

2. 案例分析

案例

为日本客人选购砚台

一天，一位日本客人找到酒店商场部服务员小刘，让她陪着一起到柜台选购商品，小刘对旁边柜台的同事打了个招呼，便欣然同意为她当参谋。这时那位日本客人说:"我想买两方砚台送给我热爱书法的丈夫。"于是她们来到工艺品柜台,日本客人指着两方刻有荷花的砚台对小刘说:"这两方砚台大小正合适,可惜的是造型……"客人的话立刻使小刘想到,在日本荷花是用来祭奠死者的不吉之物,看来只有向她推荐别种造型的砚台。于是,小刘与工艺品柜台服务员小张商量以后,回答说:"书画用砚台与鉴赏用砚台是不一样的,对石质和砚堂都十分讲究,一般以实用为主,您看,这方鱼子纹歙砚,造型朴实自然,保持着砚石自身所固有的特征,石质又极为细腻,比那方荷花砚更好,而且砚堂平阔没有雕饰,用这样的砚台书写研墨一定能得心应手,使用自如。"服务员小张将清水滴在三方砚台上,请客人自己亲自体验这三方砚台在手感上的差异,最后客人满意地买下了这方鱼子纹歙砚,并连声向小刘和小张道谢,还拉着小刘的手说:"谢谢!"

请思考:

商品推销是一门综合艺术,结合上述案例,说明优秀的商场服务员应具备的素质和能力有哪些?

项目三

会展服务礼仪

随着我国改革开放和经济建设的深入发展，会展作为一种产业，已越来越被大家所认识。会展业无污染、高效益，能给当地经济发展注入新的活力，带来巨大的社会效益和经济收益。特别是大型国际会展，可吸引国际商界、政界、学界知名人士参加，在带动经济发展的同时，对提高城市地位、跻身国际环境参与国际竞争、争取更大发展具有重要意义。

任务1　会议服务礼仪

【任务目标】

通过本任务的学习，使学生理解会议的概念及类型，掌握会议服务礼仪规范并能按会议服务礼仪规范进行会议服务。

【案例导入】

小刘所在的旅行社应邀参加一个旅游研讨会，该研讨会邀请了很多旅游界知名人士以及新闻界人士参加，老总安排小刘和他一同参加，同时也想让小刘见识见识大场面。

小刘早上睡过了头，等他赶到，会议已经进行了 20 分钟。他急急忙忙推开会议室的门，"吱"的一声脆响，他一下子成了会场上的焦点。刚坐下不到五分钟，肃静的会场上又响起了摇篮曲，是谁在播放音乐？原来是小刘的手机响了！这下子，小刘可成了全会场的"明星"。没过多久，听说小刘已经另谋高就了。

问题：小刘为何另谋高就？

【任务分析】

会议是会展活动最重要、最频繁的内容之一。一个重要会议的举行往往是旅游服务人员展现才华的机会，又是其礼仪修养和业务水平的表演舞台，所以应特别留心，必须知晓一般会议在筹备、组织、主持和参加过程中的礼仪规范。

【知识讲解】

筹办一次有效的会议，遵守会议的礼仪规范，对于旅游服务人员来说是十分重要的。在筹办会议时，各方面都要考虑周全。主持会议要体现出会议主持人员对整个会议良好的控制能力；出席会议时，仪态、精神都要与会议的内容、主题吻合。

一、会议礼仪

会议就是把人们组织起来讨论和研究问题的一种形式。根据《现代汉语词典》的解释，"会议"一词有两种含义：一是指有组织、有领导地商议事情的集会，如全体会议、厂务会议、工作会议等；二是指一种经常商讨并处理重要事务的常设机构或组织，如中国人民政治协商会议、部长会议等。

1. 会议的十大基本要素

我们不能简单随意地将任何一种聚合或会合都看作是真正意义上的会议，只有具备了构成会议的基本要素，集体的活动或聚会才能构成会议。只有明确了构成会议的基本要素，才能从整体上把握整个会议的全面工作，以利于会议的顺利进行。

构成会议的十大基本要素如下：

（1）会议名称。名称包括会议主办单位、会议范围、届别、会议的主题以及会议的类型。

（2）会议时间。时间包括通知开会的时间、会议开始时间、结束时间、每项议程时间。

（3）会议地点。地点指会议的具体地点。

（4）会议主持者。主持者是指主办部门、主持会议的领导人。

（5）会议参与者。参与者是指会议的出席者、列席者或者因讨论具体事项而特别要参会的人员。

（6）会议议题。会议议题指会议的主要议题和其他要讨论的问题。

（7）会议的形式。会议的形式是指会议进行的具体方式方法，如讨论、座谈还是协商。

（8）会议的文书。文书包括书面会议通知在内的一切会议书面材料。

（9）会议的结果。结果是指会议形成的结论、具体议题的解决办法、确定的承办部门以及具体落实步骤。

（10）会议的费用。费用是指用于会议的必要支出。

2. 会议工作流程

会议是人们从事各类有组织商务活动的一种重要方式。会议目标的实现、会议成果的取得是由诸多因素决定的，其中十分重要的一个因素就是会议的工作流程及会议礼仪规范的开展与履行情况。会议特别是大中型会议都有一套完整的工作流程，它保证了会议管理的科学性和规范性。

（1）确定会议主题。会议主题是指会议要研究的问题、要达到的目的。会议主题的确定须注意：要有切实的依据；必须要结合本单位的实际；要有明确的目的。

（2）确定会议名称。会议名称要拟得妥当，名实相符。会议名称不宜太长，但也不能胡乱简化。会议名称一般由"单位+内容+类型"构成，应根据会议的议题或主题来确定。如"瑞安公司新产品推广会"，其中"瑞安公司"即组织名称，也可称单位，"新产品推广"即会议内容，"推广会"即为会议类型。有的会议名称由"单位名称+年度+内容"构成，如"鸿丰集团2007年度总结表彰大会"。要注意会议名称必须用正确、规范的文字表达。

（3）确定会议规模与规格。确定会议规模与规格的主要依据是会议的内容和主题，同时本着精简、高效的原则。会议的规模可分为大型会议、中型会议和小型会议；会议的规格有高档次、中档次和低档次三个档次。

（4）确定会议时间与会期。确定会议的最佳时间，要考虑主要领导是否能出席，确定会期的长短应与会议内容紧密联系。会议时间与会期有三种含义：一是会议召开的时间；二是整个会议所需要的时间和天数；三是每次会议的时间长短。

（5）会议组织机构。一般大型会议，如展览会、产品发布会、企业职工代表大会、年终总结会等，由大会秘书处负责整个会议的组织协调工作。秘书处下设：秘书组，负责会议的日程和人员安排以及文件、简报、档案等文字性工作。总务组，负责会场、接待、食宿、交通、卫生、文娱和其他后勤工作；会议总务组负责会务工作时，往往有必要对一些会议所涉及的具体细节问题，做好充分的准备工作；保卫组，负责大会的安全保卫工作。

根据会议的规模大小、性质的不同还可以增设其他必要的小组，如宣传组、文件组、接待组等。

（6）确定与会人员名单。根据会议的性质、议题、任务来确定出席会议和列席会议的有关人员。

（7）制定会议预算方案。会议经费包括的内容：文件资料费，有文件资料的制作、印刷费，文件袋、证件票卡的制作、印刷费用等开支；邮电通信费用，如发会议通知、电报、传真、电传或打电话进行联络等费用。若召开电视、电话等远程会议，则使用有关会议设备系统的费用也应计算在内；会议设备和用品费，如各种会议设备的购置和租用费，会议所需办公用品的支出费用，会场布置等所需要的费用；会议场所租用费，如会议室、大会会场的租金以及其他会议活动场所的租金；会议宣传交际费，如现场录像的费用，与媒体等有关方面协作的交际费用；会议交通及食宿补贴费，会议交通费是指与会人员交通往返的费用，如果此费用由会议主办单位承担，则应列入预算。会议期间的各项活动如需使用车辆等交通工具，其费用也应列入预算。通常主办单位会对会议伙食补贴一部分，由与会者自己承担一部分。一般情况下住宿费是由与会人员自理一部分，由会议主办者补贴一部分，也有主办单位全部承担的情况。如果无住宿要求，则预算中可不列此项；其他开支，包括各种不可预见的临时性开支。

（8）会议经费的审核。要让起草人员将部分费用的细目表一并送上。如计算设备租用费时，应了解租用了哪些设备，设备租用的行情是怎样的，不同型号、功能的费用差距有多大等。主审人员对这些都需了然于胸。对经费的把关，不可太松，否则会造成浪费；也不可太紧，否则会影响到会议质量。

（9）会场的选择。会场的选择，一是选择会议召开的地区；二是选择会议召开的具体场所。为了使会议取得预期效果，选择会议的最佳会址须考虑以下因素：应根据不同的会议类型来选择地点。如小型的、经常性的会议就安排在单位的会议室。会议室尽可能不要紧靠生产车间、营业部等人声嘈杂的地方，以免受到干扰。应考虑交通便利，同时要考虑有无停车场所和安全设施等问题。会场的大小应与会议规模相符。一般来说，每人平均应有 2~3 平方米的活动空间比较适宜。同时应考虑会议时间的长短，对于时间长的会议，选择的场地不妨大些。

（10）会场的设备准备。桌椅家具、通风设备、照明设备、空调设备、音像设备等要尽量于会议之前做好准备。其他需要租用的特殊设备，如演示板、电子白板、放映设备、录音机、投影仪、计算机、麦克风等也要准备好。

注意一些会议用品，如纸张、本册、笔具、文件夹、姓名卡、座位签、黑白板、万能笔、粉笔、板擦、签到簿、名册、圆珠笔以及饮料、免洗杯等需要及时补充、采购。

（11）安排会议议程。会议议程是对会议所要通过的文件、所要解决的问题的概略安排，并冠以序号将其清晰地表示出来。拟定会议议程是秘书人员的职责，通常由秘书拟写议程草稿，交由上司批准后，在会前复印分发给所有与会者。会议议程是会议内容的概略安排，它通过会议日程具体地体现出来。

（12）安排会议日程。会议日程是指会议在一定时间内的具体安排。一般采用简短文字或表格形式，将会议时间分别固定在每天上午、下午、晚上三个时间单元里，使人一目了然，如有说明可附于表后，会议日程需在会前发给与会者。会议日程表的制定要明确具体，准确无误。

（13）制发会议通知。按常规，举行正式会议均应提前向与会者下发会议通知。它是指由会议的主办单位发给所有与会单位或全体与会者的书面文件，同时还包括向有关单位或嘉宾发的邀请函件。会议通知的方式有书面、口头、电话、邮件等。

下发会议通知，应设法保证其及时送达，不得耽搁延误。与会人员接到通知后，应向大会报名，告知将参加会议，以便大会发证、排座、安排食宿等。重要的、大型的会议通知还要编文号，一般的会议通知可以不编文号。

3. 会议座位安排原则

（1）大型会议的排座原则。大型会议一般是指与会者众多、规模较大的会议。最大特点是应分设主席台与观众席。

主席台排座：大型会议主席台，一般应面对会场主入口，与群众席面对面，每一个成员面前的桌上，均应摆放双向桌签。主席台排座原则：前排高于后排，中央高于两侧，左侧高于右侧。主持人座席：一是居于前排正中央；二是居于前排的两侧；三是按其具体身份排座，但应就座于前排。

群众席排座：主席台之下的一切座席均称为群众席。一般有两种排座方式：

自由式择座，即不进行统一安排，自由择席而定。

按单位就座，可依参加单位的笔画、拼音顺序，也可按平时约定俗成的序列，可自前往后进行横排，也可自左而右进行竖排。同一楼层，应以前排为高，或以左排为高，楼层不同，则楼层越高，排序越低。

（2）小型会议座位的安排。小型会议，一般是参加者较少、规模不大的会议。主要特点是全体与会者均应安排座位，不设立专用主席台。小型会议的排座可采取三种形式：

自由择座，即不排定固定的具体位置，而由全体与会者完全自由地选择座位就座。

面门设座，一般以面对会议室正门之处为会议主席的位置，其他与会者可在两侧自由而又依次就座。

依景设座，即会议主席的位置不必面对会议室正门，而是应背依会议室之内的主要景致之所在，如字画、讲台，等等，其他与会者的排座，略同于前者。

二、参加会议礼仪

与会人员要规范着装、严守时间、维护秩序、专心听讲（学会记录），不要中途离席。

1. 与会者发言应注意避免的问题

与会者发言时不可长篇大论，滔滔不绝；不可取用不正确的资料；不要只谈些期待性的预测；不可做人身攻击；不可打断他人的发言；不可不懂装懂，胡言乱语；不要谈到抽象论或观念论；不可对其他发言者吹毛求疵。

2. 领导发言礼仪（报告）

正式发言者，应衣冠整齐，走上主席台应步态自然，刚劲有力，体现一种成竹在胸、自信自强的风度与气质。口齿清晰，讲究逻辑，简明扼要。如果是书面发言，要时常抬头扫视一下会场，不能低头读稿，旁若无人。发言完毕，应对听众的倾听表示谢意。礼貌作答，对不能回答的问题，应机智而礼貌地说明理由，对提问人的批评和意见应认真听取，即使提问者的批评是错误的，也不应失态。

3. 会议主持人礼仪

首先，主持人要根据会议活动或活动的性质、目的及要求，按照议程规定的内容，承担起组织参加者完成任务，实现既定目标的责任。

其次，主持人的权限应由上司确定并明确委托，例如，参加者的资格认定、程序的安排、发号施令的权力，协调发言者顺序及时间的权力，时间的控制权力，对参加者进行表扬、批评、警告及其他处置的权力，维护现场气氛、程序、安全的权力。

再次，主持人的技巧应能以控制现场、引导程序、营造气氛、圆满结束为目的，对冷场的巧妙刺激，对离题的机智引开，对分歧的化解，对干扰的成功处理等，这些都需要成熟老练地见招拆招，使会议或活动自始至终围绕主题。

最后，主持人的发言能促进会议或活动的顺利进行，譬如，在说明议题或作结论时，声音要洪亮有力，干脆利落，语言节奏适当放缓，要有适当的停顿、节奏，控制局面。主持人应保持公平公允，不能带明显的感情色彩，保持中性，保持职业水准。

【阅读材料】

会议类型与场所的搭配

举办培训活动的最佳环境是能提供专门工作人员和专门设施的成人教育场所（公司的专业培训中心或旅游胜地的培训点）。

研究和开发会议需要有利于沉思默想、灵感涌现的环境（培训中心或其他宁静场所最为适合）。

重大的奖励、表彰型会议一定要有档次，要引人入胜，会议的目的是对杰出表现予以奖励。

对于交易会和新产品展示会，需要选择有展厅的场所，还要求到达会场及所在城市的交通必须便利。

综合能力训练

一、任务实训

1. 实训步骤

（1）由教师讲解会议服务礼仪规范，对学生提出的问题进行针对性的回答。

（2）学生分组进行练习，演示会议礼仪。

（3）教师巡视指导，纠正学生的错误与不足之处，对操作不规范的流程和学生进行针对性的演练和指导。

（4）学生分组进行测试，同学们互相讨论，教师点评。

2. 实训方法

（1）演示会议礼仪时，要符合会议的组织程序，并要充分考虑会议礼仪的要求，符合礼仪规范。考虑要周全，服务要周到。

（2）要求学生要充分体会所演示的角色特点、身份要求，认真演示，着装要和身份相一致。

（3）会场的布置，不必讲究豪华，但要求突出不同会议的特点。

（4）学生分小组演示，每个小组完成两个场景的模拟。同一个情景最好由两个小组演示，演示后进行比较评出优劣。

（5）模拟演示的要求要提前告诉学生，由各小组在课下准备，课堂上演示的必须是经过练习的情景。

（6）要鼓励学生大胆创新，设计出既要符合规范又有新意的台词，不必千篇一律，但要符合会议礼仪规范。

3. 实训准备

电话、电脑、登记单、标牌、椅子和相关服务用具等。

4. 实训时间

实训授课两学时，共计80分钟，其中示范讲解20分钟，学生操作50分钟，考核测试10分钟。

5. 考核评价

（1）评分要求。按百分制记分，学生操作时，指导教师观察学生的操作方法，按照考核要求给学生实训打分。

（2）实训考核表。实训考核表如表5-3-1所示。

表5-3-1　会议服务礼仪考核表

考评人		被考评人	
考评地点			
考评内容		会议服务礼仪考核	
考评标准	内容	分值（分）	评分（分）
	程序正确	20	
	礼貌服务	20	
	人际沟通能力	20	
	组织协调能力	20	
	整体印象	20	
合计		100	

注：实训考核分为100分，60~69分为及格；70~79分为中；80~89分为良；90分以上为优秀。

二、思考练习

1. 案例分析

案例 1

没有内容的录音

一次重要的报告会，办公室安排秘书小刘负责会议的录音工作。小刘将无线话筒和录音机磁带安排好以后，还事先调试了一番，觉得效果不错，小刘放心地做其他的事情去了。会议结束后，主任要小刘把录音整理出来。小刘打开录音机，前几分钟听起来还不错，但越听越不清晰了，到后来竟然完全是一片噪声。报告自然是没有整理出来。

请思考：

小刘应怎样总结教训呢？

案例 2

排错的"全家福"

一次重要的国际会议，十多个国家的领导人在一起聚会。因为组织者的疏忽，在集体摄影中竟将两位女性领导人安排在了后排，结果在这一重要国际会议的"全家福"中，竟找不到这两位女性领导人的影像，引起两国舆论的指责。

请思考：

通过这个案例你得到了哪些启示？

案例 3

名不"符"实

某校召开一次表彰大会，对全校七八个先进集体，数十名先进个人，颁发锦旗和奖状。当领奖的同学上台领到锦旗和奖状后，有几名同学当即发现奖状上的名字不对，转头向领导更换和相互交换，一时间领奖台上竟乱糟糟的，好似集贸市场一般。

请思考：

通过这个案例你得到了哪些启示？

2. 技能训练

观察你所能见到的办公会、研讨会、论证会、茶话会、洽谈会等，注意会场布置的特点，画出三种不同类型的会议的布置图，并注明会议所有参与者的座位安排。

任务2 展览会服务礼仪

【任务目标】

通过本任务的学习，训练学生熟练地掌握展览会的服务流程和服务礼仪，培养学生树立按照国际常用服务礼仪标准为客人服务的意识，锻炼学生准确到位地与客人交流和沟通的能力。

【案例导入】

茅台酒本来并没有什么名气。有一次，厂家代表带它去参加在印度新德里举办的世界酒类饮料博览会。该博览会汇集了世界各国著名的各种饮料。而世界著名的酒类品牌也绝不肯放弃这样的极好机会。茅台酒是首次参展，仅租用这次的展位，就是很大一笔开销，但厂家认为，只要能够提高知名度，还是值得的。

然而，面对法国的香槟等西方传统的酒类饮料，人们对来自中国的茅台酒展位，根本不屑一顾。展览的第一天，茅台酒基本无人问津，面对这样的尴尬局面，茅台酒展区的工作人员急得团团转，他们决心要扭转这种受冷落的局面。于是，第二天的展览开始之后，面对人流最高峰的时候，工作人员急中生智地拿着一瓶茅台酒走到展厅中央，假装在人流中不小心将它"打翻"在地。顿时，整个大厅完全充满了茅台酒的酒香。参观展览的人们立即被这从来没有闻到过的香味所吸引，好奇地相互打听这是什么牌子的酒的香味。

茅台酒展览人员抓住这一机会，向参观者介绍茅台酒。很快，茅台酒展台就吸引了大批参观者。当天引起整个展览会的轰动，新闻媒体也闻风而动，纷纷予以报道。结果，茅台酒在本次展览会上获得金牌。从此，它身价百倍。

茅台酒的"雕虫小技"，给我们一个重要的启示，那就是注意利用展览会来提高产品的知名度。

问题：茅台酒是怎样身价倍增的？

【任务分析】

展览会的服务活动十分注重礼节，这种礼节不仅体现了对客人的友好和尊重，也是展览会服务人员内在素质和主办国、主办单位文明水准最集中的体现。

【知识讲解】

展览会，主要是特指有关方面为了介绍组织的业绩，展示组织的成果，推销组织的产品、技术或专利，而以集中陈列实物、模型、文字、图表、影像资料等供人参观了解的形式所组织的宣传性聚会。有时，人们也将其简称为展览、展示或展示会。

一、展览会的特点

展览会具有很强的说服力和感染力，通过现身说法打动观众，促使主办方广交朋友；还可以借助于个体传播、群体传播和大众传播等各种传播形式，使有关主办方的信息广为传播，提高其名气与声誉。一般情况下展览会主要具有以下几个特点：

1. 综合性

展览会往往要综合运用讲解、交谈等多种传播方式传递信息，其优点是能产生明显的沟通效果，对新闻单位也有独特的吸引力。

2. 直观性

展览会通常采用实物、文字、图表等直观、形象和生动的传播方式，使公众观之有物，产生真实可信的感觉，能够有力地增进公众对企业的了解和信任。

3. 直接性

展览会可以使企业与公众直接进行双向沟通。公众既可以聆听讲解员的介绍，也可以观看实物、图片和文字，有什么疑问还可以直接向工作人员提出，并得到解答，容易使公众心悦诚服。

二、展览会的分类

展览会是一个覆盖面甚广的基本概念，它又被分为许多不尽相同的具体类型，根据不同的标准，可以将展览会进行如下的划分：

1. 按展览会的目的划分

按展览会的目的划分是展览会类型的最基本标准，依照这一标准，展览会可被划分为以下两种类型：

（1）宣传型展览会。宣传型展览会意在向外界宣传、介绍参展单位的成就、实力、历史与理念，所以它又被称为陈列会。

（2）销售型展览会。销售型展览会主要是为了展示参展单位的产品、技术和专利，来招徕顾客，促进其生产与销售。通常，人们又将销售型展览会称为展销会或交易会。

2. 按展览品的种类划分

在一次展览会上，展览品具体种类的多少，往往会直接导致展览会的性质有所不同。根据展览品具体种类的不同，可以将展览会划分为以下两种类型：

（1）单一型展览会。单一型展览会，往往只展示某一大门类的产品、技术或专利，只不过其具体的品牌、型号、功能有所不同而已，例如，服装、汽车展等。因此，人们经常会以其具体展示的某一门类的产品、技术或专利的名称对单一型展览会直接冠名，比如，"服装展览会"、"汽车展览会"等。在一般情况下，单一型展览会的参展单位大都是同一行业的竞争对手，因此这种类型的展览会竞争会很激烈。

（2）综合型展览会。综合型展览会，亦称混合型展览会。它是一种包罗万象的，同时展示多种门类的产品、技术和专利的大型展览会，它的侧重点主要是参展单位的综合实力。这种展览会通常由专门的组织机构或单位负责筹办，一般规模较大，展览的范围很广，展期短的几天，长的一年。

3. 按展览会的规模划分

根据展品的数量多少、范围大小，展览会又有如下的划分：

（1）大型展览会。大型展览会通常由社会上的专门机构出面承办，参展的单位多、项目广，因而规模较大。举办此类展览会，要求有一定的操作技巧。因其档次高、影响大，参展单位必须经过申报、审核、批准等一系列程序，有时还需支付一定的费用。

（2）小型展览会。小型展览会一般都由某一组织自行举办，其规模相对较小。在小型展览会上，展示的主要是代表着主办方最新成就的各种产品、技术和专利。

（3）微型展览会。微型展览会是小型展览会的进一步微缩。它提取了小型展览会的精华之处，一般不在社会上进行商业性展示，而只是将其陈列于本组织的展览室或荣誉室之内，主要用于教育本组织的员工，也供来宾参观之用。

4. 按展览会的场地划分

举办展览会，免不了要占用一定面积的场地，若以所占场地的不同而论，展览会可以有如下的划分：

（1）室内展览会。室内展览会大都被安排在专门的展览馆或者宾馆、展览厅、展览室之内。它大都设计考究、布置精美、陈列有序、安全防盗、不易受损，并且可以不受时间与天气的制约，显得隆重而有档次。但是，其所需费用往往偏高。在展示价值高昂、制作精美、忌晒忌雨、易于失盗的展品时，室内展览会是首选。

（2）露天展览会。露天展览会安排在室外露天之处。它可以提供较大的场地，花费较小，而且不必为设计、布置花费过多，展示大型展品或需要以自然界为其背景的展品时，此种选择最佳。通常展示花卉、农产品、工程机械、大型设备时都这么做。不过它受天气等自然条件的影响较大，并且极易使展览会中的展品受损。

5. 按展览会的时间划分

举办展览会所用的具体时间的长短，称为展期。根据展期的不同，可以把展览会划分为以下几种形式：

（1）长期展览会。长期展览会大都常年举行，其展览场所固定，展品变动不大。

（2）定期展览会。定期展览会展期一般固定为每隔一段时间之后，在某一特定的时间之内举行。例如，每三年举行一次，或者每年春季举行一次，等等。展览的主题大都固定不变，但允许变动展览场所或展品内容，一般来看，定期展览会往往呈现出连续性、系列性的特征。

（3）临时展览会。临时展览会随时可根据需要举办。它所选择的展览场所、展品内容及展览主题，往往不尽相同，但其展期大都不长。

三、展览会的组织、展示位置的分配及展览会的布置

一般的展览会，既可以由参展单位自行组织，也可以由社会上的专门机构出面组织。不论组织者由谁来担任，都必须认真做好具体的组织工作，力求使展览会取得完美的效果。

1. 展览会的组织工作

（1）明确展览会的主题。任何一个展览会都应有一个鲜明的主题，这样才能

够明确展览会的对象、规模和形式等问题，并以此来进行展览会的策划、准备和实施，使展览会的宗旨和意图更加明确。

（2）确定展览会的时间、地点。在时间的选择上要于己有利、于参展者有利，并与商品的淡、旺季相匹配。在地点的选择上可根据参展方的所在地区确定展会的地点。另外，在选择时还要注意交通、食宿是否便利以及辅助设施是否齐备等问题。

（3）确定参展单位。在具体考虑参展单位的时候，必须注意两相情愿，不能勉强。按照礼仪的要求主办方事先应以适当的方式，向拟参展方发出正式的邀请或召集。

（4）主办方发出正式邀请。邀请或召集参展方的主要方式为：刊登广告、寄发邀请函、召开新闻发布会等。

（5）正式邀请涉及的内容。发出正式邀请的同时，应将如下内容告诉参展方：展览会的宗旨、展览会的主题、参展方所涉及的范围与条件、举办展览会的时间与地点、报名参展的具体时间与地点、咨询有关问题的联络方法；主办方应提供的辅助服务项目、参展方所应负担的基本费用等。

（6）确定参展名单并专函通知。当参展方的正式名单确定之后，主办方应及时地以专函通知，使被批准的参展方提前有所准备。

（7）最后宣传展览内容。为了引起社会各界对展览会的重视，并尽可能地扩大其影响，主办方有必要对展览会进行大力宣传。为了搞好宣传工作，在举办大型展览会时，主办方应专门成立对外宣传的组织机构，负责与新闻界的联系，提供有价值的新闻资料，以扩大影响范围，增强展览会的效果。其正式名称，既可以叫新闻组，也可以叫宣传办公室。宣传的重点，应当是展览的内容，即展览会的展示陈列之物。

2. 展示位置的分配

在一般情况下，展览会的组织者要尽一切办法充分满足参展单位关于展位的合理要求。展览会的组织者可依照展览会的惯例，采用下列方法对展位进行合理的分配。

（1）竞拍。由组织者根据展位的不同，制定不同的收费标准，然后组织一场拍卖会，由参展方在会上自由进行角逐，由出价高者获得自己中意的最佳展位。

（2）投标。投标即由参展方依照组织者所公告的招标标准和具体条件，自行报价，并据此填具标单，而由组织者按照"就高不就低"的常规，将展位分配给报价高者。

（3）抽签。抽签即将展位编号写在纸签之上，由参展方的代表在公证人员的监督之下每人各抽取一个，以此来确定各自的具体展位。

（4）按照"先来后到"进行分配。"先来后到"即以参展方正式报名的先后为序，谁先报名，谁便有权优先选择自己所看中的展位。

3. 展览会的布置

对展览会的组织者来讲，展览现场的规划与布置，通常是其重要职责之一。在布置展览现场时，基本的要求是展示陈列的各种展品要围绕既定的主题，进行互为衬托的合理搭配，要在整体上显得井然有序、浑然一体。

（1）会标的设计。会标（会徽）设计与商标设计一样，都属于企业识别系统（Corporate Identity System，CIS）设计，在形式、类别、构成方法、特点与设计要求等方面要求统一。会标主要分为永久性、一次性会标两种。长期性固定的博览会、展览会、交易会以及历年定期举办的展销会等是永久性的；偶尔举办一次的展览会、交易会、展销会等是一次性的。

（2）展场设计与布置。展场整体布局形式多样，其总体形象包括会标、会旗、吉祥物、工作人员制服设计和展览总的特征、基调、色彩、风格设计两大部分。应注意展场中所布置的所有物品保持整体的、视觉上的协调一致。

展场的空间构成一般是由馆外、馆门、分馆、各展位、出口等按顺序所构成的展示空间，强调先后顺序。

一个展览会，特别是大型国际展览会，有数万平方米，甚至数十万平方米。一个展厅，也有上万平方米，有展览区、销售区、表演区、洽谈区、交流区以及服务区等，如何将各个区位的划分准确地告诉参观者，都有赖于现场指示系统的设计、安置和显示。

（3）展场的整体布局安排。展场的整体布局有以下几方面：

1）展位类型。按展位类型分区：标准展位区、异型展位区；按展品类型分区：如家纺服装、家用电器、轻工工艺等；按企业类型分区：生产型、经营型、服务型。

2）入口与出口通道布置。一般展馆人员出入口通道和展品出入口通道是分开设置的。通常将人员出入口通道的入口和出口分开，入口设置在展厅的正面，其高度一般在 2~3 米，宽度按展场人员流量的大小而定，有的展厅多个通道并排；出口通道设置在展厅的后面或者与邻馆的交界面，一般其高度与入口保持一致，而宽度则要适当小一些。展品出入口一般是不分开的，在同一个通道。与人员出入口通道相比，其在高度和宽度上要更高、更大一些，通常宽度在 4~6 米，高度在 4~5 米，具体视展品的大小、高低来定。展品出入口通道一般不设在展厅的正面，而设在展厅的侧面或后面。

3）展场内通道划分。展场内通道划分总的原则是：对参展者，区划合理；对参观者，观看舒适，路线便捷，有利于与工作人员交流。一般展场通道宽度为2.4 米，有的考虑到人流大、消防安全等，则需要三米左右。

一般情况下展场内通道路线有三种形式：规定性路线、自主式路线、渗透式路线。

规定性路线：强制流向控制，一般是在展览内容有较为严密的先后顺序性的展场内设置规定性路线，如历史类、艺术品类展览；自主式路线：展览路线可任参观者凭喜好选择，自由走动；渗透式路线：观众不仅可在通道上自由走动，还可以深入到各个展位内部，观看、接触展品，与工作人员交流。

（4）展览会的其他辅助性服务项目。为参展单位所提供的辅助性服务项目，通常包括下述各项：展品的运输与安装；车、船、机票的订购；与海关、商检、防疫部门的协调；跨国参展时有关证件、证明的办理；电话、传真、电脑、复印机等现代化的通信联络设备；举行洽谈会、发布会等商务会议或休息之时所需的适当场所；餐饮以及有关展览时使用的配件的提供；供参展方选用的礼仪、讲解、推销人员等。

四、展览会的礼仪要求

展览会礼仪，通常是指商界单位在组织、参加展览会时，应当遵循的规范与惯例。商界单位参加或举办展览会，其目的大都是宣传自己的产品、寻找企业上下游的客户、签订商务合同。也可以说，展览会是一面镜子，它所展示的不仅是商品，更是一个企业的整体形象。

1. 主办方工作人员的礼仪要求

主办方工作人员由于代表的是主办方，负责展会的工作，因此要注意自身的形象。主办方工作人员的穿着要庄重，一般要穿着职业装，展场门口的接待人员或迎送人员可以穿着礼仪性服装，例如，旗袍。主办方的工作人员还要搞好与各参展方的关系，及时与参展方进行沟通，做好展览会的各项服务工作，尽量满足参展方对展会提出的一切合理要求，但是对既定的展期、展位、收费标准等不能随意改动，这些信息应在展前及时告诉参展方。

需要强调的是主办方的会务主持人代表着本组织的形象，因此要求主持人仪表整洁、拥有丰富的会展知识、待人诚恳，尤其是在主持会务工作时，一定要注意用词恰当、表达清楚，避免出现误解，从而使展览会的所有参与人员对展览会和展品产生信赖感。

2. 参展方工作人员的礼仪要求

关于着装的最佳选择，一是身穿本组织的制服；二是穿深色的西装或套裙。在大型的展览会上，参展方若安排专人迎送宾客时，最好请迎送人员（一般为礼仪小姐）身穿色彩鲜艳的单色旗袍，并胸披写有参展方或其主打展品名称的大红色绶带迎送宾客。为了说明各自的身份，全体工作人员皆应在左胸佩戴标明本人工作单位、职务、姓名的胸卡，唯有礼仪小姐可以例外，不用佩戴胸卡。按照惯例，工作人员不应佩戴首饰，但在仪容方面，男士应当剃须，女士最好化淡妆。

无论是哪种类型的展览会，参展方的工作人员都必须真正地认识到观众是上帝，为其热情而又竭诚地服务则是自己的天职。为此，全体工作人员都要将礼貌待人放在心里，并且落实到行动上。

展览会一旦正式开始，全体参展方的工作人员即应各就各位，站立迎宾。不允许迟到、早退，也不允许无故脱岗、东游西逛，更不允许在观众到来之时坐、卧不起，怠慢对方。

当观众走近自己的展位时，不管对方是否向自己打了招呼，工作人员都要面带微笑，主动跟对方说："您好！欢迎光临！"随后，还应面向对方，稍许欠身，伸出右手，掌心向上，指尖直指展台，并告知对方："请您参观！"

当观众在本展位上进行参观时，工作人员可随行于其后，以准备应对观众的咨询，也可以请其自便，不加干扰。假如观众较多尤其是在接待组团而来的观众时，工作人员亦可在左前方引导观众进行参观。对于观众所提出的问题，工作人员要认真做出回答，不允许置之不理，或以不礼貌的言行对待观众。当观众离去时，工作人员应当真诚地向对方欠身施礼，并道以"谢谢光临"。

在任何情况下，工作人员均不得对观众恶语相加，或讥讽、嘲弄。对于极个别不遵守展览会规则而乱摸乱动、乱拿展品的观众，仍须以礼相劝，必要时可请保安人员协助，但不许对其擅自动粗、打骂、扣留或者非法搜身。

参展方的工作人员在向观众介绍或说明展品时，应当掌握基本的解说技巧。解说技巧的共性在于要善于因人而异，使解说具有针对性，同时要突出自己展品的特色，在实事求是的前提下，要注意扬长避短，强调"人无我有"之处，在必要时还可邀请观众亲自动手操作，或由工作人员为其进行现场示范。

按照国外的常规说法，解说时一定要注意"FABE"并重，其中"F"指展品特征、"A"指展品优点、"B"指客户利益、"E"指资质证据。这就是要求解说应当以客户利益为重，要在提供有利证据的前提下，着重强调自己所介绍、推销的展品的主要特征与主要优点，以争取使客户觉得言之有理，乐于接受。尾随观众兜售展品，弄虚作假，或是强行向观众推销展品，都是不可取的。

此外，还可安排观众观看与展品相关的影视片，并向其提供说明材料与单位名片。通常说明材料与单位名片应常备于展台之上，方便观众自取。

综合能力训练

一、任务实训

1. 实训步骤

（1）由教师示范讲解展览会服务礼仪规范，教师对学生提出的问题进行针对性的回答。

（2）学生分组进行练习，演示展览会服务礼仪。

（3）教师巡视指导，纠正学生的错误与不足之处，对操作不规范的流程和学生进行针对性的演练和指导。

（4）学生分组进行测试，同学们互相讨论，教师点评。

2. 实训方法

要求学生进行一小型的展会布置，并设计展览会布展图。设计要求：

（1）明确区位划分。如各展区、各展馆的方位，馆内各参展单位的展位，或展览几大组成部分的具体方位等，即在实际展区面积内，让参展者各就各位。

（2）标出通道走向。也就是展场内观众的走向设计，展览通道的设计合理与否直接影响到展览会的最终效果。

3. 实训准备

警戒线、会议通知书、参展邀请书、身份证等证件、登记表、笔、材料、会展文件等。

4. 实训时间

实训授课两学时，共计80分钟，其中示范讲解20分钟，学生操作50分钟，考核测试10分钟。

5. 考核评价

（1）评分要求。按百分制记分，学生操作时，指导教师观察学生的操作方法，按照考核要求给学生实训打分。

（2）实训考核表。实训考核表如表5-3-2所示。

表 5-3-2　展览会服务礼仪考核表

考评人			被考评人	
考评地点				
考评内容		展览会服务礼仪考核		
考评标准	内容	分值（分）		评分（分）
	展览会布置	20		
	礼貌服务	20		
	讲解能力	20		
	组织协调能力	20		
	整体印象	20		
合计		100		

注：实训考核分为100分，60~69分为及格；70~79分为中；80~89分为良；90分以上为优秀。

二、思考练习

1. 简答题

（1）假设你正在策划一展览会项目，为了搞好宣传工作，你应该采取哪些宣传方式？

（2）在选定宣传方式之后，你还要想尽一切办法充分满足参展单位关于展位的合理要求，那么你是采用何种方法对展位进行合理分配的呢？

（3）当你进行展会布置的时候，你要对人员出入口通道和展品出入口通道进行设置。在对人员出入口通道进行设置时，你应将其设置在哪里？高度和宽度都应该是多少？而在对展品出入口通道进行设置时，高度和宽度又应该是多少？位置应在哪里？

2. 案例分析

案例

展会的效果

一个处在黄金位置的展位、两张圆桌、一排呆板的展示架和储物柜，再加上一堆未经分类的新旧陈列产品、宣传资料以及两个一线的销售人员，企业参加展会难道仅此而已吗？答案是否定的。

一些展商在参展前应做好如下功课：尽可能了解观众，了解他们的观点、品位，尤其是他们的观展需求；为观众免费提供胸卡、挂带、提袋、观展指南，甚至饮用水，这么做比站在门口硬往观众手中塞资料效果好，它通过服务吸引观众的注意力。同样是分发材料，利用卡通人运作的效果更佳，因为它们通过表演愉悦观众，在顽皮而又颇具亲和力的卡通人面前，观众实在不好意思拒绝传递过来的资料。虽然通过上述活动，可达到"善释汝意，巧传信息"的目的，但传递出的信息还是过于单薄，原因是展会活动缺乏创意。

思考讨论题：

参展商的活动如何才能更吸引观众的注意力？本案例对你有什么启示？

模块六 旅游职业礼仪拓展

【模块概述】

在旅游接待服务中，除了基本的礼貌待人之外，我们还需要了解世界各国的传统文化、风土人情、民俗禁忌；尊重游客朋友的宗教信仰，了解不同宗教的礼仪习俗及禁忌；了解台、港、澳地区及少数民族地区在饮食习惯、礼貌礼节等方面的不同习俗等。这样有助于提高对外交往的质量，塑造与维护自身形象和本国的尊严，也能更好地体现我国"礼仪之邦"的美称。

【模块目标】

知识目标：了解我国主要客源国、不同宗教信仰游客和台、港、澳地区及少数民族地区在饮食习惯、礼貌礼节等方面的不同习俗和礼节，熟悉其生活中的禁忌内容。

能力目标：培养学生能够尊重主要客源国礼仪习俗、宗教礼仪规范、少数民族习俗，礼貌接待游客朋友，提高礼仪服务水平和跨文化交际能力。

项目一

我国主要客源国习俗礼仪

俗话说："十里不同风，百里不同俗"，世界各地的居民由于种族差异、宗教信仰、历史传统的不同，都各自拥有独特的习俗和礼节。旅游接待工作要做到文明礼貌，使宾客满意，就必须要了解各个国家、各个地区、各个民族的习俗、礼节和禁忌。

任务1　亚洲国家礼仪习俗

【任务目标】

通过本任务的学习，使学生了解亚洲主要客源国的习俗礼仪、生活习惯及禁忌，掌握亚洲各主要客源国的礼仪习俗规范，培养学生在旅游服务活动中正确应用规范礼仪的能力。

【案例导入】

张红是某旅行社的导游，在她刚参加工作的一段时间里，许多亲身经历让她深切体会到了解不同国家、不同民族礼仪习俗的重要性。让她记忆犹新的一次接待工作是这样的：张红被安排带领一个泰国旅行团游览。某天，张红带两名成员乘坐出租车外出购物回到入住的宾馆，门童看到出租车停靠在宾馆大门口，就首先打开后排右座的车门，然后一手做好护顶，请客人下车。

此时，张红突然意识到没有跟门童解释，这两位是泰国客人，但是为时已晚。两名客人满面怒容，向张红大声抱怨着，而门童也非常疑惑。

问题：到底发生了什么？

【任务分析】

旅游服务工作是面向全世界的，旅游活动涉及不同国家、不同地区、不同民族以及不同文化背景的旅客，旅游服务人员必须了解世界各地，尤其是我国主要客源国和目的地国家各地区、各民族的礼仪习俗，才能更好地开展旅游工作，也才能使接待工作中的礼节、礼仪达到更高层次。

【知识讲解】

亚洲位于东半球，有 40 多个国家和地区，人口众多，是世界第一大洲。亚洲宗教文化发达，是世界三大宗教的发祥地，其礼仪习俗具有浓郁的东方色彩。

一、日本

1. 简介

日本，与我国有 2000 多年的交往史，深受我国古代风俗礼仪的影响。日本号称礼仪之邦，首都为东京，国歌为《君之代》，国花为樱花，国语为日语，货币为日元。其国民总的特点是勤劳、守信、重礼貌、有公德心、爱整洁和集体荣誉感强。另外，他们的等级观念重，妇女对男子特别尊重。日本的居民多信奉神道教和佛教，少数人信奉基督教。作为"一衣带水"的邻邦，是我国最大的旅游客源国之一。

2. 礼节礼貌

日常交往中，日本人通常都爱以鞠躬作为见面礼节。在行鞠躬礼时鞠躬度数的大小、鞠躬时间的长短以及鞠躬次数的多少，往往同向对方所表示的尊敬的程度成正比。妇女与别人见面时，是只鞠躬而不握手的。在行见面礼时，必须同时态度谦恭地问候交往对象。与他人初次见面时，通常都要互换名片，否则即被理解为是不愿与对方交往。称呼日本人时，可称为"先生"、"小姐"或"夫人"。也可以在其姓氏之后加上一个"君"字，将其尊称为"某某君"。在交际场合，日本人的信条是"不给别人添麻烦"，忌讳高声谈笑。

日本人注意穿着。在正式场合，通常穿西式服装。在隆重的社交场合或节庆日，时常穿着自己的国服——和服。到日本人家里做客时，进门前要脱下大衣、风衣和鞋子。脱下的鞋要整齐放好，鞋尖向着房间门的方向，这在日本是尤其重要的。拜访日本人时，切勿未经主人许可，而自行脱去外衣。参加庆典或仪式时，不论天气多热，都要穿套装或套裙。

3. 饮食习惯

日本饮食，一般称为和食或日本料理。主食以大米为主，多用海鲜、蔬菜，讲究清淡与味鲜，忌讳油腻。典型的和食有寿司、拉面、刺身、天妇罗、铁板烧、煮物、蒸物、酢物、酱汤，等等。此外还有饭团与便当，其中尤以刺身即生食鱼片最为著名。

日本人非常爱喝酒，西洋酒、中国酒和日本清酒，统统都是他们的所爱，特别注意日本人斟酒讲究满杯。人们普遍爱好饮茶，特别喜欢喝绿茶，讲究"和、敬、清、寂"四规的茶道，有一整套的点茶、泡茶、献茶、饮茶的具体方法。

4. 节庆习俗

日本多节庆，法定节日就有 13 个，其中最主要的节日有以下几个。新年 1 月 1 日，庆祝方式似我国春节，前一天晚上吃过年合家团圆面，"守岁"听午夜钟声，新年第一天早上吃年糕汤，下午举家走亲访友。1 月 15 日是成人节，庆祝男女青年年满 20 周岁，从此开始解禁烟酒，女子过成人节时都要穿和服。女孩节是 3 月 3 日，又称"雏祭"，凡有女孩子的家庭要陈设民族服装和玩具女娃娃。3 月 15 日至 4 月 15 日是樱花节，在此期间人们多倾城出动赏花游园，饮酒跳舞，喜迎春天。5 月 5 日是男孩节，旧称"端午节"，习俗似我国的端午节，此时家家户户都要挂菖叶、吃粽子。9 月 15 日是敬老节，社会各界和晚辈会向高龄者赠送纪念品。

5. 禁忌

日本人忌讳绿色，认为是不祥的颜色。忌荷花图案，探望病人时忌讳送菊花、山茶花、仙客来花、白色的花和淡黄色的花。对金色的猫以及狐狸和獾极为反感，认为它们是"晦气"、"贪婪"的象征。日本人有着敬重"7"的习俗，可是对于"4"与"9"极其反感，原来，"4"在日文里发音与"死"相似，而"9"的发音则与"苦"相近。在三人并排合影时，日本人谁都不愿意在中间站立，他们认定被人夹着是不祥的征兆。

日本人很爱给人送小礼物，但不宜送下列物品：梳子、圆珠笔、T恤衫、火柴、广告帽。在包装礼品时，不要扎蝴蝶结。同他人相对时，日本人觉得注视对方双眼是失礼的，通常只会看着对方的双肩或脖子。日本人不给别人敬烟。在宴客时，忌讳将饭盛得过满，并且不允许一勺盛一碗饭。

日本人在用筷子时，有"忌八筷"之说：①舔筷。②迷筷，手拿筷子，拿不定吃什么，在餐桌上四处寻游。③移筷，动一个菜后又动一个菜，不吃饭光吃菜。④扭筷，扭转筷子，用舌头舔上面饭粒。⑤插筷，将筷子插在饭上。⑥掏筷，将菜从中间掏开，扒弄着吃。⑦跨筷，把筷子骑在碗、碟上面。⑧剔筷，将筷子当牙签剔牙。除此之外，还忌讳用一双筷子让大家依次夹取食物。饮食禁忌是不吃肥猪肉和猪的内脏，也有一些人不喜欢吃羊肉和鸭肉。

二、韩国

1. 简介

韩国是我国的近邻，位于朝鲜半岛的南部，与我国的山东半岛隔海相望。韩国居民多信奉佛教、基督教和道教，受我国佛学、儒学影响很深，首都首尔文庙每年春、秋两季都要举行祭孔大典。

全国为单一的民族——朝鲜族，通用朝鲜语。首都为首尔，国歌为《爱国歌》，国花为木槿花，货币为韩元。20 世纪后期，韩国一跃成为实现经济腾飞的代表国家，声扬四海。除此之外，高水平的市民意识，热情好客的民族特性，美丽的自然景观，这些都是韩国人的珍贵财富。

2. 礼貌礼节

韩国人一般采用握手作为见面礼节。在行握手礼时，讲究使用双手，或单独使用右手。当晚辈、下属与长辈、上级握手时，后者伸出手来之后，前者须先以右手握手，随后再将自己的左手轻置于后者的右手之上，韩国人的这种做法，是为了表示自己对对方的特殊尊重。韩国妇女在一般情况下不与男子握手，代之以鞠躬或者点头致意。韩国小孩子向成年人所行的见面礼大多如此。与他人相见时，韩国人在不少场合有时也同时采用先鞠躬、后握手的方式。

同他人相见或告别时，若对方是有地位、身份的人，韩国人往往要多次行礼。行礼三五次也不算多，有个别的韩国人甚至还会讲一句话，行一次礼。称呼他人时爱用尊称和敬语，很少直接叫出对方的名字，喜欢称呼对方能够反映其社会地位的头衔。与外人初次打交道时，韩国人非常讲究预先约定，遵守时间，并且十分重视名片的使用。

在交际应酬之中通常都穿着西式服装。在某些特定的场合尤其是在逢年过节的时候，喜欢穿本民族的传统服装。韩国民族传统服装是男子上身穿袄，下身穿宽大的长裆裤，外面有时还会加上一件坎肩甚至再披上一件长袍，过去韩国男子外出之际还喜欢头戴一顶斗笠。妇女则大都上穿短袄，下着齐胸长裙。

进屋之前需要脱鞋时，不准将鞋尖直对房间之内，不然的话会令对方极度不满。

3. 饮食习惯

韩国人饮食的主要特点是辣和酸。主食主要是米饭、冷面，爱吃的菜肴主要有泡菜、烤牛肉、烧狗肉、人参鸡，等等，一般都不吃过腻、过油、过甜的东西，并且不吃鸭肉、羊肉和肥猪肉。韩国人的饮料较多，男子通常喜爱烧酒、清酒、啤酒等，妇女则多不饮酒。在用餐的时候，韩国人是用筷子的，与长辈同桌就餐时不许先动筷子，不可用筷子对别人指指点点，在用餐完毕后要将筷子整齐地放在餐桌的桌面上，吃饭的时候不宜边吃边谈、高谈阔论，吃东西时嘴里忌讳响声大作。

4. 节庆习俗

韩国节庆较多。农历正月初一至十五的节日活动类似我国春节。农历正月十五为元宵节，农历四月八日为佛诞节及颂扬女性的春香节，农历五月五日为端午节，家家户户都以食青蒿糕、挂菖蒲来过节，农历八月十五为中秋节，农历九月九日为重阳节。清明扫墓，冬至吃冬至粥（有掺高粱面团子的小豆粥）。除上述传统节日外，韩国人还很重视圣诞节、儿童节、恩山别神节等。群众喜闻乐见的体育活动有射箭、摔跤、拔河、秋千、跳板、风筝、围棋、象棋等。

5. 禁忌

由于发音与"死"相同的缘故，韩国人对"4"这一数字十分厌恶，受西方礼仪习俗的影响，也有不少韩国人不喜欢"13"这个数。与韩国人交谈时，发音与"死"相似的"私"、"师"、"事"等几个词最好不要使用。将"李"这个姓氏按汉字笔画称为"十八子"，也不合适。需要对其国家或民族进行称呼时，不要将其称为"南朝鲜"、"南韩"或"朝鲜人"，宜分别称为"韩国"或"韩国人"。

韩国人的民族自尊心很强，他们强调所谓"身土不二"。在韩国，一身外国名牌的人，往往会被韩国人看不起。需要向韩国人馈赠礼品时，宜选择鲜花、酒类或工艺品。

在民间仍讲究"男尊女卑"，进入房间时，女人不可走在男人前面；进入房间后，女人须帮助男人脱下外套。男女一同就座时，女人应自动坐在下座，并且不得坐得高于男子。通常女子还不得在男子面前高声谈笑，不得从男子身前通过。

三、泰国

1. 简介

泰国位于中南半岛中部，国土面积51.3万平方千米，是个多民族的国家，其中泰族占40%、老族占35%、马来族占3.5%、高棉族占2%，此外还有华人、华泰混血人。首都为曼谷，国歌为《泰国国歌》，国花为睡莲，国语为泰语，货币为泰铢。

佛教为泰国的国教，泰国上至王公下至平民均信佛教，男子成年后必须经过三个月至一年的僧侣生活，僧人穿黄衣，故有"黄衣之国"、"千佛之国"、"黄袍之国"的美称，泰国盛产大象，尤以白象为吉祥的象征，敬之如神，故泰国又有"白象国"之称。

2. 礼节礼貌

泰国最常见的见面礼节，是带有浓厚佛教色彩的合十礼。行合十礼时，须站好、立正、低眉、欠身、双手十指相互合拢，并且同时问候对方"您好"。行合十礼的最大讲究，是合十于身前的双手所举的高度不同，给予交往对象的礼遇便有所不同。通常合十的双手举得越高，越表示对对方的尊重。目前泰国人所行的合十礼大致可以分为四种规格：一是双手举于胸前，它多用于长辈向晚辈还礼；二是双手举到鼻下，它一般在平辈相见时使用；三是双手举到前额之下，它仅用于晚辈向长辈行礼；四是双手举过头顶，它只用于平民拜见泰王之时。行合十礼时晚辈要先向长辈行礼；身份、地位低的人要先向身份、地位高的人行礼；对方随后亦应还之以合十礼，否则即为失礼，只有佛门弟子可以不受此例限制。在一般情况下，行合十礼之后，即不必握手。

在交际场合，习惯以"小姐"、"先生"等国际上流行的称呼彼此相称，在称呼交往对象的姓名时，为了表示友善和亲近，不惯于称呼其姓，而是惯于称呼其名。

在正式场合泰国人讲究穿着自己本民族的传统服饰，服饰喜用鲜艳之色，在泰国有用不同的色彩表示不同的日期的讲究。由于气候炎热，泰国人平时多穿衬衫、长裤与裙子，在参观王宫、佛寺时，穿背心、短裤和超短裙是被禁止的。去泰国人家里做客，或是进入佛寺之前，务必要记住先在门口脱下鞋子。另外在泰国人面前不管是站是坐，忌讳把鞋底露出来，尤其不能以其朝向对方。

3. 饮食习惯

泰国人主食为稻米，副食主要是鱼和蔬菜，喜食辛辣、鲜嫩之物，不爱吃过咸或过甜的食物，也不吃红烧的菜肴。在用餐时爱往菜肴之中加入辣酱、鱼露或味精，最爱吃的食物，当数具有其民族特色的"咖喱饭"。在用餐之后喜欢吃上一些水果，但不太爱吃香蕉。一般不喝热茶，通常喜欢在茶里加上冰块令其成为冻茶，在一般情况下绝不喝开水，而惯于直接饮用冷水，在喝果汁的时候，还有在其中加入少许盐末的偏好。有些泰国人用餐时爱叉、勺并用，即左手持叉，右手执勺，两者并用。

4. 节庆习俗

泰历 1 月 1 日是泰国人的元旦，这一天举国欢庆。泰历 4 月 13 日至 15 日为宋干节，即求雨节，也叫泼水节。此时正当干热时节，急需降雨，可以毫无顾忌地互相泼水。泰历 5 月 9 日是春耕节，这一天由国王主持典礼，农业大臣开犁试耕，祈求风调雨顺、五谷丰登。泰历 12 月 15 日是水灯节，也叫佛光节，人们用香蕉叶或香蕉树皮和蜡烛做成船形灯，放进河里，让其随波逐流，以感谢水神，祈求保佑。

5. 禁忌

与泰国人进行交往时，千万不要非议佛教，或对佛门弟子有失敬意。向僧侣送现金被视作一种侮辱，参观佛寺时进门前要脱鞋，摘下帽子和墨镜。在佛寺之内切勿高声喧哗，随意摄影、摄像。不要爬到佛像上去进行拍照、抚摸佛像，妇女接触僧侣，也在禁止之列。在举止动作上的禁忌有"重头轻脚"的讲究。在泰国，人们认为"左手不洁"，所以绝对不能以其取用食物。比较忌讳褐色，忌讳用红色的笔签字，或是用红色刻字。睡觉忌头朝西，因日落西方象征死亡。

四、新加坡

1. 简介

新加坡是东南亚马来半岛南端的岛国，风景优美，气候宜人，有"花园城市"之称。新加坡人口中有很大一部分是华裔新加坡人，其他为马来血统的人、印尼血统的人和巴基斯坦血统的人等，他们大多保留着各自的传统文化习俗。华人、马来人和巴基斯坦血统的人分别主要信奉佛教、伊斯兰教和印度教，当然还有一些人信奉基督教。

2. 礼节礼貌

新加坡的华人往往习惯于拱手作揖，或者行鞠躬礼；马来人则大多采用其本民族传统的"摸手礼"。在新加坡，不讲礼貌不仅会让人瞧不起，而且还会寸步难行，对某些失礼之举，在新加坡也有明确的限制，比如，在许多公共场所，通常竖有"长发男子不受欢迎"的告示，以示对留长发男子的反感和警告，对讲脏话的人也深表厌恶。

新加坡人的国服，是一种以胡姬花作为图案的服装，在国家庆典和其他一些隆重的场合，经常穿着自己的国服；在正式社交场合，男子一般要穿白色长袖衬衫和深色西裤并且打上领带，女子则须穿套装或深色长裙。在日常生活里，不同民族的新加坡人的穿着打扮往往各具其民族特色，华人的日常着装多为长衫、长裤、连衣裙或旗袍；马来人最爱穿"巴汝"、纱笼；锡克人则是男子缠头，女子身披纱丽。在许多公共场所，穿着过分随便者，比如，穿牛仔装、运动装、沙滩装、低胸装、露背装、露脐装的人，往往被禁止入内。

3. 饮食习惯

中餐是新加坡华人的最佳选择，新加坡华人口味上喜欢清淡，偏爱甜味，讲究营养，平日爱吃米饭和各种生猛海鲜，对于面食不太喜欢，粤菜、闽菜和上海菜，都很受他们的欢迎；马来人忌食猪肉、狗肉、自死之物和动物的血，不吃贝壳类动物，不饮酒；印度人则绝对不吃牛肉。在用餐时，不论马来人还是印度人都不用刀叉、筷子，而惯于用右手直接抓取食物，绝对忌用左手取用食物。新加坡人特别是新加坡华人，大都喜欢饮茶，对客人通常喜欢以茶相待。

4. 节庆习俗

新加坡华人过春节相当隆重，也过元宵节、端午节、中秋节等。信奉印度教的人过"屠龙节"。国定节日为食品节，每年4月17日举行，节日来临时食品店准备许多精美食品，国人不分贫富，都要购买各种食品合家团聚、邀亲请友，以示祝贺。

5. 禁忌

新加坡人崇尚清爽卫生，对蓬头垢面、衣冠不整、胡子拉碴的人，大都会侧目而视。在色彩方面，认为黑色、紫色代表着不吉利，不宜过多采用黑色、紫色。对"4"与"7"这两个数字的看法不太好，因为在华语中，"4"的发音与"死"相仿，而"7"则被视为一个消极的数字。

与新加坡人攀谈时，不能口吐脏字，且要多使用谦词、敬语。新加坡人对"恭喜发财"这句祝颂词极其反感，他们认为这句话带有教唆别人去发不义之财、损人利己的意思。在商业活动中，宗教词句和如来佛的图像也被禁用。

在新加坡，人们不准嚼口香糖，过马路时不能闯红灯，"方便"之后必须用水冲洗，在公共场合不准吸烟、吐痰和随地乱扔废弃物品，不然的话就必受处罚，须交纳高额的罚金，搞不好还会吃官司，甚至被鞭打。

五、马来西亚

1. 简介

马来西亚位于东南亚，南与新加坡接壤，北与泰国毗邻，历史上曾属于英国的殖民地。马来西亚人口中马来人占 58%，华人占 31%，还有印度人、巴基斯坦人等。马来西亚基本上是一个穆斯林国家，穆斯林占全国总人口的一半，当然还有不少居民信奉佛教、基督教和印度教。

2. 礼节礼貌

在马来西亚不同民族的人采用不同的见面礼节。华人见面通常采用拱手礼或者鞠躬礼，马来人传统的见面礼节，是所谓"摸手礼"。摸手礼的具体做法是一方将双手首先伸向对方，另一方则伸出自己的双手，轻轻摸一下对方伸过来的双手，随后将自己的双手收回胸前，稍举一下，同时身体前弯呈鞠躬状。与此同时，他们往往还会郑重其事地祝愿对方："真主保佑！"或"一路平安"，被问候者须回以："愿你也一样好。"除男人之间的交往以外，马来人很少相互握手，男女之间尤其不会这么做。

在一般情况下，马来人习惯穿着本民族的传统服装。马来族男子通常上穿"巴汝"，即一种无领、袖子宽大的外衣，他们的下身，则围以一大块布，叫作"纱笼"，他们的头上，还要戴上一顶无檐小帽。马来族女子，则一般要穿无领、长袖的连衣长裙，她们的头上必须围以头巾。在社交场合，马来西亚人可以穿着西装或套裙。在正规的场合里，绝对不允许露出胳膊和腿部来，所以忌穿背心、短裤、短裙。

3. 饮食习惯

马来西亚的穆斯林是绝对不饮酒的，喜欢的饮料有椰子水、红茶、咖啡，等等，不习惯饮用开水。在宴请之中需要干杯时，往往会以茶或者其他软饮料来代替酒。受伊斯兰教规影响，马来西亚人的穆斯林不吃猪肉，不吃自死之物和血液，不使用一切猪制品，不吃狗肉和龟肉。爱吃米饭，喜食牛肉，极爱吃咖喱牛肉饭，并且爱吃具有其民族风味的"沙爹"烤肉串。马来西亚的印度人不吃牛肉，但可以吃羊肉、猪肉和家禽肉。马来人、印度人在用餐前，必定先用清水冲手。在餐桌上，则多备有水盂，以供人们用餐时刷洗手指。

4. 节庆习俗

除国庆节和元旦节外，马来西亚的穆斯林要过两个重要节日，即开斋节和"古尔邦节"。

5. 禁忌

不要触摸被其视为神圣不可侵犯的头部和肩部；不要在其面前跷腿、露出脚底，或用脚去挪动物品，因为他们认为在人体上脚的地位最为低下；不要用一手握拳，去打另一只半握的手，这一动作在马来西亚人来看是十分下流的；与其交谈时，不要将双手贴在臀部上，不然有勃然大怒之疑；不要当众打哈欠，万不得已要打哈欠时，务必要以手遮挡口部，否则便是失敬于人的。忌用漆筷（因漆筷制作过程中使用猪血），忌用左手赠物、进餐。

六、印度

1. 简介

印度是南亚次大陆的大国，与孟加拉国、缅甸、中华人民共和国、不丹、尼泊尔和巴基斯坦等国家接壤，国土面积为 297.47 万平方千米，其人口数量居世界第二位。印度居民大多信奉印度教，其次为伊斯兰教、基督教等。首都新德里，国歌为《人民的意志》，国花为荷花，以印地语为国语，英语为官方语言，货币为卢比。印度各族人民自称"婆罗多"，意为"月亮"。

古印度人创造了光辉灿烂的古代文明，作为最悠久的文明古国之一，印度具有绚丽多彩和丰富的文化遗产和旅游资源。印度也是世界三大宗教之一——佛教的发源地。印度是世界上发展最快的国家之一，但也是个社会财富分配极度不平衡的发展中国家。

2. 礼节礼貌

见面礼节所用较多的是传统的合十礼，其具体做法同其他国家大同小异。此外印度人所用的较有特色的见面礼节有以下三种：一是贴面礼，它流行于印度的东南部地区，具体的做法是与客人相见时，将自己的鼻子与嘴巴紧贴在对方的面颊上，并且用力地吸气，同时还要口念"嗅一嗅我"；二是摸脚礼，它在印度是一种礼遇极高的见面礼，具体的做法是晚辈在拜见长辈时，首先弯腰用右手触摸长辈的脚尖，然后再用它去回摸一下自己的前额，以示用自己的头部接触对方的脚部；三是举手礼，它是合十礼的一种变通。当一手持物，难以双手合十时，则举起右手，指尖向上，掌心内向，向交往对象致敬，同时还须问候对方"您好"。

目前，印度也流行握手礼。但是在一般情况下，印度妇女仍不习惯于同异性握手，用左手与人相握也不许可。在迎接嘉宾之时，印度人往往要向对方敬献用鲜花编织而成的花环，为了表示诚意，主人通常要亲自将其挂在客人的脖子上。

印度人的着装讲究朴素、清洁。在一般场合，印度男子的着装往往是上身穿一件"吉尔达"，即一种宽松的圆领长衫，下身则穿一条"陀地"，即一种以一块白布缠绕在下身、垂至脚面的围裤。在极其正规的活动中，他们则习惯于在"吉尔达"之外，再加上一件外套。印度妇女的最具民族特色的服装是纱丽，它实际上是一大块丝制长巾，披在内衣之外，好似一件长袍。其具体穿法是从腰部一直围到脚跟，使之形成筒裙状，然后将其末端下摆披搭在肩头，自成活褶。印度妇女所穿的纱丽色彩鲜艳，图案优美，非常漂亮。

出门在外时，尤其是在正式场合，印度人大都讲究不露出头顶。印度的妇女，大都习惯在自己的前额上以红色点上一个"吉祥痣"，过去它用于表示妇女已婚，而今则主要用于装扮。

3. 饮食习惯

印度人主食为大米、面食。在做饭的时候，他们喜欢加入各种各样的香料，尤其爱加入辛辣类香料，例如咖喱粉等。印度人在饮食方面最大的特点，就是食素的人特别多，而且社会地位越高的人越忌荤食。大多数印度人都不吸烟，也不喜欢饮酒，不太爱喝汤。用餐的时候，一般不用任何餐具，而习惯于用右手抓食。许多印度人认为白开水是世间最佳的饮料，红茶也是他们的主要饮料。

4. 节庆习俗

印度的节庆较多。国庆节 1 月 26 日，独立节 8 月 15 日（为庆祝印度实现独立），酒红节，也称泼水节，在印历 12 月（公历 2~3 月）举行。十胜节是印度教三大节日之一，于每年 9 月、10 月举行。灯节在印历 9 月（公历 10~11 月）举行，富有浓厚的东方色彩，前后要庆祝三天。众多节日中尤以"屠妊节"为最，它是印度教徒的新年，在印历 8 月见不到月亮后的第十五天举行（大约在公历10 月下旬或 11 月上旬）。

5. 禁忌

印度人忌讳白色，忌讳弯月图案，忌讳送人百合花。黑色亦被视为不祥的颜色。"1"、"3"、"7"三个数字，均被他们视为不吉利。印度人不喜龟、鹤及其图案。在印度，当众吹口哨乃是失礼之举。以左手递、取东西和接触别人，或摸别人的头，也是不允许的。在印度南部的一些地方，人们惯于以摇头或歪头表示同意，点头表示不同意。

七、缅甸

1. 简介

缅甸联邦共和国简称为缅甸，是东南亚国家联盟成员国之一。缅甸西南临安达曼海，西北与印度和孟加拉国为邻，东北靠中国，东南接泰国与老挝。首都为内比都，主要城市有仰光、勃生、曼德勒、密支那等。国庆日是 1 月 4 日，国歌为《世界不灭》，官方语言为缅甸语，货币为缅元。

缅甸是一个历史悠久的文明古国，旧称洪沙瓦底。1044 年形成统一国家后，经历了蒲甘、东吁和贡榜三个封建王朝。1824~1885 年间，英国先后发动了三次侵缅战争并占领了缅甸，1886 年英国将缅甸划为英属印度的一个省。

2. 礼节礼貌

缅甸人采用的见面礼节主要有下述三种：合十礼、鞠躬礼、跪拜礼。缅甸人在走路时遇佛、法、僧、父母、师长及德高望重者，要施合十礼。在缅甸，男女通常不握手，不接触对方的身体。在公共场合，男女若是在举止动作上过于亲密，比如携手而行，相拥相抱，热烈亲吻，都会令人侧目而视。缅甸对待中国人极为亲切、友好，而且往往直接以"胞波"相称。"胞波"一词，在缅语里意即"同母所生的亲戚"，或是"同胞兄弟"。

在极为正式的场合会穿着西式的套装、套裙和皮鞋。在日常生活之中，绝大多数缅甸人都喜欢穿着自己的民族服装。男子的着装通常为上穿对襟无领长袖短外衣，下穿以方格布缝制而成的类似于筒裙的纱笼，并且在正面用结子束好。在他们的头上往往要裹上一块素色的扎头巾，名为"岗包"。妇女的着装则大多是上穿斜襟长袖短衫，内衬白色胸衣，下穿花布长身筒裙，并且在侧面束住，但不用腰带，她们的上衣往往透明或者半透明，出门在外时大多还要披上一条彩色披巾。

3. 饮食习惯

缅甸人以米饭为主食，喜食水产品，喜欢将菜拌入饭中一道吃，爱吃加入椰子汁的椰浆饭，拌有椰丝、虾松、姜黄粉的糯米饭。在用餐之时，通常讲究质精量少，口味偏重于酸、辣、甜，不爱吃太咸的食物，吃饭之时，多爱加辣酱入内。

4. 节庆习俗

泼水节也是缅甸人民的新年，每年公历 4 月中旬举行。点灯节又称光明节，在缅历 7 月 15 日前后三天举行。关天门节在公历 7 月中旬开始，那是雨季的农忙季节，按习惯三个月内不得婚嫁。雨季过后就是开关门节，过了开关门节，婚嫁也就开禁了。

5. 禁忌

拜访缅甸人时，进门前最好首先脱鞋，在参拜佛寺时，尤其要注意脱鞋。与他人一同就座时，缅甸人忌讳坐得高于僧侣，并且不允许露出膝盖或者大腿。有三种人在缅甸是不可轻视的，一是僧侣，任何场合都要对僧侣礼让三分；二是妇女，妇女在缅甸地位较高，她们可以自主婚姻，并且拥有经济收入，故此有人称该国为"亚洲第一女权国"；三是军人，缅甸军人在国家政治生活中拥有极大的权力，对军人失敬，弄不好便会惹火烧身。

【阅读材料】

日本人的姓名

日本人的姓名通常由四个字构成，姓前名后，如"福田武夫"，前两字是姓，后两字是名。由于姓与名的字数不固定，二者不易分开，所以在正式场合，日本人的姓与名宜分隔书写，如"藤田 茂"。日本人通常使用汉字书写姓名，但字音不同于汉音。在日常交流中，日本人往往只称呼姓，不称呼名，如"吉野"，但在正式场合，宜称全其姓名。

新加坡国名的由来

"新加坡"一词来自梵文，旧译"信诃补罗"，"新加"在梵文中为"狮子"之意，"坡"在梵文中为"城"之意，故新加坡即为狮子城。由于新加坡面积很小，华侨又称其为星洲、星岛，意为国土小如星斗。新加坡是世界第二大海港，世界壮观的"花园城市"。

与日本人商务往来须知

日本商人在与对方接触洽谈之前，习惯先建立友好往来关系，他们往往通过最初几次的会晤来揣摩对手。日本商人早期和人见面时，一般不谈工作，而只是自我介绍，彼此引见，互换名片等，等喝过几道茶之后才会言归正传，而此时他已通过"品茶""品你"了，例如，对方的地位、重要性、与团队成员的工作关系都是他们"品"的内容。

日本人第一次洽谈时喜欢互赠礼品、礼物，客户可以在还礼时回赠本公司的特殊产品，但不必借机炫耀产品的商标。礼品的数量可以是三、五、七件，绝不要选四件。在接受日本商人的礼物时，一定要再三推谢之后才可收下，而再次相遇时，一定要重提和夸赞他送的礼物。根据日本人的习俗，送礼时间最好是在年末或七月初的中元节。

日本商人很注意礼仪的运用，与其交往时应当举止从容、态度谦恭。与日本商人洽谈时要低姿态，施压对他们是不起作用的。向日本商人递名片时，不能倒拿，要让字正对着他递过去，名片最好印有日文。

日本商人喜欢把谈判安排在晚上进行，而且持续到凌晨，他们认为"晚上最能了解人的灵魂"。日本商人谈判往往兴师动众，与欧美商人单车独马的风格不同。谈判中要注意其三种表现：第一报以微笑，这只表示"我们还是朋友，别无他意"。所以日本商人虽然客气，但并不容易接近。第二他们往往以长时间的沉默不语来思考，并借此考验对手的耐心和态度，这种沉默不是拒绝也不是默认，而只是一种赢得时间和观察对手的策略。第三日本商人的"嗨"只表示"听见了"、"知道了"，并不是表达"是"、"对"的意思，只能理解为一种礼貌的应和。

日本的"交杯礼"

日本人宴请友人时桌上总要摆一碗清水，并在宾客面前摆上一块白纱布。主人先将自己的杯子在清水中涮一涮，杯口朝下在白纱布上将水珠控净，然后斟酒并双手敬于宾客，目视着宾客干杯。接着宾客也以同样的方式向主人敬酒，如此交杯尽兴以表示宾主亲密无间，称为"交杯礼"。

韩国的食"礼"

韩国人平时使用的一律是不锈钢制的平尖头儿的筷子。中国人、日本人都有端起饭碗吃饭的习惯，但是韩国人视这种行为为失礼，而且也不能用嘴接触饭碗。他们认为圆底儿带盖儿的碗"坐"在桌子上，没有供手握的把，再加上米饭传导给碗的热量，不碰它是合情合理的，至于碗盖，可以取下来随意放在桌上。既然不端碗，左手就一定要老实地藏在桌子下面，不可在桌子上"露一手儿"，右手一定要先拿起勺子盛上一口汤喝完，再用勺子吃一口米饭，然后再喝一口汤、再吃一口饭后，便可以随意地吃任何东西了。勺子在韩国人的饮食生活中比筷子更重要，它负责盛汤、捞汤里的菜及盛饭，不用时要架在饭碗或其他食器上。而筷子呢？它只负责夹菜，即使汤碗中的豆芽儿用勺子怎么也捞不上来，也不能用筷子。筷子在不夹菜时，传统的韩国式做法是放在右手方向的桌子上，两根筷子要拢齐，2/3在桌上，1/3在桌外，以方便再次使用。

综合能力训练

一、任务实训

1. 实训步骤

（1）由教师讲解我国在亚洲的主要客源国的宗教信仰、饮食习惯、礼貌礼节和禁忌等基本知识。

（2）学生以实训小组为单位，进行情景模拟训练。

（3）同学们可以互相监督并指出不足。

（4）教师根据每个同学的实训情况进行点评。

2. 实训方法

（1）针对亚洲入境游团队客人，拟写接待方案，由教师指导。

（2）角色模拟训练：尽量覆盖学习过的亚洲客源国和地区的客人，对其礼仪、禁忌进行列表分析，注意在训练中掌握相关知识。

（3）分小组进行模拟训练，最后选出成绩突出的小组，课堂展示交流成果，教师最后点评。

3. 实训准备

（1）一间三面装有镜子的礼仪实训教室，准备椅子、凳子若干张。

（2）书籍、多媒体播放器、音乐 CD 等。

4. 实训时间

实训时间为 120 分钟，其中示范讲解 20 分钟，学生操作 90 分钟，考核测试 10 分钟。

5. 考核评价

（1）评分要求。按百分制记分，学生操作时，指导教师观察学生的操作方法，按照考核要求给学生实训打分。

（2）实训考核表。实训考核表如表 6-1-1 所示。

表 6-1-1 亚洲客源国礼仪考核表

考评人		被考评人	
考评地点			
考评内容		亚洲客源国礼仪考核	
考评标准	内容	分值（分）	评分（分）
	符合礼仪规范	20	
	团队协作	20	
	知识掌握	20	
	表演准确	20	
	整体效果	20	
合计		100	

注：实训考核分为 100 分，60~69 分为及格；70~79 分为中；80~89 分为良；90 分以上为优秀。

二、思考练习

1. 选择题

（1）日本人初次见面，一般问候礼的鞠躬是（　　　）。

A. 15°   B. 30°   C. 45°   D. 90°

（2）日本人信奉（　　）。

A. 太阳神   B. 基督教   C. 佛教   D. 伊斯兰教

（3）韩国人送礼品时，要用（　　）礼袋来装。

A. 白色   B. 红色   C. 蓝色   D. 黄色

（4）新加坡忌讳的数字是4和（　　）。

A. 6   B. 7   C. 8   D. 9

（5）印度盛行的见面礼的最高待遇是（　　）。

A. 握手   B. 合十礼   C. 吻手   D. 吻脚

（6）有花园城市之称的是（　　）。

A. 美国   B. 英国   C. 马来西亚   D. 新加坡

（7）泰国见面时行（　　）。

A. 合十礼   B. 亲吻礼   C. 握手礼   D. 拥抱礼

（8）有"白象国"之称的是（　　）。

A. 日本   B. 韩国   C. 新加坡   D. 泰国

（9）（　　）是"狮子城"的意思，像纽约一样，也是世界各民族的大熔炉，由28个民族组成，其中华人占3/4强。

A. 中国香港   B. 韩国   C. 新加坡   D. 泰国

（10）印度尼西亚人递拿物品或敬茶均用（　　）。

A. 右手   B. 左手   C. 双手   D. 没有特殊要求

2. 简答题

（1）分别简述日本、韩国、新加坡、马来西亚、泰国人民的宗教信仰、饮食习惯、礼貌礼节和禁忌。

（2）分析接待韩国、日本宾客时注意事项的不同。

3. 案例分析

案例 1

礼多人也怪

国内某家旅行社有一次接待日本旅行团。在旅行结束之时，他们准备送每人一件小礼品。考虑到中国丝织品闻名于世，于是该旅行社订购了一批景德镇瓷器，在精致的木质盒子里放着四个水杯，每个杯子上分别印着各种荷花图案，十分美观大方，旅行社想这样的礼品会受到客人的喜欢。

旅游接待人员带着盒装的水杯，来到机场送行，为每一位游客送上包装甚好的礼品。出乎意料的是，看到礼物的日本游客一片哗然，议论纷纷，显出很不高兴的样子，他们有的人还表现得极为气愤。送行的旅游接待人员感到非常诧异，一向彬彬有礼的日本客人怎么会有这么激烈的反应？好心好意送人家礼物，不但得不到感谢，还出现这般景象。

请思考：

你知道日本游客为什么不高兴吗？通过这个案例你得到了什么启示？

案例 2

更换牛皮沙发的原因

在一次印度官方代表团前来我国某城市进行友好访问时，为了表示我方的诚意，有关方面做了积极准备，就连印度代表下榻的饭店里也专门换上了宽大、舒适的牛皮沙发。可是，在我方的外事官员事先进行例行检查时，这些崭新的牛皮沙发却被责令立即撤换掉。

请思考：

我方外事官员的做法对吗？为什么？

案例 3

入乡未随俗

王经理到日本出差，一下飞机，顾不上换衣服就赶到合作商稻本家做客。稻本留下王经理共进晚餐。稻本劝酒，王经理以有事为由拒绝，后来实在碍不过稻本的热情，勉强答应喝一杯。一杯酒后，王经理径自把酒杯扣下，表示不能再喝了。

席间，王经理拿出"中华"牌香烟敬稻本，见稻本推辞，便自己点着了。席后，稻本请王经理喝茶，想让他体会一下日本茶道的"和、敬、清、寂"。王经理说有事要走，便起身告辞。王经理走后，稻本心中很不痛快。

请思考：

王经理在做客期间，有哪些地方不太符合日本人的礼俗习惯？

案例 4

礼节的错用

美国总统约翰逊 20 世纪 60 年代曾访问泰国，在受到泰国国王接见时，跷起二郎腿，脚尖向着泰王，而这种姿势，在泰国是被视为具有侮辱性的；更糟糕的是在告别时，约翰逊竟然用美国得克萨斯的礼节紧紧拥抱了泰国王后。在泰国，除了国王外，任何人均不得触及王后。……约翰逊的此次出访产生了不少遗憾。

请思考：

约翰逊造成遗憾的原因是什么？阅读本案例后你有何感想？

任务2 欧洲国家礼仪习俗

【任务目标】

通过本任务的学习，使学生了解欧洲主要客源国的习俗礼仪、生活习惯及禁忌，掌握欧洲各主要客源国的礼仪习俗规范，培养学生在旅游接待工作中正确应用规范礼仪的能力。

【案例导入】

国内某家专门接待外国游客的旅行社，有一次准备在接待来华的意大利游客时送每人一件小礼品。于是该旅行社订购制作了一批纯丝手帕，是杭州制作的，还是名厂名产，每个手帕上绣着花草图案，十分美观大方，手帕装在特制的纸盒内，盒上又有旅行社社徽，显得是很像样的小礼品。中国丝织品闻名于世，料想会受到客人的喜欢。

旅游接待人员带着盒装的纯丝手帕，到机场迎接来自意大利的游客，在车上他代表旅行社赠送给每位游客两盒包装甚好的手帕作为礼品。

没想到车上一片哗然，议论纷纷，游客显出很不高兴的样子，特别是一位夫人，大声叫喊，表现极为气愤，还有些伤感。旅游接待人员心慌了，好心好意送人家礼物，不但得不到感谢，还出现这般景象。

问题：中国人总以为礼多人不怪，这些外国人为什么怪起来了呢？

（在意大利和西方一些国家有这样的习俗：亲朋好友相聚一段时间告别时才送手帕，取意为"擦掉惜别的眼泪"。在本案例中，意大利游客兴冲冲地刚刚踏上盼望已久的中国大地，准备开始愉快的旅行，你就让人家"擦掉离别的眼泪"，人家当然不高兴，当然要议论纷纷了）。

【任务分析】

旅游接待与交际场合，要了解并尊重外国人的风俗习惯，这样做既对他们表示尊重，也不失礼节，只有了解客源国的礼仪习俗，才能做好接待工作。

【知识讲解】

欧洲国家众多，民族众多，人口相当密集。欧洲有着优美的自然风光，也有相当发达的经济，各国人民的生活水平较高，欧洲的礼仪习俗有较多的现代文明的内涵，封建色彩相对淡薄。习惯上，人们把欧洲细分为东、西、南、北、中五个区域，其中北欧主要有瑞典、芬兰、丹麦、挪威等国家；西欧主要有英国、荷兰、法国、比利时等国家；中欧主要有德国、奥地利、瑞士等国家；南欧主要有意大利、西班牙等国家。

欧洲的宗教构成比较单一，以广义的基督教的三大教派为主，包括罗马天主教（又称罗马公教）、东正教（又称正教）和基督教新教（又称耶稣教或基督教），欧洲各国人民的生活习惯、礼仪禁忌和宗教习俗相对比较一致，但又有各国的特色。

一、英国

1. 简介

英国位于欧洲西部，面积 24.4 万平方千米，是世界上工业革命开展得最早的国家。它的旅游业相当发达，是我国主要的客源国之一。在英国，85%的居民是英格兰人，其余为苏格兰人、威尔士人、爱尔兰人等。大多数居民信奉基督教，只有部分北爱尔兰地区居民信奉天主教。首都为伦敦，国歌为《神佑女王》，国花为蔷薇花，国语为英语，货币为英镑。

2. 礼节礼貌

英国人十分重视个人的教养，极其强调所谓的"绅士风度"。主要表现在对妇女的尊重与照顾、仪表整洁、服饰得体和举止有方等方面。握手礼是英国人使用最多的见面礼节。"请"、"谢谢"、"对不起"、"你好"、"再见"一类的礼貌用语，他们是天天不离口的。在交谈时，对英国人要避免说"英格兰人"（English），而要说"不列颠人"（British），因为他可能是苏格兰人或爱尔兰人。英国人，特别是那些上年纪的英国人，喜欢别人称呼其世袭的爵位或荣誉的头衔，至少也要郑重其事地称之为"阁下"或是"先生"、"小姐"、"夫人"。

在正式场合，英国人穿着十分庄重而保守。男士要穿三件套的深色西装，女士则要穿深色的套裙，或者素雅的连衣裙。庄重、肃穆的黑色服装往往是英国人优先的选择。英国男子讲究天天刮脸，留胡须者往往令人反感。

3. 饮食习惯

英国人的饮食具有"轻食重饮"的特点。"轻食"，主要是因为英国人在菜肴上没有特色，日常的饮食基本上没有变化，除了面包、火腿、牛肉之外，英国人平时常吃的基本上是土豆、炸鱼和煮菜；"重饮"，即讲究饮料。英国名气最大的饮料当推红茶与威士忌。绝大多数英国人嗜茶如命，所喝的茶是红茶，在饮茶时他们首先要在茶杯里倒入一些牛奶，然后才能依次冲茶、加糖。早上醒来先要赖在床上喝上一杯"被窝茶"，在上班期间，还要专门挤出时间去休"茶休"，即去喝"下午茶"。在英国，喝"下午茶"既是午餐与晚餐之间的一顿小吃，而且也是"以茶会友"的一种社交方式。英国苏格兰生产的威士忌，曾与法国的干邑白兰地、中国的茅台酒并列为世界三大名酒。

4. 节庆习俗

英国除了宗教节日外还有不少全国性和地方性的节日。在全国性的节日中，国庆和除夕（12月31日）之夜是最热闹的。英国国庆按历史惯例定在英王生日那一天，除夕之夜全家团聚、举杯畅饮，欢快地唱"辞岁歌"。除夕之夜必须瓶中有酒，盘中有肉，象征来年富裕有余，丈夫在除夕还要赠给妻子一笔钱，作为新的一年缝制衣物的针线钱，以表示在新的一年里能得到家庭温暖，在苏格兰，人们还会提一块煤炭去拜年，把煤块放在亲友家的炉子里，并说一些吉利话。

5. 禁忌

英国人十分忌讳被视为死亡象征的百合花和菊花，不喜欢大象、孔雀与猫头鹰，厌恶黑色的猫。他们忌用大象、孔雀、猫头鹰等图案，还忌用人像作商品装潢。遇上碰洒了食盐或是打碎了玻璃一类的事情，都是认为很倒霉的事儿。反感的色彩主要是墨绿色。在握手、干杯或摆放餐具时忌讳无意之中出现了类似十字架的图案。忌讳的数字是"13"与"星期五"，当二者恰巧碰在一起时，不少英国人都会产生大难临头之感，英国人还忌讳"3"这个数字，特别忌讳用打火机和火柴为他们点第三支烟。在英国，动手拍打别人，跷起"二郎腿"，右手拇指与食指构成"V"形时手背向外，都是失礼的动作。饮食禁忌主要是不吃狗肉，不吃过辣或带有黏汁的菜肴。

二、法国

1. 简介

法国位于欧洲大陆西部，三面临海，国土面积 55.16 万平方千米，90%的居民是法兰西人，还有布列塔尼人、巴斯克人等。法国在日耳曼语中为"自由的"。法国是世界闻名的"奶酪之国"，首都巴黎享有世界"花都"之美誉，因此旅游资源十分丰富，目前是世界上最大的旅游目的地之一。法国居民大多数信奉天主教，少部分信奉基督教和伊斯兰教。国歌为《马赛曲》，国花为鸢尾花，国语为法语，货币为欧元。

2. 礼节礼貌

法国人性格比较乐观、热情，谈问题开门见山，爱滔滔不绝地讲话，说话时喜欢用手势加强语气。法国人所采用的见面礼节，主要有握手礼、拥抱礼和吻面礼，其中吻面礼使用得最多、最广泛。法国人与交往对象行吻面礼，意在表示亲切友好，为了体现这一点，在行礼的具体过程里，他们往往要同交往对象彼此在对方的双颊上交替互吻三四次，而且还讲究亲吻时一定要连连发出声响。常用的敬称主要有三种，一是对一般人称第二人称复数，其含义为"您"；二是对官员、贵族、有身份者称"阁下"、"殿下"或"陛下"；三是对陌生人称"先生"、"小姐"或"夫人"，而"老人家"、"老先生"、"老太太"，都是法国人忌讳的称呼。

在正式场合，法国人通常要穿西装、套裙或连衣裙。法国人所穿的西装或套裙多为蓝色、灰色或黑色，质地则多为纯毛。在他们看来，棕色、化纤面料的这类服装，是难登大雅之堂的。对于穿着打扮，法国人认为重在搭配是否得法。在选择发型、手袋、帽子、鞋子、手表、眼镜时，法国人都十分强调要使之与自己着装相协调。妇女在参加社交活动时，一定要化妆，并且要佩戴首饰，而且佩戴的首饰一定要选"真材实料"。男士对自己仪表的修饰相当看重，他们中的许多人经常出入美容院，在正式场合亮相时，剃须修面，头发"一丝不苟"，身上略喷一些香水。

3. 饮食习惯

在西餐之中，法国菜可以说是最讲究的。平时法国人爱吃面食，在法国面包的种类之多，令人难以计数。在肉食方面他们爱吃牛肉、猪肉、鸡肉、鱼子酱、蜗牛、鹅肝，不吃肥肉、宠物、肝脏之外的动物内脏、无鳞鱼和带刺带骨的鱼。口味喜欢肥浓，偏爱鲜嫩，选料要新鲜，而且烹饪也大多半生不熟，有不少菜，他们甚至还直接生食。法国人特别善饮，他们几乎餐餐必喝酒，而且讲究在餐桌上要以不同品种的酒水搭配不同的菜肴，喝酒时各自选用，无劝酒的习惯，但是对于鸡尾酒，法国人大都不太欣赏。

4. 节庆习俗

法国节日以宗教节日为主，每天都是纪念某一圣徒之日。1月1日是元旦，这一天也是亲友聚会的日子，家中酒瓶里不能有隔年酒，否则被认为不吉利，元旦的天气还被认作新年光景的预兆。春分所在月份月圆后第一个星期天为复活节。复活节后40天为耶稣升天节，复活节后50天为圣灵降临节。4月1日为愚人节，这一天人人都可骗人。11月1日为万灵节，祭奠先人及为国捐躯者。12月25日为圣诞节，是法国最重大的节日。重要的世俗节日有7月14日为国庆节，全国放假一天，首都将举行阅兵式；5月30日是民族英雄贞德就义纪念日；11月1日是第一次世界大战停战日；5月8日是反法西斯战争胜利日；3月中旬第一个星期天是体育节，人们都自愿地为心脏健康而跑步。

5. 禁忌

法国人不喜欢菊花、牡丹、玫瑰、杜鹃、水仙、金盏花和纸花，这些花一般不宜随意送给法国人。仙鹤被视为淫妇的化身，孔雀被看作是祸鸟，大象象征着笨汉，它们都是法国人反感的动物。对核桃十分厌恶，认定它代表着不吉利，以之招待法国人，将会令其极其不满。对黑桃图案，他们也深为厌恶。他们所忌讳的色彩，主要是黄色与墨绿色。法国人所忌讳的数字，是"13"与"星期五"，在一般情况下，法国人绝对不喜欢13日外出，不会住13号房、坐13号座位，或是13个人同桌进餐。初次见面就向人送礼，往往会令对方产生疑虑，在接受礼品时若不当着送礼者的面打开其包装，则是一种无礼的、粗鲁的行为。

三、德国

1. 简介

德国位于欧洲中部，面积为35.7万平方千米，居民大多是德意志人，另外有少数丹麦人、吉普赛人、犹太人等。德国有"啤酒之国"的美誉。居民中基督教徒约占一半，另有46%的人信奉天主教。首都为柏林，国歌为《德意志之歌》，国花为矢车菊，国语为德语，货币为欧元。

德国的资本主义经济高度发达，旅游业十分红火，公民出国旅游十分普遍，是我国主要客源国之一。

2. 礼节礼貌

在人际交往中，准时赴约被看得很重。在社交场合，德国人通常都采用握手礼作为见面礼节，与德国人握手时，有必要特别注意下述两点：一是握手时务必要坦然地注视对方；二是握手的时间宜稍长一些，晃动的次数宜稍多一些，握手时所用的力量宜稍大一些。此外，与亲朋好友见面时，往往会施拥抱礼。亲吻礼多用于夫妻、情侣之间。有些上了年纪的人，与人相逢时，往往习惯于脱帽致意。对德国人称呼不当，通常会令对方大为不快，在一般情况下，切勿直呼德国人的名，称其全称，或仅称其姓，则大都可行，德国人看重职衔、学衔、军衔，对于有此类头衔者，称呼时一定不要忘记使用其头衔。

与德国人交谈时，切勿疏忽对"您"与"你"这两种人称代词的使用。对于初次见面的成年人以及老年人，务必要称之为"您"；对于熟人、朋友、同龄者，方可以"你"相称。在德国，称"您"表示尊重，称"你"则表示地位平等、关系密切。

德国人在穿着打扮上的总体风格是庄重、朴素、整洁。在一般情况之下，男士大多爱穿西装、夹克，并且喜欢戴呢帽，妇女们则大都爱穿翻领长衫和色彩、图案淡雅的长裙。在日常生活里，德国妇女的化妆以淡妆为主，对于浓妆艳抹者，德国人往往是看不起的。在正式场合露面时，必须要穿戴得整整齐齐，衣着一般多为深色，在商务交往中，他们讲究男士穿三件套西装，女士穿裙式服装。

德国人对发型较为重视。在德国，男士不宜剃光头，免得被人当作"新纳粹"分子，德国少女的发式多为短发或披肩发，烫发的妇女大半都是已婚者。

3. 饮食习惯

德国人的餐桌上主角是肉食，德国人最爱吃猪肉，其次是牛肉，爱吃以猪肉制成的各种香肠。大都不太爱吃羊肉，除肝脏之外，其他动物内脏也不为其接受。除北部地区的少数居民之外，德国人大都不爱吃鱼、虾。这是德国的一种独特的民俗，其原因恐怕主要是担心被鱼刺扎伤。德国人一般胃口较大，喜食油腻之物，所以胖人极多。在口味方面，爱吃冷菜和偏甜、偏酸的菜肴，不爱吃辣和过咸的菜肴。在饮料方面，最爱喝啤酒，而且普遍海量，对咖啡、红茶、矿泉水，也很喜欢。

4. 节庆习俗

除传统的宗教节日外，德国人是世界上最爱喝啤酒的，所以有举世闻名的"慕尼黑啤酒节"，每年9月最后一周到10月第一周，连续要过半月，热闹非凡。狂欢节（每年11月11日11时11分）开始，要持续10天，到来年复活节前40天才算过完。过完复活节前一周的星期四是妇女节，妇女们这一天不但可以坐市长的椅子，还可以拿着剪刀在大街上公然剪下男子的领带。元旦，也是德国人的重大节日，除夕之夜，男子按传统习俗聚在屋里，喝酒打牌，将近零点时，大家纷纷跳到桌子上和椅子上，钟声一响，就意味着"跳迎"新年，接着就扔棍子，表示辞岁。

5. 禁忌

德国人忌用玫瑰或蔷薇送人，前者表示求爱，后者则专用于悼亡，送女士一枝花，一般也不合适。德国人对黑色、灰色比较喜欢，对于红色以及渗有红色或红、黑相间之色，则不感兴趣。对于"13"与"星期五"，德国人极度厌恶。四个人交叉握手，或在交际场合进行交叉谈话，被他们看作是不礼貌的。在德国跟别人打招呼时，切勿身体立正，右手向上方伸直，掌心向外，这一姿势过去是纳粹的行礼方式，德国人对纳粹党党徽的图案十分忌讳。向德国人赠送礼品时不宜选择刀、剑、剪、餐刀和餐叉，以褐色、白色、黑色的包装纸和彩带包装、捆扎礼品也是不允许的。在公共场合窃窃私语是十分失礼的。

四、意大利

1. 简介

意大利位于欧洲南部，面积 30.1 万平方千米，主要是意大利人、法兰西人、拉丁人、罗马人等。90%以上居民信奉天主教（意大利的国教）。首都罗马，国歌为《马梅利之歌》，国花为雏菊、玫瑰、紫罗兰（民间公认），国语为意大利语，货币为里拉、欧元。

2. 礼节礼貌

意大利人与他人初次见面时，礼数周全，极其客气。在一般情况下他们大都会以握手礼作为见面礼节，并且会向对方问好，在熟人之间，举手礼、拥抱礼、亲吻礼也比较常用。在社交场合，可称其姓氏，或将其与"先生"、"小姐"、"夫人"连称；对于关系密切者，方可直呼其名；为了向交往对象表示恭敬之意，意大利人往往会对对方以"您"相称。我国国内常用的下列称呼在意大利不宜使用：一是"爱人"，在意大利其含义为"情人"，即"第三者"；二是"老人家"，意大利人忌"老"，这一称呼在他们听来具有明显的贬义；三是"小鬼"，在中国将小孩称为"小鬼"是一种爱称，但在意大利人看来，其含义是"小妖怪"，对孩子既不尊重，而且又带有诅咒之意。

在人际交往中他们对别人的地位、等级十分重视，对于来自家学渊源、历史悠久的家族人士，他们往往会刮目相看。意大利人的时间观念极为奇特，与别人进行约会时，许多意大利人都会晚到几分钟。在穿着打扮上，意大利人衣着极为考究，非常时髦，讲究个性。在日常生活里较少穿着其传统的民族服装，平时男士爱穿背心，戴鸭舌帽；妇女则爱穿长裙，有时则爱戴头巾。

3. 饮食习惯

意大利人爱吃炒米饭、通心粉。通心粉又叫意大利面条，或者根据其音译可叫作"帕斯塔"，它是意大利人平时最爱吃的一种面食。吃它的时候不可以用餐刀切成小段，或以汤匙取用。正确的做法是将它缠在餐叉上，然后送入口中，必要时可以匙帮忙，但吃时不得出声。口味上接近法式菜肴，注重浓、香、烂，偏爱酸、甜、辣。烹饪方法上，多采用焖、烩、煎、炸，不喜欢烧、烤。肉食与蔬菜、水果，是意大利人都非常喜欢的食品，意大利人大都嗜酒。

4. 节庆习俗

意大利的节日比较多，全国性节日有 19 个。1 月 1 日是元旦，新年钟声敲响后，他们纷纷将家中旧物抛出窗外，以辞旧迎新。3 月 21 日至 4 月 25 日春分月圆后第一个星期天为复活节，人们纷纷结伴去郊游、踏青、聚餐。复活节前 40 天为斋戒期，之前数天为狂欢节，一般在 2 月中旬，此时期有化装游行及盛大游艺活动。复活节后 40 天为圣灵降临节，这一天会举行各种纪念活动。12 月 25 日为圣诞节，罗马教皇发表演说是这天最重要的节目，同时会有隆重的宗教仪式，表达意大利教徒虔诚的宗教热情，民间节庆活动也十分热闹。

5. 禁忌

在意大利玫瑰一般用以示爱，菊花则专门用于丧葬之事，因此这两种花不可以用来送人。送给意大利女士的鲜花，通常以单数为宜，较为忌讳紫色、仕女图案、十字花图案等。与其他欧美国家的人基本相似，意大利人最忌讳的数字与日期分别是"13"与"星期五"。除此之外，他们对于"3"这一数字也不太有好感。切勿将手帕、丝织品和亚麻织品送给意大利人，意大利人认为手帕主要是擦眼泪的，象征情人离别，属于令人悲伤之物不宜送人。

五、俄罗斯

1. 简介

俄罗斯是世界上面积最大的国家，地跨欧、亚两个大洲，面积 1707.5 万平方千米，人口 1.43 亿人，其中俄罗斯人占 80%，其他还有乌克兰人、白俄罗斯人等。东正教是其国内的主要宗教，首都为莫斯科，国歌为《俄罗斯，我们神圣的祖国》，国花为向日葵，国语为俄语，货币为卢布。

2. 礼节礼貌

俄罗斯人习惯和初次会面的人行握手礼，对于熟悉的人尤其是在久别重逢时，他们则大多要与对方热情拥抱，有时还会与对方互吻双颊。在迎接贵宾之时，通常会向对方献上"面包和盐"，这是给予对方的一种极高的礼遇，来宾必须对其欣然笑纳。与他人相见时，他们通常都会主动问候"早安"、"午安"、"晚安"或者"日安"。在称呼方面，过去习惯以"同志"称呼他人，现在除与老年人打交道之外，已不再流行，目前在正式场合，他们也采用"先生"、"小姐"、"夫人"之类的称呼。在俄罗斯，人们非常看重人的社会地位，因此对有职务、学衔、军衔的人，最好以其职务、学衔、军衔相称。

俄罗斯人的传统服装为男人上穿粗麻布长袖斜襟衬衣，腰系软腰带，下穿瘦腿裤，外面常穿呢子外套，并且头戴毡帽，脚穿皮靴。女人则爱穿粗麻质地的带有刺绣和垫肩的长袖衬衫，并配以方格裙子。在俄罗斯民间，已婚妇女必须戴头巾，并以白色的为主；未婚姑娘则不戴头巾，但常戴帽子。前去拜访俄罗斯人时，进门之后务请立即自觉地脱下外套、手套和帽子，并且摘下墨镜。前往公共场所时，则还须在进门后自觉将外套、帽子、围巾等衣物存放在专用的衣帽间里。

3. 饮食习惯

在饮食习惯上，俄罗斯人讲究量大实惠，油大味厚。他们喜欢酸、辣味，偏爱炸、煎、烤、炒的食物，尤其爱吃冷菜。食物在制作上较为粗糙，一般以面食为主，他们很爱吃用黑麦烤制的黑面包，大名远扬的特色食品还有鱼子酱、酸黄瓜、酸牛奶，等等。吃水果时，他们多不削皮。在饮料方面，俄罗斯人很能喝冷饮，大都很能喝烈性酒。具有该国特色的烈酒伏特加是他们最爱喝的酒，还喜欢喝一种叫"格瓦斯"的饮料。通常不吃海参、海蜇、乌贼和木耳，还有人不吃鸡蛋和虾。此外鞑靼人不吃猪肉、驴肉、骡肉，犹太人也不吃猪肉，并且不吃无鳞鱼。用餐之时俄罗斯人多用刀叉，他们忌讳用餐发出声响，并且不能用匙直接饮茶，或让其直立于杯中，通常吃饭时只用盘子而不用碗。

4. 节庆习俗

俄罗斯人除根据信仰过宗教节日，如俄罗斯人的圣诞节、洗礼节、谢肉节(送冬节)、清明节、旧历年等外，还把圣诞节的传统习俗与过新年结合起来。如圣诞老人叫冬老人代表旧岁，雪姑娘代表新年，冬老人和雪姑娘是迎新晚会的贵客，并负责分发礼物。大多数俄罗斯人喜欢在家过年，男人们通宵饮伏特加，当电视广播里传出克里姆林宫的钟响过 12 下后，男女老少互祝新年快乐，女主人则往往按照俄罗斯人的习惯，要大家说一个新年的心愿。

5. 禁忌

拜访俄罗斯人时，赠以鲜花最佳，但送给女士的鲜花宜为单数。俄罗斯人讨厌黑色，因为它仅能用于丧葬活动。在数目方面，俄罗斯人最偏爱"7"，认为它是成功、美满的预兆，对于"13"与"星期五"，他们则十分忌讳。对兔子的印象大都极坏，十分厌恶黑猫。在俄罗斯，打碎镜子和打翻盐罐，都被认为是极为不吉利的预兆。俄罗斯人主张"左主凶，右主吉"，因此他们也不允许以左手接触别人，或以之递送物品。在俄罗斯，蹲在地上，卷起裤腿，撩起裙子，都是严重的失礼行为。俄罗斯人讲究"女士优先"，在公共场所里男士们往往自觉地充当"护花使者"，不尊重妇女，到处都会遭到白眼。

【阅读材料】

英语国家中的称呼

在英语国家中，称呼可分为三种情况：一是教会中的称呼，对年龄较长或地位较高者称先生（Sir）或夫人（Madam），不带姓，这是很正式并带有疏远和敬意的称呼，一般情况下称 Mr.、Mrs.、Ms.和 Miss 加对方的姓，即称男子为某某先生，女子为某某太太或小姐，这也是较正式的称呼；二是较随便的称呼，在熟人之间往往直呼其名，如约翰、玛丽等，不必称先生、小姐，在青少年当中往往初次接触就会主动把自己的名字告诉对方，让人家以名字称呼，这样显得亲近些；三是更亲密的称呼，即爱称或昵称，父母对子女、兄弟姐妹之间以及同学挚友之间，往往把对方名字的词尾改变，以表爱意，如 Johnn 变为 Jack、James 变为 Jimme、Thomas 变为 Tom 等。相对而言，美国人之间的称呼更随意，英国人之间更严肃，昵称在美国比英国更流行。

德国的烟囱清洁工

德国人多对烟囱清洁工有一种特殊的心理。他们认为谁要是在路上遇到烟囱清洁工，就会一整天顺利，如果烟囱清洁工与某人擦肩而过并在他身上摸一下，他一天就会交好运。这种心理大概是因为过去常发生火灾，但有烟囱清洁工光临就可以避免所致。烟囱清洁工在德国已成为给大家带来幸福的人。

意大利人的手语

手语是人类交际必不可少的手段，据专家统计，在人类语言交际中，作为"无声语言"的手语所占的比重约为 21%。在意大利则高达 27%，它是世界上使用手语最多的国家。凡是到过意大利游览的人，在公共汽车和游览车的驾驶员座位旁可能都看见过这样的告示："请您不要与驾驶员攀谈，因为驾驶员需要用手驾驶。"

这看来是废话，驾驶员不用手驾驶，难道还用别的什么开车？其实，这是意大利人中肯的劝告。为什么意大利人特别喜欢用手来表达意思呢？原来意大利处于地中海地区的枢纽地带，是文明古国，几千年来来自地中海沿岸各地的说着几十种不同语言的客商、官员和游客络绎不绝，为了能同他们谈生意，办交涉，只好通过手语来弥补语言的不足。久而久之，就形成了"说话打手势"的习惯。

综合能力训练

一、任务实训

1. 实训步骤

（1）由教师讲解我国在欧洲的主要客源国的宗教信仰、饮食习惯、礼貌礼节和禁忌等基本知识。

（2）学生以实训小组为单位，进行情景模拟训练。

（3）同学们可以互相监督并指出不足。

（4）最后由教师根据每个同学的实训情况进行点评。

2. 实训方法

（1）针对欧洲入境游团队客人，拟写接待方案，由教师指导。

（2）角色模拟训练：尽量覆盖学习过的欧洲客源地的客人，对其礼仪、禁忌进行列表分析，注意在训练中掌握相关知识。

（3）分小组进行模拟训练，最后选出成绩突出的小组，课堂展示交流成果，教师最后点评。

3. 实训准备

（1）一间三面装有镜子的礼仪实训教室，准备椅子、凳子若干张。

（2）书籍、多媒体播放器、音乐 CD 等。

4. 实训时间

实训时间为 120 分钟，其中示范讲解 20 分钟，学生操作 90 分钟，考核测试 10 分钟。

5. 考核评价

（1）评分要求。按百分制记分，学生操作时，指导教师观察学生的操作方法，按照考核要求给学生实训打分。

（2）实训考核表。实训考核表如表 6-1-2 所示。

表 6-1-2 欧洲主要客源国礼仪考核表

考评人		被考评人	
考评地点			
考评内容	欧洲主要客源国礼仪考核		
考评标准	内容	分值（分）	评分（分）
	符合礼仪规范	20	
	团队协作	20	
	知识掌握	20	
	表演准确	20	
	整体效果	20	
合计		100	

注：实训考核分为 100 分，60~69 分为及格；70~79 分为中；80~89 分为良；90 分以上为优秀。

二、思考练习

1. 选择题

（1）英国人的等级观念很强烈，所以他们喜欢别人称呼其（　　）。

A. 职业　　　　　　B. 头衔　　　　　C. 姓氏　　　　　D. 职务

（2）在德国与德国客户一起吃饭，如果事先没声明谁做东，那么结算时
（　　）。

A. 各付各的　　　　B. 谁有钱谁付　　C. 客随主便　　　D. 主随客便

（3）在欧洲没有强烈的时间观念的是（　　）。

A. 意大利人　　　　B. 德国人　　　　C. 美国人　　　　D. 俄国人

（4）在俄罗斯，主人给你吃（　　）表示你是受主人家欢迎的。

A. 牛肉　　　　　　B. 面包和盐　　　C. 鸡蛋和花生　　D. 洋葱和浓汤

（5）西方的母亲节是（　　）。

A. 4 月 1 日　　　　　　　　　　　　B. 5 月第 2 个星期日

C. 6 月第 3 个星期日　　　　　　　　D. 3 月 1 日

（6）下面哪个国家送手帕不合适？（　　）

A. 日本　　　　　　B. 美国　　　　　C. 意大利　　　　D. 古巴

（7）英国人对动物的禁忌是（　　）。

A. 仙鹤　　　　　　B. 蝙蝠　　　　　C. 孔雀和大象　　D. 猫

2. 简答题

（1）分别简述俄国、英国、法国、德国人民的宗教信仰、饮食习惯、礼貌礼

节和禁忌。

（2）怎样自觉运用欧洲各主要客源国礼仪做好旅游接待服务工作？

3. 案例分析

案例 1

提前赴约是失礼

李燕刚刚来到英国留学，这一天她接到一位同学的邀请，去参加她的生日宴会。李燕非常高兴，准备了礼物和鲜花，前去赴宴。考虑到外国人的时间观念都很强，李燕提前 15 分钟就来到同学家门口，她觉得提前一点儿到，可以表示对主人的尊敬。但是按了门铃好久，也没有人给她开门。她以为同学没有听到，就又一次按了门铃。又过了一会儿，门打开了，同学出现在门口，但是接过李燕送的礼物的同学显得不太高兴，她对李燕说："你这么早就到了？我还没有化好妆呢！"

请思考：

你认为李燕的做法对吗？你从中受到了什么启示？

案例 2

送花有学问

一位在伦敦留学的女士，曾在一家公司打工。女老板对她很好，在很短的时间内便给她加了几次薪。一日老板生病住院，这位女士打算去医院看望病人，于是她在花店买了一束红玫瑰花，在半路上，她突然觉得这束花的色彩有点儿单调，而且看上去俗气，就去买了十几枝白丁香花，并与原来的玫瑰花插在一起，自己感到很满意，走进了病房，结果她的老板见到她的时候，先是高兴，转而大怒。

请思考：

这位女士的做法有什么问题？如果是你应该怎么做？

4. 综合训练

以小组为单位设计一张问卷调查表，组织一次与留学生的联谊活动，就对方国家的习俗和礼节做一次调查，并形成书面报告。

任务3 美洲国家礼仪习俗

【任务目标】

通过本任务的学习，掌握我国在美洲的主要客源国和地区的基本情况、习俗礼仪、生活习惯及禁忌，并将这些知识灵活应用在旅游服务中，自觉提高旅游服务人员自身知识层次和服务技能。

【案例导入】

一天，一位美国宾客到中国内地某宾馆总台登记住宿，顺便用英语询问接待服务员小杨："贵店的房费是否包括早餐（指欧式计价方式）？"小杨英语才达到C级水平，没有听明白宾客的意思便随口回答了个"It will do"（行得通）。次日早晨，宾客去西式餐厅用自助餐，出于细心，又向服务员小贾提出了同样的问题。不料小贾的英语亦欠佳，慌忙中又回答了"It will do"。

几天以后，美国宾客离店前去结账，服务员把账单递给宾客，宾客一看大吃一惊，账单上每顿早餐一笔不漏。宾客越想越糊涂，明明总台和餐厅服务员两次都回答"It will do"，怎么结果变成了"It won't do"（行不通）了呢？他百思不得其解，经再三追问，总台才告诉他："我们早餐历来不包括在房费内。"宾客将初来时两次获得"It will do"答复的原委告诉总台服务员，希望该承诺能得到兑现，但遭到拒绝。宾客于无奈中只得付了早餐费，然后怒气冲冲地向饭店投诉。

最后，饭店重申了总台的意见，仍没有同意退款，美国宾客心里不服，怀着一肚子怒气离开宾馆。

问题：这个案例对你有什么启示？

【任务分析】

我国在美洲的主要客源国有美国、加拿大和巴西等国家。美洲人民热爱旅游，崇尚自然，对中国历史文化和秀美山川极为向往，这使我国成为美洲各个国家和地区的重要旅游目的地。

【知识讲解】

美洲居民的种族和民族成分复杂，由欧洲人的后裔、欧洲人与当地人的混血人种、亚洲人和非洲人的后裔及当地土著人的后裔等组成。他们主要信仰基督教、犹太教、伊斯兰教，佛教等教派教徒也占一定比例。其礼仪习俗既继承欧洲传统，又有创新，比较开放和现代化。

一、美国

1. 简介

美利坚合众国从大西洋到太平洋，几乎横跨整个北美洲大陆，面积仅次于俄罗斯、加拿大和中国，排名第四。国土面积 962.9 万平方千米，美国有"民族熔炉"之称。居民中，85%是欧洲白人移民的后裔，黑人占 13%，还有墨西哥人、阿拉伯人、印第安人、华人等。56%的人口信仰基督教新教，28%的人口信仰天主教，此外还有犹太教居民信奉和东正教居民信奉等。首都为华盛顿，国歌为《星条旗之歌》，国花为玫瑰花，国语为英语，货币为美元。美国是世界经济第一强国，其旅游业居于世界前列，是我国最大的客源国之一。

2. 礼节礼貌

在一般情况下，美国人同外人见面时往往以点头微笑为礼，或者只是向对方"嗨"上一声作罢。不是特别正式的场合，美国人甚至连国际上最为通行的握手礼也略去不用了，若非亲朋好友，美国人一般不会主动与对方亲吻、拥抱。在称呼别人时，美国人极少使用全称，他们更喜欢交往对象直呼其名，以示双方关系密切；若非官方的正式交往，美国人一般不喜欢称呼官衔，或是以"阁下"相称；对于能反映其成就与地位的学衔、职称，如"博士"、"教授"、"律师"、"法官"、"医生"，等等，他们却是乐于在人际交往中用作称呼。在一般情况下，对于一位拥有博士学位的美国议员而言，称其为"博士"，肯定比称其为"议员"更受对方的欢迎。美国人崇尚"女士优先"，忌讳"老"。

美国人穿着打扮的基本特征是崇尚自然、偏爱宽松、讲究着装、体现个性。在日常生活之中，美国人大多是宽衣大裤。拜访美国人时，进了门一定要脱下帽子和外套。穿深色西装套装时穿白色袜子，或是让袜口露出自己的裙摆之外，都是缺乏基本的着装常识的表现。女性最好不要穿黑色皮裙，不要随随便便地在男士面前脱下自己的鞋子，或者撩动自己裙子的下摆，否则会令人产生成心引诱对方之嫌。

3. 饮食习惯

在一般情况下，美国人以食用肉类为主，牛肉是他们的最爱，鸡肉、鱼肉、火鸡肉亦受其欢迎。若非穆斯林或犹太教徒，美国人通常不禁食猪肉，但爱吃羊肉者极其罕见。不吃狗肉、猫肉、蛇肉、鸽肉，动物的头、爪及其内脏，生蒜、韭菜、皮蛋等。美国人的饮食日趋简便与快捷，热狗、炸鸡、土豆片、三明治、汉堡包、面包圈、比萨饼、冰淇淋等老少咸宜，是其平日餐桌上的主角。喜食"生"、"冷"、"淡"的食物，不刻意讲究形式与排场，强调营养搭配。爱喝的饮料有冰水、矿泉水、红茶、咖啡、可乐与葡萄酒，新鲜的牛奶、果汁，也是他们天天必饮之物。

用餐时一般以刀叉取用。切割菜肴时，习惯于先是左手执叉右手执刀，将其切割完毕后，放下餐刀，将餐叉换至右手，右手执叉而食。讲究斯文用餐，其用餐的戒条主要有下列六条：①不允许进餐时发出声响。②不允许替他人取菜。③不允许吸烟。④不允许向别人劝酒。⑤不允许当众宽衣解带。⑥不允许议论令人作呕之事。

4. 节庆习俗

美国的节日比较多。7月4日为美国独立日，美国的政治性节日还有国旗日、华盛顿诞辰纪念日、林肯诞辰纪念日、阵亡将士纪念日等。2月14日为情人节，在这一天恋人之间都要互赠卡片和鲜花。5月第二个星期日为母亲节，6月第三个星期日为父亲节，这是美国的法定节日。11月第四个星期四是感恩节，也叫火鸡节，是美洲特有的节日，这一天是家人团聚、亲朋欢聚的日子，还要进行化装游行、劳作比赛、体育比赛、戏剧表演等活动，十分热闹，火鸡、红莓苔子果酱、甘薯、玉米汁、南瓜饼等节日佳肴也让人大饱口福。12月25日为圣诞节，是美国最盛大的节日，全城通宵欢庆，教徒们跟随教堂唱诗班挨户唱圣诞颂歌，装饰圣诞树，吃圣诞蛋糕。

5. 禁忌

美国人视蝙蝠为吸血鬼与凶神，忌讳黑色，最讨厌的数字是"13"和"3"，他们不喜欢的日期则是星期五。忌讳在公共场合和他人面前，蹲在地上，或是双腿叉开而坐。忌用下列体态语：盯视他人、冲着别人伸舌头、用食指指点交往对象、用食指横在喉头之前。在美国，成年的同性共居于一室之中、在公共场合携手而行或是勾肩搭背、在舞厅里相邀共舞，等等，都有同性恋之嫌。跟美国人相处时，与之保持适当的距离是必要的，一般而论与美国人交往时，与之保持50~

150 厘米之间的距离，才是比较适当的。他们认为个人空间不容冒犯。因此在美国碰了别人要及时道歉，坐在他人身边先要征得对方认可，谈话时距对方过近则是失敬于人的。最忌讳他人打探其个人隐私，如在美国询问他人收入、年龄、婚恋、健康、籍贯、住址、种族等都是不礼貌的。美国人大都认定"胖人穷，瘦人富"，所以他们听不得别人说自己"长胖了"，与美国黑人交谈时，既要少提"黑"这个字，又不能打听对方的祖居之地。

二、加拿大

1. 简介

加拿大位于北美洲北部，国土面积 998.4 万平方千米，人口 3175 万人。居民大部分是欧洲移民的后裔，以英、法血统居多，土著人（印第安人、因纽特人、米提人）只占 3%。居民主要信奉天主教和基督教。首都为渥太华，国歌为《啊！加拿大》，国花为枫叶，国语为英语和法语，货币为加元。加拿大人喜欢现代艺术，酷爱体育运动，尤其是冬季冰雪运动，也特别喜欢别人赞扬他们美好的国家和勤劳智慧的人民。

2. 礼节礼貌

在加拿大，关系普通者的见面礼节是握手致意；亲友、熟人、恋人或夫妻之间以拥抱或亲吻作为见面礼节。加拿大人跟外人打交道时，只有在非常正式的情况之下，才会对对方连姓带名一同加以称呼，并且彬彬有礼地冠以"先生"、"小姐"、"夫人"之类的尊称。在一般场合里，加拿大人在称呼别人时往往喜欢直呼其名而略去其姓，在加拿大父子之间互称其名是常见之事。对于交往对象的头衔、学位、职务，加拿大人只有在官方活动中才会使用；在日常生活里，他们绝对不习惯像中国人那样，以"主任"、"局长"、"总经理"、"董事长"之类，去称呼自己的交往对象。

与加拿大土著居民进行交际时，不宜将其称为"印第安人"或"爱斯基摩人"，前者被认为暗示其并非土著居民，后者的本意则为"食生肉者"，因而具有侮辱之意；对于后者应当采用对方所认可的称呼，称之为"因纽特人"，对于前者宜以对方具体所在的部族之名相称。

加拿大人的着装以欧式为主。上班的时间，他们一般要穿西服、套裙。参加社交活动时，他们往往要穿礼服或时装。在休闲场合里，他们则讲究自由穿着，只要自我感觉良好则可。每逢节假日，尤其是在欢庆本民族的传统节日时，大都有穿着自己传统民族服装的习惯。

3. 饮食习惯

加拿大人对法式菜肴较为偏爱，并且以面包、牛肉、鸡肉、鸡蛋、土豆、西红柿等物为日常之食。在口味方面，比较清淡，爱吃酸、甜之物。在烹制菜肴时极少直接加入调料，而是惯于将调味品放在餐桌上，听任用餐者各取所需，自行添加。从总体上讲他们以肉食为主，特别爱吃奶酪和黄油。在饮品方面，喜欢咖啡、红茶、牛奶、果汁、矿泉水，还爱喝清汤、麦片粥。忌食肥肉、动物内脏、腐乳、虾酱、鱼露以及其他一切带有腥味、怪味的食物，动物的脚爪和偏辣的菜肴，他们也不太喜欢吃。用餐时一般使用刀叉，忌讳在餐桌上吸烟、吐痰、剔牙，一日三餐中最重视的是晚餐。

4. 节庆习俗

加拿大的主要节日有国庆日，时间是每年的 7 月 1 日。元旦是人们重视的另一个主要节日，人们将瑞雪作为吉祥的征兆，哈德逊湾的居民在新年期间，不但不铲平阻塞交通的积雪，还将雪堆积在住宅四周筑成雪岭，他们认为，这样就可以防止妖魔鬼怪的侵入。枫糖节，加拿大盛产枫树，其中以东南部的魁北克和安大略两省枫叶最多、最美，每年三四月间，一年一度的"枫糖节"就开始了，几千个生产枫糖的农场装饰一新，披上节日的盛装，吸引了无数的旅游者。冬季狂欢节，在加拿大东南部港口城市魁北克，每年从 2 月的第一个周末起，都举行为期 10 天的冬季狂欢节，狂欢节规模盛大，活动内容丰富多彩。

5. 禁忌

白色的百合花主要被用于悼念死者，因其与死亡相关，所以绝对不可以作为礼物送给加拿大人。"13"被视为"厄运"之数，"星期五"则是灾难的象征，加拿大人对于二者都是深为忌讳的。在老派的加拿大人看来，打破了玻璃，请人吃饭时将盐撒了，从梯子底下经过，都是不吉利的事情。与加拿大人交谈时，不要插嘴打断对方的话，或是与对方强词夺理。在需要指示方向或介绍某人时，忌讳用食指指指点点，而是代之以五指并拢、掌心向上的手势。

三、墨西哥

1. 简介

墨西哥合众国位于北美洲，北部与美国接壤，东南与危地马拉与伯利兹相邻，西部是太平洋和加利福尼亚湾，东部是墨西哥湾与加勒比海，人口 1.18 亿。首都为墨西哥城，国庆日 9 月 16 日，国歌《墨西哥人响应战争号召》。官方语言西班牙语，货币为墨西哥比索。

墨西哥是美洲大陆印第安人古老文明中心之一。闻名于世的玛雅文化、托尔特克文化和阿兹特克文化均为墨西哥古印第安人创造，公元前兴建于墨西哥城北的太阳金字塔和月亮金字塔是这一灿烂古老文化的代表，太阳金字塔和月亮金字塔所在的特奥蒂瓦坎古城被联合国教科文组织宣布为人类共同遗产。

墨西哥古印第安人培育出了玉米，故墨西哥有"玉米的故乡"之称。墨西哥在不同历史时期还赢得了"仙人掌的国度"、"白银王国"、"浮在油海上的国家"等美誉。

2. 礼节礼貌

在墨西哥熟人相见之时所采用的见面礼节，主要是拥抱礼与亲吻礼。在上流社会中，男士们往往还会温文尔雅地向女士们行吻手礼。与不熟悉的人打交道时，宜采用的见面礼节是握手，或微笑。在正式场合不宜直接去称呼交往对象的名字，其称呼方式是在姓氏之前加上"先生"、"小姐"或"夫人"之类的尊称，只有彼此之间十分熟悉的人，才会有例外。极爱使用某些可以体现出具有一定的社会地位的头衔，诸如"博士"、"教授"、"医生"、"法官"、"律师"、"议员"、"工程师"之类。

拜访墨西哥人要事先进行预约，否则是不会受到对方欢迎的。前去赴约的时候，墨西哥人一般都不习惯于准点到达约会地点，通常会比双方事先约定的时间迟到一刻钟到半个小时左右。

传统服装之中，名气最大的是"恰鲁"和"支那波婆兰那"。前者是一种类似于骑士服的男装，由白衬衣、黑礼服、红领结、大檐帽、宽皮带、紧身裤、高筒靴所组成，看起来又帅又酷；后者则为一种裙式的女装，它多以黑色为底，金色绲边，并以红、白、绿三色绣花，无袖、窄腰，长可及地，穿起来令人显得既高贵又大方。

在十分正规的场合，墨西哥人讲究穿西服套装或西式套裙。出入于公共场所时，男子穿长裤，妇女穿长裙。在日常生活里，男子爱穿格子衬衫、紧身裤。妇女爱穿色调明快、艳丽的绣花衬衣和图案、款式多变的长裙，出门在外之时，还喜爱披上一块用途多样的披巾。

3. 饮食习惯

墨西哥人的传统食物主要是玉米、菜豆和辣椒。墨西哥乃是玉米之乡，他们不仅爱吃玉米，而且还可以用它制作各式各样的风味食品，其中最有特色的是玉米面饼、玉米面糊、玉米饺子、玉米粽子，等等。墨西哥菜的特色，是以辣为主，有人甚至在吃水果时，也非要加入一些辣椒粉不可。除了爱以菜豆做菜之外，仙人掌、蚂蚱、蚂蚁、蟋蟀等都可以成为墨西哥人享用的美味佳肴。墨西哥人颇为好酒，但不劝酒。

4. 节庆习俗

墨西哥人喜爱仙人掌，每年的仙人掌展览会总是盛况空前。墨西哥国庆节为9月16日。10月玉米收获时节有玉米粽子节，用嫩玉米包粽子，并举行盛大舞会。11月1~2日为墨西哥达拉斯戈尼族的亡人节，与我国清明节习俗相似。

5. 禁忌

墨西哥人忌讳将黄色或红色的花送人。他们认为，前者意味着死亡，后者则会带给他人晦气。在墨西哥人眼里，蝙蝠凶恶、残暴，是一种吸血鬼，蝙蝠及其图案为人们所忌讳。在该国，人们不仅不惧怕骷髅，反而认为它象征着公正，喜欢以其图案进行装饰。对紫色深为忌讳。讨厌的数字是"13"与"星期五"。

四、巴西

1. 简介

巴西位于南美洲东部，东濒大西洋，面积854.74万平方千米，是拉丁美洲最大的国家，人口2.01亿。其中白人占55%，混血种人占38%，印第安人占0.2%，其他占6.8%。近90%的居民信奉天主教，此外，还有人信奉基督教新教、犹太教以及原始宗教等。首都巴西利亚，国花为兰花，国语为葡萄牙语，货币为克鲁塞罗。

2. 礼节礼貌

巴西人通常以拥抱或者亲吻作为见面礼节。只有在十分正式的活动中，他们才相互握手为礼。巴西民间流行着一些较为独特的见面礼节：一是握拳礼，主要用于问安或致敬，行此礼时，先是要握紧自己的拳头，然后向上方伸出拇指；二是贴面礼，它是巴西妇女之间所采用的见面礼节。在行礼时，双方要互贴面颊，同时口里发出表示亲热的亲吻声，但是，用嘴唇真正去接触对方的面颊，却是不允许的；三是沐浴礼，它是巴西土著居民迎宾的礼节，当客人抵达后，主人必定要做的头一件事，便是邀请客人入室洗浴，客人沐浴的时间越久，就表示越尊重主人，有时主人还会陪同客人一道入浴，宾主双方一边洗澡，一边交谈，显得大家亲密无间。遇婚丧大事，登门宾客较多时，主人往往搭临时浴棚，以确保每位客人都能行沐浴礼。在一般情况下，巴西人喜欢彼此直呼其名，有些时候则会采用以本名加父姓组合而成的简称，一个人姓名的全称只有在极为正式的场合，才有可能使用。

在正式场合中，巴西人主张一定要穿西装或套裙，在一般的公共场合，男人至少要穿短衬衫、长西裤，妇女则最好穿高领带袖的长裙。相对而言，妇女的着装更为时髦一些，爱戴首饰，爱穿花衣裳，并且喜欢色彩鲜艳的时装。黑人妇女一般爱穿短小紧身的上衣、宽松肥大的花裙，并且经常身披一块又宽又长的披肩。

3. 饮食习惯

巴西人平常主要是吃欧式西餐。因为畜牧业发达，食物之中肉类所占的比重较大，最爱吃牛肉，尤其是爱吃烤牛肉。黑豆是其重要的主食，最爱吃的菜肴名为"烩费让"。"费让"，意即杂豆，它是用黑豆、红豆等杂豆，加上猪肉香肠、烟熏肉、甘蓝菜、橘子片，用砂锅烹煮而成，在巴西，"烩费让"被称为国菜，是宴请时不可缺少的主角。喜饮咖啡、红茶和葡萄酒，他们几乎天天离不开咖啡，还喜欢以之待客，饮酒时提倡饮而不醉，醉酒被巴西人视为粗俗至极。

4. 节庆习俗

巴西人的主要节日为元旦节。巴西人视"金桦果"为幸福的象征，在新年来临之际，人们倾家而出，高举火把，拥入山林去寻找"金桦果"。狂欢节于每年2月20日举行，是巴西人民的传统节日之一，每当节日来临，举国上下沉浸在一片欢乐的气氛中，它不仅给巴西人民带来了欢乐，也推动了巴西国际旅游业的发展。基隆博节是巴西东北部人民的传统节日，于每年金秋时节举行，"基隆博"在葡文中是"逃奴堡"之意。

5. 禁忌

出于宗教方面的原因，巴西人忌讳"13"这一数字。他们所忌讳的色彩，则是被其视为象征悲伤的紫色和代表凶丧的棕黄色。在人际往来中，巴西人极为重视亲笔签名，不论是写便条、发传真，还是送礼物，他们都会签下自己的姓名，否则就是不重视交往对象，对使用图章落款的做法，巴西人是不习惯的。跟巴西人打交道时，不宜向其赠送手帕或刀子。英美人所采用的表示"OK"的手势，在巴西人看来，是非常下流的。

【阅读材料】

美国人三大忌

一是忌问他的年龄；二是忌问他买东西的价钱；三是忌在见面时说："你长胖了!"因为年龄和买东西的价钱都属于个人的私事，他们不喜欢别人过问和干涉。至于"你长胖了!"这句中国人习惯的"赞赏话"，在美国人看来是贬义的，因为在美国有"瘦富胖穷"的概念，一般富人游山玩水，身体练得结实，容貌普遍消瘦；穷人没多少钱，更无闲心去锻炼了。

另外，与美国人进行商务交往时，特别忌讳赠送带有公司标志的便宜礼物，因为这会让人误会好像你在为公司做广告。

英语民族与基督教信奉禁忌的由来

英语民族和其他信奉基督教的民众一样，非常忌讳"13"和"星期五"。"13"被认为是不祥的数字，在日常生活中应尽量避开，比如宴会上不要"13"人同坐一桌，也不要上"13"道菜，球员不编"13"号，高楼不盖"13"层，住在"13"楼的人会称其住在"14"楼，甚至宾馆房间也不设"13"号。"星期五"被视为不吉利的日子，这天最好不安排重要的事情，而且出门行事要处处留心，如果"星期五"恰好又是"13"日时，那更要慎之又慎。"13"和"星期五"如此可怕，主要源于基督教。据传耶稣受难之前的最后一顿晚餐是师徒"13"人共进的，其中包括出卖耶稣的叛徒犹大。而耶稣是在"星期五"被罗马当局钉死在十字架上的，亚当和夏娃也是"星期五"被逐出伊甸园的。

同一瀑布前不同的感叹

一个中国人、一个印度人和一个美国人结伴旅行。一天，他们来到一个大瀑布面前，三个人同时感到惊讶，但却发出不同的感慨。中国人感叹道："多么壮观的景色呀！"印度人面对从天而降的瀑布不禁肃然起敬，喃喃地说："神的力量真大呀！"而那个美国人却另有一番感想，他惋惜地说："多可惜的能源呀，白白地流失了，这里本可以建造一座大型发电站的。"

作息时间表各国有别

在国际交往中计划约会时，应注意不同国家甚至一个国家内的不同工作时间。例如，美国人通常的工作时间为8：30~16：30或9：00~17：00，中午0.5~1.0小时的午休。韩国人的工作时间一般为9：00~18：00。意大利人的工作时间通常为9：00~20：00，13：00~16：00为午休时间。希腊人的工作时间为8：00~13：30和17：30~20：30。日本人规定的工作时间为9：00~17：00，但多数人都超时工作。在拉丁美洲，虽然有些人的工作时间为9：00~17：00，其中有3个小时的午休时间。墨西哥人的工作时间通常为9：00~14：00和16：00~19：00（或20：00）。在阿拉伯国家，虽然工作时间为9：00~13：00和14：00~17：00，但阿拉伯人在工作时间内会停止工作做祷告。

综合能力训练

一、任务实训

1. 实训步骤

（1）由教师讲解我国在美洲的主要客源国的宗教信仰、饮食习惯、礼貌礼节和禁忌等基本知识。

（2）学生以实训小组为单位，进行情景模拟训练。

（3）同学们可以互相监督并指出不足。

（4）由教师根据每个同学的实训情况进行点评。

2. 实训方法

（1）针对美洲入境游团队客人，拟写接待方案，由教师指导。

（2）角色模拟训练：尽量覆盖学习过的美洲客源国的客人，对其礼仪、禁忌进行列表分析，注意在训练中掌握相关知识。

（3）分小组进行模拟训练，最后选出成绩突出的小组，课堂展示交流成果，教师最后点评。

3. 实训准备

（1）一间三面装有镜子的礼仪实训教室，准备椅子、凳子若干张。

（2）书籍、多媒体播放器、音乐 CD 等。

4. 实训时间

实训时间为 120 分钟，其中示范讲解 20 分钟，学生操作 90 分钟，考核测试 10 分钟。

5. 考核评价

（1）评分要求。按百分制记分，学生操作时，指导教师观察学生的操作方法，按照考核要求给学生实训打分。

（2）实训考核表。实训考核表如表 6-1-3 所示。

表 6-1-3　美洲主要客源国礼仪考核表

考评人		被考评人	
考评地点			
考评内容		美洲主要客源国礼仪考核	
考评标准	内容	分值（分）	评分（分）
	符合礼仪规范	20	

考评人		被考评人	
考评标准	团队协作	20	
	知识掌握	20	
	表演准确	20	
	整体效果	20	
合计		100	

注：实训考核分为100分，60~69分为及格；70~79分为中；80~89分为良；90分以上为优秀。

二、思考练习

1. 选择题

（1）（　　）是美国独创的古老节日。

A. 感恩节　　　　B. 圣诞节　　　　C. 万圣节　　　　D. 愚人节

（2）（　　）属于美国人的生活习惯。

A. 不能穿睡衣会客　　　　　　B. 喜欢宽松的服饰

C. 喜食狗肉　　　　　　　　　D. 重视圣诞节

（3）加拿大人忌讳送的花是（　　）。

A. 石榴花　　　　B. 百合花　　　　C. 康乃馨　　　　D. 月季花

（4）巴西的美称有（　　）。

A. 足球王国　　　B. 咖啡王国　　　C. 黄袍佛国　　　D. 牧羊之国

（5）美国人谈话时喜欢保持距离，最适当的距离是（　　）。

A. 30厘米　　　　　B. 40厘米　　　　　C. 50厘米　　　　　D. 60厘米

2. 简答题

（1）分别简述美国、加拿大、巴西、墨西哥人民的宗教信仰、饮食习惯、礼貌礼节和禁忌。

（2）怎样自觉运用美洲主要客源国礼仪做好旅游接待服务工作？

3. 案例分析

案例

礼品

美国某公司是我国某公司的客户，当美国公司的经理到中国来考察的时候，中国公司决定赠送其一套小礼物：中国的折扇和茶叶。

因为夏天即将到来，这两样都是消夏用品，且具有中国特点。折扇采用中国文人喜欢的黑色，上面印有诗词和绘画；茶叶是用精美竹盒包装，外面再用包装纸包好，在美国客人回国前，中方将礼物送给客人。

请思考：

结合涉外礼仪规范，指出上述情景中存在哪些问题？为什么？

任务4　大洋洲、非洲主要国家和地区礼仪习俗

【任务目标】

通过本任务的学习，使学生了解大洋洲、非洲主要客源国的习俗礼仪、生活习惯及禁忌，掌握大洋洲、非洲各主要客源国的礼仪习俗规范，培养学生在旅游服务活动中正确应用规范礼仪的能力。

【案例导入】

一天，几位外宾到某餐厅用餐。服务员小张将他们带到了一个包间，可是当外宾进去后，看到餐桌上摆放着"流氓兔"，脸色立刻阴了下来。翻译立即告诉小张宾客来自澳大利亚。小张仍不明所以，还继续介绍说这是为了迎接兔年，饭店特地安排摆放的。翻译很着急，解释了其中的原委，小张赶忙撤下了餐桌上的毛绒玩具。

问题：在为澳大利亚宾客服务时，应如何避免触犯其禁忌？

【任务分析】

旅游接待与交际场合，要了解并尊重外国人的风俗习惯，这样做既对他们表示尊重，也不失礼节。不同地区、不同民族、不同国家的游客对旅游服务会有不同的要求，而要求的不同在很大程度上是由他们各自不同的生活习惯、思维习惯所决定的，或者说是由他们所在地的不同的习俗所造成的。

【知识讲解】

大洋洲：大洋洲是世界上第七大洲，是由澳大利亚、新西兰及许多岛国组成

的。16 世纪前，这里人烟稀少，只有土著人居住，后来随着英国和其他欧洲移民的迁居，大洋洲诸岛就成了英国等发达国家的殖民地，现在这一地区大多数国家已摆脱了殖民统治，获得了独立。

一、澳大利亚

1. 简介

"澳大利亚"一词来源于拉丁文，意为"南方的"。澳大利亚是地球上最古老的大陆，也是地球上最大的海岛及单一国家的大陆。国土面积约为 769.2 万平方千米，人口仅有 2335 万人。居民中的 70% 是英国及爱尔兰后裔，18% 为欧洲其他国家的移民及移民后裔。大多数居民信奉基督教。首都为堪培拉，国歌为《澳大利亚，前进》，国花为金合欢花，国语为英语，货币为澳元。澳大利亚是发达的资本主义国家，被誉为"骑在羊背上的国家"、"坐在矿车上的国家"，澳大利亚居民生活水平很高，出国旅游的人数众多，是我国的主要客源国之一。

2. 礼节礼貌

澳大利亚人时间观念强，女性较保守，接触时要谨慎。见面礼节，既有拥抱礼、亲吻礼，也有合十礼、鞠躬礼、握手礼、拱手礼、点头礼。土著居民在见面时所行的勾指礼极具特色。做法是相见的双方各自伸出手来，令双方的中指紧紧勾住，然后再轻轻地往自己身边一拉，以示相亲、相敬。

在极为正式的场合要穿西装、套裙，平时一般穿着大都是 T 恤、短裤，或者牛仔装、夹克衫。由于阳光强烈，他们在出门之时，通常喜欢戴上一顶棒球帽来遮挡阳光。澳大利亚的土著居民平时习惯于赤身露体，至多是在腰上扎上一块围布遮羞而已。

3. 饮食习惯

澳大利亚人的饮食习惯多种多样。就主流社会而言，人们一般喜欢英式西餐，其特点是口味清淡，不喜油腻，忌食辣味。大都爱吃牛、羊肉，对于鸡肉、鱼肉、禽蛋也比较爱吃，一般不吃狗肉、猫肉、蛇肉，不吃动物的内脏与头、爪。他们十分厌恶加了味精的食物，认定味精好似"毒药"，令人作呕，有不少的澳大利亚人还不吃味道酸的东西。他们的主食是面包，爱喝的饮料则有牛奶、咖啡、啤酒与矿泉水等。在用餐时，澳大利亚人是使用刀、叉的。澳大利亚土著居民目前大多数尚不会耕种粮食、饲养家畜，他们靠渔猎为生，并且经常采食野果，在进食的时候，经常生食，并且惯于以手抓食。

4. 节庆习俗

国庆日是 1 月 26 日。圣诞节时，澳大利亚正处盛夏，商店橱窗里特意装扮的冰雪及圣诞老人和满街的夏装形成鲜明的对照，成为澳大利亚圣诞节的特色。圣诞节夜晚人们带着饮料到森林里举行"正别居"野餐，吃饱喝足后，就跳起"迪斯科"或"袋鼠舞"直到深夜，然后在森林中露宿，迎接圣诞老人的到来。

澳大利亚还有一个重要的节日南太平洋艺术节（每隔四年举行一次），是南太平洋地区的国家为"庆祝太平洋的觉醒，鼓励太平洋传统文化的保持和新生"，并在"整个太平洋地区加强团结"的口号下举行的具有浓厚地方色彩的节日。

5. 禁忌

在澳大利亚人眼里，兔子是一种不吉利的动物。他们认为，碰到了兔子可能是厄运将临的预兆。对于"13"与"星期五"普遍反感至极。在人际交往中，爱好娱乐的澳大利亚人往往有邀请友人一同外出游玩的习惯，他们认为这是密切双方关系的捷径之一。对此类邀请予以拒绝，会被他们理解成不给面子。澳大利亚人不喜欢将本国与英国处处联系在一起。不喜欢听"外国"或"外国人"这一称呼。对公共场合的噪声极其厌恶，在公共场所大声喧哗者，尤其是门外高声喊人的人，是他们最看不起的。

二、新西兰

1. 简介

新西兰位于赤道南端，澳大利亚的东南，西临塔斯曼海，东接太平洋，国土面积 27.05 万平方千米，人口 450 万人，居民的 90%为英国移民的后裔，9%为土著毛利人。居民多信奉基督教。首都为惠灵顿，国歌为《上帝保护新西兰》，国花为银蕨，国语为英语，货币为新西兰元。新西兰以农牧业为主，经济较为发达，与我国贸易往来日益加强。

2. 礼节礼貌

新西兰人的见面礼节主要有三种：一是握手礼，人们见面多行此礼；二是鞠躬礼，新西兰人在向尊长行礼时，有时会采用此礼，他们行鞠躬礼的具体做法十分独特，与中国人鞠躬时低头弯腰不同，新西兰人鞠躬时是抬着头、挺着胸的；三是注目礼，路遇他人，包括不相识者时，新西兰人往往会向对方行注目礼，即面含微笑目视对方，同时问候对方："你好!"称呼新西兰人，直呼其名常受欢迎，称呼官衔却往往令人侧目。土著毛利人善歌舞、讲礼仪，当远方客人来访，致以"碰鼻礼"，碰鼻次数越多，时间越长，说明礼遇规格越高。

新西兰是欧洲移民的后裔，在日常生活里通常以穿着欧式服装为主。在服饰方面，看重质量，讲究庄重，偏爱舒适，强调因场合而异，外出参加交际应酬时，新西兰妇女不但要身着盛装，而且一定要化妆。

3. 饮食习惯

在新西兰，欧洲移民的后裔通常习惯于吃英式的西餐。他们的口味比较清淡，对动物蛋白和乳制品的需求量很大。牛肉、羊肉、鸡肉、鱼肉都是他们所爱吃的。在用餐时，他们以刀叉取食，忌讳吃饭时频频与人交谈。除了爱吃瘦肉之外，欧洲移民的后裔们还爱喝浓汤，并且对红茶一日不可或缺，受英国习俗的影响，他们也养成了"一日六饮"的习惯，即每一天要喝六次茶。它们分别被称作早茶、早餐茶、午餐茶、下午茶、晚餐茶和晚茶。新西兰人爱喝酒，不管是威士忌之类的烈性酒，还是啤酒或葡萄酒，都非常喜欢。

4. 节庆习俗

主要节日有：国庆日（怀坦吉日）是 2 月 6 日，为纪念 1840 年签订怀坦吉条约。新年是 1 月 1 日。复活节 4 月 14~17 日。澳新军团日是 4 月 25 日，为纪念澳新军团在加利波利登陆日。女王诞辰日是 6 月 5 日。劳动节是 10 月 25 日。圣诞节是 12 月 25 日。

5. 禁忌

受基督教、天主教的影响，新西兰人讨厌"13"与"星期五"，要是有一天既是 13 日，又是星期五，那么新西兰人不论干什么事都会提心吊胆，对于在这一天外出赴宴、跳舞、观剧之类的邀请，他们则能推就推。当众闲聊、剔牙、吃东西、喝饮料、嚼口香糖、抓头皮、紧腰带，均被新西兰人看作是不文明的行为。奉行所谓"不干涉主义"，即反对干涉他人的个人自由，对于交往对象的政治立场、宗教信仰、职务级别等，他们一律主张不闻不问。

非洲：非洲是世界文明的发源地之一。非洲人勤劳、智慧。过去的几个世纪中，由于长期受葡萄牙、西班牙、英国、法国、荷兰、比利时、德国以及意大利等殖民者的侵入、瓜分和奴役，非洲成了一个贫穷落后的地区，直至 20 世纪 60年代后大部分非洲国家才纷纷独立，加入第三世界发展中国家的行列。非洲文化具有多样性，礼仪习俗相对也复杂多样。

三、埃及

1. 简介

埃及地处非洲东北部，是地跨亚非两大洲的非洲大国。面积 100.2 万平方千米，人口 6370 万。居民近 90%为阿拉伯人，其余为科普特人、贝都因人和努比亚人。居民多信奉伊斯兰教，科镑普特人信奉基督教。首都开罗，国花为莲花，国语为阿拉伯语，货币名称为埃及镑。

2. 礼节礼貌

在人际交往中，埃及人所采用的见面礼节，主要是握手礼。与跟其他伊斯兰国家的人士打交道时的禁忌相同，同埃及人握手时，最重要的是忌用左手。除握手礼之外，埃及人在某些场合还会使用拥抱礼或亲吻礼。埃及人所采用的亲吻礼，往往会因交往对象的不同，而采用亲吻不同部位的具体方式，其中最常见的形式有三种：一是吻面礼，它一般用于亲友之间，尤其是女性之间；二是吻手礼，它是向尊长表示敬意或是向恩人致谢时所用的；三是飞吻礼，它则多见于情侣之间。

埃及人在社交活动中，跟交往对象行过见面礼节后，往往要双方互致问候，"祝你平安"，"真主保佑你"，"早上好"，"晚上好"，等等，都是他们常用的问候语。为了表示亲密或尊敬，埃及人在人际交往中所使用的称呼也有自己的特色，在埃及，老年人将年轻人叫作"儿子"、"女儿"，学生管老师叫"爸爸"、"妈妈"；穆斯林之间互称"兄弟"，往往并不表示二者具有血缘关系，而只是表示尊敬或亲切。跟埃及人打交道时，除了可以采用国际上通行的称呼，倘若能够酌情使用一些阿拉伯语的尊称，通常会令埃及人更加开心。

去埃及人家里做客时，应注意以下三点：一是事先要预约，并要以主人方便为宜，通常在晚上 6：00 后以及斋月期间不宜进行拜访；二是按惯例，穆斯林家里的女性尤其是女主人是不待客的，故切勿对其打听或问候；三是就座之后，切勿将足底朝外，更不要朝向对方。

埃及人的穿着主要是长衣、长裤和长裙，又露又短的奇装异服，埃及人通常是不愿问津的。埃及城市里的下层平民，特别是乡村中的农民，平时主要还是穿着阿拉伯民族的传统服装——阿拉伯大袍，同时还要头缠长巾，或是罩上面纱。埃及的乡村妇女很喜爱佩戴首饰，尤其是讲究佩戴脚镯。不穿绘有星星、猪、狗、猫以及熊猫图案的衣服。

3. 饮食习惯

在通常情况下，埃及人以一种称为"耶素"的不用酵母的平圆形面包为主食，并且喜欢将它同"富尔"、"克布奈"、"摩酪赫亚"一起食用。"富尔"即煮豆，"克布奈"即"白奶酪"，"摩酪赫亚"则为汤类。埃及人很爱吃羊肉、鸡肉、鸭肉、土豆、豌豆、南瓜、洋葱、茄子和胡萝卜。口味较淡，不喜油腻，爱吃又甜又香的东西，尤其喜欢吃甜点。冷菜、带馅的菜以及用奶油烧制的菜，特别是被他们看作是象征着"春天"与勃勃生机的生菜，备受欢迎。在饮料上，埃及人酷爱酸奶、茶和咖啡。埃及人有在街头的咖啡摊上用午餐的习惯，用餐的时候，埃及人多以手取食。在正式一些的场合习惯于使用刀、叉和勺子。用餐之后，他们一定要洗手。埃及人在用餐时，忌用左手取食，忌在用餐时与别人交谈。因为他们认为那样会浪费粮食，是对真主的大不敬。埃及人按照伊斯兰教教规，是不喝酒的。他们忌食的东西有猪肉、狗肉、驴肉、骡肉、龟、鳖、虾、蟹、鳝，动物的内脏、动物的血液、自死之物，未诵安拉之名宰杀之物。整条的鱼和带刺的鱼是不喜欢吃的。

4. 节庆习俗

埃及的国庆节为 7 月 23 日。4 月下旬（科普特历 8 月中旬）是埃及传统节日——惠风节，人人都要吃象征春风绿地的生菜，象征生命开始的鸡蛋和有关崇拜的腌鱼。8 月当尼罗河水漫过河堤时举行泛滥节，欢庆尼罗河定期泛滥带来沃土，众人聚集在尼罗河边进行祈祷，唱宗教赞歌，跳欢快的舞蹈。穆斯林在斋月（伊斯兰教历 9 月）中实行斋戒，从日出到日落均不得进食，斋月结束后举行开斋节，连续三天举行盛大庆祝活动，到清真寺做礼拜，亲友互相走访，这三天也是举行婚礼的吉祥日子。伊斯兰教历 12 月 10 日为宰牲节，也是盛大节日，各家各户根据自己的经济实力，宰牛杀羊，馈赠亲友，招待宾客，送给穷人。

5. 禁忌

埃及人除讨厌猪之外，外形被认作与猪相近的大熊猫也为埃及人所反感。讨厌黑色、蓝色，两者在埃及人看来均是不祥之色。对信奉基督教的科普特人而言，"13"是最令人晦气的数字。非常忌讳"针"，在埃及，"针"是骂人的词，在下午 3：00~5：00 严禁买卖针，认为那会带来贫困与灾祸。在埃及不给人小费往往会举步维艰。

与埃及人交谈时，应注意下述问题：一是男士不要主动找妇女攀谈；二是切勿夸奖埃及妇女身材窈窕，因为埃及人以体态丰腴为美；三是不要称赞埃及人家中的物品，在埃及这种做法会被人理解为索要此物；四是不要与埃及人讨论宗教纠纷、中东政局以及男女关系。

四、南非

1. 简介

南非位于非洲最南端，东、西、南三面被印度洋和大西洋环抱。主要有黑人

（约占 70%）、白人、黄种人和其他有色人种组成，种族繁多，故有"彩虹之国"的称誉。黑人主要包括祖鲁、科萨、斯威士等部族，白人以荷兰、英国人后裔为主，在 99 万亚裔中，有华人约 1 万人。黑人多数信原始宗教，白人则多数信天主教和基督教。行政首都为比勒陀利亚，立法首都为开普敦，司法首都为布隆方丹，国歌是《天佑南非》，国语为英语，国花为普洛蒂亚，货币名称为兰特。

2. 礼节礼貌

南非人见面礼节主要是握手礼，他们对交往对象的称呼主要是"先生"、"小姐"或"夫人"。西方人所讲究的绅士风度、女士优先、守时践约等基本礼仪，南非人不仅耳熟能详，而且早已身体力行。在具体称呼上保留自己的传统，即在称呼时在姓氏之后加上相应的辈分，以表明双方关系异常亲密，比如，称南非黑人为"乔治爷爷"、"海伦大婶"，往往会令其喜笑颜开。

正式一些的场合，讲究着装端庄、严谨。进行官方交往或商务交往时，最好要穿样式保守、色彩偏深的套装或裙装，不然就会被对方视作失礼。在日常生活中，南非人大多爱穿休闲装，白衬衣、牛仔装、西装短裤，均受其喜爱。南非黑人不分男女老幼，往往对色彩鲜艳者更为偏爱，尤其爱穿花衬衣。

3. 饮食习惯

在饮食习惯上，当地的白人平日以吃西餐为主，经常吃牛肉、鸡肉、鸡蛋和面包，并且爱喝咖啡与红茶。南非黑人的主食是玉米、薯类、豆类。在肉食方面，他们喜欢吃牛肉和羊肉，但是一般不吃猪肉，也不太吃鱼。不喜欢生食，而爱吃熟食。"如意宝茶"，深受南非各界人士的推崇，与钻石、黄金一道，被称为"南非三宝"。

4. 节庆习俗

南非节庆活动较多，新年是 1 月 1 日，人权日是 3 月 21 日，耶稣受难日为复活节前的星期五，家庭节为复活节后的第二天，自由日为 4 月 27 日，全国进行盛大的纪念活动，各种族人民都有不同活动。劳动节 5 月 1 日，举行传统仪式及活动，是典型的宗教节日，有宗教活动，和西方相似。青年节 6 月 16 日，全国适龄青年欢庆活动，是青年迈向成年的仪式。南非的妇女节是 8 月 9 日。南非部分地区有过传统节的习俗，时间是 9 月 24 日，一般举行传统的活动，有歌舞、特色饮食等。和解节是 12 月 16 日，会举行大型纪念仪式及活动，忘怀种族之间的隔离政策。圣诞节是 12 月 25 日，友好节是 12 月 26 日。

5. 禁忌

信仰基督教的南非人，最忌讳"13"这一数字。对于"星期五"，特别是与

"13 日"同为一天的"星期五",他们更是讳言忌提,并且尽量避免外出。南非人非常敬仰自己的祖先,特别忌讳外人对其祖先在言行举止上表现出失敬。被视为神圣宝地的一些地方,诸如火堆、牲口棚等处,绝对是禁止妇女接近的。

【阅读材料】

阿拉伯数字与阿拉伯人数字

提起国际上通用的阿拉伯数字,人们自然而然地就会联想到,它一定是由阿拉伯人首创且被阿拉伯民族一直沿用的。然而事实却大相径庭,此阿拉伯数字并非彼阿拉伯数字。我们权且将阿拉伯人使用的数字以"阿拉伯人数字"来代之,以示区别。

同阿拉伯数字一样,"阿拉伯人数字"结构严谨,表述清楚,照样是个、十、百位排列,照样能从一数到十、百、千、万乃至无限。为了同正规的阿拉伯数字相互区别和方便记忆,有人在实际工作和生活中逐渐摸索出了一套行之有效的记忆口诀:1 还是 1,2 拐一道弯,3 拐两道弯,4 是反写的 3,5 就是 0,6 就是 7,7 上 8 下,9 还是 9,0 是一个点。

值得一提的是,阿拉伯语的书写顺序是自右向左横行,而"阿拉伯人数字"则是反其道而行之,书写顺序是从左至右。所以在看阿拉伯人写的东西时,往往会左顾右盼,才能得其要领。

有时候,阿拉伯人在计算较繁的数据时会感到颇不自在,便索性弃用阿拉伯数字,而改用"阿拉伯人数字"来龙飞凤舞一番,然后交出正确的结果。他们的表情往往会由原先的紧锁眉头,转而逐渐舒展开来,最后是扬扬得意,其情景真有些使人忍俊不禁。

综合能力训练

一、任务实训

1. 实训步骤

(1)由教师讲解我国在大洋洲、非洲的主要客源国的宗教信仰、饮食习惯、礼貌礼节和禁忌等基本知识。

(2)学生以实训小组为单位,进行情景模拟训练。

(3)同学们可以互相监督并指出不足。

（4）由教师根据每个同学的实训情况进行点评。

2. 实训方法

（1）针对大洋洲、非洲入境游团队客人，拟写接待方案，由教师指导。

（2）角色模拟训练：尽量覆盖学习过的大洋洲、非洲客源国和地区的客人，对其礼仪、禁忌进行列表分析，注意在训练中掌握相关知识。

（3）分小组进行模拟训练，最后选出成绩突出的小组，课堂展示交流成果，教师最后点评。

3. 实训准备

（1）一间三面装有镜子的礼仪实训教室，准备椅子、凳子若干张。

（2）书籍、多媒体播放器、音乐 CD 等。

4. 实训时间

实训时间为 120 分钟，其中示范讲解 20 分钟，学生操作 90 分钟，考核测试 10 分钟。

5. 考核评价

（1）评分要求。按百分制记分，学生操作时，指导教师观察学生的操作方法，按照考核要求给学生实训打分。

（2）实训考核表。实训考核表如表 6-1-4 所示。

表 6-1-4　大洋洲、非洲主要客源国礼仪考核表

考评人		被考评人	
考评地点			
考评内容		大洋洲、非洲主要客源国礼仪考核	
考评标准	内容	分值（分）	评分（分）
	符合礼仪规范	20	
	团队协作	20	
	知识掌握	20	
	表演准确	20	
	整体效果	20	
合计		100	

注：实训考核分为 100 分，60~69 分为及格；70~79 分为中；80~89 分为良；90 分以上为优秀。

二、思考练习

1. 选择题

（1）澳大利亚的国花是（　　）。

A. 胡姬花　　　　B. 无穷花　　　　C. 紫荆花　　　　D. 金合欢

（2）毛利人流行的见面礼是（　　）。

A. 碰鼻礼　　　　　B. 握手礼　　　　　C. 拥抱礼　　　　　D. 鞠躬礼

（3）澳大利亚的首都是（　　）。

A. 堪培拉　　　　　B. 悉尼　　　　　C. 墨尔本　　　　　D. 达尔文

2. 简答题

（1）分别简述澳大利亚、新西兰人民的宗教信仰、饮食习惯、礼貌礼节和禁忌。

（2）在接待非洲国家来宾时，我们应掌握哪些要点？

3. 案例分析

案例 1

忌以"老外"称呼外国人

新西兰宾客在南京某饭店前台办理入住手续，由于确认宾客身份时服务员耽搁了一些时间，该宾客有些不耐烦，服务员发觉后，使用中文向其陪同（中国人）进行解释，言语中他随口以"老外"二字称呼宾客，没想到这位陪同正是该宾客的妻子，结果引起她极大的不满。事后，服务员虽然表示了歉意，但他们仍表示不予谅解，给饭店声誉带来了消极的影响。

请思考：

服务员应该怎样称呼宾客才会赢得宾客的满意？在为大洋洲宾客服务时应注意哪些方面？

案例 2

"金钥匙"的服务

某日 21 时左右，"金钥匙"小肖在大堂副理处值班，从电梯间出来一位非洲宾客，小肖迎上去主动问候。经过与其简短交流，得知该宾客有急事想用 IC 卡打国际长途电话到尼日利亚，但不知道在哪里能够买到 IC 卡。小肖把他引领到大堂吧购买了 IC 卡，并到电话处帮助他接通电话。该宾客一边通话一边向小肖竖起大拇指，通完话后，到大堂副理处致谢，并对小肖说："你的英文很好，认识你很高兴，我想和你交个朋友。"小肖回应道："我也非常高兴给您提供服务，这是我应该做的。"他们谈论了很多话题，很快就成为好朋友，小肖成为他在住店期间的"贴身管家"。

若小肖不当班时，该宾客常请他当导游，一起去游览、购物等。尽管小肖很辛苦，但看到这位非洲朋友很高兴，每次都满载而归，小肖也很欣慰。该宾客离店时对小肖说："你们饭店的服务真好，你给我提供的服务我感到非常满意，你是一个很优秀的'GOLDEN KEY'，你们饭店给我在北京期间留下了很深刻的印象，今年10月我带夫人再到北京，还要住你们饭店。"

请思考：

读了这个案例你受到了哪些启示？

案例 3

催结账的服务员

一个深秋的夜晚，三位来自埃及的宾客在我国南方某城市一家饭店的中餐厅用餐。点好菜之后，三位宾客都大眼瞪小眼地盯着菜，而不动手吃，餐厅服务员觉得很奇怪，但也没说什么。就这样，他们等菜凉了以后才开始吃。

席间，三位宾客谈得非常投机，酒足饭饱之后又坐了两个多小时，仍没有去意。服务员心里很着急，到他们身边站了好几次，想催他们赶快结账，但一直没有说出口。最后，她终于忍不住说道："先生，我们的营业时间过了，请赶快结账。"三位非洲宾客没好气地让服务员把账单拿过来。

思考讨论题：

试分析本案例中的服务员存在的问题，并说明为非洲宾客服务时有哪些注意事项和要求。

4.综合训练

以小组为单位，设计一份我国在大洋洲、非洲的主要客源国、地区及各民族的宗教信仰、礼貌礼节、饮食禁忌表格，并进行对比、总结。

少数民族与港澳台地区习俗礼仪

我国是一个统一的多民族国家，56 个民族及其祖先共同创造了光辉灿烂的中华文明。在长期的历史发展进程中，由于经济条件、社会文化和地理环境等因素的影响，各民族和港、澳、台地区在饮食、节庆、婚姻、禁忌和宗教信仰等方面形成了自己独特的风俗习惯和文化传统。了解这些内容，掌握其礼仪要求，对旅游接待服务工作有着十分重要的意义。

任务 1　少数民族习俗礼仪

【任务目标】

通过本任务的学习，使学生了解我国主要少数民族的习俗和礼仪，熟悉主要少数民族的节日和禁忌，贯彻执行党的民族政策、宗教政策，自觉做到因人施礼，恭而有礼，有针对性、规范化地进行接待服务。

【案例导入】

有个酒店住入了一个少数民族团体，团体中美丽的少女们都各戴着一个很漂亮的鸡冠帽。有个酒店男员工与之混熟了后，出于好奇用手摸了一下一位少女的帽子，结果弄到族长那里去，族长以为男员工爱上了那位少女，向她求婚，后经酒店领导出面调解，二者以兄妹相称。

在历史上这个少数民族曾在一夜里受到外族的入侵，恰巧一公鸡鸣叫，唤醒了人们，才免去了一次灭族之灾。以后为了纪念这只公鸡，村里美丽的少女都戴上鸡冠帽，男子一触摸就表示求婚。

因此在与少数民族的交际中，应了解并尊重少数民族的风俗习惯，不做他们忌讳的事，这样才有利于各民族之间平等友好的交往。

问题：男员工的无意之举反映了什么问题？

【任务分析】

我国地域辽阔、民族众多，"十里不同风，百里不同俗"，多姿多彩的民俗风情是我国重要的旅游资源，要求旅游服务人员认真学习和把握，同时利用这些知识更好地为游客服务。

【知识讲解】

我国是一个多民族国家，旅游服务人员在旅游接待工作中经常遇到民族问题，正确对待和处理这些问题，需要旅游服务人员正确认识和全面了解我国的少数民族的礼仪知识。这里我们只能就那些分布较广、人数相对集中的少数民族之风情民俗作一简单的介绍。

一、满族

满族，是一个历史悠久的民族，其名称是从 17 世纪 30 年代才出现的。其统治者统治中国长达 295 年之久，因而该民族在我国历史上曾占有非常重要的地位。目前满族人大部分聚居在东北三省。虽然由于长期与其他民族杂居，使满族生活习俗有了较大的变化，但在一定程度上仍保留着自己特有的生活习惯。

满族的先世笃信萨满教。萨满教产生于母系氏族社会，萨满地位崇高，是女真语"天使"、"天仆"的意思，是沟通人神之间的中介。随着社会的进步，满族人宗教信仰出现了萨满教、祖先崇拜和佛教并存的局面。

满族男子服饰为长袍马褂、白袜、青鞋，妇女为旗袍，重装饰，于领口、袖头、衣襟处多绣有不同颜色的花边或镶嵌花绦。满族人一年四季都戴帽子，有便帽、礼帽之分。满族最有特色的鞋子是寒冷季节所穿的乌拉鞋，这是一种以牛皮、猪皮等缝制的鞋子，内絮以经捶打而柔软如絮的乌拉草。妇女穿旗鞋，分为平底鞋和高底鞋，其中高底鞋的鞋底中间高出数寸，下端为方形。满族的发式也颇具特色，成年男子的发式为半剃半留式，即将头顶部以前及头部周围之发全剃去，只留头颅后部少量之发，并将余发编成辫子，垂于脑后，而妇女多梳成各种发髻，且配以簪、钗、花针、耳挖、鲜花等饰物，佩戴耳环，不论男女老幼，均佩荷包。

由于满族与汉族的频繁交流，其饮食习惯与汉族有些相似，如喜吃甜食，过节时吃"艾吉格饽"（即饺子），农历除夕时，要吃手扒肉等。它还保留了饽饽、汤子、萨其玛等有本民族特殊风味的食品。满族人忌吃狗肉，也不戴狗皮帽子，这源于"义狗救主"的传说。

满族极重礼节，讲礼貌，平日相见都要行请安礼，若遇长辈，须行请安礼后才能说话，以示尊敬。最隆重的礼节为抱见礼，即抱腰接面礼，一般亲友相见，不分男女均行此礼以表亲昵。家居内一般均设有"万字炕"（即一房西、南、北三面都是土炕），西炕被视为最为尊贵之处，用以供奉祖宗，故不可随意乱坐。每家庭院的影壁后都立有一根四五米高的"索伦杆"，为每年祭祖时所用。挂旗也是满族盛行的一种风俗，"旗"亦叫门笺、窗笺，春节时家家户户都要在门楣上、窗户上贴上旗，有的还贴上对联，以增添节日气氛。

二、朝鲜族

朝鲜族是我国东北地区一个勤劳勇敢、具有悠久历史的少数民族。现在中国境内的朝鲜族是 19 世纪 60 年代由邻国朝鲜陆续迁入我国后形成的，多聚居于吉林延边朝鲜族自治州一带，他们在服饰装扮、生活起居、文体活动等方面都独具特色。

朝鲜族的服饰多沿用李氏朝鲜民间服饰，并有日常服、礼仪服、特殊服（舞蹈、农乐服）之分。朝鲜族女子的日常服为短衣长裙，短衣，朝鲜语称为"羔利"，长度仅及胸部，斜襟以长布带在右肩下方打蝴蝶结；长裙，朝鲜语称为"契玛"，长至脚面。男子的传统日常服为"则羔利"长裤。"则羔利"上衣较女子的要长，袖口也宽；长裤是裤裆肥大、裤腿宽、裤脚紧。"波沈"，是朝鲜族人所穿的传统袜子，用棉布缝成，多为白色。"商木欣"，是朝鲜族妇女穿的传统鞋子，多用木作底、布作帮，形如船，前端回勾翘起。朝鲜族妇女的传统发式有两种，即已婚女人之髻式和未婚女之辫发式。男性头部饰戴传统冠帽，种类繁多。朝鲜族服装的颜色以白色为主，故有"白色民族"之称。

冷面、打糕、泡菜和明太鱼，都是朝鲜族人十分喜爱的食物。另外，他们还有喜吃狗肉的习俗。一种名叫"麻格里"的家酿米酒是朝鲜族常用来招待客人的饮品，味似我国江浙所产的黄酒。朝鲜族不喜欢吃鸭、羊、鹅、肥猪肉和河鱼，虽喜欢吃狗肉，但在婚丧及佳节禁止杀狗和忌食狗肉。陪客人用餐时，主人绝不可以先把匙子放在桌子上，否则被视为严重失礼。

朝鲜族自古就有尊老爱幼、礼貌待人的优良传统习惯。老人在家庭和社会上处处受到人们的尊敬，还有专门为老年人设立的节日，十分隆重、热闹，每年都要举行；在家庭内部，祖辈是最受敬重的，儿孙晚辈都以照顾体贴老人为荣。朝鲜族是一个能歌善舞的民族，尤其是在他们聚居的延边朝鲜族自治州，素有歌舞之乡的美称。每逢节假日和喜庆日，都可以看见朝鲜族群众载歌载舞，欢腾雀跃的活动场面。该民族的歌舞艺术具有悠久的历史传统和十分广泛的群众基础，无论男女老少，不仅都能唱会跳，而且还都酷爱传统体育活动。每逢年节，朝鲜族人民都要举行规模盛大的民族运动会，进行秋千、跳板、摔跤以及足球、排球比赛，最精彩的要数秋千和跳板两个项目，参加者都是本族妇女。

三、蒙古族

我国的蒙古族人民世世代代生活在我国北部的大草原上，大多从事畜牧业。他们的生产、生活与草原、牛羊息息相关。目前蒙古族人民主要聚居于蒙古族自治区和新疆、青海、甘肃、黑龙江、吉林、辽宁等省区。

蒙古族主要信仰喇嘛教，少数信仰天主教、伊斯兰教和道教。祭敖包，是蒙古族每年重要的宗教活动，参加祭祀的青年男女往往借此机会登高游原，相互追逐，诉说衷肠。

蒙古族的服饰中御寒的皮件较多，其传统服饰为大襟长袍、腰带和高筒皮靴。男子喜戴蓝、黑色帽子，通常在腰带的两边佩挂吃肉用的刀，有的还挂火镰、鼻烟壶等，俗称"三不离身"。女子喜欢用红、蓝布缠头。

日常生活中，蒙古族的传统食品分为白食（牛、羊、马的奶制品）和红食（牛、羊等牲畜的肉食品）两种，白食待客是最高的礼遇，因为在蒙古族白色象征着崇高和吉祥，有贵宾到来时，蒙古族人必设整羊席款待之。此外喝奶茶、吃炒米也是蒙古族的饮食习俗之一。

"大年"和"小年"，是蒙古族比较重要的两个节日。"小年"，是在腊月二十三日，又叫"祭灶"，是送火神爷的日子，家家户户要在灶神前烧香、敬贡。蒙古族的"大年"，叫查干萨勒，意为白色的新年。按民族习俗，过"大年"时要拜两次年：一在腊月三十晚上，为辞送旧岁而拜；二在正月初一，为迎接新春再拜。守岁团圆饭和节日盛装，是过"大年"时不可缺少的环节。然而蒙古族的传统盛会与节日，应数每年七八月间举行的"那达慕"大会，其内容包括传统的射箭、赛马和摔跤比赛。届时当地牧民身穿节日盛装，带着蒙古包和各种食物，从四面八方赶去参加，场面十分壮观。

蒙古族是一个非常讲究礼貌的民族。"长者为尊西为大，敬烟敬茶献哈达"即是蒙古族人民礼貌好客的真实写照。同辈相遇都要问好，遇到长辈则首先请安，如果骑在马上，要先下马，坐在车上要先下车，以示尊敬。男子请安，单屈右膝，女子请安则屈双膝。无论何人，对比自己年龄大的都称"您"。蒙古族人特别尊敬老人、长辈和老师。

"敬古壶热"，是蒙古族的一种古老习俗。它同汉族人的握手、西方人的拥抱一样，是普通的相见礼，以表示敬意、友好。"古壶热"就是鼻烟壶，一般都系在腰带上，当知心朋友相见时，两人面对面跪坐，口里叫着"赛拜罗"（你好）！边握手边递给对方自己的"古壶热"，双方交换烟壶，吸过以后再互换回来，以表示礼貌和友善。

蒙古族有很多禁忌。进蒙古包之前要将马鞭放在门外，若带入包内，则被视为对主人的不敬。进门要从左边进，入包后在主人陪同下坐在右边，离包时也要走原来的路线。出蒙古包后，不要立即上马、上车，要走一段路后，再上马、上车。到别人家里做客，不要自己动手，须等候招待。锅灶不许用脚碰，烤火时不要从火盆跨过去，也不要在火盆上烤脚或烤鞋、袜、裤等，否则等于侮辱灶神。见到蒙古包前挂有红布条或缚绳子等记号时，表示这家有病人或产妇，来访者不应进去。牧区的蒙民一般不食鱼、虾等海味和鸡、鸭的内脏及肥猪肉，也不爱吃青菜、糖、醋及过辣或带汤汁的菜肴。

四、回族

回族是回回族的简称，是我国少数民族中散居全国分布最广的民族。回族主要聚居区是宁夏回族自治区，然而全国 2000 多个县、市中，几乎无一不散居着回族。

回族信仰伊斯兰教，又称回教。回族在发展过程中，逐渐与汉族融合，回族人民的服装与汉族基本无异，只是男子在宗教节日等隆重场合、仪式上，仍戴一种无檐白色圆帽，保留了民族特色，俗称"回回帽"或"礼拜帽"。

回族人民最主要的饮食习惯就是不吃猪肉，也不吃马、驴、骡及各种野兽的肉，并忌食一切动物的血和自死之物，他们喜食牛、羊肉及鸡、鸭、鹅等家禽。

回族是一个颇具凝聚力的民族，他们十分注重对民族传统文化的继承与弘扬。回族人民的生活习俗与生活方式等都受到伊斯兰教的影响，回族同胞一出生就要请阿訇起名字，结婚时要请阿訇证婚，且一般是同族通婚，亡故后要请阿訇主持殡葬。一些地方食用的家禽、家畜都要请阿訇诵经后才能宰杀。回族同胞相遇，如同兄弟般亲密友善。

回族每年举行的开斋节、古尔邦节和圣纪节等节日，也与伊斯兰教有关。这三大节日原是伊斯兰教的宗教节日，后逐渐成为回族的传统节日。每逢开斋节，即伊斯兰教历十月一日，回族的穆斯林均要沐浴、盛装，成年男女都要去清真寺参加节日会礼、团拜等活动，各家要炸"油香"（一种传统的油炸面饼，有纪念、庆贺之意），做馓子，用以待客。教历十二月十日，则为古尔邦节（汉译为"宰牲节"），在这一天里，宰牲献祭的风俗得到充分再现，回族群众都要宰杀鸡、鸭、鹅或牛、羊等牲畜，招待来宾或分送亲友，穆斯林们要到清真寺参加节日会礼，以示纪念。而在圣纪节那天，穆斯林要举行圣会，先聚集清真寺诵经纪念，然后会餐，因为这天是伊斯兰教创始人穆罕默德的诞辰日，也是他的忌日，因此这天又称"圣忌"。

除宗教节庆外，回族还有自己的文娱活动，如当地极为盛行的"花儿"民歌演唱形式。它虽有固定内容，但多为触景生情的即兴之作，用于抒发情怀，颇具浓郁的生活气息与地方特色。打木球和斗牛（回族俗称"掼牛"），都是回族的传统活动，也深受广大群众的喜爱。

回族人严格禁止用食物开玩笑，不能用忌讳的东西作比喻，如不能说某某东西像血一样红。禁止在背后诽谤别人或议论他人的短处，外出必须戴帽，严禁露头，平时谈话忌带"猪"字或同音字，居室忌放猪皮、猪鬃等制品；不吃猪肉、狗肉、驴肉、骡肉和自死的动物，不吃动物的血和无鳞鱼，不吃非回民屠宰的牲畜，不食非清真店制作的点心和罐头等。

五、维吾尔族

"维吾尔"，是民族自称，系团结和联合之意。这个古老的民族主要聚居在我国新疆维吾尔自治区，其中有80%的维吾尔族人居住在南疆，他们的衣、食、起居等生活习俗具有独特的民族风格。

维吾尔族在古代信仰过萨满教、摩尼教、景教、祆教（拜火教）和佛教等，12世纪以后主要信仰伊斯兰教，大部分维吾尔族人信仰伊斯兰教中的逊尼派。

维吾尔族人以农业定居为主，其服装主要特色也与之相适应。男子外衣多长过膝、宽袖，无领、无扣，腰部系长带，带中可放食物及零星物品，内衣不开胸，青年人的内衣多缀花边。女子普遍穿连衣裙，外罩西服背心或西服上装，喜爱画眉、染指甲、佩戴项链及耳环、首饰、戒指等。在南疆，妇女外出时除戴帽外，还要蒙上一块白色或棕色的头巾。男女均喜欢穿皮靴，靴上加套鞋，入室后则脱套鞋，以保持室内清洁。他们对衣料选用很讲究，喜爱质料好的衣服，妇女偏爱鲜艳的绸缎。绣花帽是维吾尔族人的标志，男女老幼皆有戴绣花帽的习俗，外出必定戴帽。

维吾尔族人喜爱的主食是抓饭，其次是拉条子、包子，家常主食有馕及各种面食，粗食主要有玉米粥、浓苞谷粥，副食主要有牛、羊肉及各种蔬菜，饮料主要是茯茶，也有喝砖茶的。

在节日或喜庆的日子里，维吾尔族人总是以独具风味的民族食品——手抓饭来招待客人。抓饭是用蔬菜、水果及肉类做成的甜味饭，由于用手抓着吃，故称之为"抓饭"（维吾尔语叫"帕罗"）。烤羊肉串则是维吾尔族最具特色也最出名的风味小吃。此外羊肚、面筋、羊心、羊头、羊蹄等，都是维吾尔族人饮食文化中的佳品。

维吾尔族人待人接物颇重礼貌。他们对长辈非常尊重，走路、说话都让长者先行、先说。入座时，也要让长者坐上座。亲友相见，握手问候，互道您好，然后双手摸须，躬身后退一步，右手抚胸，再问对方家属平安，妇女在问候之后，双手抚膝后退。"给洗手水"，在民间礼尚往来和迎宾待客的社交活动中，是一项不可少的礼仪。主人亲自或特意安排专人向客人抬起的手掌倒水，服侍客人洗手，它一般在宾主寒暄后和进食前进行。

维吾尔族素有歌舞民族之美誉，优美、轻巧、快速、多变的歌舞，是他们文化生活中不可或缺的重要内容。维吾尔族人民最喜爱也是最惊心动魄的体育技艺叫"达瓦孜"，即高空走大绳，要求表演者具有娴熟的技巧和超人的胆量。另一传统游戏"沙哈尔地"也极为流行，这种空中转轮游戏，一般在每年的春秋季节或婚礼时举行，人随着轮子的转动忽高忽低，极为刺激，因而成为受众人欢迎的活动。

维吾尔族禁吃猪、狗、驴、骆驼和鸽子肉，在南疆还禁食马肉，自死的牲畜一律不吃。另外不吃青菜、芹菜、豆腐和虾，炒菜时禁用酱油。吃饭时不能随便拨弄盘中食物，不要剩食物在盘中。衣忌短小，最忌在户外着短裤。睡觉时忌头东脚西或者四肢平伸仰卧，屋内就座时应跪坐，忌双腿直伸、脚掌朝人，也不能当着客人和主人的面吐痰、擤鼻涕等。

六、哈萨克族

哈萨克族具有悠久的历史，主要分布在新疆维吾尔自治区，青海、甘肃两省也有一部分，绝大多数人过着游牧生活。

哈萨克族主要信仰伊斯兰教，属于逊尼派，部分地区则保留了萨满教和祖先崇拜，这对他们社会生活的方方面面都产生了较深的影响。

哈萨克族人一直逐水草而居，其服饰明显反映了牧区生活的特点。牧民主要以皮毛作为衣服的原料，且多用冬羊皮缝制大衣。传统的男子服饰为白色上衣，宽裆裤子，长及腰部的马甲，冬季外穿羊皮大衣，腰束镶有金属花纹的皮带，戴白色圆皮帽，穿毡袜和皮靴，皮带上一般系有小刀，以便随时切肉食用，男子内衣衣领较高、多绣花边，外套西服背心。妇女喜欢穿色泽鲜艳的衣物，胸前多绣有花饰，对花连衣裙情有独钟，夏季她们喜欢穿腰际开衩的花连衣裙，冬季一般外罩对襟棉大衣，她们还穿长马甲、长裤，戴白布盖头，盖头外披白布大头巾，头巾左上端佩戴一件首饰，并戴耳环、戒指、手镯等饰品。无论男女都喜欢穿长腰皮靴，冬天穿毡袜以保暖。

哈萨克族人质朴、诚恳、大方，其热情好客闻名于世。只要听到外面狗叫，便会立即迎出毡房，竭诚款待。

哈萨克族是个非常讲究清洁卫生的民族，有许多良好的卫生习惯是值得推荐的，诸如饭前便后洗手，喜欢冲洗、浇淋而不愿用脸盆、脚盆一类的器皿等。热情好客是哈萨克族人的又一特点。对于所有来访者，他们都会以礼相待。哈萨克族还有许多特有的礼俗，如见面时，或右手抚胸躬身，或握手致意，道一声"夹斯克么"（哈语问好）。在吃东西前，主人会提一把"阿不都瓦壶"（一种长颈铜瓶）请你洗手，对那些用手拿着吃的东西，不能用鼻子去闻等，规矩甚多。

哈萨克族人忌当着主人的面数羊、马的数目，忌跨越拴着牲口的绳子，忌赞美他们的牲口和小孩肥胖，认为这会给孩子和牲口带来不吉利。在哈萨克族人家里做客，忌讳客人坐在床上，坐毡子时要么盘腿、要么跪坐，不能将两腿伸出去，严禁坐在装有食物的储存器具上，绝对不能跨过进餐用的餐巾。此外，忌讳客人在门口下马，更忌讳骑快马到门口下马，因为这意味着报丧或其他不吉利的消息。

七、藏族

藏族发源于西藏境内雅鲁藏布江流域中游地区。它分布于辽阔的青藏高原，主要聚居在西藏自治区以及与它邻接的四川、青海、甘肃和云南等省的部分地区。由于居住在高山地区，藏族的生活习俗多与高山环境有关，又因为大多藏民信奉喇嘛教，故他们的生活习惯等也受到喇嘛教的影响。

藏族普遍信仰的喇嘛教即为藏传佛教，是公元 10 世纪左右在佛教教义的基础上，融入苯教而形成的一个新的佛教宗派。藏族浓郁的宗教气息，不仅表现在八角街大昭寺门前，每时每刻都有虔诚的信徒在那里磕头，而且还表现在随处可见、迎风飘扬的经幡上。

藏族服装的基本特点是肥大、右襟、宽腰、长袖。男子内穿白或红绿绸、布制成的立领衩衫，外罩宽松的免襟长袍，右襟系带，下穿长裤，冬季头戴长檐毡帽。妇女夏天穿无袖长袍，腰系一条色彩艳丽的条纹围裙"邦单"，冬季则穿与男子相同的服装，头戴无檐毡帽。无论男女，穿衣时均习惯于右下方掖入红绿条格相间的腰带内，脚蹬镪鲁长靴。女子喜欢戴由珠宝、金银、玉石、松石、料器等制成的琳琅满目的首饰。男女均蓄发结辫，男子编成独辫盘于头顶或前中盖，妇女成年后梳成双辫或多辫。

藏族的饮食在牧区和农区稍有不同，但吃青稞面、酥油茶和牛羊肉、奶制品的嗜好都是共同的。

献哈达是藏族人民最普遍的一种礼节。在迎接宾客时，将白色的"哈达"（也有浅蓝或淡黄色的）赠送给对方，表示敬意和祝贺。送别时，则常敬青稞酒、唱酒歌，并将"哈达"围在对方的脖子上，同时相互亲切地碰额头，以示眷恋与祝愿。

磕头是藏族常见的礼节，一般是朝觐佛像、佛塔和活佛时磕头，也有对长者磕头的。鞠躬是对长辈或尊者所施之礼，行礼时要脱帽，弯腰45°，帽子拿在手上低放至地。如果对一般人或平辈行鞠躬礼，帽子放在胸前，头略低即可。有时合掌礼和鞠躬礼并用。

藏族的节日很多，藏历年是其中最隆重的传统节日，好似汉族的春节。藏民们一般从藏历十二月初就开始做各种准备，大扫除、酿青稞酒、炸果子，摆上染色的麦穗和酥油花塑的羊头等，一直忙至二十九日晚的团圆饭。按藏族的传统习惯，大年初一不外出，全家团聚举行家庭式的新年仪式，一起喝青稞酒、吃酥油煮熟的人参果，共度新年。过年期间各地都表演藏戏，跳锅庄舞和弦子舞。还要举行角力、投掷、拔河、赛马和射箭等各种比赛活动。另外，雷顿节（也称藏戏节）、沐浴节也都是藏族的传统节日，每年都吸引着数以万计的藏民前去参加。

藏族禁忌较多。凡行人碰到寺庙、金塔、嘛尼堆或龙树时，都必须下马，并遵守从左边绕行的规定，信仰本教的人则从右边绕行。进入寺庙时，忌讳戴眼镜、吸烟、摸佛像、翻经书、敲钟鼓，进入寺庙要肃静，必须就座时，身子要端正，切忌坐活佛的座位，不许在寺庙附近砍伐树木、大声喧哗，不准在附近的水域捕鱼、钓鱼、打猎和随便杀生。不准用单手接、递物品，主人倒茶时，客人要用双手把茶碗向前倾出，以示敬意。不得在藏民拴牛、拴马和圈羊的地方大小便。不得动手摸藏民的头发和帽子。不得用有藏文的纸当手纸或擦东西。进入藏民毡房后，男人坐左边，女人坐右边，不能坐错位置或混杂而坐。藏民家里有病人或产妇的，门前都作标记，外人见到标记切勿进入。藏民一般不吃鱼、虾、蟹等水产品，忌食驴、骡、狗肉等肉类，昌都、甘肃南部、青海等部分地区还不吃鸡和鸡蛋。

八、壮族

壮族，是我国少数民族中人口最多的一个，其中90%以上的人口分布于广西壮族自治区的柳州、百色、河池和南宁地区，少数分布于云南、贵州、广东和湖南等省境内。该民族历史悠久、情趣多样，独具风采。

壮族人传统宗教信仰比较复杂，道教、佛教与其固有的原始宗教相结合，近代又传入天主教和基督教，各教并存，相互影响。在多种信仰中，壮族人主要信仰多神崇拜和祖先崇拜。

壮族服装各地不一。广西西北部，老年壮族妇女多穿无领、左衽的上衣，绣花边、宽脚裤，腰间束绣花的围腰，喜戴银首饰。广西西南部妇女着无领、左衽的黑色上衣，包方形头帕，穿黑色宽脚裤，男子多穿唐装。衣料过去多为自产土布，现多用机织布。壮族妇女的头饰有特殊标志，通过特殊标志可知其婚否，如桂南地区，少女是一条长辫加刘海儿，少妇梳成双辫，中老年妇女则结髻垂于脑后。

壮族与西南地区许多少数民族一样，喜欢吃糯米饭，每逢节日家家户户都要做一种叫"五色饭"的花糯米饭，并且相互馈送，以表祝福。壮族人民在节日里还有做五色蛋的习惯，他们将染成红、黄、紫等五色的熟鸡蛋、鸭蛋或鹅蛋串成一串，挂在孩子们的脖子上，祝愿风调雨顺、五谷丰登。

壮族和别人交谈时从不使用"我"，而是直接把自己的名字说出来，因为他们认为直接讲"我"字是不尊重别人的表现。好客的壮族人还盛行"客至不设茶,唯以槟榔为礼"的习俗。路遇老人,男的称"公公",女的称"奶奶"或"老太太"。路遇客人或负重者,要主动让路,若遇负重的长者同行,要主动帮其代劳并送至分手处。

壮族素来喜爱唱歌,农历三月初三,俗称"三月三",是广西壮族举行歌圩的日子,因而这天被称为歌圩节,"歌圩"是外族人给壮族定的汉名,壮语叫"窝埠坡",意为到田间去唱歌。节日这天,壮族青年男女盛装打扮,云集到山头、旷野或竹林、草坡(现大多选择临时搭的歌台)即兴对唱山歌。歌圩上,歌声此起彼伏,从白天到深夜,整个大地仿佛都沉浸在欢歌笑语的海洋里。在对歌的同时,还举行"还球歌圩"、抛绣球等有特色的活动,借以助兴。

壮族一般不吃青蛙肉,有的地区青年妇女不吃牛肉和狗肉,有的地区忌吃青菜,认为吃了青菜田里会长满乱草。正月初一到初三不可出村拜年,否则会将鬼神带进家中。妇女生孩子头三天(有的是七天),门口挂有草帽、青竹子或贴张红纸,暗示外人不得入内,如不知道贸然闯进,主人必端上酒及狗肉等食物,来人应吃掉,主人才感满意。行商外出忌碗破,新婚出嫁忌打雷。

【阅读材料】

傣族花腰带、傣家菜

傣族人家的女儿到十八岁时必须缠上花腰带,花腰带是母亲用十多年心血亲手缝制而成的。祭龙、赶花街等是傣族很有特色的节日。傣家菜又称"跳菜",素有"春笋不响,吃饭不香"的俗语。傣家菜有各种烧烤,如牛干巴、葱干巴等。逢年过节,每家都会拿出一手好菜,把宴席摆到街心,叫作吃长街菜,丰盛喜庆,热闹非凡。

满族服饰

满族以骑射得天下,男女都执鞭、佩箭,驰骋于山林之间,男人留发梳辫,穿马蹄袖袍褂,系腰带。妇女头顶盘发髻,身穿宽大直筒旗袍,不缠足。时至今日,旗袍已经演绎成为东方妇女服饰之一,并风靡全球。

苗族服饰

苗族服饰种类繁多,黔东南地区服饰以佩戴银饰为主。苗族姑娘胸前大多佩戴硕大的银锁,形状有鱼、蝴蝶、龙等,银饰可以避邪,是带来吉祥幸福的神物。苗家少女清一色佩戴银饰,有的重达八千克左右,造型奇异,做工精致,在中国各民族中堪称一绝。

维吾尔族文化

维吾尔族男子穿的长袍称为"袷袢";女子穿连衣裙,喜爱戴耳环、手镯、项链。维吾尔族妇女以长发为美,未婚少女都梳十几条发辫,婚后一般改为两条。

维吾尔族人能歌善舞,舞蹈轻巧优美,以旋转快速和多变著称。伴奏乐器有弹拨、吹奏和打击乐器数十种之多。"独他尔"和"热瓦甫"是最常用的独奏和合奏乐器,加上用手指敲击的羊皮鼓"达甫",具有浓厚的民族特色。

维吾尔族有许多民间故事、寓言、笑话、诗歌和谚语,并多以口头文字形式代代相传。《阿凡提的故事》更是家喻户晓。《福乐智慧》、《突厥词典》是研究古代维吾尔族历史、文化和语言的重要著作。维吾尔族人民信仰伊斯兰教,清真寺遍布城乡。

综合能力训练

一、任务实训

1. 实训步骤

(1)由教师讲解我国少数民族的饮食习惯、礼貌礼节和禁忌等基本知识。

(2)学生以实训小组为单位,进行情景模拟训练。

(3)同学们可以互相监督并指出不足。

(4)由教师根据每个同学的实训情况进行点评。

2. 实训方法

(1)重点练习:组织少数民族礼仪知识竞赛,拓宽知识面,培养学生主动学习的精神;学习资料搜索与筛选方法;鼓励团体分工及合作。

(2)场景设计:以实训小组为单位组成若干固定人数的小组,于开赛1~2周前进行资料准备和团队分工。要求在开赛当日,各小组选出一名主持人和一名计分员,将准备的资料以选择题或是非判断题等形式呈现在课堂上,由其余小组的成员抢答。答对者小组得分,答错者或抢答者小组扣分,最终按比赛成绩评出名次,有条件的可颁发奖品,题型和题目可由任课教师在赛前作相应指导。

3. 实训准备

(1)一间三面装有镜子的礼仪实训教室,准备椅子、凳子若干张。

(2)书籍、多媒体播放器、音乐 CD 等。

4. 实训时间

实训时间为 120 分钟，其中示范讲解 20 分钟，学生操作 90 分钟，考核测试 10 分钟。

5. 考核评价

（1）评分要求。按百分制记分，学生操作时，指导教师观察学生的操作方法，按照考核要求给学生实训打分。

（2）实训考核表。实训考核表如表 6-2-1 所示。

表 6-2-1　少数民族礼仪考核表

考评人		被考评人	
考评地点			
考评内容		少数民族礼仪考核	
考评标准	内容	分值（分）	评分（分）
	符合少数民族礼仪规范	20	
	团队协作	20	
	知识掌握准确	20	
	表演生动	20	
	整体效果	20	
合计		100	

注：实训考核分为 100 分，60~69 分为及格；70~79 分为中；80~89 分为良；90 分以上为优秀。

二、思考练习

1. 选择题

（1）回族少女戴的披肩盖头为（　　　）。

A. 红色　　　　　B. 绿色　　　　　C. 黑色　　　　　D. 白色

（2）回族已婚女性戴的披肩盖头为（　　　）。

A. 红色　　　　　B. 绿色　　　　　C. 黑色　　　　　D. 白色

（3）回族老妇戴的披肩盖头为（　　　）。

A. 红色　　　　　B. 绿色　　　　　C. 黑色　　　　　D. 白色

（4）回族禁忌不包括（　　　）。

A. 忌吃猪肉　　　B. 忌吃无鳞鱼类　C. 忌说杀字　　　D. 忌喝酒

（5）旗袍是（　　　）的服装。

A. 回族　　　　　B. 壮族　　　　　C. 蒙古旗　　　　D. 满族

（6）食用干鲜瓜果人均每年达到 50~100 千克的少数民族为（　　　）。

A. 回族　　　　　B. 维吾尔族　　　C. 壮族　　　　　D. 彝族

（7）蒙古族的传统盛会是（　　　）。

A. 古尔邦节　　　　B. 那达慕　　　　　C. 圣纪节　　　　　D. 圣诞节

（8）少数民族人数最多的是（　　　）。

A. 回族　　　　　　B. 壮族　　　　　　C. 彝族　　　　　　D. 藏族

（9）请安礼是（　　）的礼节。

A. 回族　　　　　　B. 壮族　　　　　　C. 蒙古族　　　　　D. 满族

2. 简答题

（1）分别简述我国主要少数民族地区的宗教信仰、饮食习惯、礼貌礼节和禁忌。

（2）那达慕大会是哪个民族的节日？通常要举行哪些活动？

（3）回族人主要有哪些禁忌？

（4）参加少数民族活动时应注意什么？

（5）学习少数民族礼仪对于旅游活动有什么意义？

3. 案例分析

案例

被问哭的女导游

在一个旅游团中，导游人员告诉游客关于少数民族的风俗和禁忌，其中讲到摩梭族人因走婚习惯，一般没有父亲，只有舅舅。家庭地位高的是外祖母，其次是母亲和舅舅，如同母系社会。因此游客不能像通常一样摸着小孩的头问：小朋友，你的父亲呢？这样会激怒他们。

可是到了民俗文化村，有一位客人在摩梭人的院落里，一边看着图片，一边自问：他们真的没有父亲吗？没有人应答。这位客人又转向民俗文化村的景点导游，问：他们真的不知道自己的父亲吗？这位导游女士哭了，激动地说道：你才没有父亲呢？

这位客人原本是一位县长，从来没有人跟他这么说话，气得要打这位导游，被其他的客人劝解下来，结果很不愉快。

请思考：

如果你作为这位导游人员，你将如何对待客人的这种问题？

4. 综合训练

以小组为单位在空白的中国地图上用不同色彩分别标出我国主要少数民族的分布情况，并对本地区主要聚居的少数民族同胞的现存状况做一次实地调查。

任务 2　港澳台地区习俗礼仪

【任务目标】

通过本任务的学习，使学生了解港、澳、台地区的习俗礼仪、生活习惯及禁忌，在接待港、澳、台游客时，要根据游客不同的爱好和特点，采取不同的接待服务策略。

【案例导入】

某年夏天，北京的导游员严小姐接待了一个台湾旅游团，该团共 16 人，团员构成复杂，有以前的"国大"代表，有国民党党部前秘书长、台北市警察局局长、台湾农协主任及台大教授、台湾旅游观光局局长等人。

在接待过程中，客人们对政治问题谈论得较多。例如，有人提到新中国成立以后，他的亲属在"文革"期间如何受到迫害，人们如何待他们不公正等。对此，严小姐并没有做正面的解释，而是从历史发展的角度做了简单的说明。她告诉客人，"文革"中的各项政治运动，是在当时的历史条件下产生的，包括国家领导人在内的很多人都受到了冲击，大陆在国家建设和社会经济发展中所取得的成绩是主要的，特别是在改革开放以后，大陆努力保持社会稳定，致力于发展经济和提高人民生活水平，旅游业也得到了高速发展，每年来大陆观光旅游的海外旅游者越来越多，这一点就说明，中国大陆已经发生了巨大的变化。

那些客人历史知识非常丰富，一位台大的教授对于明、清的历史非常熟悉，在参观故宫的过程中，严小姐特意请他讲了嘉靖皇帝杖毙大臣于午门前的历史事件。但因为是在旅游，所以大多数人还是希望听一些野史、趣闻等，如雍正皇帝是否改过即位诏书，乾隆皇帝是否有汉族血统，光绪皇帝是怎么死的等，严小姐便把正史和野史结合起来讲，听了她引人入胜的讲解后，大家都很感兴趣。

生活上，那些客人的标准都很高，但并不挑剔，一切都听从严小姐的安排。整个接待过程都是在轻松愉快中度过的。

问题：通过这个案例，你得到了什么启示？

【任务分析】

香港特别行政区、澳门特别行政区、台湾省同属中华大家庭的一员，但习俗礼仪却各有特色。随着祖国大陆与港、澳、台地区往来的日趋密切，了解港、澳、台地区的习俗，成为旅游服务人员的一门必修课。

【知识讲解】

台湾、香港、澳门是中国不可分割的领土，香港、澳门已回归祖国。在港、澳、台地区生活的95%以上的人口是炎黄子孙，是我们的骨肉同胞，继承、保存着中华民族传统的礼仪习俗，其姓氏称谓、婚丧礼仪、宗教信仰、节令时尚、饮食习惯等基本与广东、福建相似，同时受西方文化的影响，其节庆的形式与内容是中西合璧。

一、简介

在台、港、澳地区95%以上的居民都是炎黄子孙，其中，台湾居民籍贯多在闽、粤两省。

而香港、澳门则以广东籍为主，他们中的绝大多数人，尤其是老一辈人的礼貌礼节在很大程度上继承了中国闽、粤地区的传统习俗。

台、港、澳地区的同胞主要信奉佛教、道教，也有不少人信奉基督教等，另外，妈祖崇拜很盛行。

1. 香港

香港居亚洲"四小龙"之首，素有"东方明珠"的美称，是世界级的金融、贸易和商业中心，也是亚太地区的旅游中心。香港由四个部分组成——香港岛、新界、九龙和离岛。九龙是位于北边港口的半岛，尖沙咀一带是游客聚集的地方。香港岛的面积虽小，仅为78平方千米，却是主要的商业地区，有很多观光旅馆和旅游景点。新界的面积约有980平方千米，相当于香港陆地面积的91%。离岛共包括234个岛屿。

2. 澳门

澳门是世界著名的自由港，位于广东珠江三角洲的南端，距香港西南60千米。它由澳门半岛和氹仔岛、路环岛两个离岸小岛组成。

自开埠400多年以来，澳门一直是中国看世界、世界看中国的一扇窗口。这里既有古色古香的中国传统庙宇，又有庄严肃穆的天主教堂，还有世界著名的娱乐场，它以中西文化融合的独特魅力和优越的地理位置，吸引着世界各地的投资商和观光客。

3. 台湾

台湾自古以来就是我国的神圣领土，它位于我国东南海域，东临太平洋，西隔台湾海峡与福建相望，南靠巴士海峡与菲律宾群岛接壤，北向东海。台湾是我国最大的岛屿，也是中国的"多岛之省"。台湾本岛南北长而东西狭，南北最长达 394 千米、东西最宽为 144 千米，呈纺锤形。台湾海峡是著名的远东海上走廊，战备位置十分重要。

二、礼节礼貌

台、港、澳地区通行的礼节为握手礼。因有些人参禅信佛，故也有见人行"合十"礼和呼"阿弥陀佛"的。台、港、澳同胞在接受饭店服务员斟酒、倒茶时行"叩指"礼，即把手弯曲，以指尖轻轻叩打桌面以示对人的谢意，这种礼节源于"叩头"礼。台、港、澳同胞一般比较勤勉、守时。与他们交往时要注意做到不能使他们觉得丢面子；与他们谈话入正题前要说些客套话，多表示些祖国大陆人民对他们的热情友好和真诚欢迎。

香港人在正式场合下，男士穿西装，女士穿套裙，平时穿着追求个性、时尚、飘逸、多姿多彩。澳门人的衣着，除了比国内时髦以外，没有什么奇特的地方，都不穿凉鞋、水鞋，喜欢穿球鞋、皮鞋。除了正规场合西装革履，平时穿着随意，讲究舒适与时尚。近年来，台湾居民的服饰已逐渐西化，上班时整整齐齐，闲暇时舒适随意，在正规场合，男的西装革履，女的裙裾飘飘，女子多用金银首饰，尤爱金项链。

三、饮食习惯

台、港、澳同胞的饮食习惯和祖国大陆基本相仿，许多人回大陆探亲访友、旅游观光时喜欢吃家乡菜和各地传统的风味小吃，一般喜欢品尝有特色的名菜、名点，爱喝"茅台"一类的名酒，以及"龙井"、"铁观音"等名茶。

香港人的饮食特点：讲究菜肴鲜、嫩、爽、滑，注重菜肴营养成分。口味喜清淡，偏爱甜味。以米为主食，也喜欢吃面食。爱吃鱼、虾、蟹等海鲜及鸡、鸭、蛋类、猪肉、牛肉、羊肉等；喜欢茭白、油菜、西红柿、黄瓜、柿子椒等新鲜蔬菜；调料爱用胡椒、花椒、料酒、葱、姜、糖、味精等。对各种烹调技法烹制的菜肴均能适应，偏爱煎、烧、烩、炸等烹调方法制作的菜肴。对内地各种风味菜肴均不陌生，最喜爱粤菜、闽菜。喜欢鸡尾酒、啤酒、果酒等，饮料爱喝矿泉水、可乐、可可、咖啡等，也喜欢乌龙茶、龙井茶等。爱吃香蕉、菠萝、西瓜、柑橘、洋桃、荔枝、龙眼等水果；干果爱吃腰果等。绝大多数人都使用筷子，个别人也使用刀叉用饭。

澳门人饮食方面，"以中为主，中葡结合"。澳门人与珠江三角洲一带的居民差别不大，也由于澳门长期华洋杂处，其生活习俗在有些方面也是中西混合。澳门人的"吃"文化也是"博大精深"，出于传统习惯和节省时间考虑，澳门人早餐和午餐常用"饮茶"来代替，不过名曰饮茶，事实上澳门人喝茶总少不了各类点心和粥粉面饭。澳门还有不少当地出生的葡人喜爱的食品，如"威虾酱"、"喳咋"和"牛油糕"等。

台湾人在吃上讲究清淡，喜甜味，与祖国大陆江浙一带口味相近，但不同地域、不同人群，在饮食上也各有特色。台湾人的饮食很杂，缺少自己独具的特色，但普遍在吃上很讲究，追求精细与营养。在宴席上不劝酒，让客人随意，但主人喝起酒来还是有量的，很豪爽。

四、节庆习俗

香港、澳门和台湾的节庆如同新中国成立前的内地，注重过中国传统的农历节日，如端午节、春节等。过节时要祭神、祭祖，其形式、规矩讲究较多，当然由于受西方文化的影响，许多人也习惯过西方的圣诞节等节日。

五、禁忌

台、港、澳同胞，尤其是上了年纪的老一辈人在平常的生活中有很多忌讳，比如，他们忌讳说不吉利的话，而喜欢讨口彩，如香港人特别忌"4"字，因广东话中"4"与"死"谐音。又如住饭店不愿进"324"房间，因其在广东话里的发音与"生意死"谐音，不吉利。过年时喜欢别人说"恭喜发财"之类的恭维话，不说"新年快乐"，"快乐"音近"快落"不吉利。由于长期受西方的影响，忌"13"、"星期五"，等等。忌讳别人打听自己的家庭地址，忌讳询问个人的工资收入、年龄状况等情况。给他们不要送钟表，"送钟"是死亡的象征；在台湾不要送剪刀或其他锐利的物品，它们象征断绝关系。台湾人禁用手巾赠人，因在台湾是给吊丧者的留念，意为让吊丧者与死者断绝往来，故台湾有"送巾断根"或"送巾离别"之说。禁用扇子送人，有"送扇，无相见"之说。禁用雨伞送人，因在台湾，"伞"与"散"同音，"雨"与"给"同音，"雨伞"与"给散"同音，故拿伞送人，会引起对方误会。禁用甜果送人，因甜果是民间逢年过节祭祖拜神之物，送甜果会使对方有不祥之感。

【阅读材料】

澳门人的年俗

澳门年俗，别有风情。"谢灶"是澳门保存下来最传统的中国年俗之一。腊月二十三日送灶神，澳门人谓之"谢灶"。澳门人按中国传统在当日给灶神用灶糖，用糖糊住灶神之嘴，免得其到玉帝面前说坏话。

澳门人过年是从腊月二十八日开始的。腊月二十八日在粤语中谐言"易发"，商家老板大都在这天晚上请员工吃"团年饭"，以示财运亨通，吉祥如意。澳门的年味从腊月二十八这天便能真切地感受到。

除夕之夜，守岁和逛花市是澳门人辞旧迎新的两件大事。守岁的主要活动有打麻将、看电视、叙旧聊天等，以共享天伦之乐；如今，澳门人在年宵期间还会争相购买一些吉祥的花木迎接新春。澳门在年宵兴办花市，多是桃花、水仙、盆竹、盆橘，花开富贵，竹报平安，鲜花瑞木预示着新年的美好前程。

春节这天，澳门人讲究"利是"，即红包。这天老板见到员工、长辈见到晚辈，甚至已婚人见到未婚人都得发利是。澳门人把大年初二叫作"开年"，习俗讲究吃"开年"饭，这餐饭必备发菜、生菜、鲤鱼，意在取其生财谋利路。从"开年"这天起，三天内澳门政府允许公务员"博彩"（赌博）。"开年"过后直至元宵佳节，澳门人都会燃放烟花爆竹，玩龙舞狮，欢度春节。

综合能力训练

一、任务实训

1. 实训步骤

（1）由教师讲解我国港澳台地区的宗教信仰、饮食习惯、礼貌礼节和禁忌等基本知识。

（2）学生以实训小组为单位，进行情景模拟训练。

（3）同学们可以互相监督并指出不足。

（4）由教师根据每个同学的实训情况进行点评。

2. 实训方法

（1）以实训小组为单位，去图书馆或上网分别查询港、澳、台地区的民俗礼仪和禁忌，课上进行交流。

（2）模拟接待港、澳、台地区的游客。由学生分别扮演旅游接待人员、港澳台地区的游客。

（3）同学针对这些地区的习俗礼仪和禁忌，指出表演的优劣，并总结旅游服务人员应如何做好港、澳、台地区游客的接待服务工作。

3. 实训准备

（1）一间三面装有镜子的礼仪实训教室，准备椅子、凳子若干张。

（2）书籍、多媒体播放器、音乐 CD 等。

4. 实训时间

实训时间为 120 分钟，其中示范讲解 20 分钟，学生操作 90 分钟，考核测试 10 分钟。

5. 考核评价

（1）评分要求。按百分制记分，学生操作时，指导教师观察学生的操作方法，按照考核要求给学生实训打分。

（2）实训考核表。实训考核表如表 6-2-2 所示。

表 6-2-2　港、澳、台地区礼仪考核表

考评人		被考评人	
考评地点			
考评内容		港、澳、台地区礼仪考核	
考评标准	内容	分值（分）	评分（分）
	符合礼仪规范	20	
	团队协作	20	
	知识掌握	20	
	表演准确	20	
	整体效果	20	
合计		100	

注：实训考核分为 100 分，60~69 分为及格；70~79 分为中；80~89 分为良；90 分以上为优秀。

二、思考练习

1. 填空题

（1）台、港、澳同胞主要信奉_____、_____，也有不少人信奉基督教等，另外，妈祖崇拜很盛行。

（2）_____居亚洲"四小龙"之首，素有"东方明珠"的美称，是世界级的金融、贸易和商业中心，也是亚太地区的旅游中心。

（3）香港由四个部分组成：香港岛、_____、九龙和_____。

（4）港、澳、台同胞在接受饭店服务员斟酒、倒茶时行_____，即把手弯曲，以指尖轻轻叩打桌面以示对人的谢意，这种礼节源于"叩头"礼。

2. 简答题

（1）分别简述港、澳、台同胞的宗教信仰、饮食习惯、礼貌礼节和禁忌。

（2）接待港、澳、台地区客人时，导游在讲解方面应注意哪些问题？

3. 案例分析

案例

"狗不理"的尴尬

一个天津人拜师学艺，学会了做"狗不理"包子的绝活。他邀请几个朋友合伙，凑足资金，取得了"狗不理"包子的代理权，到香港去开店，店开了几个月，生意很清淡。

这位天津人心里很纳闷，对伙伴说："这么有名的'狗不理'包子，在其他地方都得排队买，在这里却卖不动，香港人真是不识货。"

为了扩大声誉，他还遣专人散发传单，并在报纸上登了广告，但收效甚微，最后只得关门了事。

思考讨论题：

"狗不理"在香港失利的原因是什么？

项目三

宗教习俗与礼仪

中国是一个多种宗教并存的国家，主要有佛教、道教、伊斯兰教、基督教等。特别是佛教和道教，在长期传播过程中对我国历史、文化、艺术的发展有较深的影响。另外，还有少量的东正教信徒，主要分布在我国黑龙江省和新疆维吾尔自治区。

我国宪法规定："中华人民共和国公民有宗教信仰的自由"、"国家保护正常的宗教活动。"所以，对待宗教的正确态度就是要遵守宪法的规定，尊重教徒的宗教信仰，不干涉正常的宗教活动，对于外宾的宗教信仰更不能非议。

任务 1　佛教的礼俗和特殊禁忌

【任务目标】

宗教是一种文化，在旅游活动中，我们要尊重不同宗教的游客朋友，熟悉了解佛教的基本知识，把服务工作做得更贴切、周到，显示我国人民"有朋自远方来，不亦乐乎"的真挚情感。

【案例导入】

凤凰卫视的著名主持人吴小莉有过这样一次经历：一天她接到紧急通知，要立即到泰国王宫进行采访。因为等了很久才获得这样的机会，所以她十分兴奋。

可等到了王宫，她才发现自己是光着脚穿着凉鞋。泰国是著名的佛教国家，非常重视礼法，按照规定，凡进入泰国王宫者必须穿着规矩，不能穿着露脚趾的凉鞋，怎么办？情急之下，全体摄制组成员一起努力，想尽办法，最后找到两块布把两只脚包了起来，才使这次采访得以顺利进行。

佛教的禁忌中有这样一条：非佛教徒进入寺庙，衣履要整洁，不能着背心、打赤膊、穿拖鞋。"宗教无小事。"尊重宗教禁忌，是保持人际关系和谐与民族团结的重要条件。对于这些禁忌，我们要充分认识并高度尊重，以免引起不必要的误解和反感。

问题：吴小莉为什么到了王宫才发现自己光着脚？

【任务分析】

了解佛教的一般知识、礼仪和禁忌是在旅游接待与交际活动中，帮助我们了解世界各国人民精神生活和日常生活习俗的一把钥匙，也是在旅游接待服务中对客人尊重和友好的表示。

【知识讲解】

佛教是世界三大宗教中创立最早，也是最早传入我国，迄今已有 2000 多年的历史。全世界约有三亿佛教信徒，分布在 86 个国家和地区，主要是在亚洲，中国可以说是佛教的第二故乡。佛教在长期的传播发展过程中形成了各具地区和民族特色的教派，确立了佛教各派共同承认的基本教义和佛教徒共同遵守的礼仪习俗和节日。

一、佛教的起源

1. 佛教的创立与发展

佛教起源于公元前六世纪至五世纪的古印度迦毗罗卫国（今尼泊尔南部），相当于我国的春秋时代，距今已有 2500 多年的历史。佛教的创始人释迦牟尼，原姓乔达摩，名悉达多，佛教徒尊称其为释迦牟尼，意为"释迦族的圣人"。他大约生于公元前 565~前 563 年之间，差不多与我国的孔子是同时代人。相传他是北印度迦毗罗卫国净饭王的王子，在 29 岁时出家修行，35 岁悟道成佛，创立佛教。

佛教的发展分为四个阶段，即原始佛教时期（公元前 6~前 4 世纪中叶）、部派佛教时期（公元前 4~前 1 世纪中叶）、大乘佛教时期（公元 1~7 世纪）和密乘佛教时期（公元 7~12 世纪）。

2. 佛教的传播

公元二世纪，佛教开始由古印度向境外传播，它的传播线路主要分为三条：南传佛教、北传佛教、藏传佛教。

南传佛教从古印度向南传入尼泊尔、缅甸、泰国、柬埔寨、斯里兰卡等国家及中国西南的傣族等少数民族地区。南传佛教主要是小乘上座部佛教，其经典是用巴利文编纂的，故亦称巴利文语系佛教。

北传佛教从古印度向北传入中国，再由中国传入朝鲜、日本、越南等国。北传佛教主要是大乘佛教，其经典大多数是从中亚诸民族文字和印度梵文陆续翻译成汉文，因而被称为汉语系佛教。

藏传佛教主要从印度向北传入尼泊尔，过喜马拉雅山，传入我国西藏地区，再由西藏传入我国内地、蒙古和西伯利亚地区，以大乘佛教为主，其经典大多数是从中亚诸民族文字和印度梵文陆续翻译成藏文，因而被称为藏语系佛教。

佛教传入中国后在与中国固有文化相融合的过程中，逐步形成了诸多具有中国特色的佛教宗派，主要分为汉地佛教和藏地佛教两种。汉地佛教盛行于内地，佛教早在公元二年（西汉哀帝元寿元年）传入我国内地，后经魏晋南北朝的发展，在我国扎根，到隋唐时达到鼎盛，并且逐步形成了各种佛教宗派，诸如天台宗、三论宗、法相宗、净土宗、律宗、华严宗、密宗、禅宗等，并形成了五台山、峨眉山、普陀山、九华山四大佛教圣地。藏地佛教盛行于西藏地区，公元七世纪左右佛教传入西藏地区并吸收了当地原始宗教苯教的一些神祇和仪式，经过漫长曲折的发展，形成众多教派。现在藏传佛教的四大教派是宁玛派（红教）、噶举派（白教）、萨迦派（花教）和格鲁派（黄教），其中格鲁派经过明清两朝的大力支持，成为藏传佛教的正统派，至今在西藏人民的生活中仍发挥着重要的作用。

二、佛教常识

1. 教义

佛教的基本教义是"四圣谛"、"八正道"、"十二因缘"、"三法印"和"因果报应"。

（1）"四圣谛"。"四圣谛"是佛教各派共同承认的基本教义。所谓"谛"，即真理的意思，它包括苦谛、集谛、灭谛和道谛。"四圣谛"是佛教最基本的人生观和解脱观，苦、集二谛说明人生的本性及其形成的原因；灭、道二谛指明人生解脱的归宿和解脱的手段及方法。

（2）"八正道"。"八正道"是把"四谛"进一步具体化，指出了达到"涅槃"境界的八种途径和方法。这八种方法是正见（正确的见解）、正思（正确的思维）、正语（正确的语言）、正业（正确的行业）、正命（正确的生活）、正精进（正确的努力）、正念（正确的意念）、正定（正确的禅定）。

（3）"十二因缘"。"十二因缘"亦称"十二缘生"，是苦、集二谛的延伸，其主要内容是分析苦因和论述三世轮回。

（4）"三法印"。"三法印"是佛教教义最集中的体现和概括，即"诸行无常"（世界万物变化无常）、"诸法无我"（万物都是由各种因缘和合而成的，没有独立的实体存在）和"涅槃寂静"（跳出轮回之苦，达到忘我境界）。

（5）"因果报应"。佛教观点认为，人生涉历过去、现在、未来三世，现世的果必然有过去世的因，现世的因必将引出未来世的果。过去的一生行为，决定今世一生的状况；今世一生的行为，决定来世一生的状况。这其中的循环与因果关系称为"因果报应"。

2. 经典

佛教的经典总集称大藏经。"大"这里是一种褒义，表示佛经的经典无所不包。它由三大部分组成，即经、律、论三藏，故又称"三藏经"，其中，经藏是以佛祖释迦牟尼的语气叙述的典籍；律藏是佛祖为约束佛教徒的言行而制定的种种清规戒律；论藏则是历代佛教学者阐释佛经和阐发各宗各派学说的论著。主要佛经有《大般若波罗蜜多经》、《金刚经》、《妙法莲华经》、《观音经》、《大方广佛华严经》。藏传佛教大藏经称为《甘珠尔》和《丹珠尔》。《甘珠尔》意为佛语部；《丹珠尔》意为论部。

3. 标记

佛教的旗帜或佛像的胸间，往往有"卍"的标记。这个标记唐朝武则天将其定音为"万"，意为太阳光芒四射或燃烧的火，后来作为佛教吉祥的标记，以表示吉祥万德。佛教的标记也往往以法轮表示。因为佛之法轮如车轮辗转可摧破众生烦恼。

4. 供奉对象

佛教的供奉对象有佛（意为"觉他、觉行圆满者"）、菩萨（意为"自觉、觉他者"）、罗汉（意为"自觉者"）及护法天神者等。

三、佛教的主要礼仪

1. 称谓

佛教的称谓多属中印合璧，不仅特殊，而且颇具神秘色彩。在社会各界人士与佛教徒的交往日益增多的过程中，由于对佛教称谓缺乏了解，往往造成一些不必要的混乱和隔膜。因此旅游接待人员，尤其是导游人员了解和掌握这些称谓的不同，能准确地说出他们的称谓，在接待工作中是非常必要的。

佛教的教制、教职在各国不尽相同，称谓也不完全一致。在我国寺院中的主要负责人称"住持"或"方丈"，负责处理寺院内部事物的称"监院"，负责对外联系的称"知客"，他们可被尊称为"高僧"、"长老"、"大师"、"法师"等。

佛门弟子依受戒律等级的不同，可分为出家五众和在家两众。出家五众是指沙弥、沙弥尼、式叉尼、比丘、比丘尼。在家两众是指优婆塞和优婆夷。佛教徒中出家的男性称"比丘"，简称"僧"，俗称"和尚"；出家的女性称"比丘尼"，简称"尼"，俗称"尼姑"。"僧"、"尼"，亦可尊称"法师"、"师太"。不出家而遵守一定戒律的佛教信徒称"居士"，可尊称为"护法"、"施主"等。凡出家的佛教徒必须剃除须发，披上袈裟，称为"披剃"。僧尼一经"披剃"，即入住寺院，开始过与世俗隔绝的生活。

2. 佛事仪式

佛教的佛事，又称法事，是佛教的宗教活动。它有一整套的固定仪式，为僧尼修行的主要有受戒、顶礼、功课等，为信徒、施主等修福的有佛诞法会、水陆法会等。在寺院中所举行的佛事，要以水陆法会为最盛大，以焰口施食为最经常。

（1）受戒。受戒是佛教徒接受戒律的仪式。受过戒的佛教徒应自觉遵守佛教的各种戒律。应遵守的戒律有三皈五戒、十戒和具足戒。

1）三皈五戒。三皈，即在家的男子教徒进入佛门时的一种仪式。在家男子进入佛门时必须求一位法师为他授皈依法。如果举行正式的三皈五戒，须两个小时左右。此外还要受五戒，五戒指第一不可杀生；第二不可偷盗；第三不可邪淫；第四不可饮酒；第五不可妄语。佛教徒受了三皈五戒之后方能称为"居士"。

2）十戒。十戒是指沙弥、沙弥尼所受的十条戒律。沙弥、沙弥尼是指七岁以上、20岁以下受过十戒的出家男子和女子，汉族地区普遍称小和尚和小尼姑。十条戒律除了五戒之外，还应不装饰打扮、不视听歌舞、不坐高广大床、不食非时食、不蓄金银财宝。

3）具足戒。具足戒又叫"比丘戒"、"大戒"。当沙弥年满20岁时，举行仪式，授予"具足戒"。信徒受具足戒后，才能取得正式的僧尼资格。

（2）顶礼。顶礼为佛教最高礼节，即向佛、菩萨或上座所行的礼节。行顶礼时双膝跪下，两肘、两膝和头着地，而后用头顶尊者之足，故称"顶礼"。出家的教徒对佛像必须行顶礼，表示恭敬至诚，这就是俗语说的"五体投地"。

（3）功课。在寺庙里，僧尼每天的必修课为朝暮课诵，又名早晚功课，或是五堂功课。寺庙一般在早上4：00就打催起板（起床号令），僧尼盥洗完毕，齐集在大雄宝殿，恭敬礼佛，端坐蒲团，听候大钟大鼓结束声。随后即起，随众念诵早课楞严、火悲、十小咒、心经等，这是二堂功课。晚课在下午4时左右，僧尼立诵弥陀经和跪念八十八佛忏悔文、发愿、回向、放蒙山，这是三堂功课。回向的意思就是将自己念诵的功课回归向往，使大众都能亲证佛果。社会上流行的"晨钟暮鼓"成语，就是由佛教寺庙里的早晚功课而来的。

（4）水陆法会。水陆法会全名为"法界圣凡水陆普度大斋盛会"，也称"水陆道场"。因其超度水陆一切鬼魂、普度六道众生，故称之。少则七天，多则49天。

（5）佛诞法会。佛诞法会是佛教中最大的节日，时间是每年的四月初八。在这一天要举行"浴佛法会"。相传释迦牟尼出世后即会行走，东西南北各走七步，步步生莲花，右手指天，左手指地说："天上地下，唯我独尊"。随后空中天女散花，异香馥郁，并有九龙喷出香水为佛祖浴身。

3. 佛教的礼节

（1）合十。"合十"是佛教徒的普通常用礼节，亦称合掌。施礼时双手手心相对合拢，手指向上，专注一心，口念"阿弥陀佛"，以示尊敬。一般教徒在见面时，多施合十礼。参拜佛祖或拜见高僧时要行跪合十礼，行礼时，右腿跪地，双手合掌于眉心中间。

（2）南无。南无念"那摩"，是佛教信徒一心归顺于佛的致敬语。常用来加在佛、菩萨名或经典题名之前，以表示对佛、法的尊敬和虔信。"南无"意思是"把一切献给××"或"向××表示敬意"。如称南无阿弥陀佛，则表示对阿弥陀佛的致敬和归顺。

（3）忏悔。佛教理论认为，只有心身清净的人才能悟得正果。但是世间是污浊的，即使出家人也可能随时身遭"垢染"，影响自己的功德。然而信徒不必因此而担心，因为通过忏悔可灭除以往所有的罪过。

4. 葬仪

佛教的僧侣去世后一般实行火葬，其遗骨或骨灰被安置在特制的灵塔或骨灰瓮中。普通的佛教徒去世后，则实行天葬或水葬。佛教信徒死后，每年的祭日要由其家人为之举行祈祷冥福的追荐会，并发放布施。

四、佛教的主要节日

佛教的节日，在不同教派、不同地区都有所不同。

1. 佛诞节

在南传佛教盛行的东南亚国家如斯里兰卡、缅甸、泰国等，根据上座部的传说，以四月十五日为佛诞生日，同时也是佛成道日、佛涅槃日。佛成道以后，到鹿野苑为五比丘开始说法，经过49天，即六月初四日为佛初转法轮日。这天，佛教徒应到寺院旋绕佛塔。佛诞生后七天，佛的生母摩耶夫人便逝世而生在兜率天。传说佛成道后，曾经有一年到兜率天安居，为生母说法三个月，然后由天上从三道宝阶下来人间，这便是九月二十二日。这天称为"天降节"，各寺也要举行纪念仪式。

2. 法会

在藏传佛教盛行的我国藏蒙地区，除了以四月十五日为佛的诞生日、成道日、涅槃日外，西藏拉萨"三大寺"僧众及各地佛教徒，还在藏历正月初三至二十四日举办"传大召"（意为大祈愿）法会。法会期间进行辩经，考选藏传佛教最高学位——格西。并于二月下旬举办规模略小的"传小召"法会，选拔二等格西。

3. 浴佛节和盂兰盆节

汉传佛教最大的节日，在一年之中有两个，一是四月初八的"浴佛节"，一是七月十五日的"盂兰盆节"。此外，还有诸佛菩萨的圣诞及纪念日。遇到以上节日，僧人将在有关殿堂做法事、念佛号或举行其他纪念仪式。

五、佛教的禁忌

1. 僧尼戒规

佛教规定其弟子在日常生活和行为方面都要遵守"四威仪"和"十重戒"。

"四威仪"是指僧尼的行、站、坐、卧应该保持的威仪德相，不容许表现举止轻浮，一切都要遵礼如法。所谓"行如风、站如松、坐如钟、卧如弓"，就是僧尼应尽力做到的。这是因为所受"具足戒"戒律上对行、住、坐、卧的动作都有严格的规定，如果举止违反规定，就不能保持其威严。

"十重戒"即戒杀生、偷盗、淫欲、妄语、饮酒、说过罪、自赞毁他、悭、嗔、谤三宝。此外，饮食戒有三项，着装戒有一项。

（1）过午不食。按照佛教教制，比丘每日仅进一餐，后来也有进两餐的，但必须在午前用毕，过午则不能进食。这是佛教中对僧尼的一个戒条，叫"过午不食戒"。在东南亚一带，僧尼和信徒一日两餐，过了中午不能吃东西，午后只能喝白开水。我国汉族地区因需要自己在田里耕作，体力消耗较大，晚上非吃东西不可，所以少数寺庙里开了"过午不食戒"，但晚上所吃的东西称为药食。然而，在汉地寺庙的僧尼中，持"过午不食戒"的人仍不少。

（2）不吃荤腥。荤食和腥食在佛门中是两个不同的概念。荤专指葱、蒜、辣椒等气味浓烈、刺激性强的东西。因为吃了这些东西不利于修行，所以为佛门所禁食。腥则指鱼、肉类食品。东南亚国家僧人多信仰小乘佛教，或者到别人家托钵乞食，或是由附近人家轮流送饭，无法挑食，所以无论素食、肉食，只能有什么吃什么。我国大乘佛教的经典中有反对食肉的条文，汉地僧人是信奉大乘佛教的，所以汉族僧人和很多在家的居士都不吃肉。在我国蒙藏地区，僧人虽然也信奉大乘佛教，但是由于气候和地理原因，缺乏蔬菜，所以食肉。但无论食肉与否，大小乘教派都禁忌荤食。

（3）不喝酒。佛教徒都不饮酒，因为酒会乱性，不利于修行，所以严格禁止。

（4）不着杂色衣。佛教戒律规定，佛教僧人只能穿染衣，不能用杂色。不过现在佛教僧人的服装颜色也有变化，分不同场合，也用黄色、赤色等颜色。

2. 其他禁忌

（1）交往禁忌。佛教徒内部不用握手礼节，不要主动伸手与僧众相握，尤其注意不要与出家的尼众握手。非佛教徒对寺院里的僧尼或在家的居士行礼，以合十礼为宜。

（2）行为禁忌。佛寺历来被佛教视为清净圣地，所以，非佛教徒进入寺庙时，衣履要整洁，不能着背心、打赤膊、穿拖鞋。当寺内要举行宗教仪式时，不能高声喧哗以及做出其他干扰宗教仪式或程序的举动。未经寺内执事人员允许，不可随便进入僧人寮房以及其他不对外开放的坛口。另外，为保持佛门清净，严禁将一切荤腥及其制品带入寺院。

（3）祭拜禁忌。入寺拜佛一般要烧香，这是为了袅袅香烟扶摇直上，把诉诸佛的"信息"传递给众佛。但在拈香时要注意香的支数，由于佛教把单数看成吉数，所以烧香时，每炷香可以有很多支，但必须是单数。

（4）国别禁忌。在缅甸，佛教徒忌吃活物，有不杀生与放生的习俗。忌穿鞋进入佛堂与一切神圣的地方。他们认为制鞋用的是皮革，是杀生所得，并且鞋子踏在脚下是肮脏的物品，会玷污圣地，受到报应。

在日本，有佛事的祭祀膳桌上禁忌带腥味的食品，同时忌食牛肉。忌妇女接触寺庙里的和尚，忌妇女送东西给和尚。在泰国，佛教徒最忌讳别人摸他们的头。即使是大人对小孩的抚爱也忌讳摸头顶，因为按照传统的佛俗认为头部是最高贵的部位，抚摸或其他有关接触别人头部的动作都是对人的极大侮辱。同时还忌讳当着佛祖的面说轻率的话。

佛教徒购买佛饰时忌说"购买"，只能用"求租"或"尊请"之类的词，否则被视为对佛祖的不敬，会招来灾祸。在中国，佛教徒忌别人随意触摸佛像、寺庙里的经书、钟鼓以及活佛的身体、佩戴的念珠等被视为"圣物"的东西。

流行于傣、布朗、德昂等少数民族中的"南传上座部佛教"另有一些禁忌。如在德昂族中，在"进洼"（关门节）、"出洼"（开门节）和做摆（庙会）等宗教祭日里，都要到佛寺拜祈三天，忌讳农事生产；进佛寺要脱鞋；与佛爷在一起时，忌吃马肉与狗肉；妇女一般不能接触佛爷，也不能与佛爷谈话。德昂族传说"活佛"飞来时先落于大青树上，然后才由佛爷请进佛寺，故视大青树为"神树"，忌砍伐。

【阅读材料】

游览寺庙的四大禁忌

1. 忌称呼不当

对寺庙的僧人应尊称为"大师"、"法师"；对道士应尊称为"道长"；对住持僧应尊称为"长老"、"方丈"、"禅师"；对喇嘛庙中的僧人应尊称为"喇嘛"，即"上师"之意。

2. 忌礼节失当

与僧人见面的行礼方式为双手合十，微微低头，或单手竖掌于胸前，头略低，忌用握手、拥抱、摸僧人头部等不当之礼节。

3. 忌谈吐不当

与僧人、道人交谈，不应提及杀戮之词、婚配之事以及食用腥荤之言，以免引起僧人反感。

4. 忌行为举止失当

游览寺庙时不可大声喧哗、指点议论、妄加嘲讽或随便乱走，不可乱动寺庙之物，尤忌乱摸乱刻神像、随意拍照。如遇佛事活动，应静立默视或悄然离开。同时也要照看好自己的孩子，以免因孩子无知而做出失礼的事。

寺庙上香礼仪

到寺庙上香，主要应注意以下几点：

1. 进寺院

进寺院要从左往右绕，不可从右往左绕，这叫右绕塔寺。

2. 进大殿

进大殿若往左进，应抬左脚进门；若往右进，应抬右脚进门。不可在正中间拜佛，因为大殿里中间的拜垫是寺院方丈或当家师、法主用的，其他人不可用。

3. 进殿堂

进殿堂不可在正中间问寻（即鞠躬），而应到两侧进行。因为中间只允许方丈及当家师问寻。

4. 烧香

最好在寺院殿堂外面的大香炉烧香，因为寺院大多数使用木料建筑，在殿堂里烧香，如有不当会烧坏寺院物品。在寺院里，每个殿堂都会有"香灯师"，有什么事情也可问"香灯师"。

以上是到寺院拜佛上香应注意的礼仪。至于供品，一般供一些水果及鲜花即可，随个人所愿，只要不是酒、肉、葱、蒜之类就行。如有其他不明之处，可到寺院的客堂找"知客法师"，他会给你解答。

世界宗教的主要特征

第一，世界宗教所树立的神圣崇拜对象，都冲破了民族和国家的界限，能够为不同民族和国家的人们所接受。基督教的上帝、伊斯兰教的安拉、佛教的佛是不分民族而保护一切生灵的神，他们被尊为整个宇宙的唯一的神，而不是某个民族某个地区的神，所以就可能被所有民族所接受。这样的神不会因为一个民族的衰亡而衰亡。

第二，在宗教礼仪上，世界宗教比各种地区性的民族宗教有显著的进步。首先，它们的宗教礼仪简单易行，可以为许多不同民族的人所实行。其次，它们在礼仪上更带有文明的色彩，抛弃了自我残害、人祭等野蛮、疯狂的形式，能为大多数人所接受。

第三，世界三大宗教不但具有庞大的宗教组织机构，还有等级制度。这对于巩固和发展宗教势力起到了组织上的保证作用。

佛寺音乐——佛曲

佛教作为一种宗教，也有其艺术表现形式。人们有时进入寺庙，能听见梵曲或佛曲，能看见佛像雕塑，这就是佛教艺术中的音乐、绘画和雕塑。

佛曲是佛教徒在举行宗教仪式时歌咏的曲调。我国汉族地区佛曲的发展是由梵呗开始的。梵呗是模仿印度的曲调创为新声，用汉语来唱歌。由于隋代与西域交通的发展，西域的佛教音乐也随之传入中原。

陈旸所撰《乐书》卷159有"胡曲调"，其中记录唐代乐府曲调有：《普光佛曲》、《弥勒佛曲》、《日光明佛曲》、《释迦牟尼佛曲》、《阿弥陀佛曲》、《观音佛曲》等，共有26曲。自从元朝南北曲调盛行之后，佛教的歌赞也全采用南北曲调。现在通行的佛教音乐中所用的南北曲调近200曲。一般用六句赞，曲调是"华严会"。

综合能力训练

一、任务实训

1. 实训步骤

（1）由教师讲解佛教礼仪习俗和禁忌等基本知识。

（2）学生以实训小组为单位，进行情景模拟训练。

（3）同学们可以互相监督并指出不足。

（4）由教师根据每个同学的实训情况进行点评。

2. 实训方法

（1）在教师指导下，将全班学生分为三个小组，进行佛教场所考察。

（2）考察结束后，教师在课堂上用两学时的时间，供三个小组的学生进行相互交流，包括资料交流和心得体会交流，最后由教师进行总结。

3. 实训准备

纸、笔、数码相机、摄像机、书籍、多媒体播放器等。

4. 实训时间

学生课前做考察，实训时间为120分钟，其中示范讲解20分钟，学生交流90分钟，考核测试10分钟。

5. 考核评价

（1）评分要求。按百分制记分，学生操作时，指导教师观察学生的操作方法，按照考核要求给学生实训打分。

（2）实训考核表。实训考核表如表6-3-1所示。

表 6-3-1 佛教礼仪考核表

考评人			
考评地点			
考评内容		佛教礼仪考核	
考评标准	内容	分值（分）	评分（分）
	符合礼仪规范	20	
	团队协作	20	
	知识掌握	20	
	表演准确	20	
	整体效果	20	
合计		100	

注：实训考核分为100分，60~69分为及格；70~79分为中；80~89分为良；90分以上为优秀。

二、思考练习

1. 选择题

（1）佛教的创始人是（　　）。

A. 释迦牟尼　　　B. 老子　　　　　C. 耶稣　　　　　D. 穆罕默德

（2）方丈是称呼（　　）。

A. 负责处理寺院内部事务的人　　　B. 负责对外联络的人

C. 住持的和尚　　　　　　　　　　D. 修行水平较高的和尚

（3）下列（　　）不属于佛教称谓。

A. 论师　　　　　B. 方丈　　　　　C. 道长　　　　　D. 监院

（4）涅槃是（　　）的要求内容。

A. 苦谛　　　　　B. 集谛　　　　　C. 灭谛　　　　　D. 道谛

（5）"本性都是苦"，这是（　　）的要求内容。

A. 苦谛   B. 集谛   C. 灭谛   D. 道谛

（6）佛教的经典是（　　）。

A.《三藏经》   B.《旧约》   C.《道德经》   D.《古兰经》

2. 简答题

（1）简述佛教的主要礼仪与禁忌。

（2）学习了佛教礼仪后，你最大的感受是什么？

3. 案例分析

案例

触犯佛教禁忌的导游

小刘刚毕业，经过面试进入了当地一家非常知名的旅行社工作，经理让她独立带了一个来自东南亚国家的旅游团。尽管小刘经过了精心的准备，讲解非常认真，但还是遭到了该团的投诉。原来，该团很多成员信奉佛教，小刘在讲解当地特色食品时，多次提到宰杀活鱼、活鸡，使该团游客很是反感。

请思考：

这个案例给了你什么启示？

任务 2　基督教的礼俗和特殊禁忌

【任务目标】

宗教是一种文化，在旅游活动中，我们要尊重不同宗教的游客朋友，熟悉了解基督教的基本知识，把服务工作做得更贴切、周到，显示我国人民"有朋自远方来，不亦乐乎"的真挚情感。

【案例导入】

多年前，在法国的一个火车站，有一位年轻的大学生穿着非常流行的衣服，腋下夹了一堆杂志，跳上火车车厢以后便找了一个比较舒服的位置坐了下来。然后他看了一下四周的乘客，发现在车厢的一角，有一位穿着粗衣服的乡下佬，手里拿了一串念珠，嘴巴不停地蠕动着，在念经祈祷。这位年轻的大学生不禁小声地骂了一句："又是一个老不死的迷信鬼。"于是靠过去问那个老人："你还在数着珠子念经吗？想不到这个科学昌明的时代，你还会迷信，相信什么天主、基督，恭敬什么玛利亚呀！那么，神父们讲的道理，你也信吧？"老人温和地回答："是的，我都相信。你呢？"大学生神气十足地说："我？新时代的知识青年，还会相信那一套。如果要跟上时代，就得打垮迷信的东西，好好去研究有价值的科学吧！"老人谦虚地说："新时代的科学，我懂得不多，也许你能帮助我吧！"大学生自负地说："如果你认识字，我会寄给你一些科学杂志看，你看看我拿的，是巴黎科学院的杂志，上面有院长巴斯特的著作《细菌论》，你把你的地址写给我，我回去就把新的杂志寄给你。"那老人点点头，从口袋中拿出了自己的一张名片，递给了那位大学生。大学生一看，惊呆得说不出话来，原来名片上写的是：巴黎科学院院长巴斯特。

上述案例告诉我们，科学与宗教信仰并不发生冲突。如果说科学反映人们的求知精神，那么宗教则能在某种程度上满足人们对信仰精神和仁爱精神的需求，并且宗教信仰也不反对科学。

问题：信仰与迷信有什么区别？

【任务分析】

了解基督教的一般知识、礼仪和禁忌，是在旅游接待与交际活动中，帮助我们了解世界各国人民精神生活和日常生活习俗的一把钥匙，也是在交际活动中对客人尊重和友好的表示。

【知识讲解】

宗教礼仪是宗教信仰者为表达对崇拜对象的尊敬和崇拜而举行的各种仪式和活动，是巩固和发展宗教信仰、宗教组织、宗教情感的重要手段，它担负着满足广大信仰者心理需要的社会功能。

一、基督教的起源和传播

基督教是罗马奴隶社会各种矛盾尖锐化的产物，它起源于公元一世纪初古罗马帝国统治下的巴勒斯坦地区。当时犹太人由于反抗古罗马帝国的统治，屡次起义而遭到残酷镇压，于是，在巴勒斯坦和小亚细亚等地区出现一些传教者，他们说有一位救世主来拯救苦难的人民，救世主就是耶稣，他奉天父（上帝）之命前来拯救世人。

初期基督教徒大多是贫民和奴隶，对统治者极端仇恨，因而受到罗马帝国统治者的残酷迫害。公元 2~3 世纪间，分散在各地的社团开始走向统一，教会逐渐形成，基督教亦由于中上层人士加入并逐渐取得领导权而改变其早期的性质。早期的基督教反映当时的奴隶和贫民对奴隶制度的憎恨，但又主张今生要忍耐、顺从，把希望寄托于来世。

基督教最初是犹太教的一个支派，随着越来越多的非犹太人被吸引到基督教的社团里，逐渐形成自己的教义、组织制度和礼仪等，于公元 135 年从犹太教中分离出来，成为一种独立的新宗教。公元 313 年罗马皇帝君士坦丁大帝颁发《米兰敕令》，承认基督教的合法地位。公元 392 年，罗马皇帝狄奥多西一世正式承认基督教为罗马帝国国教。

随着欧洲人们开辟新航线和向外拓展殖民地，基督教势力逐渐遍布全世界。公元 635 年（唐太宗贞观九年），基督教的一个支派——景教（又称聂斯托里派）由波斯传入中国，后两次中断。1583 年天主教由意大利耶稣会传教士利玛窦再度传入中国。鸦片战争前后，新教各派陆续传入中国并获得了较大发展。

二、基督教常识

1. 教源

在基督教的发展史上，发生过两次大的分裂，由此形成天主教、东正教和新教三大教派。

第一次分裂于公元 11 世纪中叶，罗马东、西教会经过长达 700 年之久的纷争后，因争夺教权而最终彻底决裂，分裂为西部的天主教和东部的正教。天主教亦称"公教"，因为它以罗马为中心，所以又称"罗马公教"，公教传入中国后，其信徒们称所信奉的至高之神为"天主"，所以被称为"天主教"。以君士坦丁堡为中心的大部分东派教会自称"正教"，意为保有正统教义的正宗教会，因其为东派教会，故在我国被称为"东正教"。

第二次大的分裂在公元 16 世纪，因罗马天主教内部宗教改革而引发。这场改革运动从天主教中分离出基督教的一个新的派别——新教。在中国，新教又被称为耶稣教或基督教。在基督教三大教派内部又逐渐发展出许多宗派，如天主教分罗马天主教和非罗马天主教；东正教分俄罗斯东正教、希腊东正教等；基督教新教中有圣公会、长老会、浸礼会、公理会、卫理会及信义会等。

2. 经典

基督教以《旧约全书》和《新约全书》为基本经典，合称为《圣经》。《圣经》是其宗教信仰的最高权威，是其教义、神学、教规、礼仪的依据。它既是一部宗教经典又是不可多得的古代历史资料，它涉及政治、历史、宗教、哲学、文艺、社会、伦理、法律等方面，具有相当高的研究价值。

3. 教职

基督教三大派系都有自己的教职等级制度，神职人员的称谓各不相同。

（1）天主教。教皇，是世界天主教的最高首领，亦称罗马教皇，是天主教的最高领袖。

枢机主教（俗称红衣主教），是教皇直接任命的罗马教廷中最高主教，分掌教廷各部和许多国家中重要教区的领导权，并有权选举教皇和参选教皇。

首席主教，是基督教国家首都和一个国家内的特别重大城市及某地区的首席主教。

神父（神甫、司铎），是一般的神职人员，协助教会管理教务，通常为一个教堂的负责人。

修士、修女，是终生为教会服务的教职人员。

（2）东正教。牧首（宗主教），是东正教的最高主教。

都主教，是重要城市教会的主教，其职称仅次于牧首。

大主教，一般指牧首所管辖的主教，地位低于都主教，主管一个大教区。

神父，也称主教，是教堂的负责人。

（3）新教。牧师，是负责主持宗教仪式和管理教务的人员，通常每个教堂有一个牧师负责宣传活动。

传教士，是指未受神职而在牧师指导下传道或为尚未领洗的新入教者讲解经文教义的人。

长老，由各级教堂一般教徒中推选的参与管理工作的非专职宗教职业者。

执事，由一般教徒中推选出来协助长老和牧师管理教会事务的人。

4. 教义

基督教各派的教义有所差异，但其基本教义是相同的。基督教认为，耶和华（上帝的名字）是基督教信仰的唯一真神。认为人类从始祖亚当和夏娃开始就犯下了罪，人们只有信仰上帝及其儿子耶稣基督才能获救，因此基督教各派一般都信奉下列基本信条：

（1）信仰上帝。相信上帝是天地主宰，是天地万物的唯一创造者，为圣父

（耶和华）、圣子（耶稣）、圣灵三位一体的神。

（2）信基督救赎。基督教认为世人是无法拯救自己的，故上帝派圣子耶稣降临人世，以自己在十字架上牺牲为全人类赎罪，人类只有依靠耶稣基督才能得救，获得永生。

（3）信始祖原罪。基督教相信上帝"按自己的形象"创造了人，人有肉体和灵魂。可是，人类因其始祖亚当、夏娃违背上帝的旨意，偷吃禁果而陷入罪恶之中不能自救，并传给了后世子孙，被基督教认为是人类的"原罪"。基督教认为世人一生下来就具有"原罪"，这就是世上一切罪恶和苦难的根源。

（4）信灵魂不灭，末日审判。基督教认为人死后灵魂不灭，后终结，依生前行为，上帝将对世人作最后审判。善者升入上帝所造的新天地中永生长存，恶人将下地狱。

5. 标记

十字架是基督教的标记。因为耶稣殉难于十字架上。

三、基督教的礼仪

1. 称谓

在基督教内部，普通信徒之间可称平信徒。新教的教徒，可称兄弟姐妹（意为同是上帝的儿女）或同道（意为共同信奉耶稣所传的道）。在我国，平信徒之间习惯称"教友"。对宗教职业人员，可按其教职称呼，如某主教、某牧师、某神父、某长老等，对外国基督教徒可称先生、女士、小姐或博士、主任、总干事等学衔或职衔。

2. 圣洗（洗礼）

这是基督教的入教仪式。经过洗礼后，就意味着教徒的所有罪过获得了赦免。

3. 坚振

坚振也称"坚信礼"，是为坚定教徒的信仰而举行的一种仪式，即入教者在接受洗礼后，一定时间内再接受主教的按手礼和敷油礼。

4. 祈祷

祈祷俗称祷告，是指基督教徒向上帝和耶稣表示感谢、赞美、祈求或认罪的行为。祈祷包括口祷和默祷两种形式，个人可以独自在家进行，也可以利用聚会时，由牧师或神父作为主礼人。祈祷者应始终保持必要的仪态，维系一种"祭神如神在"的虔诚。礼毕，须称"阿门"，意为"真诚"，表示"唯愿如此，允获所求"。

5. 礼拜

礼拜每周一次，一般星期日在教堂中举行。主要内容有祈祷、唱诗、读经、讲道等项目。在礼拜时，教堂内常置有奉献箱，或传递收捐袋，信徒可随意投钱，作为对上帝的奉献。

6. 告解

告解俗称"忏悔"，是天主教的圣事之一，是耶稣为赦免教徒在领洗后对所犯错误向上帝请罪，使他们重新得到恩宠而定立的。忏悔时，教徒向神父或主教告明所犯罪过，并表示忏悔；神父或主教对教徒所告请罪指定补赎方法，并为其保密。

7. 圣餐

这是纪念基督救赎的宗教仪式，这一仪式又称"弥撒"，天主教称圣体，东正教称圣体血。据《新约全书》称，耶稣在最后的晚餐时，拿出饼和葡萄酒祈祷后分发给十二位门徒，说："这是我的身体和血，是为众免罪而舍弃和流出的。"因此，天主教和东正教认为领"圣体"或"圣体血"，意为分享耶稣的生命。在仪式上，由众教徒向神职人员领取经祝圣后的面饼和葡萄酒，它象征吸收了耶稣的血和肉而得到了耶稣的宠光。

8. 终敷

终敷是基督教教徒在病情危重或临终前请神职人员为其敷擦"圣油"，以赦免其一生罪过的宗教仪式。

9. 派立礼

派立礼是授予神职的一种仪式。一般由主礼者将手按于领受者头上，念诵规定文句即可成礼。

10. 婚配

教徒在教堂内，由神职人员主礼，按照教会规定的仪式正式结为夫妻，以求得到上帝的祝福。

四、基督教的主要节日

1. 圣诞节

圣诞节是纪念耶稣诞辰的节日，又称耶稣圣诞节、主降生节、耶稣圣诞礼。由于历法不同，大多数教会定于每年的 12 月 25 日为圣诞节，东正教会则定为每年的 1 月 6 日或 7 日。这是西方国家每年最隆重的节日。在圣诞节这一天，通常举行各种形式的娱乐和庆祝活动。人们互赠礼物，举办家庭宴会。

2. 复活节

复活节是纪念耶稣复活的节日，是仅次于圣诞节的重大节日。根据《圣经·新约》记载，耶稣被钉死在十字架后第三天"复活"。公元 325 年，基督教会规定每年春分月圆后的第一个星期天为复活节。鸡蛋和兔子是复活节的吉祥物，在这一天，各个国家和地区都有不同的庆祝方式，最普遍的是人们互赠象征生命和繁荣的复活彩蛋。

3. 圣灵降临节

据《圣经》记载，耶稣"复活"后第四十日"升天"，第五十日差遣"圣灵"降临；门徒领受圣灵后开始传教。据此基督教会规定，每年复活节后第 50 天为圣灵降临节，又称五旬节。

除了以上的节日外，基督教的主要节日还有：受难节（复活节的前两天）、显现节（公历 1 月 6 日）、耶稣升天节（复活节后第 40 天）、棕枝主日（复活节前一周的星期天）、三一主日（圣灵降临后的星期天）。

五、基督教的禁忌

1. 忌讳崇拜除上帝以外的偶像

向基督徒赠送礼品，要避免上面有其他宗教的神像或者其他民族所崇拜的图腾。要尊重基督徒的信仰，不能以上帝起誓，更不能拿上帝耶稣开玩笑。基督教由于教派不同，其各个教派的教条也有所不同，为了避免无意中损伤感情，对一些问题一定要弄清楚。

2. 基督徒有守斋的习惯

基督教规定，教徒每周五及圣诞节前夕（12 月 24 日）只食素菜和鱼类，不食其他肉类。天主教还有禁食的规定，即在耶稣受难节和圣诞节前一天，只吃一顿饱饭，其余两顿只能吃得半饱或者更少。基督徒在饭前往往要进行祈祷，如和基督徒一起用餐，要待教徒祈祷完毕后，再拿起餐具。

3. 忌讳"13"和"星期五"

另外，他们讨厌"13"这个数字和"星期五"这一天。在基督徒眼中"13"和"星期五"是不祥的，要是 13 日和星期五恰巧是同一天，他们常常会闭门不出。在这些时间，千万别打扰他们。

【阅读材料】

基督徒用餐习惯

基督徒在饭前往往祷告，同桌以信徒为主时，往往还有人领祷，站或坐都可；同桌以非信徒为主时，往往个人默祷。非基督徒在场时，应待祷告结束后一同开始用餐。

基督徒也有守斋和忌食的。斋戒，在斋期只食素菜和鱼类，忌一切肉食和酒。新教信徒忌食的只是一部分，有的教派信徒则忌猪、兔等肉和鳝、蛇等爬行动物，也有少数信徒绝对素食，一般基督徒都不食动物血。

十字架是怎样变为基督教信仰标志的呢？

十字架，在拉丁文中译为"Crucifix"，是"叉子"的意思。它原是古罗马帝国用以处死奴隶和无公民权者的残酷刑具，这种刑具采用两根木料交叉而成，形状近似汉字"十"字，因此汉文译为"十字架"。那么，十字架是怎样从刑具变为基督教信仰的标志的呢？

当耶稣由于犹太教的祭司贵族陷害和犹大的出卖，被罗马总督彼拉多判处死刑，并钉死在十字架上以后，耶稣的信徒们就以十字架作为本教派的信仰标志。基督教认为，耶稣是上帝的亲子，是为替世人赎罪被钉在十字架上而死的，世人因而获得了拯救，故尊十字架为信仰的标志。

综合能力训练

一、任务实训

1. 实训步骤

（1）由教师讲解基督教礼仪习俗和禁忌等基本知识。

（2）学生以实训小组为单位，进行情景模拟训练。

（3）同学们可以互相监督并指出不足。

（4）由教师根据每个同学的实训情况进行点评。

2. 实训方法

（1）物质准备：准备信仰基督教的教徒穿着的特殊服装或饰物。

（2）角色扮演：请个别学生穿上相应的服装并佩戴代表该宗教的饰物，扮演基督教的信徒；再请一些学生扮演酒店内不同岗位的服务人员，如门厅应接员、前台接待员、餐厅服务员等。

（3）实训安排：假设基督教信徒到某酒店住宿、用餐、娱乐等，请扮演酒店不同岗位的服务员为其提供相应的服务，并请其他同学观摩评议，教师最后进行总结。

3. 实训准备

基督教信徒所需物品：头巾、袍服等。

4. 实训时间

实训时间为 80 分钟，其中学生交流 70 分钟，考核测试 10 分钟。

5. 考核评价

（1）评分要求。按百分制记分，学生操作时，指导教师观察学生的操作方法，按照考核要求给学生实训打分。

（2）实训考核表。实训考核表如表 6-3-2 所示。

表 6-3-2　基督教礼仪考核表

考评人		被考评人	
考评地点			
考评内容		基督教礼仪考核	
考评标准	内容	分值（分）	评分（分）
	符合宗教礼仪规范	20	
	团队协作	20	
	知识掌握	20	
	表演准确	20	
	整体效果	20	
合计		100	

注：实训考核分为 100 分，60~69 分为及格；70~79 分为中；80~89 分为良；90 分以上为优秀。

二、思考练习

1. 选择题

（1）基督教的节日中最广泛被世人所知的是（　　）。

A. 圣诞节　　　　B. 受难节　　　　C. 圣灵降临节　　D. 复活节

（2）基督教徒在入教仪式后要接受（　　）。

A. 洗礼　　　　　B. 礼拜　　　　　C. 告解　　　　　D. 唱诗

（3）基督教最基本的信条是"三位一体"，以下哪个不属于？（　　）

A. 圣父　　　　　B. 圣子　　　　　C. 圣母　　　　　D. 圣灵

（4）基督教的经典是（　　）。

A.《古兰经》　　　B.《圣经》　　　C.《藏经》　　　D.《圣训》

2. 简答题

（1）简述基督教的主要礼仪与禁忌。

（2）基督教的三大教派是如何形成的？

（3）基督教有哪七项圣事？这七项圣事分别是什么含义？

3. 案例分析

案例

饭店为什么把他安排在二楼？

一位纽约商人在星期五住进泰国曼谷东方饭店，负责安排客房的接待员有意地把他安排在二楼靠近楼梯的房间。

请思考：

这是为什么？

任务3　伊斯兰教的礼俗和特殊禁忌

【任务目标】

宗教是一种文化，在旅游活动中，我们要尊重不同宗教的游客朋友，熟悉了解伊斯兰教的基本知识，把服务工作做得更贴切、周到，显示我国人民"有朋自远方来，不亦乐乎"的真挚情感。

【案例导入】

据报道，千禧年的时候凤凰卫视做了一期沿途重访世界文明古国的节目，凤凰卫视的多位著名女主持人随队采访。在进入一些信仰伊斯兰教的国家时，这些女主持人竟然被拒绝入境。经过询问，得到的答复是，她们没有戴面纱，脸都露在外面了，不得入境。

伊斯兰教认为，男子从肚脐至膝盖，妇女从头至脚都是羞体，外人禁止观看别人羞体，违者犯禁。因此，穆斯林妇女除了穿不露羞体的衣服外，还必须带盖头和面纱，这项规定至今在有些穆斯林国家（如沙特阿拉伯、伊朗等）仍然施行。外国女记者虽然不是这些国家的人士，但是入乡随俗，否则将给自己的工作带来许多的不便。

问题：这个案例给了我们什么启示？

【任务分析】

了解伊斯兰教的一般知识、礼仪和禁忌，是在旅游接待与交际活动中，帮助我们了解世界各国人民精神生活和日常生活习俗的一把钥匙，也是在交际活动中对客人尊重和友好的表示。

【知识讲解】

伊斯兰教是与佛教和基督教并列的世界三大宗教之一，在公元七世纪初诞生于阿拉伯半岛。它是由伊斯兰教的先知穆罕默德所创，在世界三大宗教中是最具有活力的一个宗教，也是发展最快、最朴实简单的宗教之一。目前世界上信徒约有 10 亿之多，他们主要分布在阿拉伯国家以及西亚、中亚、南亚、东南亚和印度、巴基斯坦、中国等地区。

一、伊斯兰教的起源

伊斯兰教，又称清真教。伊斯兰为阿拉伯语的音译，意为"顺服、归顺"，即顺服唯一的神安拉的旨意，其教徒称"穆斯林"，是指遵行伊斯兰教条的信徒。伊斯兰教起源于公元七世纪的阿拉伯半岛，创始人为穆罕默德（公元 570~632 年）。当时，阿拉伯半岛东西商道改变，加上外族入侵，社会经济迅速衰落，加剧了阿拉伯半岛的经济危机和社会矛盾，又由于盛行多神崇拜和部落混乱，使整个半岛四分五裂、危机四伏，导致阿拉伯氏族贵族摆脱危机、发展经济和实现统一的愿望越来越强烈。正是在这种情况下，穆罕默德顺应形势，宣称得到安拉的启示，要他在人间为安拉"传警言"、"报喜信"和"慈惠众生"，从而创立了伊斯兰教。

公元 631 年，穆罕默德基本上统一了阿拉伯半岛，伊斯兰教成了阿拉伯半岛上占统治地位的宗教。

公元 632 年，穆罕默德死后，他的继承者（哈里发）不断向外扩张，形成横跨欧、亚、非三洲的阿拉伯大帝国，伊斯兰教也由一个地区的宗教发展成为世界宗教。

在中国，伊斯兰教又称大食教、清真教、回回教、回教、天方教等。该教于七世纪中叶传入中国，在回族、维吾尔族、哈萨克族、乌孜别克族、塔吉克族、塔塔尔族、柯尔克孜族、东乡族、撒拉族、保安族等十多个民族中流传。有信徒1400多万人，主要分布于我国西北部的甘肃、宁夏、新疆、青海等省、自治区，其余散布在全国各地。中国伊斯兰教穆斯林，除新疆的塔吉克族有什叶派信徒外，绝大多数属于逊尼派。1953 年成立"中国伊斯兰教协会"，2001 年成立"中国伊斯兰教教务指导委员会"。

二、伊斯兰教常识

1. 教派

伊斯兰教派别众多，其中最有影响的是逊尼派和什叶派。穆罕默德归真后，阿拉伯统治集团在继承者的问题上发生了严重分歧，形成逊尼、什叶两大教派，其中，逊尼派是伊斯兰教最大的教派，被认为是伊斯兰教的正统派，人数约占全世界穆斯林的90%，中国穆斯林大多属于这一派；而与逊尼派对立的什叶派，人数较少，主要分布在伊朗、伊拉克、叙利亚、巴基斯坦、黎巴嫩、科威特等国。

2. 教义

伊斯兰教的基本教义就是信仰安拉是唯一的神。安拉在我国被穆斯林称为"真主"，西北地区称"胡达"，它是主宰一切的神。人的一切都是由安拉决定的，即所谓"前定"的思想，"万物由天定，生死不由人"正是这个意思。因此伊斯兰教徒不仅无条件地信仰安拉，还要无条件地信仰安拉的使者穆罕默德。

（1）伊斯兰教的六大信仰。以基本教义为中心，还构成了伊斯兰教的六大信仰，即信安拉（信仰安拉是创造和主宰万物的唯一之神）、信使者（穆罕默德是安拉派来的使者，负责传达神意，拯救世人）、信天使（相信天使的存在，天使是安拉用"光"创造的妙体，天使只受安拉的差役，执行安拉的命令）、信经典（安拉降示的《古兰经》是伊斯兰教根本的经典）、信前定（人的一生命运以及世上的一切都由安拉预先安排确定好的）、信后世（人死后其灵魂不死，通过末日审判，或入天国，或下地狱）。

（2）伊斯兰教的基本实践。伊斯兰教教规规定，每个穆斯林必须履行五项宗教功课，简称"五功"，亦称五大天命，即念、礼、斋、课、朝。

1）念功。念功指念诵《古兰经》，主要是念诵清真言，心念或口念"万物非主，唯有真主；穆罕默德，真主使者"。

2）礼功。礼功即一日五次礼拜，按规定时间和程序，面向圣地麦加"克尔白"（天房）朝拜真主安拉的仪式。每天晨、晌、晡、昏、宵五个时辰面向麦加方向做礼拜五次。每星期五要进行一次"主麻拜"，每年开斋节和宰牲节要进行节日礼拜。日常礼拜前要"小净"（洗脸、洗手等），主麻拜和节日礼拜前要"大净"（沐浴更衣），以示涤罪和保持身体和衣服的洁净。

礼拜时要面向麦加大清真寺的克尔白（天房）依次完成七个不同的动作，即举两手于头的两旁，口诵"真主至大"；端立，置右手于左手之上，口诵《古兰经》首章；鞠躬，以手触膝，行鞠躬礼；直立并抬起双手，口诵"赞颂主者，主必闻之"；跪下，两手掌附地，叩首至鼻尖触地；跪坐；第二次叩首。从口诵《古兰经》首章开始的这一系列动作，构成一拜。礼拜一般由伊玛目率领集体举行，也可以单独举行。

3）斋功。即斋戒。每年伊斯兰教历太阴年九月斋戒一个月。斋月里，穆斯林在日出到日落这段时间内禁止吃、喝、娱乐等活动。幼儿、旅行者、病人、孕妇和哺乳者可不守斋，但应以延缓补斋或施舍的办法罚赎。

4）课功。即天课。课功被视为"奉主命而定"的宗教赋税。伊斯兰教规规定，穆斯林每年都要对自己的财产进行清算，除去正常开支外，其盈余财产，要按不同的课率缴纳课税，主要用以救助穷人。在我国，穆斯林均为自愿捐奉。

5）朝功。即朝觐。朝觐就是朝见圣地，这是真主的要求。今沙特阿拉伯境内的麦加是穆罕默德的诞生地、伊斯兰教的摇篮和圣地。伊斯兰教规定，凡理智健全的成年穆斯林，身体健康、有经济能力者，无论男女，一生中都应前往麦加朝觐克尔白（天房）一次。

"大朝"（亦称"正朝"）的朝觐时间为伊斯兰教历十二月八日至十二日。"大朝"之日为伊斯兰教的主要节日宰牲节（十二月十日，我国称"古尔邦"节）。除朝觐季节外，任何时候个人都可单独去麦加朝觐，称为"小朝"或"副朝"。朝觐要进行一系列烦琐的宗教仪式，完成过朝觐功课的穆斯林，均可获得"哈吉"的荣誉称号。

（3）伊斯兰教的善行。善行主要指穆斯林必须遵循的道德规范。伊斯兰教的六大信仰属于世界观、理论和思想方面；"五功"、"善行"则属于实践和行为方面，这两方面的结合构成基本善行内容。

3. 经典

伊斯兰教的经典是《古兰经》和《圣训》。《古兰经》是伊斯兰教最基本的经典，是伊斯兰教的根本宪章和立法依据，是穆斯林的行为规范和准则。伊斯兰教认为它是穆罕默德在创教过程中向信徒传达的安拉的启示，穆罕默德逝世后由其继任者整理成书。书中记载了穆罕默德的生平和传教活动，伊斯兰教的教义和教规，当时流行的历史传说和寓言、神话、谚语等，内容极为丰富。这部经典既是宗教宪章，又是一部阿拉伯文献，更是一部著称于世的文学巨著，被称为公元七世纪阿拉伯社会的百科全书。

《圣训》又名《哈迪斯》，意思是"语言"、"行为"、"道路"，是仅次于《古兰经》的伊斯兰教经典。它同《古兰经》一样都记载着穆罕默德的言论，所不同的是没有采用安拉的名义。《圣训》不仅记载着穆罕默德的言论，而且包括他的日常行为以及经他许可或默认的他的一些弟子的言行，系《古兰经》的补充和注释。

4. 标记

伊斯兰教的标记是新月。

5. 信奉对象

安拉（即真主）是伊斯兰教信奉的独一无二的主宰。伊斯兰教不设偶像，清真寺礼拜殿内设有圣龛以示朝麦加跪拜的方向，多以阿拉伯经文和花草为饰。

三、伊斯兰教的主要礼仪

1. 称谓

伊斯兰教信徒称"穆斯林"（意为顺从安拉的人）。信徒之间不分职位高低，都互称兄弟，或叫"多斯提"（意为好友、教友）；对知己朋友称"哈毕布"（意为知心人、心爱者）；对在清真寺做礼拜的穆斯林，统称为"乡老"；对麦加朝觐过的穆斯林，在其姓名前冠以"哈吉"（阿拉伯语意为朝觐者），这在穆斯林中是十分荣耀的称谓；对管理清真寺事务和在清真寺内办经学教育的穆斯林，称"管寺乡老"、"社头"、"学董"，他们多由当地有钱、有地位、有威望的穆斯林担任；对德高望重、有学识和有地位的穆斯林长者，尊称为"筛海"、"握力"、"巴巴"和"阿林"等。

伊斯兰教对教职人员和具有伊斯兰教专业知识者通称为"阿訇"，它是对伊斯兰教学者、宗教家和教师的尊称，其中年长者被尊称为"阿訇老人家"。中国伊斯兰教一般称呼在清真寺任职并主持清真寺教务的阿訇为"教长"或"伊玛目"；讲授经训的师长和讲授《古兰经》、《圣训》及其他伊斯兰教经典的宗教人员都称为"经师"；伊斯兰教教法说明者和协助清真寺伊玛目处理日常教法事务的助手，被称作"穆夫提"；主持清真女寺教务或教学的妇女，称作"师娘"；对在清真寺里求学的学生称"满拉"、"海里发"。

2. 殡礼

穆斯林死后实行"土葬，速葬，薄葬"，不用棺椁，用白布裹尸，也不用任何陪葬物或殉葬品，主张三日必葬，入土为安；待葬期间不宴客、不毁孝、不磕头、不鞠躬、不设祭品。举行殡礼时，由阿訇或地方长官，或教长或至亲等率众站立默祷，祈求安拉赦免亡人罪过，为亡人祈福。参加殡礼的人要对着亡人的胸部，向西站立，不能站在亡人面前。尸体下土埋葬头南脚北，面朝西，向着圣地"克尔白"。坟墓南北向，长方形。

四、伊斯兰教的主要节日

1. 开斋节

开斋节是穆斯林的一个重大节日，我国新疆地区称肉孜节。伊斯兰教规定，每年教历九月为穆斯林斋戒月，斋月中每日自破晓至日落禁饮食和房事，谓之"封斋"、"把斋"、"闭斋"。斋戒结束的前一天要寻看新月，见月的次日为教历十月一日，即开斋节；如未见月，开斋顺延，但封斋满 30 天即可开斋。节日期间，男女老少都要沐浴更衣，男人们涌向清真寺举行会礼和庆祝活动，妇女们在家里做礼拜，然后探亲访友。青年男女往往选择这一天举行婚礼，以增添欢乐气氛。

2. 古尔邦节（宰牲节）

"古尔邦"是献身和牺牲的意思，又称为"宰牲节"，中国穆斯林称之为"小开斋"或"小尔代节"。在伊斯兰教教历十二月十日，即朝觐克尔白（天房）麦加的最后一天举行庆祝活动。届时世界各地穆斯林举行盛大的会礼，宰牛、羊、骆驼互相赠送。在中国信仰伊斯兰教的民族这一天还要举行叼羊、赛马、摔跤等大型文体活动。

3. 圣纪节

圣纪节又称为圣忌日，是仅次于开斋节、古尔邦节的第三大节日。相传穆罕默德的诞生日和逝世日都是在伊斯兰教历三月十二日，不少国家习惯将"圣纪"和"圣忌"合并纪念，俗称"办圣会"。节日的主要活动是诵经、赞圣、宣讲穆罕默德的生平事迹等。

五、伊斯兰教的禁忌

1. 信仰禁忌

根据"认主独一"的信条，伊斯兰教徒忌任何偶像崇拜，只信安拉；禁模制、塑造、绘制任何动物的图像，包括人的形象也在禁忌之列。所以在伊斯兰建筑艺术与其他艺术作品中只能看到绘制的植物或几何图形。

2. 饮食禁忌

伊斯兰教的饮食禁忌较多。对于自死之物的血液和猪肉以及未诵真主之名而**宰杀的动物**都禁食。奇形怪状、污秽不洁、爪利锋锐和性情凶恶的飞禽、猛兽及**无鳞、无须**的鱼类，也在禁食之列。酒是穆斯林生活中的一大禁忌。穆斯林禁酒**喜茶，在**接待穆斯林客人时最好用罐装饮料，如客人饮茶要用清真茶具。伊斯兰**教在饮食**方面还有两条附加规定：一是可食之物在食用时也不能过分和毫无节**制；**二是禁食之物在迫不得已的情况下食之无过。

3. 行为禁忌

穆斯林每天要做五次礼拜，在礼拜期间，忌外来人干扰。同时，穆斯林在礼**拜前，**必须净身，清真寺大殿内严禁穿鞋进入。非穆斯林进入清真寺，不能袒胸**露背，**不能穿短裙和短裤。在穆斯林做礼拜时，无论何人何事，都不能喊叫礼拜**者，**也不能在礼拜者前面走动。礼拜时更不能唉声叹气、呻吟和无故清嗓，严禁**大笑，**吃东西。在伊斯兰教历九月，进行斋戒，每日从日出到日落禁止饮食和**房事。**

4. 服饰禁忌

伊斯兰教对女性的服饰有较多的要求，外出时，身体除了手和眼睛以外其他**部位必须遮**盖起来。所以穆斯林妇女要戴"盖头"，即把头发、耳朵、脖子都遮**在里面，**只露出面部。另外，妇女除了戴盖头外一般还要戴面纱，只露出双眼。**在中国，伊斯兰**教徒的服饰也是如此，如女性穆斯林在外出时必须戴盖头，老年**妇女戴白色的**盖头，已婚妇女戴黑色盖头，未婚少女戴绿色盖头。穆斯林男子则**多戴无檐小帽，**这种小帽又名"礼拜帽"或称"回回帽"，一般为白色。参加礼**拜或各种仪式时**须戴礼拜帽。

5. 婚俗禁忌

禁止近亲与血亲之间的通婚，忌与宗教信仰不同者通婚。在中国，如果与非**穆斯林结合，**非穆斯林无论男女必须改信伊斯兰教。婚礼必须在宗教仪式中举**行，**并由教长或阿訇证婚诵念经文。

6. 特殊禁忌

许多穆斯林认为人的左手不洁，所以与之握手或递送礼物不能用左手，尤其**不能单用左手。**另外，伊斯兰教禁止偶像崇拜，所以不应将人类和动物的雕塑、**画像之类的物品**相赠。尤其是带有动物形象的礼品更不能相送，他们认为带有动**物形象的东西**会给他们带来厄运。

【阅读材料】

"清真" 的含义

伊斯兰教传入我国以后，直至元朝以前，在汉文的记载和称呼上，都以"清"、"真"、"净"、"觉"一类词汇来概括和表达伊斯兰教的教义和内容。到元末明初之际，通称伊斯兰教为"清真教"，称伊斯兰教举行宗教活动的场所为"清真寺"。

据清初的伊斯兰教学者解释，"清"是指真主（安拉）"超然无染，无所不在，无始无终"；"真"是指真主（安拉）"永存常在，至高无上，唯一至尊，无所比拟"。我国的穆斯林还把口念"清真言"作为五功之一——念功。

阿拉伯国家为什么把星期五定为假日

星期五成为穆斯林的假日，有个漫长的演变过程。《古兰经》和其他材料表明，在麦地那（伊斯兰教创始人穆罕默德于公元 622~632 年曾在此生活）星期五是赶集日。

每到这一天，许多人远道来此赶集聚会，星期五亦称"聚礼日"。《古兰经》记载，在聚礼日这天，每当大家为真主祈祷时，店铺休业。以后一周一次特别大的祈祷就定在星期五。据记载，从 13 世纪开始，穆斯林国家的官府和学校在星期五这一天就放假。

综合能力训练

一、任务实训

1. 实训步骤

（1）由教师讲解伊斯兰教礼俗知识。

（2）进行伊斯兰教礼俗知识理解与识记。

（3）同学以实训小组为单位进行礼仪知识比赛。

（4）由教师根据每个同学的实训情况进行点评。

2. 实训方法

（1）提供相关的图片，让学生识别不同的宗教场所，了解常见的宗教活动，认识所供奉的对象。

（2）模拟不同的宗教场景，同学们分角色扮演宗教人员和游客，进行现场礼仪规范纠错。

3. 实训准备

准备一间实训教室，要求教室三面装有镜子、有桌椅。

4. 实训时间

实训时间为 80 分钟，其中讲解 10 分钟，学生操作 60 分钟，考核测试 10 分钟。

5. 考核评价

（1）评分要求。按百分制记分，学生操作时，指导教师观察学生的操作方法，按照考核要求给学生实训打分。

（2）实训考核表。实训考核表如表 6-3-3 所示。

表 6-3-3 伊斯兰教礼仪考核表

考评人		被考评人	
考评地点			
考评内容		伊斯兰教礼仪考核	
考评标准	内容	分值（分）	评分（分）
	符合宗教礼仪规范	20	
	团队协作	20	
	知识掌握	20	
	表演准确	20	
	整体效果	20	
合计		100	

注：实训考核分为 100 分，60~69 分为及格；70~79 分为中；80~89 分为良；90 分以上为优秀。

二、思考练习

1. 选择题

（1）伊斯兰教的供奉对象是（   ）。

A. 释迦牟尼　　　B. 安拉　　　　C. 耶稣　　　　D. 老子

（2）伊斯兰教的经典为（   ）。

A.《新约》　　　B.《旧约》　　　C.《道德经》　　　D.《古兰经》

（3）对信奉伊斯兰教的客人，递送物品应用（   ）。

A. 右手　　　　B. 左手　　　　C. 双手　　　　D. 没有要求

2. 简答题

（1）简述伊斯兰教规定的穆斯林必修功课。

（2）世界三大宗教的经典各是什么？

（3）旅游从业人员在接待各种不同宗教信仰的客人时，应注意些什么？

3. 案例分析

案例 1

"左撇子"的尴尬

张女士是商务工作者，由于业务成绩出色，随团到中东地区某国家考察。抵达目的地后，受到东道主的热情接待，并举行宴会招待。席间，为表示敬意，主人向每位客人——递上一杯当地特产饮料。轮到张女士接饮料时，一向习惯于"左撇子"的张女士不假思索，便伸出左手去接，主人见此情景脸色骤变，不但没有将饮料递到张女士的手中，而且非常生气地将饮料重重地放在餐桌上，并不再理睬张女士。

请思考：

这是为什么？

案例 2

一顿饭导致的后果

1999 年在给某集团内训的时候，该集团老总跟我们说了一件非常遗憾的事。有一年 5 月，新疆某著名企业要和他们进行合作。一切准备就绪后，对方派来了全权代表。既是远道的客人，又是将来的合作者，礼遇可想而知。在欢迎晚宴上，他们特别安排了东北名菜——"猪肉炖粉条"和朝鲜族的特色菜——狗肉来招待几位远道而来的客人。

本来气氛和谐而热烈的晚宴，在压轴菜"猪肉炖粉条"和狗肉上来后，客人们的脸色一下子变了，就用本民族语言叽叽咕咕地说了几句后，便气愤地甩袖而去。

两天后，他们发来一份声明，郑重地说，他们是伊斯兰教徒，居然用猪肉和狗肉来招待，这是对他们民族的不敬、对伊斯兰教的轻蔑、对神灵的亵渎！就这样，这桩合作彻底泡汤了。

思考讨论题：

为什么这桩合作彻底泡汤了？

案例 3

违背宗教禁忌的画册

20 世纪 80 年代，中国的女排三连冠。一家对外的画报用女排姑娘的照片作封面，照片上的女排姑娘都穿着运动短裤。阿拉伯文版也用了女排姑娘的照片作封面，结果有些阿拉伯国家不许进口此画报。

思考讨论题：

为什么阿拉伯国家不许进口此画报？

案例4

设计不当遭报复

20 世纪 80 年代，我国某市向中东地区出口一批塑料底布鞋。然而，该批塑料底布鞋的鞋底后跟防滑纹在阿拉伯国家引起了轩然大波。据当地媒体报道，因为鞋底后跟的防滑纹酷似阿拉伯文"真主"二字，把伊斯兰教崇拜的唯一的神踩在脚下，这还了得！于是乎，阿拉伯国家将这种鞋一律查禁，有的甚至动用军警，并规定：凡是发现有穿这种鞋的，以衰渎真主论罪。更有极端者甚至还向我国驻黎巴嫩大使馆外墙发射枪弹以示抗议。

思考讨论题：

通过以上案例，分析学习宗教礼仪对于旅游服务、接待工作的重要意义。

任务4　道教的礼俗和特殊禁忌

【任务目标】

宗教是一种文化，在旅游活动中，我们要尊重不同宗教的游客朋友，熟悉了解道教的基本知识，把服务工作做得更贴切、周到，显示我国人民"有朋自远方来，不亦乐乎"的真挚情感。

【案例导入】

小李是当地一家知名旅行社的导游，一次，他带团前往道教圣地武当山参观，途经一著名道观，游客进去参观，很多游客大声喧哗，还有人拿出相机拍照，小李非常尴尬，急忙劝阻游客。

问题：游客的做法对吗，为什么？这个案例给了我们什么启示？

【任务分析】

了解道教的一般知识、礼仪和禁忌，是在旅游接待与交际活动中，帮助我们了解世界各国人民精神生活和日常生活习俗的一把钥匙，也是在交际活动中对客人尊重和友好的表示。

【知识讲解】

道教是源于中国本土的宗教，它以"道"作为其追求的目标，在中国古代影响长久而深远。道教曾被认为是和儒教、佛教一起组成了中国传统文化的三大支柱。在封建社会里，道教与佛教并称为我国的两大宗教。道教在发展过程中，糅合了儒家的某些理论和佛教的某些仪式，成为一个在理论上、组织形式上、教义教规等方面都非常完备并具有世界影响的一大宗教。

一、道教的起源

道教是中国古代宗教按其自身内在的逻辑经过长期的历史发展而形成的，是中国土生土长的传统宗教。开始于公元二世纪，至今有 1800 多年的历史。它渊源于中国古代的巫术和秦汉时的神仙方术，又吸收了道家学说，大约形成于东汉中后期，相传为东汉顺帝（公元 125~144 年）时张道陵所创。因入道者须出五斗米，故又称"五斗米道"。在近 2000 年的道教史中，秦汉统一王朝的崩溃，儒家思想文化统治的打破，为道教的兴起提供了有利时机。隋唐北宋时期，由于统治阶级的推崇，道教开始走向兴盛。到了南宋金元时期，道教发生重大变革，形成了影响后世重要的两大道派——全真道和正一道。进入明清，中国封建统治步入晚期，道教也随之衰落。但如同儒家思想与佛教一样，时至今日，道教对中国人民精神生活、风俗民情等仍有着很大的影响。

二、道教常识

1. 教义

道教作为一种成熟的宗教不仅具有宗教组织、活动场所、行为方式等外在的东西，更重要的是有一套完整的神学理论——道教教义。道教的教义庞杂，基本内容是：

（1）道教的核心信仰是神化了的"道"。道，原先是先秦道家的哲学概念，道教尊奉先秦道家学派创始人老子为教祖，将其《老子》的《道德经》作为道教的主要经典。《老子》把道视为"虚无"，认为"道"是"虚者之系，造化之根，神明之本，天地之无"；"道"生成宇宙，宇宙生成元气，元气构成天地、阴阳、四时，由此而化生万物；"道"是超越时空永恒存在的力量，是天地万物之根源，又是万物演化的规律，是宇宙万物之中最核心的东西。

（2）道教追求长生不老，肉身成仙。道教有一套完整的修炼方法（即道教的养生之道），修炼的目的是追求长生不老、肉身成仙。

2. 经典和标记

道教经书的内容十分庞杂。《道藏》是道教经典的总集，是中国古代文化遗产的重要组成部分。

道教的标记是太极八卦图。

3. 供奉对象

道教是一种崇奉多神的宗教，其所信仰的神仙数量庞大、名目繁多，主要可以概括为以太上老君为主的行教之神、以玉皇大帝为主的行政之神和以斗姆天尊为主的自然之神三大系列。

（1）三清。三清是道教最高位玉清、上清、太清的合称，是道教修行的最高境界，故道观中都设有三清殿。殿内供三清尊神，第一位是玉清元始天尊，住清微天的玉清宫，因其生于太元之先，故称"元始"。据说他"长存不灭"，每至天地初开，便以道授仙。第二位是上清灵宝天尊，住毓禹天的上清宫。据说他是宇宙未形成前从混沌状态中产生的三元气之一。第三位太清道德天尊（即太上老君），居大赤天的太清宫。

（2）四御。四御是指地位仅次于三清尊神的四位大帝。流行的说法是玉皇大帝，为总执天道之神；紫薇北极大帝，协助玉皇执掌天地经纬、日月星辰、四时气候；勾陈上宫天皇大帝，协助玉皇执掌南北极与天、地、人三才，统御众星，并主持人间兵革之事；后土皇地祇（女神），执掌阴阳生育、万物之美与大地山河之秀。

（3）三官。三官指天官、地官、水官。相传天官、地官、水官为尧、舜、禹。道教徒称，天官主赐福；地官主赦罪；水官主解厄。由于三官职能与民众利益密切相关，因此知名度很高。

道教信奉的主要神灵还有神仙。神仙是道教中的修真得道、神通广大的长生不老者，又称神人或神仙。最常见的神仙有：五岳大帝、真武大帝、文昌帝君、魁星、八仙、天妃娘娘、关圣帝君、玉帝、王母娘娘、城隍、土地、灵官、门神、灶君，等等。在民间流传最广的是道教的八大神仙，即铁拐李、汉钟离、张果老、何仙姑、吕洞宾、韩湘子、曹国舅、蓝采和。以"八仙过海，**各显神通**"的故事流传最广。山东蓬莱据传为八仙过海发生地，当地建有蓬莱阁。

三、道教的主要礼仪

1. 称谓

出家的道士，一般应尊称为"道长"。道士又称"黄冠"、"羽客"。**女道士一般应尊称为"道姑"，又可称"女冠"。**此外，还可根据其职务**尊称法师、宗师、方丈、监院、住持、知客**。非宗教人员对道士可尊称"道长"或"**法师**"，前面也可以冠以姓，例如称"王道长"或"刘法师"等。

2. 交往

道士不论在与同道还是与外客的接触中，习惯于双手抱拳胸前，**以拱手作揖**（又称稽首）**为礼**，向对方问好致敬，这是道教传统的礼仪。**作揖致礼的形式**，是道教相沿迄今的一种古朴、诚挚、相互尊重和表示友谊的礼貌。见面时用语为"无量天尊"或"赦罪天尊"，通用应答语为"慈悲"，也可同语应答。后辈道徒遇到前辈道长，一般可行跪拜礼、半跪礼或鞠躬礼。各派的跪拜礼略有不同，一般以师承为训。非宗教人员遇到道士，过去行拱手礼，现在也可以随俗，用握手问好。

3. 道场

道场是一种为善男信女祈福、禳灾、超度亡灵而设坛祭祷神灵的宗教活动。道教的斋醮道场分为祈祥道场和度亡道场。凡参加道场的信众，均要斋戒沐浴，诚心恳祷，服装整洁，随同跪拜。祈祥时默念"消灾延寿天尊"，度亡时默念"太乙救苦天尊"，求福时默念"福生无量天尊"。

4. 颂经

颂经是道教的主要宗教活动。道士每天要颂经两次，称早晚功课。**早颂清净经，晚颂救苦经**。

5. 上殿

道士上殿，必须穿戴整洁。道士值殿，禁止谈笑，并要保持殿宇整洁。道士在道观内的饮食、起居和作息，均须按各道观内的清规执行。如饭前念"**供养经**"，吃饭时不准讲话，碗筷不要有响声，饭后念"**结斋经**"。

外道进道观，必须先上殿进香和行礼，并且同知客道士对话。**非宗教教徒参观道观时**，礼拜上香可以随意，如果上香，上香礼为双手持香，过顶，插入香炉，鞠躬后退。一般信徒上香，可以跪拜，通常是三叩首。

四、道教的主要节日

道教信奉的神仙众多，每逢神仙的诞辰日就是道教的节日。三元五腊日，是道教节日中较重要的。即正月十五上元节，七月十五中元节，十月十五下元节；正月初一天腊，五月初五地腊，七月初七道德腊，十月初一民岁腊，十二月初八王侯腊。也有各地方道观将地方神的诞辰定为节日的。每逢节日，各个道观都要举行比较隆重的仪式，进行设坛、诵经、礼忏等活动。

1. 老君圣诞

老君圣诞是纪念道教所奉教主老子诞生的日子。老子的生卒年月已不可考，道教关于老子的传记书如《犹龙传》、《混元》、《太上老君年谱要略》等，都说老子生于殷武丁九年二月十五日（大概比孔子早几十年）。后世道观就于每年此日做道场，诵《道德真经》以为纪念。

2. 玉皇圣诞

玉皇圣诞是纪念道教所奉玉皇大帝的诞生日。道教各种典籍称玉皇大帝生于丙午岁正月九日，后世道观遂于每年此日举行祭祀，以纪念玉皇诞辰。

3. 吕祖诞辰

吕祖诞辰是纪念八仙之一的吕洞宾诞生的日子。相传唐德宗贞元十四年（798年）四月十四日巳时，众见一白鹤，自天而降，飞入吕洞宾母之房中。其时吕母正寐，亦梦此情此景，惊觉遂生吕洞宾。后世道观根据这一传说以四月十四日为吕祖诞辰，并于每年此日举办斋醮以示纪念。

4. 蟠桃会

神话中西王母以蟠桃宴请诸仙的盛会。相传夏历三月三日为西王母诞辰，是日西王母大开蟠桃会，诸仙都来为她上寿。道教每年于此日举行盛会，俗称蟠桃会。

五、道教的禁忌

道规即道教要求道教徒遵守的规则。道规名目繁多，涵括内容十分广泛。简单来说，它是以儒家的伦理道德为基础，再加上特有的宗教信仰，构成了既约束道士行为，又对社会民众有威慑力的道教戒律。

道教的主要道规是"三皈五戒"。三皈即皈道、皈经、皈师。其作用是：皈依道，常侍天尊，永脱轮回；皈依经，生生世世，得闻正法；皈依师，学以上乘，不入邪念。五戒是：一不杀生，二不偷盗，三不邪淫，四不妄语，五不酒肉。此外，还有"八戒"、"十戒"、"老君二十七戒"等，戒条最多者达1200条。凡出家道士都要受戒，遵守道规。

【阅读材料】

道教信徒的称谓

历史上，受各朝代文化的影响，再根据道士修行程度和教理造诣以及担任的教职，配以相关的称谓，择要简述如下：

天师：指张陵或其嗣号之后裔。但后世也有个别道士称"天师"，如北魏寇谦之、隋焦子顺、唐胡惠超等。

法师：精通经戒、主持斋仪、度人入道、堪为众范的道士。

炼师：起初多指修习上清法者，后泛称修炼丹法达到很高深境界的道士。

祖师、宗师：各道派的创始人曰祖师，各派传道的首领称之为宗师。

真人：通常尊称那些体道大法、道行高深、羽化登仙的道士。

黄冠：早期道教徒崇尚黄色，故世人根据道士衣冠颜色，称道士为黄冠。

羽客：亦称"羽士"、"羽人"。以鸟羽比喻仙人可飞升上天，引申为神仙方士，进而专指道士。后世道士多取以自号。

先生：道士的尊称或谥号、赐号。

居士：信奉道教的俗家信众。

方丈：对道教十方丛林最高领导者的称谓，亦可称"住持"。

监院：亦称"当家"、"住持"。由常住道众公选，为道教十方丛林中总管内外一切事务者。

知客：负责接待参访及迎送宾客的道士，《三乘集要》记载："知客应答高明言语，接待十方宾朋，须以深知事务，通达人情，乃可任也。"

高功：指那些德高望重，精于斋醮科仪，善于踏罡步斗，沟通神人，代神宣教，祈福消灾，超度幽魂，主持斋醮法会的道士，是经师的首领。

道人：最初与方士同义，最早出现于《汉书·京房传》，道教创立后，道人一词曾专指道士。南北朝时期，则以道人专指沙门，而区别于道士。唐朝以后，又以道人泛指有道术之人，或指道士。

道长：是当今教外人士对出家道士的尊称，而不是职称。

综合能力训练

一、任务实训

1. 实训步骤

（1）由教师讲解道教礼俗知识。

（2）进行道教礼俗知识理解与识记。

（3）同学以实训小组为单位进行礼仪知识比赛。

（4）由教师根据每个同学的实训情况进行点评。

2. 实训方法

（1）提供相关的图片，让学生识别不同的宗教场所，了解常见的宗教活动，认识所供奉的对象。

（2）模拟不同的宗教场景，同学们分角色扮演宗教人员和游客，进行现场礼仪规范纠错。

3. 实训准备

准备一间实训教室，要求教室三面装有镜子、有桌椅。

4. 实训时间

实训时间为 120 分钟，其中讲解 30 分钟，学生操作 85 分钟，考核测试 5 分钟。

5. 考核评价

（1）评分要求。按百分制记分，学生操作时，指导教师观察学生的操作方法，按照考核要求给学生实训打分。

（2）实训考核表。实训考核表如表 6-3-4 所示。

表 6-3-4 道教礼仪考核表

考评人		被考评人	
考评地点			
考评内容		道教礼仪考核	
考评标准	内容	分值（分）	评分（分）
	符合宗教礼仪规范	20	
	团队协作	20	
	知识掌握	20	
	表演准确	20	
	整体效果	20	
合计		100	

注：实训考核分为 100 分，60~69 分为及格；70~79 分为中；80~89 分为良；90 分以上为优秀。

二、思考练习

1. 选择题

（1）道教是（　　　）。

A. 南传宗教　　　　B. 北传宗教　　　　C. 中国土生土长的　　　　D. 藏传宗教

（2）道教的节日不包括（　　　）。

A. 蟠桃会　　　　B. 玉皇圣诞　　　　C. 老君圣诞　　　　D. 受难节

2. 简答题

（1）道教的礼仪习俗及禁忌有哪些？

（2）举例说明了解宗教礼仪知识在旅游接待与交际活动中有什么重要意义？

3. 综合训练

（1）考察安排。在教师指导下，将全班学生分为三个小组，并指定好小组负责人。每组学生在小组负责人带领下，用一天时间，分别选择本地区就近的道观进行实地考察。

（2）考察准备。考察前，要求各小组学生对需要考察的项目做相关的宗教知识的准备，特别是复习各宗教的礼仪和禁忌的资料，以便在具体考察宗教寺院时做到对该宗教礼仪的尊重和禁忌的遵守。

（3）操作规范。考察中，可参观该道观的建筑风格和关注其宗教文化标记，如有可能，可用随身携带的数码相机和摄像机进行影像记录；此外，可找机会与该道观工作人员或入道观教徒进行交谈，了解更多的宗教知识。

（4）注意要点。严格遵守入道观礼仪，充分尊重宗教信仰，不得干扰宗教活动。未经许可，在道观内不得私自摄影或照相，非经同意，更不得随意进入道观内教徒的私人住所。

附　录

常用礼仪资料

一、常用礼貌服务用语

迎客时说"欢迎"、"欢迎您的光临"、"您好"等。

对他人表示感谢时说"谢谢"、"谢谢您"、"谢谢您的帮助"等。

受宾客的吩咐时说"听明白了"、"清楚了，请您放心"等，严禁说"我知道了"。

不能立即接待宾客时说"请您稍候"、"麻烦您等一下"、"我马上就来"等。

对在等待的宾客说"让您久等了"、"对不起，让您等候多时了"等。

打扰或给宾客带来麻烦时说"对不起"、"实在对不起"、"打扰您了"。

由于失误表示歉意时说"很抱歉"、"实在很抱歉"等。

当宾客向你致谢时说"请别客气"、"不用客气"、"很高兴为您服务"、"这是我应该做的"等。

当宾客向你致歉时说"没有什么"、"没关系"等。

当听不清楚宾客问话时说"很对不起，我没听清楚，请重复一遍好吗"等。

送客时说"再见"、"一路平安"、"再见，欢迎您下次再来"等。

当你要打断宾客时说："对不起，我可以占用一下您的时间吗？""对不起，打扰一下"等。

二、礼貌中的"五声十语"

1."五声"

欢迎声；问候声；致谢声；道歉声；欢送声。

2."十语"

欢迎语：欢迎光临；请跟我来；欢迎您来我们酒店用餐，请问几位？

问候语：您好；你们好；早上好；中午好；晚上好；多日不见，近来好吗？

征询语：对不起，打扰了，请问您有什么需要？请问您有什么吩咐？

应答语：好的，请稍等，我马上就来；不客气，不用谢，这是我们应该做的。

道歉语：对不起，请原谅，实在对不起，这完全是我的错；对不起，失礼了，非常抱歉；对不起，让您久等了，请别介意；请多包涵。

告别语：您慢走；您走好；保重；谢谢光临；欢迎下次光临，再见。

祝贺语：祝您节日快乐；生日快乐；周末用餐愉快；新年快乐；恭喜发财。

感谢语：谢谢；非常感谢。

称呼语：先生；小姐等。

提醒语：请随身携带好贵重物品。

三、旅游服务人员用语三十忌

1. 找谁？

2. 你干啥？

3. 不知道。

4. 一边站着去。

5. 该下班了，快点。

6. 着什么急！

7. 我就这态度，怎么着？

8. 谁说的，你找谁。

9. 你没长眼！

10. 越忙越添乱，真烦人。

11. 现在才说，刚才干什么去了？

12. 我不管。

13. 你事不少，毛病。

14. 告诉你了还问。

15. 墙上贴着呢，自己看。

16. 问别人去。

17. 挤什么！急什么！

18. 少啰嗦！

19. 我现在没空，等会再说。

20. 活该。

21. 你没长耳朵？

22. 你问我，我问谁？

23. 看不惯的事多着呢，学着点。

24. 你的事，怨谁！

25. 有意见找（头）领导去。

26. 有完没完。

27. 你这人真麻烦。

28. 怎么不早准备好？

29. 我还没着急，你倒不耐烦了。

30. 今天不办公。

四、酒店服务礼貌用语中英文应用举例

1. 前厅服务

（1）Good morning/afternoon/evening, sir/madam. 早上/中午/晚上好，先生/小姐。

（2）How do you do? 您好！

（3）Welcome to our hotel. 欢迎光临！

（4）Reception, can I help you? 这里是接待处，可以为您效劳吗？

（5）What kind of room would you like, sir? 先生，您喜欢什么样的房间？

（6）Have you a reservation? 您预订过了吗？

（7）Could I have your name please? 先生，请问您尊姓大名？

（8）Excuse me sir could you spell your name? 对不起，请问您的名字怎么拼写？

（9）Just a moment, please. 请等一下。

（10）Here is your room key. 给您房间钥匙。

（11）Wish you a most pleasant stay in our hotel. 愿您在我们宾馆过得愉快。

I hope you will enjoy your stay with us. 希望您在我们宾馆过得愉快（客人刚入店时）。

Hope you are enjoying your stay with us. 希望您在我们宾馆过得愉快（客人在饭店逗留期间）。

I hope you have enjoyed your stay with us. 希望您在我们宾馆过得愉快（客人离店时）。

（12）Have a good time！祝您过得愉快！

（13）Are these your baggage？这些是您的行李吗？

（14）May I take them for you？我来帮您拿好吗？

（15）You are welcome. 不用。

（16）After you，please. 您先请。

（17）It's my pleasure. 非常高兴为您服务。

（18）×××hotel. front desk. Can I help you？×××饭店，前厅。您找哪一位？

（19）Pardon？对不起，请再说一遍，好吗？I beg your pardon？对不起，请再说一遍，好吗？

（20）May I know your name and room number？您能告诉我您的名字与房间号吗？

（21）I'm sorry about this. 我对此表示抱歉。

（22）Thank you for your advice/information/help. 谢谢您的忠告/信息/帮助！

（23）Please pay at the cashier's desk over thare. 请去那边账台付款。

（24）Good-bey and hope to see you again. 再见，希望再见到您。

（25）Wish you a pleasant journey！Goad luck！祝您旅途愉快！祝您好运！

（26）Thank you for staying in our hotel. 感谢您在我们酒店下榻！

（27）Sorry to keep you waiting. 对不起，让您久等了。

（28）I'll be glad to help you to do anything you want. 我很愿意帮助办理您需要办的事。

（29）I'm sorry，It's my fault. 很抱歉，那是我的过错。

（30）I apologize for this. 我为此道歉。

（31）That's all right. 没关系。

（32）Let's forget it. 忘了它吧。

(33) Would you like a morning call? 您要叫醒服务吗?

(34) At what time would you like us to call you tomorrow morning? 您想让我们明天早上什么时候叫醒您?

(35) No problem, sir. 没问题, 先生。

(36) We'll manage it, but we don't have any spare room today. 我们会尽力办到, 但是今天我们没有空余房间。

(37) Could you wait till tomorrow? 等到明天好吗?

(38) And if there is anything more you need. Please let us know. 如果还需要别的什么东西, 请告诉我们。

(39) Just a minute please I'll see if he is registered. 请稍等片刻, 我看看他是否登记了。

(40) They are in suite 705. Let me phone him. 他们住在 705 号套房, 我来给他打电话。

Yes, we do have a reservation for you. 对了, 我们这儿是有您预订的房间。

(41) Would you please fill out this form while I prepare your key card for you? 请您把这份表填好, 我同时就给您开出入证, 好吗?

(42) What should I fill in under ROOM NUMBER? "房间号码"这一栏我该怎么填呢?

(43) I'll put in the room number for you later an. 过会儿我来给您填上房间号码。

(44) You forgot to put in the date of your departure. 您忘了填写离店日期了。

(45) And here is your key, Mr. Bradley. Your room number is 1420. 给您房间的钥匙, 布拉德利先生。您的房间号码是 1420。

(46) I'll take a look at the hotel's booking situation. 我来查看一下本店房间的预定情况。

(47) I'm glad that we'll be able to accept your extension request. 很高兴我们有办法接受您延长住宿的要求。

(48) But I'm afraid that it will be necessary for us to ask you to change rooms for the last two nights. 不过, 恐怕最后两天我们得请您搬到别的房间去。

(49) This is a receipt for paying in advance. Please keep it. 这是预付款收据, 请收好。

(50) Sorry, we have no vacant (spare) room for you But I can recommend you

to the Orient Hotel. Where you may get a spare room.

对不起，我们已经客满了。但是我可以介绍您去东方饭店，那里有空余的房间。

（51）The Reception Desk is straight ahead. 接待处就在前面。

2. 客房服务

（1）May I help you with your luggage? 您的行李请让我来拿吧？

（2）I am at your service. 乐意为您效劳。

（3）This ray，please. 请这边走。

（4）This is your room. Please go in. 这是您的房间，请进。

（5）Have a good rest. Goodbye. 请好好休息，再见。

（6）Housekeeping. May I come in? 我是客房服务员，可以进来吗？

（7）Sorry to have kept you waiting. 很抱歉让您久等了。

（8）I'm glad to serve you. 非常高兴为您服务。

（9）Can you tell me your room nunber? 您能告诉我您的房间号码吗？

（10）I'm sorry to disturb you，sir. 对不起，先生，打扰您了。

（11）Is there anything I can do for you? 您还有什么事要我做吗？

（12）What can I do for you? 我能为你做些什么？

（13）I hope I'm not disturbing you. 我希望没有打扰您。

（14）All right，sir. We will do that then. 好的，先生。到时我们会这样做的。

（15）May I know you name and room number? 您能告诉我您的名字和房间号码吗？

（16）May I see your room card? 能看一下您的房卡吗？

（17）I'll be with you as soon as possible. 我将尽快来为您服务。

（18）Please follow me，sir. 先生，请跟我来。

（19）When would you like me to do your room，sir? 您要我什么时间来给你打扫房间呢，先生？

（20）May I do the turn-down service for you now? 现在可以为您开夜床服务（收拾房间）了吗？

（21）It's growing dark. Would you like me to draw the curtains for you? 天黑下来了，要不要我拉上窗帘？

（22）We will come and clean room immediately. 我们马上就来打扫您的房间。

（23）Turn-down service，May I come in? 夜床服务，我可以进来吗？

(24) I'm sorry to trouble you，sir. May I clean the room now? 先生，对不起麻烦您了。现在我可以打扫房间吗?

(25) When would it be convenient? 什么时候比较方便（打扫您的房间)?

(26) I'll come later. 我等会再来。

(27) Do you have anything to be cleaned? 您有衣服要洗吗?

(28) Would you please fill in the laundry list? 请您填一下送洗衣服的清单，好吗?

(29) Please sign on the laundry list，sir. 请您在送洗衣服清单上签字，先生。

(30) One moment. madem. I'll bring them to you right away. 等一会儿，夫人。我马上送来。

(31) Just a moment. please. miss. I'll go and get it right away. 小姐，请稍等，我马上给您去拿来。

(32) I'll inform the Maintenance Department right now. 我马上通知维修部。

(33) How do you like this room? 您觉得这个房间怎么样?

(34) Sorry，he's not staying in our hotel. 对不起，他不住在我们酒店。

(35) Mr.××，we're sorry to hear that you are not well. ××先生，听说您不舒服我们感到很不安。

(36) Are you feeling better now? 您现在好些了吗?

(37) Shall we send for a doctor? 需不需要请医生看看?

(38) Shall I accompany you? 我陪您去好吗?

(39) Hope you'll be all right soon. 希望您早日康复。

(40) Welcome to come here again. Good-bye. 欢迎您下次再来，再见。

3. 餐饮服务

（1）Good morning. Restaurant. May I help you? 早上好！餐厅。能为您做些什么?

（2）May I have your name，sir? 请问您的姓名?

（3）No problem. We'll arrange it for you. Thank you for calling us。没问题，我们会为您安排的。谢谢您打电话来。

（4）I'm sorry，sir. There aren't any tables left for 8：00，but we can book one for you at 9：00. 对不起，先生。8：00钟的订满了，但是可以给您订9：00的。

（5）I'm terribly sorry，sir.非常抱歉。

（6）I'll call you when there is a free table for tomorrow evening at 8：00。如果

明晚 8：00 钟有空位我会给您打电话的。

（7）Glad to meet you. 见到您很高兴。

（8）You are welcome to dine in our restaurant. 欢迎您到我们餐厅来。

（9）We are rather busy at the moment. I'm afraid you will have to wait for a while. 现在客人已经满了，恐怕您要等一会儿了。

（10）I'm sorry, that table is already reserved. 很抱歉，这张桌子已被预订了。

（11）Please wait a minute. I'll arrange it for you. 请等一等，我马上给您安排。

（12）Will this table be all right? 这张桌子可以吗？

（13）Sit down, please. Here is the menu. 请坐，给您菜单，先生。

（14）May I take your order, sir? 您要点菜吗？

（15）Would you like to have any wine with you dinner? 您用餐时要喝点酒吗？

（16）Would you like to try today's special? 请尝尝今天的特色菜好吗？

（17）Would you like some dessert? 您喜欢吃点甜品吗？

（18）What else would you like? 请问还需要什么？

（19）I'm very sorry. that dish in not available now. 真对不起，这个菜品刚卖完。

（20）Sorry, it takes some time for this dish. Cauld you wait a little bit longer? 对不起，这个菜需要一定时间您能多等一会儿吗？

（21）Can I arrange a snack for you if time is pressing for you? 如果您赶时间的话，我给您安排一些快餐饭菜好吗？

（22）Would you mind serving now? 现在上菜好吗？

（23）Enjoy you dinner, sir. 请享用您的晚餐，先生。

（24）Did you ask for me, sir? 您叫我吗，先生？

（25）I do apologize for giving you the wrong dish. I'll change it immediately for you. 真的很抱歉我上错菜了，我马上给您换。

（26）I assure you it won't happen again. 我保证再也不会发生这样的事了。

（27）Would you like to have some fruit? 您喜欢吃点水果吗？

（28）Did you enjoy your meal? 您吃得满意吗？

（29）What would you like to have, coffee or tea? 您要喝咖啡还是茶？

（30）May I take away this dish. 我可以撤掉这个盘子吗？

（31）May I clear this table? 我可以清理桌子吗？

（32）May I make out the bill for you now? 现在可以为您结账吗？

（33）Please sign it. 请您签字。

（34）Could you show me your room key，please. 请您出示房间钥匙。

（35）Sign your name and room number on the bill，please. 请您写上您的名字和房间号码。

（36）This is your change. 这是找给您的钱。

（37）I hope you enjoyed your dinner. 希望您吃得满意。

（38）Please don't leave anything behind. 请别遗忘您的东西。

（39）Not at all. /Don't mention it.不用谢。

（40）Mind/（Whatch）your step. 请走好。Have a nice trip！ 一路平安！

（41）Goodbye and thank you for coming. 再见，谢谢您的光临。

（42）Thank you. welcome to come back again. 谢谢，欢迎再来。

4. 康乐服务

（1）There is a recreation centre on the ground floor. 在一楼有个娱乐中心。

（2）You can play billiards. table tennis，bridge and go bowling. 您可以去打打台球、乒乓球、桥牌和保龄球。

（3）There is a music teahouse where you can enjoy both classical music such as Beethoven. Mozart，Liszt，and modern music，while having some Chinese tea or other soft drinks. 有个音乐茶座，您可以一边欣赏古典音乐，如贝多芬、莫扎特、李斯特的乐曲和现代音乐，一边品尝中国茶和软饮料。

（4）Please cansult the song list. 请翻阅点歌单。

（5）The service guide is on the desk. 服务指南在桌面上。

（6）The swiming pool is over here. 游泳池在那边。

（7）You look great. 你看上去真棒。

参考文献

[1] 杨丽. 商务礼仪与职业形象 [M]. 大连：大连理工大学出版社，2008.

[2] 雷晶. 旅游礼仪 [M]. 武汉：武汉理工大学出版社，2010.

[3] 文晓玲，李朋. 社交礼仪 [M]. 大连：大连理工大学出版社，2008.

[4] 王琪. 旅游礼仪服务实训教程 [M]. 北京：机械工业出版社，2009.

[5] 牟红，杨梅. 旅游礼仪实务 [M]. 北京：清华大学出版社，2007.

[6] 罗树宁. 商务礼仪与实训 [M]. 北京：化学工业出版社，2008.

[7] 张金霞. 导游接待礼仪 [M]. 北京：旅游教育出版社，2007.

[8] 潭增勇，李俊. 旅游服务礼仪 [M]. 武汉：武汉理工大学出版社，2008.

[9] 张利民. 旅游礼仪 [M]. 北京：机械工业出版社，2007.

[10] 翁海峰. 职业礼仪规范 [M]. 北京：机械工业出版社，2009.

后　记

教育部颁布的《关于全面提高高等职业教育教学质量的若干意见》中明确提出："校企合作，加强实训、实习基地建设"和"大力推行工学结合，突出实践能力培养，改革人才培养模式"。教育部还多次在不同的文件中提到"加大实训的力度，增加实训环节占整体教学的比例"。因此高等职业教育实训教学的开展是紧迫的。

本教材《旅游服务礼仪实训教程》力求在深刻理解和把握高等职业教育的内涵特征、贴近企业实际工作、以用人单位对高职学生技能需求的视角，通过对行业、企业一线专家实践经验的总结和提炼，满足教学需求的基础上编写而成。

教材在编写过程中注重突出以下特点：

1. 依据高职高专工学一体化的教育理念，精选教材内容

在对旅游行业进行广泛调研、征求业内专家意见的基础上，以完成职业岗位实际工作任务所要求达到的礼仪知识、能力、素质的需要为标准来确定教材内容，形成教学目标、教学内容、教学方法、考核方式与实际服务岗位要求基本一致的教学模式，实现了学生在校学习与实际工作的一致性，使学生的学习内容和企业工作实现"零接轨"。

2. 重构教材体系，采用模块式编排体例

随着教学研究与改革的不断深入，我们结合各类旅游服务岗位对专业人才的礼仪技能、素养的要求，将礼仪知识与行业（如酒店行业、旅行社业）相结合，实施模块化教学。首先，在基础模块教学中，教会学生作为一个普通人应遵循的礼仪规范；然后，根据专业需要，选择拓展部分的教学模块，使学生逐步适应作

为一名旅游服务人员应具有的角色意识，最终达到能够熟练运用各种综合旅游服务礼仪的规范与技能。

3. 以学生为主体，设计相关的实训任务

以企业的实际工作为素材，编写仿真的实训任务，将学生在旅游服务中应掌握的知识与技能分解到各个实训任务中。突出实战训练，避免了传统教材只解释知识，不传授技能，更不进行大量实训的不足。具有很强的创新性、科学性和实践性。

4. 教材的编写体现了渐进式一体化教学理念

本教材的特点和创新之处主要表现在教材的编写体例和具体的教学模式即针对某一任务采用目标教学法及与"案例导入→理论讲解→教师示范→学生练习→教师纠错→课程实训→过程考核→教师总结"的互动式多方位教学模式极其吻合。使学生的职业技能和职业素养得到逐步提高。

在本教材出版之际，再次向为本教材的出版提供帮助的所有人表示衷心的感谢。